Horizonte

3

Geschichte · Gymnasium Schleswig-Holstein

Herausgegeben von
Ulrich Baumgärtner
Klaus Fieberg

Erarbeitet von
Ulrich Baumgärtner
Michael Brabänder
Hans-Jürgen Döscher
Ralph Erbar
Klaus Fieberg
Peter Heldt
Diethard Hennig
Gregor Meilchen
Deanna Nebert
Wolfgang Piereth
Herbert Rogger
Ulrike Roos
Eduard Schön
Stefan Stadler
Christine Stangl
Wolf Weigand
Wolfgang Woelk
Isabel Zeilinger

Regionalgeschichtliche Beratung durch
Michael Kiss
Reinhard Mischke

westermann

Eine kommentierte Linkliste finden Sie unter:
www.westermann.de/geschichte-linkliste.de

© 2010 Bildungshaus Schulbuchverlage
Westermann Schroedel Diesterweg Schöningh Winklers GmbH, Braunschweig
www.westermann.de

Das Werk und seine Teile sind urheberrechtlich geschützt. Jede Nutzung in anderen als den gesetzlich zugelassenen Fällen bedarf der vorherigen schriftlichen Einwilligung des Verlages. Hinweis zu § 52 a UrhG: Weder das Werk noch seine Teile dürfen ohne eine solche Einwilligung gescannt und in ein Netzwerk eingestellt werden. Das gilt auch für Intranets von Schulen und sonstigen Bildungseinrichtungen. Auf verschiedenen Seiten dieses Buches befinden sich Verweise (Links) auf Internet-Adressen. Haftungshinweis: Trotz sorgfältiger inhaltlicher Kontrolle wird die Haftung für die Inhalte der externen Seiten ausgeschlossen. Für den Inhalt dieser externen Seiten sind ausschließlich deren Betreiber verantwortlich. Sollten Sie bei dem angegebenen Inhalt des Anbieters dieser Seite auf kostenpflichtige, illegale oder anstößige Inhalte treffen, so bedauern wir dies ausdrücklich und bitten Sie, uns umgehend per E-Mail davon in Kenntnis zu setzen, damit beim Nachdruck der Verweis gelöscht wird.

Druck A^1 / Jahr 2010
Alle Drucke der Serie A sind im Unterricht parallel verwendbar.

Redaktion: Christoph Meyer, Lisa Mros, Dorle Bennöhr
Herstellung: Udo Sauter
Typografie: Thomas Schröder
Satz: Ottomedien, Hanhofen
Druck und Bindung: westermann druck GmbH, Braunschweig

ISBN 978-3-14-**11 1098**-2

Inhalt

1. Das deutsche Kaiserreich … 6

Die Errichtung eines deutschen Nationalstaats … 8
Methode: Umgang mit Historiengemälden … 14
Vertiefung: Krieg in und um Schleswig-Holstein … 16
Zwischen Demokratie und Obrigkeitsstaat … 18
Die Innenpolitik im Zeitalter Bismarcks … 22
Die Außenpolitik des Deutschen Reichs 1871–1890 … 26
Das Deutsche Reich unter Wilhelm II. … 30
Die Außenpolitik des Deutschen Reichs 1890–1914 … 34
Gesellschaftlicher Wandel im Kaiserreich … 38
Vertiefung: „Verpreußung" Schleswig-Holsteins … 44
Zusammenfassung … 46

2. Imperialismus und Erster Weltkrieg … 48

Das Zeitalter des Imperialismus … 50
Britischer Imperialismus … 54
Deutschland als Kolonialmacht … 58
Der Erste Weltkrieg … 62
Methode: Ein Rollenspiel durchführen … 68
Kriegswende und Kriegsende … 70
Zusammenfassung … 74

3. Neue weltpolitische Koordinaten … 76

Die USA im 19. Jahrhundert … 78
Der Aufstieg der USA zur Weltmacht … 82
Die Oktoberrevolution von 1917 … 86
Die Sowjetunion unter Stalin … 90
Zusammenfassung … 94

Inhalt

4. Die Weimarer Republik 96

- Die Deutsche Revolution 98
- Vertiefung: Aufstand der Matrosen und Arbeiter in Kiel 102
- Die Gründung der Weimarer Republik 104
- Der Versailler Vertrag 108
- Methode: Umgang mit Geschichtskarten 112
- Vertiefung: Die Volksabstimmungen in Nordschleswig 114
- Die Krisenjahre 1919–1923 116
- Außenpolitik der Weimarer Republik (1919–1929) ... 120
- Die ruhige Zwischenphase der Weimarer Republik.... 124
- Die Weltwirtschaftskrise 128
- Methode: Umgang mit Statistiken 132
- Der Aufstieg der NSDAP 134
- Die Endphase der Weimarer Republik 138
- Methode: Umgang mit Spielfilmen 144
- Warum scheiterte die Weimarer Republik? 148
- Zusammenfassung 150

5. Nationalsozialismus und Zweiter Weltkrieg... 152

- Die Nationalsozialisten erringen die Macht 154
- Die Nationalsozialisten festigen ihre Macht 160
- Methode: Umgang mit Fotografien 164
- Die Weltanschauung der Nationsozialisten 166
- Mezhode: Umgang mit Darstellungen 170
- Verführung und Gewalt 172
- Die Hitlerjugend 178
- Ausgrenzung und Entrechtung der Juden 182
- Nationalsozialistische Außenpolitik 1933–1938 186
- Die Entfesselung des Zweiten Weltkriegs 190
- Die „Blitzkriege" 1939–1941 194
- Kriegswende und Kriegsende 198
- Kriegsalltag in Deutschland 204
- Vertiefung: Orte des NS-Terrors in Schleswig-Holstein 208
- Die Ermordung der Juden 210
- Vertiefung: Stopersteine auch in deinem Ort? 216
- Widerstand gegen den Nationalsozialismus 218
- Vertiefung: Widerstand in Schleswig-Holstein – Ein Beispiel . 224
- Das Ende des Zweiten Weltkriegs 226
- Vertiefung: Das Kriegsende in Schleswig-Holstein 230
- Zusammenfassung 232

Minilexikon **234**

Register **238**

Bildnachweis **240**

Methodenseiten im Überblick

Umgang mit Historiengemälden	14
Ein Rollenspiel durchführen	68
Umgang mit Geschichtskarten	112
Umgang mit Statistiken	132
Umgang mit Spielfilmen	144
Umgang mit Fotografien	164
Umgang mit Darstellungen	170

1. Das deutsche Kaiserreich

Kaiserproklamation in Versailles
Gemälde von Anton von Werner, 1885

Kaiser-Wilhelm-Denkmal in Kiel

Titelblatt einer Zeitschrift, 1895

Eröffnung des Kaiser-Wilhelm-Kanals
Die kaiserliche Yacht „Hohenzollern" im Kanal, 21. Juni 1895

Das deutsche Kaiserreich

M 1 Otto von Bismarck (1815–1898)
Fotografie aus dem Jahr 1862, kurz vor Bismarcks Berufung zum Ministerpräsidenten

Die Errichtung eines deutschen Nationalstaats

Können einzelne Personen Geschichte machen?
Kann ein einziger Mensch den Lauf der Geschichte verändern? Dies ist eine Frage, die sich Geschichtswissenschaftler immer wieder gestellt haben. Dabei wird häufig der Name eines preußisch-deutschen Politikers genannt: Otto von Bismarck (1815–1898).

Bismarck stammte aus einer alten preußischen Adelsfamilie, für die Treue zum Königshaus einen wichtigen Wert darstellte. Er war Gegner der Revolution von 1848/49 und stand den Forderungen des liberalen Bürgertums mit Ablehnung gegenüber. Allerdings sah er in der Errichtung eines deutschen Nationalstaats eine Chance zur Machterweiterung für Preußen.

Der Aufstieg Bismarcks
Otto von Bismarck war Gesandter in Russland, als er 1862 vom preußischen König Wilhelm I. zum Ministerpräsidenten ernannt wurde. Dies geschah in einer problematischen innenpolitischen Lage: Zwischen dem König und der liberalen Mehrheit des preußischen Abgeordnetenhauses war umstritten, ob Wilhelm bei der von ihm gewünschten Heeresreform auf die Zustimmung des Parlaments angewiesen war. Der Konflikt spitzte sich auf die Frage zu, wer tatsächlich die Macht im Staat habe. Als einziger namhafter Politiker erklärte sich Bismarck dazu bereit, den Kampf mit dem Parlament aufzunehmen und die Forderung des Königs durchzusetzen. Aus diesem Grund wurde er von den liberalen Abgeordneten scharf kritisiert.

Die deutsche Frage nach 1850
Nach der gescheiterten Revolution von 1848/49 hatte sich in Mitteleuropa die Herrschaft der Fürsten gegen die nationalen und liberalen Bestrebungen des deutschen Bürgertums durchgesetzt. Der 1815 gegründete Deutsche Bund wurde zwar wieder errichtet, aber diese Lösung der „deutschen Frage" stieß in der Öffentlichkeit immer mehr auf Kritik. Die Konkurrenz der beiden Großmächte Preußen und Österreich um die Vorherrschaft im Deutschen Bund machte die Situation noch komplizierter. Zwar besaß Österreich noch eine Vormachtstellung, aber immer deutlicher zeichneten sich die Schwächen des Habsburgerstaates ab. Die Konflikte zwischen den verschiedenen Nationalitäten im Vielvölkerstaat Österreich nahmen zu. Auf der anderen Seite gewann Preußen an wirtschaftlichem und politischem Einfluss und wollte sich nicht mehr mit der bisherigen untergeordneten Rolle begnügen. Die vielen mittleren und kleinen deutschen Fürstentümer wollten nach Möglichkeit ihre Unabhängigkeit gegenüber den beiden großen Mächten erhalten, entschieden also je nach Lage, ob sie eher Preußen oder Österreich zuneigten. Bayern orientierte sich dabei eher an Österreich.

Die Einigung Deutschlands
Eine erste Möglichkeit, sich als nationaler Politiker zu profilieren, erhielt Bismarck im Jahr 1864, als es zu einem Konflikt um Schleswig-Holstein kam. Während Schleswig autonomer Bestandteil Dänemarks

war, gehörte Holstein zum Deutschen Bund. Beide Herzogtümer regierte der dänische König. Als Dänemark entgegen einem internationalen Abkommen Schleswig von Holstein trennen und sich einverleiben wollte, rief das in der deutschen Nationalbewegung helle Empörung hervor. Bismarck ergriff die günstige Gelegenheit. Im Deutsch-Dänischen Krieg von 1864 entriss Preußen mit Unterstützung Österreichs den Dänen Schleswig.

Der Konflikt spitzt sich zu

Die nächsten Jahre waren vom Streit zwischen Preußen und Österreich darüber geprägt, was mit beiden norddeutschen Herzogtümern geschehen sollte. 1866 führte der immer aggressiver ausgetragene Konflikt schließlich zum Krieg zwischen Preußen und Österreich. Obwohl die meisten mittleren und kleinen Staaten auf die Seite Österreichs traten, gelang Preußen, das technisch und strategisch überlegen war, der entscheidende Sieg in der Schlacht von Königgrätz im Norden Böhmens. Österreich verlor im Friedensschluss zwar keine Gebiete, musste jedoch der Auflösung des Deutschen Bundes und seinem Ausscheiden aus Deutschland zustimmen. Einige deutsche Staaten wie Hannover und Kurhessen wurden Teil des Königreichs Preußen. Die restlichen Länder nördlich des Mains mussten dem neuen Norddeutschen Bund unter Preußens Vorherrschaft beitreten.

M 2 Der Weg zum Deutschen Reich 1866–1871

Das deutsche Kaiserreich

Bayern und die anderen im Süden Deutschlands gelegenen Staaten blieben unabhängig, um den Sicherheitsinteressen Österreichs und Frankreichs Rechnung zu tragen. Allerdings waren sie gezwungen, so genannte Schutz- und Trutzbündnisse mit Preußen zu schließen.

Mit diesem militärischen und politischen Erfolg gewann Bismarck die Zustimmung großer Teile der liberalen Nationalbewegung.

Die Gründung des deutschen Kaiserreichs

In Frankreich wuchs das Misstrauen gegenüber dem immer mächtiger werdenden Preußen. Die sich verstärkenden diplomatischen Spannungen zwischen beiden Staaten führten schließlich 1870 zum Krieg. Auslöser war ein Konflikt um die spanische Thronfolge. Der als König vorgesehene Prinz aus einer Nebenlinie des preußischen Königshauses der Hohenzollern stieß in Frankreich auf heftige Ablehnung. Obwohl die Hohenzollern ihren Kandidaten zurückzogen, wollte Frankreich einen „ewigen" Verzicht erreichen.

Diese Forderung wies der preußische König zurück und teilte dies Bismarck in einem Telegramm aus seinem Kurort Bad Ems mit. Dieser kürzte die „Emser Depesche" so geschickt, dass die deutsche Öffentlichkeit über das Verhalten Frankreichs empört war und die Bevölkerung Frankreichs das preußische Vorgehen als Beleidigung der französischen Nation empfand. Die Kriegserklärung Frankreichs führte in ganz Deutschland – also auch in den süddeutschen Staaten – zu einer Welle nationaler Begeisterung.

Der Sieg aller verbündeten deutschen Staaten ermöglichte die Errichtung eines deutschen Nationalstaats. Im Spiegelsaal des Schlosses von Versailles wurde am 18. Januar 1871 der preußische König Wilhelm zum deutschen Kaiser ausgerufen. Das war die Gründung des deutschen Kaiserreichs.

Die Rolle Bayerns

Bayern konnte sich nur schwer damit abfinden, seine Eigenständigkeit aufzugeben. Nachdem sich abzeichnete, dass die anderen Staaten dem neuen Reich beitraten, zog Bayern nach, um sich nicht selbst zu isolieren. Allerdings konnte das Königreich sich einige Sonderrechte sichern. König Ludwig II. erhielt dafür, dass er im so genannten Kaiserbrief dem preußischen König die Kaiserwürde antrug, großzügige Geldzahlungen. Nach einer heftigen Debatte stimmte das bayrische Parlament mit knapper Mehrheit dem Beitritt zum neuen Reich zu.

Die Rolle Bismarcks

Historiker sind sich einig, dass Bismarck bei dieser Entwicklung eine entscheidende Rolle spielte. Die Meinung, dass er gleichsam allein die deutsche Einigung herbeiführte, wird heute differenzierter gesehen, denn die Entstehung von Nationalstaaten war eine allgemeine Entwicklung in Europa. Die europäische Mächtekonstellation, die politische und wirtschaftliche Entwicklung in Deutschland – insbesondere die von Preußen und Österreich –, der Einfluss der liberalen Nationalbewegung und die Rolle der Öffentlichkeit bildeten Voraussetzungen und Grundlagen für das entschiedene Handeln Bismarcks. Sein Anteil an der Reichsgründung muss dennoch hoch veranschlagt werden.

M 3 Siegessäule in Berlin
Zur Erinnerung an die Siege von 1864, 1866 und 1870 wurde am 2. September 1873 auf dem Königsplatz in Berlin diese Säule errichtet.

Stimmen zur Reichsgründung – Verschiedene Positionen

M 4 Drei Stellungnahmen

a) Nach 1871 gab es zahlreiche Publikationen, die sich mit der Gründung des Reiches beschäftigten. Aus dem in Speyer erschienenen „Festalbum zur Friedensfeier. Zum Besten verwundeter und invalid gewordener deutscher Krieger" von 1871:

Betrachten wir nun in Kürze die Wirkungen des Krieges und seiner militärischen Erfolge.
1. Es vollzieht sich die politische Einigung Deutschlands, lange ersehnt und erstrebt, eine Frucht
5 mancher Tränensaat, ein Jugendtraum der besten Männer bis in ihr hohes Greisenalter, ein Schlachtenkind, aber in der Wiege umstanden und gesegnet von den Genien des Friedens.
2. Zum Schutz dieser politischen Einheit entsteht
10 eine starke Zentralgewalt, ohne die geschichtlich tief gewurzelte Eigenart der verschiedenen deutschen Stämme aufzuheben. Das Deutsche Reich wird nicht etwa bloß wieder aufgerichtet, sondern ersteht in neuer Gestaltung mit erblicher
15 Kaiserwürde.
3. Elsass und Deutsch-Lothringen kommen wieder zum Reich. Das gewonnene Metz sichert den Frieden gegen Frankreich.
4. Die gesicherte Lage gegen den bisherigen Erb-
20 feind sichert dem Deutschen Reich nach außen seine Bedeutung. Das deutsche Kaisertum ist der Friede.
5. Seine innere Organisation sichert ihm den Frieden nach innen. Die nationale Erhebung erzeugt
25 eine dem zersetzenden Zwist und Hader der Parteien fremde nationale Richtung, Stimmung und Haltung. [...]
7. Eine natürliche Folge ist die Achtung der deutschen Nation in Europa und bei den gesitteten
30 Völkern der Welt.
Und nun, du hochbegnadetes, reichgesegnetes deutsches Volk, lass diese großen Errungenschaften, verbrieft und gesiegelt in den ersten Märztagen des Jahres 1871, deiner Treue und
35 Mannheit als ein köstliches Kleinod, erworben durch das Herzblut deiner besten Söhne, anvertraut sein!
Wache vor allem über deine Jugend, dass sie künftigen Tagen fähig und würdig werde, dieses Hei-
40 ligtum in sichere Obhut zu nehmen!

Fenske, Hans (Hg.), Im Bismarckschen Reich 1871–1890, Darmstadt 1978, S. 47 f.

b) Der Historiker Heinrich von Sybel schrieb am 27. Januar 1871 an einen Freund:

Lieber Freund, ich schreibe von all diesen Quisquilien [Belanglosigkeiten] und meine Augen gehen immer herüber zu dem Extrablatt und die Tränen fließen mir über die Backen. Wodurch hat man die
5 Gnade Gottes vedient, so große und mächtige Dinge erleben zu dürfen? Und wie wird man nachher leben?
Was zwanzig Jahre der Inhalt alles Wünschens und Strebens gewesen, das ist nun in so unendlich
10 herrlicher Weise erfüllt! Woher soll man in meinen Lebensjahren noch einen neuen Inhalt für das weitere Leben nehmen?

Fenske, Hans (Hg.), Im Bismarckschen Reich 1871–1890, Darmstadt 1978, S. 37.

c) Ein Soldat, der am Krieg gegen Frankreich teilgenommen hatte, schrieb am 6. März 1871:

Die Nachricht vom Frieden – vom lang ersehnten Frieden – habe ich in Vesoul bekommen. [...]
Es wäre fruchtloses – ich möchte beinahe sagen lächerliches Bemühen, wenn ich die Gefühle wie-
5 dergeben sollte, welche mich erfüllten, als die Klänge des Festzapfenstreichs durch das Städtchen Vesoul ertönten. – Fern von der Heimat, in der jetzt tausend- und abertausendfacher Kerzenglanz die frohe Tatsache verkündet, feierte ich mit
10 den Landwehrleuten des Bataillons Crossen aus einem schlesischen Husarenregiment den Frieden! – den wirklichen Frieden.
Mir war, ich kann nicht sagen wie zu Mut – so dankbar – so froh und doch das herbe Wehmuts-
15 gefühl, bei dem Gedanken an all die Gräuel und Schrecken des Krieges – des in unserem Jahrhundert noch möglichen Krieges.
Jetzt sollen wir ja Freunde sein, die wir uns seither zerfleischten. Jetzt ist unser deutsches Vaterland
20 gerettet, steht groß und einig da.
„Der Kaiser von Deutschland lebe hoch", rief ich in die Truppenmenge hinein, lauter Trommelwirbel begleitete das hundert- und aberhundertfach tönende Hoch!

Fenske, Hans (Hg.), Im Bismarckschen Reich 1871–1890, Darmstadt 1978, S. 38 f.

Das deutsche Kaiserreich

Der „Sedantag" – Ein nationaler Feiertag?

M 5 Eine Rede und zwei Kommentare

a) Die Schlacht bei der nordfranzösischen Stadt Sedan im September 1870 war eine Vorentscheidung im deutsch-französischen Krieg. Dieser Tag wurde im Kaiserreich groß gefeiert. Kaiser Wilhelm II. brachte bei der 25-Jahr-Feier des Sedantages folgenden Trinkspruch dar:

Wenn Ich am heutigen Tage einen Trinkspruch auf Meine Garden ausbringe, so geschieht es froh bewegten Herzens; denn ungewöhnlich feierlich und schön ist der heutige Tag. Den Rahmen für die
5 heutige Parade gab ein in Begeisterung aufflammendes Volk, und das Motiv für die Begeisterung war die Erinnerung an die Gestalt, an die Persönlichkeit des großen verewigten Kaisers.
Wer heute und gestern auf die mit Eichenlaub
10 geschmückten Fahnen blickte, der kann es nicht getan haben ohne wehmütige Rührung im Herzen; denn der Geist und die Sprache, die aus dem Rauschen dieser zum Teil zerfetzten Feldzeichen zu uns redeten, erzählten von den Dingen, die vor
15 25 Jahren geschahen und von dem großen Tage, da das Deutsche Reich wieder auferstand.
Groß war die Schlacht und heiß war der Drang und gewaltig die Kräfte, die aufeinanderstießen. [...] Für ihre Güter, ihren Herd und ihre zukünftige
20 Einigung kämpften die Deutschen; darum berührt es uns auch so warm, dass ein jeder, der des Kaisers Rock getragen hat oder ihn noch trägt, in diesen Tagen von der Bevölkerung besonders geehrt wird – ein einziger aufflammender Dank gegen Kaiser
25 Wilhelm I.

Und für uns, besonders für die Jüngeren, [steht] die Aufgabe, das, was der Kaiser gegründet, zu erhalten.
Doch in die hohe, große Festesfreude schlägt ein Ton hinein, der wahrlich nicht dazu gehört; eine 30 Rotte von Menschen, nicht wert, den Namen Deutscher zu tragen, wagt es, das deutsche Volk zu schmähen, wagt es, die uns geheiligte Person des allverehrten verewigten Kaisers in den Staub zu ziehen. Möge das gesamte Volk die Kraft finden, 35 die unerhörten Angriffe zurückzuweisen! Geschieht es nicht, dann rufe Ich Sie, um der hochverräterischen Schar zu wehren, um einen Kampf zu führen, der uns befreit von solchen Elementen.

Die Reden Kaiser Wilhelms II. 1888–1895, Leipzig 1913, S. 314 ff.

b) Kommentar der Zeitung Münchener Neueste Nachrichten:

Zum ersten Male findet das nichtswürdige Gebahren, das nun schon so lange Tag für Tag die edelsten Empfindungen, die tiefsten Gefühle und die teuersten Überlieferungen des deutschen Volkes mit der giftigen Jauche des gemeinsten sozialdemokra- 5 tischen Jargons übergießt und die gesamte anständige Presse zur Abwehr mit blutigen Hieben herausfordert, auch an offizieller Stelle die wohlverdiente Kennzeichnung und Brandmarkung. [...]

Münchener Neueste Nachrichten, 4.9.1895, Vorabendblatt, S. 1.

c) Kommentar der Münchner Post:

Der Kaiser hat am Skt. Sedan nebst anderen erlassenen Kundgebungen auch eine interessante Rede gehalten. [...]
Auf die Auslassungen des Monarchen zu entgegnen verbietet bekanntlich das Strafgesetzbuch 5 und es ist eben nur ein Zeichen der Zeit, wenn die sich anständig nennende bürgerliche Presse den Wortlaut der Kaiserrede nicht nur triumphierend gegen uns ins Feld führt, sondern dieselbe auch noch in geschmackolosester Weise zu fruktifizieren 10 [zu verbreiten] bemüht ist. [...]
Das ist ein Eiertanz. Derartiges ist dummes, plumpes Getrampel, wie man es vom Weltblatt und seinem Anhang übrigens gewohnt ist. Man scheint dort immer zu vergessen, dass „die Rotte von 15 Menschen, die nicht wert sind, den Namen Deutscher zu tragen", stärkste politische Partei im Reiche ist.

Münchener Post, 5.9.1895, S. 3.

M 6 **Am 2. September 1895,** Fotografie von 1895

Eine Rede zum Jahrestag analysieren

M 7 100 Jahre nach der Gründung

Der deutsche Bundespräsident Gustav Heinemann hielt 1971 folgende Rede:

Unsere Geschichte ist in vieler Hinsicht anders verlaufen als die unserer Nachbarn. Man hat uns eine „verspätete Nation" genannt.
In der Tat haben wir unsere nationale Einheit 1871
5 später und unvollkommener erlangt als andere Nationen. Der Ruf nach Einheit erhob sich in den Befreiungskriegen gegen Napoleon, bei den unruhigen Studenten auf dem Wartburgfest 1817, in der großartigen Volksfeier 1832 auf dem Hamba-
10 cher Schloss und sonderlich im Sturm und Drang der Jahre 1848/49. Aber ein jedes Mal wurde der Ruf von jenen Dutzenden von Fürstenstaaten erstickt, in die Deutschland zerrissen blieb.

15 Als das Deutsche Reich vor 100 Jahren in Versailles ausgerufen wurde, war keiner von den 1848ern zugegen. Ja, Männer wie August Bebel und Wilhelm Liebknecht und andere Sozialdemokraten, die sich gegen den nationalistischen Übermut des Sieges über Frankreich geäußert hatten, saßen in
20 Gefängnissen. Um den Kaiser standen in Versailles allein die Fürsten, die Generäle, die Hofbeamten, aber keine Volksvertreter.

Die Reichsgründung hatte die Verbindung von
25 demokratischem und nationalem Wollen zerrissen. Sie hat das deutsche Nationalbewusstsein einseitig an die monarchisch-konservativen Kräfte gebunden, die in den Jahrzehnten vorher dem demokratischen Einheitswillen hartnäckig im
30 Wege gestanden hatten.

Für unsere französischen Nachbarn war es eine tiefe Demütigung, dass unser Nationalstaat in ihrem Lande ausgerufen und ihnen zugleich Elsass-
35 Lothringen weggenommen wurde. Diese Demütigung konnte Frankreich nicht vergessen.

Gustav W. Heinemann, Reden und Interviews, hrsg. v. Presse- und Informationsamt der Bundesregierung, Bd. 2, Bonn 1971.

Aufgaben

1. a) Stelle die wichtigsten Daten zu Bismarcks Lebenslauf zusammen.
   b) Ergänze die Angaben im Buch durch weitere Informationen aus Lexika oder dem Internet.
   → Text, Lexikon oder Internet
2. Erstelle eine Tabelle der Ereignisse, die zur Gründung des deutschen Kaiserreichs führten.
   → Text
3. a) Erschließe, welche Einstellung zur Reichsgründung in den Zeugnissen der Zeitgenossen zum Ausdruck kommt.
   b) Formuliere eine mögliche Gegenposition in einem Antwortbrief.
   → M4
4. a) Weshalb findet es Kaiser Wilhelm II. wichtig, den Sedantag zu feiern?
   b) Gegen wen richtet sich seine Kritik im vorletzten Absatz?
   c) Stelle dar, wie die Münchener Neuesten Nachrichten die Rede des Kaisers beurteilen.
   d) Erläutere die Aussage „Auf die Auslassungen des Monarchen zu entgegnen verbietet bekanntlich das Strafgesetzbuch".
   e) Wie kommentiert die Münchner Post die Beurteilung der Münchener Neuesten Nachrichten?
   → M5
5. a) Erläutere die im Text vom Bundespräsidenten Gustav Heinemann 1971 genannten historischen Ereignisse.
   b) Erkläre, warum Deutschland in Heinemanns Augen eine „verspätete Nation" war.
   c) „Die Reichsgründung hatte die Verbindung von demokratischem und nationalem Wollen zerrissen." Was meinte der damalige Bundespräsident mit diesem Satz?
   → M7
6. „Können einzelne Personen Geschichte machen?" Welche Antwort gibt der Schulbuchtext auf diese Frage? → Text

Methode: Umgang mit Historiengemälden

① Kaiser Wilhelm I.
② Großherzog von Baden
③ Otto von Bismarck
④ Kriegsminister Roon (Vertrauter Bismarcks; bei der Zeremonie wegen Krankheit nicht anwesend)
⑤ Gruppe der Offiziere
⑥ Kaiserwappen und Krone
⑦ Gruppe der einfachen Soldaten
⑧ Kronprinz Friedrich

11242E

M 1 Die Proklamierung des deutschen Kaiserreiches
Holzstich von Anton von Werner, um 1880

M 2 Die Proklamierung des deutschen Kaiserreiches, Gemälde von Anton von Werner, 1885

Historienbilder – Bilder aus der Geschichte

Bilder, die Szenen aus der Geschichte darstellen, waren im 19. Jahrhundert besonders geschätzt. Die Werke der so genannten Historienmalerei fanden weite Verbreitung: Als Gemälde von beträchtlicher Größe schmückten solche Bilder öffentliche Gebäude oder illustrierten als Schwarz-Weiß-Abbildungen Bücher und Zeitschriften. Gemeinsam war ihnen, dass sie bedeutsame historische Ereignisse möglichst genau darstellten, sodass der Eindruck einer fotografischen Wiedergabe entstand.

Ein auch heute noch berühmtes Historienbild ist „Die Proklamierung des deutschen Kaiserreiches" von Anton von Werner (1843–1915), der in Deutschland als Maler hoch angesehen war. Er war am 18. Januar 1871 in Versailles bei der Ausrufung des deutschen Kaiserreichs anwesend, mithin Augenzeuge der damaligen Ereignisse. In den folgenden Jahren erstellte er mehrere Fassungen, die in Berlin an herausgehobenen Stellen öffentlicher Gebäude angebracht wurden.

Während der Holzstich als Illustration in Büchern Verwendung fand, war das Gemälde aus dem Jahr 1885 als Geburtstagsgeschenk des Kaisers für Otto von Bismarck gedacht. Der Vergleich der beiden Darstellungen zeigt deutliche Unterschiede. Dies ist umso verwunderlicher, als beide Bilder vom selben Maler stammen, der überdies Augenzeuge der Ereignisse war.

Fragen an bildliche Quellen

1. Entstehung des Bildes
a) Wer hat das Gemälde in Auftrag gegeben, wer den Holzstich?
b) Für welchen Zweck waren die Bilder gedacht?
c) Lassen sich Hinweise auf die Entstehung in den Bildern entdecken?

2. Beschreibung der Bilder
a) Suche die im oberen Bild gekennzeichneten Personen auf der unteren Darstellung. Vergleiche deren jeweilige Position.
b) Informiere dich mithilfe eines Lexikons über die dargestellten Personen.
c) Wer steht jeweils im Mittelpunkt des Bildes?
d) Untersuche, ob im unteren Bild auch einfache Soldaten dargestellt sind.
e) Welche Perspektive hat der Maler jeweils gewählt?
f) Beschreibe die auf den Bildern dargestellte Stimmung.
g) Vergleiche die Architektur. Ist derselbe Raum dargestellt?

3. Deutung des Bildes
a) Überlege, ob es sich bei den Bildern um wirklichkeitsgetreue Abbildungen des Ereignisses handelt.
b) Wer wird auf den Bildern als „Reichsgründer" dargestellt?
c) Wird die Reichsgründung als Ereignis der deutschen oder der preußischen Geschichte dargestellt?

Vertiefung: Krieg in und um Schleswig-Holstein

M 1 **Christian IX.**
König von Dänemark (1818–1906), Porträt um 1900

M 2 **Denkmal bei Oeversee am Sankelmarker See**
Die Inschrift lautet:
„Ein ehrendes Andenken sei auch den tapfern österreichischen Soldaten geweiht, welche fern vom Vaterlande kämpfend hier auf dem Schlachtfelde ihr Leben ließen."

Der Deutsch-Dänische Krieg 1864

Die Vorgeschichte
Der dänische König Christian IX. regierte auch über die selbstständigen Herzogtümer Schleswig und Holstein. Holstein gehörte zudem dem 1815 gegründeten Deutschen Bund an.

Als Christian IX. 1863 eine neue, durchaus zeitgemäße, gesamtdänische Verfassung auch auf Schleswig ausdehnte, löste er damit einen größeren europäischen Konflikt aus. Bismarck sah eine willkommene Gelegenheit, Preußen als Vorreiter der deutschen Einheit und Wahrer nationaler Belange erscheinen zu lassen. Diese Rechnung sollte aufgehen: Da das dänische Vorgehen einer Annexion, das heißt einer Eingliederung Schleswigs in den dänischen Staat, gleichkam und das nur 48 Stunden laufende Ultimatum der preußischen und österreichischen Regierungen unbeachtet blieb, kam es zum Deutsch-Dänischen Krieg.

Der Krieg
Am 1. Februar 1864 überschritten starke preußische und österreichische Truppen die Eider, den Grenzfluss zwischen Holstein und Schleswig. Man rechnete mit erheblichem Widerstand der Dänen am so genannten Danewerk, aber nach ersten, ungünstig verlaufenen Gefechten gab der dänische Kommandeur die Befestigung kampflos auf. Mehrere Zehntausend dänische Soldaten zogen sich mit ihren schweren Waffen im heftigen Schneesturm in Richtung Flensburg zurück. Als österreichische Einheiten den Rückzug stören wollten, kam es bei Oeversee am Sankelmarker See zu schweren Kämpfen. Der Hauptteil der dänischen Truppen baute vor Sonderburg an den Düppeler Schanzen eine neue Verteidigungsstellung auf.

Am 18. Februar 1864 begannen die Kämpfe zwischen den dänischen Verteidigern der Schanzen und den Invasionstruppen. Die preußischen Belagerer gruben sich vor den dänischen Stellungen ein, ab Mitte März begann der Artilleriebeschuss und am 18. April schließlich erfolgte der Sturmangriff der preußischen Truppen auf die Düppeler Schanzen. Allein an diesem Tag wurden annähernd 3000 Soldaten auf beiden Seiten getötet oder verwundet, über 3000 Dänen gerieten in Gefangenschaft. Nach dieser Schlacht kam der dänische Widerstand allmählich zum Erliegen.

Ergebnisse
Der dänische König musste im Frieden von Wien am 30. Oktober 1864 zugunsten von Preußen und Österreich auf die Herzogtümer Schleswig und Holstein verzichten, die nun von den beiden Siegern gemeinsam verwaltet werden sollten. Da aber die österreichische Besatzungszone (Holstein) vom preußischen Herrschaftsbereich (Schleswig) umschlossen war, waren – angesichts der Rivalität der beiden deutschen Großmächte – künftige Konflikte vorprogrammiert.

Nach Kriegsende bauten die Sieger an den Düppeler Schanzen ein gewaltiges Denkmal, das jedoch 1945 gesprengt wurde. Heute gibt es an seiner Stelle ein Museum. Zu Jahrestagen der Schlacht gedenken deutsche und dänische Soldaten gemeinsam der Gefallenen des Krieges von 1864.

M 3 „Der Sturm auf die Düppeler Schanzen durch die Preußen"
Kolorierte Lithografie, die 1864 in einem Bilderbogen (Verlag A. Felgner, Berlin) erschienen ist

M 4 „Dänischer und deutscher Soldat als gemeinsame Ehrenwache"
Seit 2000 nehmen neben Soldaten der Unteroffizierschule des dänischen Heeres auch deutsche Soldaten an der Gedenkveranstaltung an den Düppeler Schanzen in Form einer Ehrenformation teil, Fotografie, 18.04.2010.

Aufgaben

1. Bei der Abbildung M3 handelt es sich um ein Historiengemälde (als Lithografie, d. h. als Steindruck reproduziert). Auf Seite 15 in diesem Schulbuch erfährst Du, wie Historiengemälde zu untersuchen sind. Stelle die entsprechenden Fragen an das Bild „Der Sturm auf die Düppeler Schanzen durch die Preußen" und beantworte sie.
2. Bei der Abbildung M4 handelt es sich um eine Fotografie von 2010. Wie eine Fotografie interpretiert wird, zeigen die Seiten 164/165 in diesem Schulbuch. Interpretiere die Fotografie mithilfe der entsprechenden Fragen.
3. Vergleiche die beiden Abbildungen: Welche Einstellung gegenüber der Erstürmung der Düppeler Schanzen kommt jeweils zum Ausdruck?
   → Text, M3, M4

Das deutsche Kaiserreich

Zwischen Demokratie und Obrigkeitsstaat

Die Reichsverfassung

Das 1871 im Spiegelsaal des Versailler Schlosses gegründete deutsche Kaiserreich war der erste deutsche Nationalstaat mit einer Verfassung, denn der Entwurf der Revolution von 1848 trat nie in Kraft. Die Basis bildete die Verfassung des 1866 errichteten Norddeutschen Bundes. Der neue Staat galt als Bündnis der Fürsten der Einzelstaaten und nicht – wie 1848/49 – als Ausdruck des Volkswillens. Unter den Bundesstaaten des neuen Reichs, die eine große Selbstständigkeit besaßen, hatte Preußen, das rund zwei Drittel der Bevölkerung und des Gebiets des neuen Reiches stellte, eine Sonderstellung inne: Der preußische König war zugleich deutscher Kaiser, der preußische Ministerpräsident oft zugleich Reichskanzler, und im Bundesrat, der Vertretung der Einzelstaaten, konnte Preußen wichtige Entscheidungen blockieren.

Der Reichstag bildete innerhalb der Reichsverfassung die Vertretung des Volkes. Seine Abgeordneten wurden in freier, gleicher und geheimer Wahl von allen Männern ab 25 Jahren gewählt. Dies war im europäischen Vergleich sehr fortschrittlich. Gewählt wurde nach dem Mehrheitswahlrecht, das heißt, dass das gesamte Reich in annähernd gleich große Wahlkreise eingeteilt wurde, die bis 1912 unverändert blieben. Durch den Strukturwandel, den das Deutsche Reich durch die Industrialisierung in dieser Zeit durchmachte, kam es zu einer Unterpräsen-

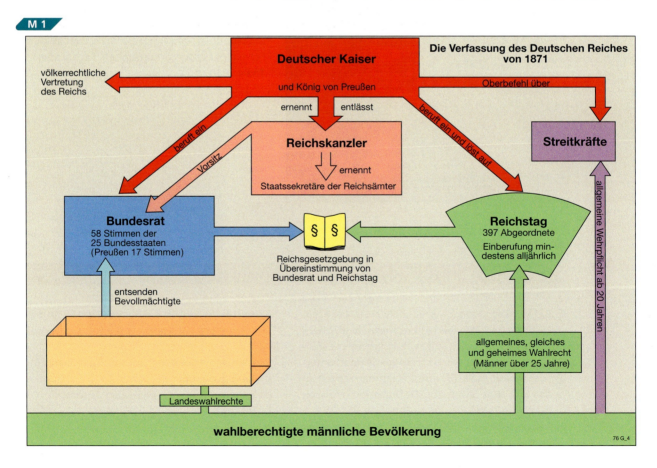

M 1 Die Verfassung des Deutschen Reiches von 1871

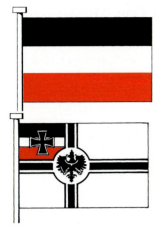

M 2 Nationalflagge und Reichskriegsflagge
Die Nationalflagge des Kaiserreichs bestand aus den Farben Preußens (Schwarz-Weiß) und der alten Reichsstädte, besonders der Hansestädte. Im Kriegsfall wehte die Reichskriegsflagge mit Eisernem Kreuz und Reichsadler.

M 3 Reichsadler
Das Wappen des Deutschen Reichs war der Reichsadler mit preußischem Wappenschild und der Krone des Heiligen Römischen Reiches Deutscher Nation.

tation der überwiegend sozialdemokratischen Wählerschaft in den entstehenden Ballungsgebieten. Gewählt war nur derjenige, der die Mehrheit der Stimmen in einem Wahlkreis auf sich vereinigte. Die Stimmen der unterlegenen Kandidaten spielten für die Zusammensetzung des Reichstags keine Rolle mehr.

Auf die Regierungsbildung hatte der Reichstag keinen Einfluss, da der Reichskanzler allein vom Kaiser berufen oder entlassen wurde und nur ihm verantwortlich war. Außerdem konnte der Kaiser den Reichstag jederzeit auflösen und Neuwahlen anberaumen.

Der Reichstag besaß jedoch das Recht der Gesetzesinitiative und musste jedem Reichsgesetz, besonders dem für die Regierung wichtigen Haushalt, zustimmen. Als beschlossen galt ein Gesetz aber nur, wenn der Bundesrat – die Vertretung der Einzelstaaten – ebenfalls zugestimmt hatte. Um Gesetze verabschieden zu können, war der Reichskanzler auf die Mehrheit des Reichstags angewiesen, die er sich immer wieder neu suchen musste.

Zudem wurden die öffentlichen Debatten im Reichstag für die politische Meinungsbildung in Deutschland immer wichtiger.

Die politischen Parteien

In den Parlamenten der Bundesstaaten schlossen sich Abgeordnete gleicher politischer Meinung zu Gruppen zusammen. Es handelte sich dabei um lockere Verbindungen einflussreicher und in der Bevölkerung angesehener Persönlichkeiten – so genannte „Honoratioren". Diese Honoratiorenparteien besaßen jedoch keine Parteiorganisation. Erst nach und nach kam es zu einer intensiveren Zusammenarbeit über die Grenzen der Einzelstaaten hinweg, da die Notwendigkeit bestand, reichsweit aufzutreten, um bei Reichstagswahlen Erfolg zu haben.

So entwickelten sich allmählich im gesamten Deutschen Reich einheitliche Parteien. Bemerkenswert ist, dass die Parteien stärker als heute Interessen bestimmter Bevölkerungsgruppen vertraten. Die Bereitschaft zur Zusammenarbeit zwischen den Parteien war deshalb nicht besonders ausgeprägt. Die wichtigsten politischen Richtungen im Kaiserreich waren:

- Die Liberalen forderten den Schutz der Bürgerrechte, politische Mitsprache der Bevölkerung in einem deutschen Nationalstaat sowie möglichst große Freiheit im wirtschaftlichen Bereich. Unter dem Eindruck von Bismarcks Reichseinigung spaltete sich die liberale Bewegung aber in zwei Richtungen. Während den Linksliberalen die demokratischen Rechte des Volkes besonders am Herz lagen und sie Bismarck eher ablehnend gegenüberstanden, rückte bei den Nationalliberalen die Forderung nach nationaler Größe in den Mittelpunkt. Sie waren zu einer Zusammenarbeit mit dem Reichskanzler bereit. Die liberalen Parteien fanden vor allem im Bildungs- und Besitzbürgertum Anhänger.

- Die Konservativen organisierten sich nur notgedrungen als Partei, da sie der Demokratie skeptisch gegenüberstanden und demokratisch legitimierte Parlamente als Entscheidungsorgane ablehnten.

Sie setzten auf die alleinige Regierungsgewalt des Monarchen. Ihre Wähler waren Adlige, aber auch traditionell königstreu eingestellte Bevölkerungsschichten.

- Das Zentrum war die Partei der Katholiken. Es verdankte seine Gründung den konfessionellen Verhältnissen im Kaiserreich, denn nach dem Ausschluss Österreichs stellten die Katholiken nur etwa ein Drittel der Bevölkerung. Außerdem war Preußen als führender Einzelstaat protestantisch geprägt. In dieser Situation schlossen sich Katholiken aus allen Schichten im Zentrum zusammen, um für ihre Rechte und Überzeugungen und gegen den anscheinend übermächtigen Protestantismus einzutreten.

- Die Sozialdemokraten organisierten sich im Zuge der Industrialisierung als eigene Partei und vertraten die immer größer werdende Arbeiterschicht. Seit 1891 hieß sie „Sozialdemokratische Partei Deutschlands" (SPD). Ihr Ziel war es, die soziale Situation der Arbeiterschaft zu verbessern und dem Volk größere demokratische Mitsprache zu sichern. In Anknüpfung an die Theorien von Karl Marx lehnten die Sozialdemokraten die Gesellschaftsordnung des Kaiserreichs grundsätzlich ab und setzten zeitweise auf eine revolutionäre Veränderung der Gesellschafts- und Wirtschaftsordnung.

Politische Verbände und Vereine

Neben den Parteien entwickelten sich im Kaiserreich bald Vereine, die die politischen Interessen ihrer Mitglieder vertraten. So organisierten sich die Arbeiter in Gewerkschaften, um ihre Interessen gegen die Unternehmer durchzusetzen. Um 1900 gehörte die deutsche Gewerkschaftsbewegung bereits zu den größten der Welt.

Auch die Unternehmer hatten eigene Verbände. Darüber hinaus schlossen sich viele weitere Interessengruppen zusammen, seien es die Landwirte, die Angestellten, die Frauen oder die Lehrer.

Sowohl die Entwicklung der Parteien als auch der politischen Vereine zeigt, dass sich im Verlauf des Kaiserreichs immer mehr Menschen für politische Zusammenhänge interessierten und versuchten, ihre eigenen Interessen durchzusetzen.

Der „Obrigkeitsstaat"

Ein zentraler Unterschied zwischen dem Kaiserreich und dem heutigen Deutschland bestand in der Einstellung der Bevölkerung zum Staat. Im Kaiserreich galt die „Obrigkeit" – d.h. die Repräsentanten des Staates – als höchste Autorität, deren Entscheidungen man unwidersprochen hinzunehmen hatte. Hohe Wertschätzung besaß auch das Militär, das in der preußischen Geschichte und bei der deutschen Einigung eine wichtige Rolle gespielt hatte.

Disziplin, Ordnung und Gehorsam galten daher als wichtige Werte. Trotz demokratischer Ansätze in der Reichsverfassung und der Politisierung größerer Bevölkerungskreise bestimmten kritiklose Unterordnung unter die staatliche Autorität und die Bewunderung alles Militärischen das politische Klima im Kaiserreich.

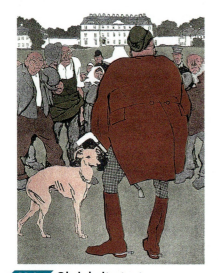

M 4 Obrigkeitsstaat
Ein ostelbischer Junker zu seinen Dorfbewohnern nach der Wahl: „Es ist eine liberale Stimme abgegeben worden. Der Schulmeister kriegt von heute ab keine Kartoffeln mehr."
Undatierte Zeichnung von Eduard Thöny (1866–1950)

Ergebnisse der Reichstagswahlen – Arbeit mit einer Statistik

Wahlen zum Reichstag 1871 bis 1912										
Wahl	Wahlbeteiligung (in %)	Konservative		Liberale		Zentrum		Sozialdemokraten		
		Stimmenanteil (in%)	Anzahl der Sitze	Stimmenanteil (in%)	Anzahl der Sitze	Stimmenanteil (in%)	Anzahl der Sitze	Stimmenanteil (in%)	Anzahl der Sitze	
1871	50,78	23,0	94	46,6	202	18,6	63	3,2	2	
1874	60,89	14,1	55	39,7	208	27,9	91	6,8	9	
1877	60,39	17,6	78	38,2	180	24,8	93	9,1	12	
1878	63,14	26,6	116	33,6	138	23,1	94	7,6	9	
1881	56,08	23,7	78	37,8	162	23,2	100	6,1	12	
1884	60,35	22,1	106	36,9	125	22,6	99	9,7	24	
1887	77,19	25,0	121	36,4	131	20,1	98	10,1	11	
1890	71,25	19,1	93	34,3	118	18,8	106	19,8	35	
1893	72,20	19,2	100	27,8	101	19,1	96	23,3	44	
1898	67,76	15,5	79	23,6	95	18,8	102	27,2	56	
1903	75,78	13,5	75	23,2	87	19,8	100	31,7	81	
1907	84,35	13,6	84	25,4	103	19,4	105	28,9	43	
1912	84,53	12,2	57	26,1	87	16,4	91	34,8	110	

Quelle: Gerhard A. Ritter (Hg.), Das Deutsche Kaiserreich 1871 - 1914, Göttingen 1977, S. 78g.

M 5

Aufgaben

1. a) Nenne die Befugnisse von Kaiser, Reichskanzler, Reichstag und Bundesrat.
   b) Welches der vier Verfassungsorgane ist deiner Meinung nach das wichtigste? Begründe.
   → Text, M1
2. Beschreibe und interpretiere die Karikatur.
   → M4
3. a) Erläutere, was man unter „Wahlbeteiligung" versteht.
   b) Untersuche, wie sich die Wahlbeteiligung im Lauf der Zeit verändert hat. Was lässt sich daraus schließen?
   c) Erstelle ein Diagramm, in das du die Wahlergebnisse der einzelnen politischen Richtungen einträgst. Trage auf der x-Achse die Jahreszahlen ein und auf der y-Achse den Prozentanteil der Stimmen.
   d) Erstelle ein weiteres Diagramm, in das du auf der y-Achse die Anzahl der Sitze einträgst.
   e) Welche Hauptentwicklungen kannst du bei den Wahlergebnissen der einzelnen politischen Richtungen erkennen?
   → M5

Das deutsche Kaiserreich

M 1 Bismarck vor dem norddeutschen Reichstag
Karikatur (Ausschnitt) aus dem Wiener Figaro, 1870

Die Innenpolitik im Zeitalter Bismarcks

Die Rolle Bismarcks

Nach der Reichsgründung spielte Bismarck bis zum Jahr 1890 als Reichskanzler und preußischer Ministerpräsident eine entscheidende politische Rolle. Von Kaiser Wilhelm I. eingesetzt und nur diesem verantwortlich, besaß er einen großen Entscheidungsspielraum. Allerdings brauchte er nach der Verfassung eine Mehrheit im Reichstag, um Gesetze und den wichtigen Haushalt beschließen zu können. In der täglichen Politik musste er sich also im Reichstag die notwendigen Stimmen beschaffen.

Bismarcks Strategie bestand darin, die Parteien einerseits mit lockenden Angeboten zur Zusammenarbeit zu veranlassen, ihnen aber andererseits mit Nachteilen zu drohen, wenn sie sich seiner Politik verweigerten. Diese Politik von „Zuckerbrot und Peitsche" erwies sich als sehr wirkungsvoll. Die Parteien, die sich einer Zusammenarbeit verweigerten, erklärte er zu „Reichsfeinden". Zu ihnen zählte er neben den Sozialdemokraten, Polen und Welfen anfangs auch das katholische Zentrum.

Der Kampf gegen die Katholiken

Erste Opfer von Bismarcks Strategie wurden gleich nach der Reichsgründung die katholische Kirche und die Zentrumspartei, die politische Vertretung des deutschen Katholizismus. Bismarck unterstellte ihnen, im Zweifelsfall nicht loyal zum neuen Kaiserreich zu stehen, sondern sich an der Autorität des Papstes zu orientieren, also dem neuen Staat ablehnend gegenüberzustehen.

Angesichts der nationalen Begeisterung, die zur Zeit der Reichsgründung aufflammte, war dies ein ungeheurer Vorwurf. Zu beachten ist, dass die Kirche damals großen Einfluss auf die Gläubigen ausübte und das Wort des Pfarrers gerade in ländlichen Gebieten auch im politischen Bereich viel galt. Die liberalen Abgeordneten im Reichstag unterstützen diese Politik, da sie für eine strikte Trennung von Kirche und Staat eintraten.

Eine Reihe von Maßnahmen sollte den Einfluss der katholischen Kirche einschränken. Es kam zum „Kulturkampf". So wurde in Preußen den Kirchen die Aufsicht über die Schulen entzogen und dem Staat übertragen. Ab 1874 hatte im ganzen Reich nur die auf dem Standesamt geschlossene Ehe Gültigkeit; die kirchliche Ehe wurde damit zur Privatangelegenheit. Der sogenannte „Kanzelparagraf" verbot den Pfarrern, in Predigten staatliche Angelegenheiten „in einer den öffentlichen Frieden gefährdenden Weise" zu erörtern.

Gerade Preußen legte diese Vorschrift sehr streng aus und zeitweise waren alle katholischen Bischöfe Preußens entweder in Haft oder ins Ausland geflohen. Das „Klostergesetz" verbot die Niederlassung aller geistlichen Orden mit Ausnahme reiner Krankenpflegeorden. Der als besonders gefährlich angesehene Jesuitenorden wurde ganz verboten, seine Mitglieder aus dem Reich ausgewiesen.

Dennoch oder gerade deshalb wurde die Zentrumspartei bei den Reichstagswahlen immer stärker, während die Liberalen, die den antikatholischen Kurs Bismarcks unterstützten, abnahmen.

M 2 Bismarck als Steuermann
Karikatur von 1879

Die Wende 1878

Der nur begrenzte Erfolg des „Kulturkampfes" und wirtschaftliche Probleme führten 1878 zu einem politischen Kurswechsel. Zum Schutz der Landwirtschaft und der Industrie vor ausländischer Konkurrenz wurden Schutzzölle eingeführt. Dadurch verteuerten sich die ausländischen Waren derart, dass deutsche Produkte noch konkurrenzfähig blieben. Schutzzölle hatten vor allem die Konservativen gefordert, während die Liberalen für den freien Handel eintraten. Zwei Attentate auf Kaiser Wilhelm I., für die Bismarck die Sozialdemokraten verantwortlich machte, boten dem Reichskanzler die Gelegenheit, den Reichstag aufzulösen und Neuwahlen anzusetzen. Diese brachten ihm die gewünschte Mehrheit für seine neue Politik.

Aufgrund dieser neuen politischen Situation beendete Bismarck den Kulturkampf durch Zugeständnisse an die katholische Kirche. Die Zivilehe, der „Kanzelparagraf" und die staatliche Schulaufsicht blieben zwar erhalten, doch verzichtete Bismarck auf eine weitere Verfolgung der katholischen Kirche.

Der Kampf gegen die Sozialdemokraten

Als neue „Reichsfeinde" galten nun die Sozialdemokraten. Zwar war deren Stimmanteil bei den Reichstagswahlen um 1870 noch gering, doch galten Funktionäre und Wähler dieser Partei als revolutionäre Staatsfeinde. Die Attentate auf Kaiser Wilhelm I. im Frühjahr 1878 boten einen ungerechtfertigten Anlass für das „Gesetz wider die gemeingefährlichen Bestrebungen der Sozialdemokratie", das Sozialistengesetz, das weitreichende Maßnahmen der Überwachung und Kontrolle vorsah. So wurden politische Versammlungen überwacht und oft verboten. Auch kam es zur Zensur sozialdemokratischer Zeitungen und Zeitschriften. Die Partei selbst wurde jedoch nicht verboten. Ihre Vertreter konnten weiterhin an Reichstagswahlen teilnehmen.

Neben der „Peitsche" der Sozialistengesetze bot der Reichskanzler den Arbeitern auch ein „Zuckerbrot". Um die soziale Lage der Arbeiter zu verbessern, führte Bismarck eine neue Sozialgesetzgebung ein: 1883 die Krankenversicherung der Arbeiter, 1884 die Unfallversicherung und 1889 die Alters- und Invaliditätsversicherung. Sowohl Arbeitgeber als auch Arbeitnehmer zahlten in die Sozialversicherungen ein. Obwohl die Leistungen dieser Versicherungen noch gering blieben, war eine derartige Absicherung der Arbeiter durch den Staat neu und beispielhaft. Bismarcks Ziel indes, die Arbeiter der Sozialdemokratischen Partei zu entfremden, misslang. Seit 1880 nahm der Stimmanteil der Sozialdemokraten ständig zu. 1890 wurde das Sozialistengesetz schließlich nicht mehr verlängert.

Der Rücktritt Bismarcks

Als Wilhelm I. 1888 starb, trat sein Sohn Friedrich die Nachfolge an. Nach dessen Tod noch im selben Jahr folgte Wilhelm II. Dieses Drei-Kaiser-Jahr läutete das Ende der Ära Bismarck ein. Der junge Kaiser hatte nicht nur andere politische Vorstellungen als der alte Reichskanzler, sondern wollte die Politik stärker bestimmen als seine Vorgänger. Der Konflikt zwischen Wilhelm und Bismarck endete 1890 mit dem Rücktritt des Reichskanzlers.

M 3 „Dropping the Pilot"
Karikatur aus der englischen Zeitschrift „Punch" von 1890

Das deutsche Kaiserreich

Reichs-Gesetzblatt.

№ 34.

Inhalt: Gesetz gegen die gemeingefährlichen Bestrebungen der Sozialdemokratie. S. 351.

(Nr. 1271.) Gesetz gegen die gemeingefährlichen Bestrebungen der Sozialdemokratie. Vom 21. Oktober 1878.

Wir Wilhelm, von Gottes Gnaden Deutscher Kaiser, König von Preußen etc.

verordnen im Namen des Reichs, nach erfolgter Zustimmung des Bundesraths und des Reichstags, was folgt:

§. 1.

Vereine, welche durch sozialdemokratische, sozialistische oder kommunistische Bestrebungen den Umsturz der bestehenden Staats- oder Gesellschaftsordnung bezwecken, sind zu verbieten.

Dasselbe gilt von Vereinen, in welchen sozialdemokratische, sozialistische oder kommunistische auf den Umsturz der bestehenden Staats- oder Gesellschaftsordnung gerichtete Bestrebungen in einer den öffentlichen Frieden, insbesondere die Eintracht der Bevölkerungsklassen gefährdenden Weise zu Tage treten.

Den Vereinen stehen gleich Verbindungen jeder Art.

§. 2.

Auf eingetragene Genossenschaften findet im Falle des §. 1 Abs. 2 der §. 35 des Gesetzes vom 4. Juli 1868, betreffend die privatrechtliche Stellung der Erwerbs- und Wirthschaftsgenossenschaften, (Bundes-Gesetzbl. S. 415 ff.) Anwendung.

Auf eingeschriebene Hülfskassen findet im gleichen Falle der §. 29 des Gesetzes über die eingeschriebenen Hülfskassen vom 7. April 1876 (Reichs-Gesetzbl. S. 125 ff.) Anwendung.

§. 3.

Selbständige Kassenvereine (nicht eingeschriebene), welche nach ihren Statuten die gegenseitige Unterstützung ihrer Mitglieder bezwecken, sind im Falle des

Reichs-Gesetzbl. 1878.   67

Ausgegeben zu Berlin den 22. Oktober 1878.

M 4 Reichsgesetzblatt
Faksimile, 1878

M 5 Das Sozialistengesetz

August Bebel berichtet in seinen Memoiren über die Auswirkungen des Sozialistengesetzes:

Sobald das Gesetz verkündet und in Kraft getreten war, fielen die Schläge hageldicht. Binnen wenigen Tagen war die gesamte Parteipresse mit Ausnahme des Offenbacher Tageblatts und der
5 Fränkischen Tagespost in Nürnberg unterdrückt. Das gleiche Schicksal teilte die Gewerkschaftspresse mit Ausnahme des Organs des Buchdruckerverbandes, des „Korrespondenten". Auch war der Verband der Buchdrucker, abgesehen von den
10 Hirsch-Dunckerschen Vereinen, die einzige Gewerkschaftsorganisation, die von der Auflö-
sung verschont blieb. Alle übrigen fielen dem Gesetz zum Opfer. Ebenso verfielen der Auflösung die zahlreichen lokalen sozialdemokratischen Arbeitervereine, 15 nicht minder die Bildungs-, Gesang- und Turnvereine, an deren Spitze Sozialdemokraten standen [...].
Das Trümmerfeld des Zerstörten wurde erweitert durch die Verbote der nicht 20 periodisch erscheinenden Literatur. [...]
Während wir so in voller Tätigkeit waren, aus den Trümmern, die das Sozialistengesetz uns bis dahin geschaffen hatte, zu retten, was zu retten möglich war, wur- 25 den wir am 29. November mit der Nachricht überrascht, dass am Abend zuvor der „Reichsanzeiger" eine Proklamation des Ministeriums veröffentlichte, wonach der kleine Belagerungszustand über Ber- 30 lin verhängt wurde. Dieser Hiobsbotschaft folgte am nächsten Tage die Mitteilung, dass 67 unserer bekanntesten Parteigenossen, [...] bis auf einen sämtliche Familienväter, ausgewiesen worden 35 seien. Einige mussten binnen 24 Stunden die Stadt verlassen [...].
Damals gingen die Gerichte noch nicht so weit, Sammlungen für die Ausgewiesenen zu bestrafen, später aber, als die 40 Behörden solche Sammlungen ausdrücklich auf Grund des Sozialistengesetzes verboten, wurde die Rechtsprechung eine andere. Wir mussten jetzt die Sammlungen ausschließlich für die Familien 45 der Ausgewiesenen vornehmen [...]. Die fortgesetzten Ausweisungen und die Schikanierung der Ausgewiesenen durch die Polizei hatten aber einen Erfolg, den unsere Staatsretter nicht vorausgesehen. Durch die Verfolgungen aufs Äußerste 50 erbittert, zogen sie von Stadt zu Stadt, suchten überall die Parteigenossen auf, die sie mit offenen Armen aufnahmen, und übertrugen jetzt ihren Zorn und ihre Erbitterung auf ihre Gastgeber, die sie zum Zusammenschluss und zum Handeln 55 anfeuerten. Dadurch wurde eine Menge örtlicher geheimer Verbindungen geschaffen, die ohne die Agitation der Ausgewiesenen kaum entstanden wären.

August Bebel, Aus meinem Leben, 3. Teil, Berlin 1930, S 20 ff., zit. nach: Manfred Görtemaker, Deutschland im 19. Jahrhundert, Bonn 1994, S. 289 ff.

M 6 Die deutsche Sozialversicherung
Plakat von 1913

Aufgaben

1. a) Fasse mit eigenen Worten zusammen, wie Otto von Bismarck mit den Parteien im Reichstag umging.
   b) Weshalb trat Bismarck 1890 zurück?
   → Text

2. a) Erkläre den Titel „Gesetz gegen die gemeingefährlichen Bestrebungen der Sozialdemokratie".
   b) Fasse den §1 des Sozialistengesetzes zusammen.
   c) Überlege, warum die im Reichstag vertretene Partei nicht verboten wurde.
   → Text, M4

3. a) Erläutere, wie sich das Sozialistengesetz in der Praxis auswirkte.
   b) Welche politische Position vertritt August Bebel?
   → M5

4. a) Benenne die Einzelversicherungen, die die Sozialversicherung umfasste, und erläutere deren Leistungen im Einzelnen.
   b) Wie wird die Überschrift begründet „Die deutsche Sozialversicherung steht in der ganzen Welt vorbildlich und unerreicht dar"?
   c) Informiere dich, welche Versicherungen heute noch existieren und wie deren Leistungen gestaltet sind.
   → M6, Internet oder Lexikon

5. Die englische Karikatur „Dropping the Pilot" wurde unter dem Titel „Der Lotse muss von Bord" in Deutschland veröffentlicht. Diskutiert die unterschiedliche Bedeutung.
   → M3

25

Das deutsche Kaiserreich

M 1 „Germania auf der Wacht am Rhein"
Zwischen Deutschen und Franzosen war es lang umstritten, wem der Rhein gehörte, Gemälde von Lorenz Clasen, 1860.

Die Außenpolitik des Deutschen Reichs 1871–1890

Bismarcks „Albtraum der Bündnisse"

Wie lässt sich nach drei Kriegen und einer erheblichen Veränderung der europäischen Kräfteverhältnisse eine dauerhafte Friedensordnung schaffen? Das war die Frage, die sich nach der Gründung des deutschen Kaiserreichs stellte.

Unter preußischer Führung war ein neuer großer Staat in Mitteleuropa entstanden. Frankreich fühlte sich gedemütigt, weil es nicht nur Elsass und Lothringen an das Deutsche Reich abtreten und hohe Kriegsentschädigungen zahlen musste, sondern auch seine bisher beanspruchte Führungsrolle auf dem europäischen Kontinent eingebüßt hatte. Auch die übrigen Nationen betrachteten die Machtverschiebung zugunsten des neuen deutschen Nationalstaats mehr oder weniger argwöhnisch. Im Gegensatz zur politischen Situation nach dem Zusammenbruch der napoleonischen Herrschaft kam es zu keinem Friedenskongress, sondern es musste ein Interessenausgleich der einzelnen europäischen Staaten erfolgen.

Reichskanzler Bismarck, der auch das Auswärtige Amt leitete, war bemüht, die Existenz des neuen Deutschen Reichs dauerhaft zu sichern. Er folgte dabei mehreren Prinzipien:

- Das Deutsche Reich ist „saturiert", das heißt es erhebt keine weiteren territorialen Ansprüche und erwirbt keine Kolonien in Übersee.
- Das Deutsche Reich muss verhindern, dass sich andere Staaten gegen Deutschland verbünden. Eine solche Situation betrachtete Bismarck als „Albtraum der Koalitionen". Insbesondere Frankreich muss politisch isoliert werden.
- Das Deutsche Reich muss darauf bedacht sein, dass sich Spannungen zwischen Staaten nicht im Zentrum Europas entladen, sondern in seinen Randgebieten – der „Peripherie" – oder in Übersee.

M 2

Das europäische Vertragssystem unter Bismarck
- Dreikaiserabkommen (1873)
- Zweibund (1879)
- Dreibund (1882)
- Dreibund-Erweiterung (1883)
- Rückversicherungsvertrag (1887)
- Mittelmeerabkommen (1887)
- Spannungen und offene Fragen

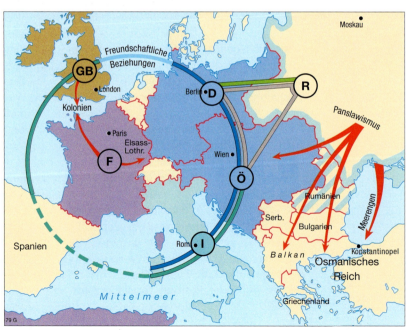

26

M 3 „Friede"
Zwischen einem russischen und einem französischen Soldaten balanciert der Reichskanzler die Friedenspalme, Karikatur von 1888.

Das Bündnissystem des deutschen Kaiserreichs

Bismarck bemühte sich in den folgenden Jahren, diese Leitlinien umzusetzen, indem er eine Reihe von Bündnissen und Abkommen schloss. Dies gestaltete sich außerordentlich schwierig. Um ein Zusammengehen von Frankreich und Russland zu verhindern, suchte er den Ausgleich mit Russland. Dieser 1873 vereinbarte Beistandspakt richtete sich gegen eine im Vertrag nicht genannte Macht: Für Deutschland war das Frankreich, für die Russen Österreich-Ungarn.

Um die Beziehungen zwischen Österreich-Ungarn und Russland zu festigen, deren Machtinteressen in Südosteuropa aufeinanderstießen, kam es im selben Jahr zum Dreikaiserabkommen zwischen den Monarchen von Russland, Österreich und Deutschland. Damit betonten die drei konservativen Herrscher zwar ihre gemeinsamen Interessen, doch kam ein förmliches Bündnis nicht zustande. England hielt sich traditionell von Bündnissen fern und war nur an einem „Gleichgewicht der Mächte" auf dem europäischen Kontinent interessiert.

Konflikte auf dem Balkan

Der Streit der Großmächte um Einfluss auf dem Balkan und im östlichen Mittelmeer war damals ein brennendes politisches Problem. Als es 1877 zum Krieg zwischen dem Osmanischen Reich und Russland kam, konnte Bismarck 1878 auf dem Berliner Kongress einen Ausgleich herbeiführen, da das Deutsche Reich keine eigenen Interessen auf dem Balkan verfolgte. Zwar fand Bismarcks Rolle als „ehrlicher Makler" Anerkennung, trübte aber die Beziehungen zu Russland, weil die zaristische Regierung mehr Zugeständnisse erwartet hatte.

Der Ausbau des Bündnissystems

Da sich das Verhältnis zu Russland nach dem Berliner Kongress abkühlte, vereinbarte Bismarck 1879 ein Verteidigungsbündnis mit Österreich-Ungarn, den so genannten Zweibund, aus dem nach Italiens Beitritt im Jahr 1882 der Dreibund entstand.

Um jedoch ein russisch-französisches Bündnis zu verhindern, schloss Bismarck 1887 den geheimen Rückversicherungsvertrag mit Russland. Die Regierungen in Berlin und St. Petersburg verpflichteten sich darin zur Neutralität, falls einer der Vertragspartner Krieg gegen eine dritte Großmacht führen sollte. Die Verpflichtung zur Neutralität entfiel jedoch, falls Deutschland Frankreich oder Russland Österreich-Ungarn angreifen sollte. Daher war diese Vertragsklausel mit dem Zweibund nur bedingt vereinbar.

Beurteilung der Außenpolitik

Mit diesem Netz von Verträgen gelang es Bismarck, Russland, Österreich-Ungarn und Italien trotz aller politischen Gegensätze in ein Bündnissystem einzubinden. Vor allem aber verhinderte er ein Bündnis zwischen Russland und Frankreich, das Deutschland von zwei Seiten bedroht hätte, und sicherte damit die Existenz des neuen deutschen Kaiserreichs.

Allerdings wurde das nach und nach entstandene Bündnissystem immer komplizierter und war auch nicht frei von Widersprüchen. Insofern blieb es ständig gefährdet, zumal wenn sich die Spannungen zwischen den europäischen Mächten verschärften.

M 4 Das Kissinger Diktat

Zur Zeit der Balkankriege (1875–1878) entwarf Bismarck während eines Aufenthalts 1877 in Bad Kissingen eine Idealvorstellung zur außenpolitischen Stellung Deutschlands unter den europäischen Staaten:

Ein französisches Blatt sagte neulich von mir, ich hätte „le cauchemar des coalitions" [den Albtraum der Bündnisse]; diese Art Alb wird für einen deutschen Minister noch lange, und vielleicht immer, ein sehr berechtigter bleiben. Koalitionen gegen uns können auf westmächtlicher Basis mit Zutritt Österreichs sich bilden, gefährlicher vielleicht noch auf russisch-österreichisch-französischer; eine große Intimität zwischen zweien der drei letztgenannten Mächte würde der dritten unter ihnen jederzeit das Mittel zu einem sehr empfindlichen Drucke auf uns bieten. In der Sorge vor diesen Eventualitäten, nicht sofort, aber im Lauf der Jahre, würde ich als wünschenswerte Ergebnisse der orientalischen Krisis für uns ansehen:

1. Gravitierung [Schwerpunktverlagerung] der russischen und der österreichischen Interessen und gegenseitigen Rivalitäten nach Osten hin,
2. der Anlass für Russland, eine starke Defensivstellung im Orient und an seinen Küsten zu nehmen und unseres Bündnisses zu bedürfen,
3. für England und Russland ein befriedigender Status quo, der ihnen dasselbe Interesse an Erhaltung des Bestehenden gibt, welches wir haben,
4. Loslösung Englands von dem uns feindlich bleibenden Frankreich wegen Ägyptens und des Mittelmeers,
5. Beziehungen zwischen Russland und Österreich, welche es beiden schwierig machen, die antideutsche Konspiration gegen uns gemeinsam herzustellen, zu welcher zentralistische oder klerikale Elemente in Österreich etwa geneigt sein möchten.

Wenn ich arbeitsfähig wäre, könnte ich das Bild vervollständigen und feiner ausarbeiten, welches mir vorschwebt: nicht das irgendeines Ländererwerbes, sondern das einer politischen Gesamtsituation, in welcher alle Mächte außer Frankreich unser bedürfen und von Koalitionen gegen uns durch ihre Beziehungen zueinander nach Möglichkeit abgehalten werden.

Günter Schönbrunn (Bearb.), Das bürgerliche Zeitalter 1815–1914, München 1980, S. 454 f.

M 5 Bismarck als „Weichensteller"

Englische Karikatur zur Rolle Bismarcks auf dem Berliner Kongress 1878; auf den Lokomotiven sind der britische Union Jack und der russische Doppeladler abgebildet.

M 6 — Bismarck-Denkmal in Hamburg

Zu Ehren Bismarcks wurden in Deutschland über 500 Denkmäler erbaut. Das Bismarck-Denkmal in Hamburg ist 34 m hoch und wurde von 1901 bis 1906 errichtet. Nach dem Tode Bismarcks gründete Bürgermeister J. G. Mönckeberg ein Komitee zur Errichtung des Denkmals, das eine halbe Million Goldmark Spenden zusammenbrachte.

M 7 — Bismarcks Ruhestätte

Theodor Fontane schrieb am 31. Juli 1898 folgendes Gedicht:

Nicht in Dom oder Fürstengruft,
Er ruh in Gottes freier Luft
Draußen auf Berg und Halde,
Noch besser tief, tief im Walde;
Widukind lädt ihn zu sich ein:
„Ein Sachse war er, drum ist er mein,
Im Sachsenwald soll er begraben sein."
Der Leib zerfällt, der Stein zerfällt,
Aber der Sachsenwald, der hält,
Und kommen nach dreitausend Jahren
Fremde hier des Weges gefahren
Und sehen, geborgen vorm Licht der Sonnen,
Den Waldgrund in Efeu tief eingesponnen
Und staunen der Schönheit und jauchzen froh,
So gebietet einer: „Lärmt nicht so; –
Hier unten liegt Bismarck irgendwo."

Theodor Fontane, Gedichte, herausgegeben von Joachim Krueger und Anita Golz, Bände 1–3, Berlin: Aufbau-Verlag, 2. Aufl. 1995, Bd. 2, S. 97

Aufgaben

1. Fasse die außenpolitischen Zielsetzungen Bismarcks mit eigenen Worten zusammen.
   → Text
2. Erläutere Bismarcks „Alptraum der Bündnisse".
   → M4
3. Untersuche, warum Bismarcks Bündnissystem nicht frei von Widersprüchen war.
   → Text
4. Nenne Gründe für die Geheimhaltung des Rückversicherungsvertrags zwischen Russland und dem Deutschen Reich.
   → Text
5. Erläutere die Interessengegensätze zwischen Russland und Österreich-Ungarn auf dem Balkan. Informiere dich über den Begriff „Panslawismus" und beziehe die gewonnenen Erkenntnisse in deine Überlegungen ein.
   → Text, Internet
6. a) Beschreibe die englische Karikatur von 1878.
   b) Erläutere, was der Karikaturist über Bismarcks Politik aussagen wollte.
   → M5
7. a) Welche Einstellung zu Bismarck zeigt das Hamburger Bismarck-Denkmal und das Gedicht Fontanes?
   b) Gibt es in deiner Umgebung ein Bismarck-Denkmal? Recherchiere!
   c) Wie bewertest du die Bismarckverehrung? Begründe deine Meinung.
   → M6, M7

Das deutsche Kaiserreich

M 1 Wilhelm II.
Deutscher Kaiser (1888–1918),
Farbfotografie von 1906

Das Deutsche Reich unter Wilhelm II.

Wilhelm II. und der „Wilhelminismus"

Die zweite Hälfte des Kaiserreichs seit etwa 1890 wird oft als Zeit des „Wilhelminismus" bezeichnet. Dieser Begriff leitet sich her vom letzten deutschen Kaiser Wilhelm II. (1859–1941), Sohn des Kronprinzen Friedrich und Enkel Kaiser Wilhelms I. Im Drei-Kaiser-Jahr 1888, als sein Großvater und sein Vater kurz nacheinander starben, wurde er mit 29 Jahren deutscher Kaiser und König von Preußen.

Bis zum Ende des Kaiserreichs 1918, also 30 Jahre lang, versuchte Wilhelm die Politik zu bestimmen. Im Unterschied zu seinem Großvater, der Bismarck weitgehend freie Hand gelassen hatte, beanspruchte der neue Kaiser die Entscheidungsgewalt. Er wollte, wie es damals hieß, ein „persönliches Regiment" führen. Dies führte zum Konflikt mit Bismarck, der 1890 wegen politischer Meinungsverschiedenheiten um seine Entlassung bat.

Der Verantwortung dieses „persönlichen Regiments" war der Kaiser aber nur bedingt gewachsen. Er bevorzugte persönliche Berater aus seiner Jugendzeit und aus der militärischen Führung, die eine Art Nebenregierung des Reichs bildeten. Allerdings gelang es Wilhelm nicht, sich gegen die regulären Verfassungsorgane wie den Reichstag oder den Reichskanzler durchzusetzen. Viele innenpolitische Vorhaben des Kaisers schlugen daher fehl.

Das prunkvolle und herrische Auftreten des Kaisers blieb nicht ohne Wirkung. Seine Begeisterung für alles Militärische stieß in weiten Teilen der Bevölkerung auf Widerhall. Insofern gilt er als Repräsentant der damaligen Verhältnisse und seine Regierungszeit als „wilhelminische Epoche".

Die innenpolitische Entwicklung

Während der Herrschaft Wilhelms II. erreichte ein Prozess seinen Höhepunkt, der bereits unter Bismarck begonnen hatte: Immer mehr Menschen interessierten sich für politische Fragen. Die Debatten und

M 2 Verhaftung
Während eines Streiks der Kohlenarbeiter in Berlin-Moabit wird ein Streikposten verhaftet, Fotografie von 1910.

M 3 **Wilhelm mit seinen Söhnen**
Vor dem Berliner Schloss auf dem Weg zur Neujahrsparade, Fotografie von 1914

Abstimmungen im Reichstag rückten in den Mittelpunkt des Interesses, und es bildeten sich verschiedene Organisationen, die die politische Meinung der Bevölkerung zu beeinflussen suchten. Bei den Wahlen verschoben sich die politischen Gewichte zugunsten der SPD, die kontinuierlich wuchs und schließlich die meisten Abgeordneten im Reichstag stellte. Der Kaiser und seine Regierung betrachteten das als Gefahr für den Staat und versuchten die Sozialdemokraten – ähnlich wie mit dem Sozialistengesetz – zu unterdrücken. Dies scheiterte allerdings am Widerstand des Reichstags. Zwischen der Mehrheit des Parlaments und der Regierung des Kaisers war eine Zusammenarbeit immer weniger möglich.

Notwendige Reformen wie eine Demokratisierung der Reichsverfassung konnten wegen dieser Gegensätze nicht durchgeführt werden. Während Deutschland zu einer modernen Industriegesellschaft heranwuchs, blieb die staatliche Ordnung unangetastet und wurde den neuen Verhältnissen nicht angepasst.

Manche Neuerungen gelangen dennoch. So wurde im Jahr 1900 das bis heute gültige Bürgerliche Gesetzbuch (BGB) verabschiedet, das für Deutschland eine einheitliche Rechtsgrundlage schuf.

Die Militarisierung des Lebens

In der Öffentlichkeit spielte das Militär eine immer größere Rolle, was Wilhelm II. nachdrücklich förderte. Die Ableistung des Wehrdienstes und der Rang eines Reserveoffiziers waren für das berufliche und gesellschaftliche Fortkommen außerordentlich wichtig.

Große Bedeutung hatten auch entsprechende Interessenverbände. Im Alldeutschen Verband setzten sich Lehrer, Professoren und Journalisten dafür ein, die nationale Gesinnung der Bevölkerung zu heben. Mehr als eine Million Mitglieder zählte der Flottenverein. Er unterstützte das kaiserliche Ziel, eine große deutsche Kriegsflotte zu bauen, die es mit der britischen Flotte aufnehmen konnte. Noch größer war der Kyffhäuser-Bund: ein Zusammenschluss von 32 000 Kriegervereinen mit 2,8 Millionen Mitgliedern. Militarismus und Nationalismus waren im Reich also weit verbreitet.

M 4 **Reiterstandbild Kaiser Wilhelm I.**
am Deutschen Eck in Koblenz, aktuelles Foto

Das deutsche Kaiserreich

M 5 Wilhelm II.
Porträt in der Uniform der Gardekürassiere, Gemälde von 1895

M 6 Wilhelm der Zweite

a) Der Schriftsteller Emil Ludwig veröffentlichte 1925 eine Biografie über Wilhelm II. Zur „harten Jugend" Wilhelms schreibt Ludwig:

Erst am dritten Tage [nach der schweren Geburt] bemerkte man, der linke Arm war gelähmt, das Schulterkugelgelenk zerrissen, die umgebende Muskelpartie so schwer beschädigt, dass im Stan-
5 de damaliger Chirugie kein Arzt sich an die Heilung des Gliedes wagen durfte […].
Wer wollte dem Knaben sein Mitgefühl wehren, wie er nun unter eigener Zucht und in der Strenge seiner Lehrer mit allen Kräften zu ersetzten suchte,
10 was ihm die Natur versagte! Unter heftigen Schmerzen wurde ihm der verkrüppelte Arm elektrisiert, bis man es aufgab, das gelähmte Glied zu stärken, und nun den Jungen zwang, den Schein des Gebrauches zu erwecken. Geschickt lernte er,
15 die Linke in den Gürtel, in die Tasche zu stützen.
[…] Die ehrgeizige [Mutter] Victoria, Tochter der mächtigen Königin von England und ihres klugen Gatten, verzieh nicht einem Kind, das unvollkommen war […], statt Mitleid trug sie heimliche Vor-
20 würfe gegen den entstellten Sohn im Herzen, gerade weil er der Erstgeborene war, und zog ihre anderen, schöner erwachsenden Kinder in unverhüllter Parteinahme vor. […]
Und doch rühmt ihn sein Lehrer laut. Denn was
25 den Prinzen, besonders als Offizier, auszeichnete, das war der Kampf gegen sein Gebrechen. Hier lag sein ganzer Ehrgeiz und Erfolg […].
In Wahrheit ist der moralische Sieg über die Physis sein Verderben geworden. Wenn dies der größte Tag des jungen Prinzen war, in glänzender Uni- 30 form auf galoppierendem Pferde im Morgensonnenscheine an der Spitze seines Regimentes den Vätern zu imponieren, so war dies nur das Vorspiel zahlloser Auftritte und Einzüge, klirrender Reden und drohender Fäuste, mit denen er sich jahrzehn- 35 telang vor seinem Selbstgefühl zu legitimieren suchte.

Emil Ludwig, Wilhelm der Zweite, München 1925, S. 11 ff.

b) Im Vorwort der Biografie beschreibt Ludwig seine Intention:

Hier ist der Versuch gemacht, aus den Charakterzügen eines Monarchen unmittelbar die weltpolitischen Folgen, aus seinem Wesen das Schicksal seines Volkes zu entwickeln.

Emil Ludwig, Wilhelm der Zweite, München 1925, S. 7.

c) Der Historiker Imanuel Geiss kommentiert um 1970 die Biografie von Emil Ludwig:

Emil Ludwigs Biografie des letzten deutschen Kaisers stellt […] eine psychologisch glänzende Analyse dar […]. Von einem gewissen Punkt an verwandelt sich allerdings Ludwigs Stärke – seine psychologische Einfühlungsgabe – zu einer Schwä- 5 che. Die heute nicht mehr allein befriedigende individuell-psychologisierende Methode gibt nämlich kaum einen Begriff von Wilhelms Stellung in der deutschen Geschichte, von seiner historischen Funktion. 10

Imanuel Geiss, Nachwort zur Lizenzausgabe von Emil Ludwig, Wilhelm der Zweite, für den Bertelsmann Lesering, München o. J. (um 1970), S. 332 f.

d) Der englische Historiker John C. G. Röhl bilanziert im ersten Band seiner umfangreichen Biografie über Wilhelm II. 1993:

Jeder aber, der aufgrund des Familiennachlasses diese [ärztliche] Behandlung näher untersucht, die, wenngleich in der besten Absicht verordnet, einer grauenhaften Kindesmisshandlung gleichkam, wird zur Erkenntnis gezwungen, dass hierin 5
– mehr noch, als Ludwig […] ahnen konnte – eine der wichtigsten Ursachen für die gestörte Charakterbildung des letzten deutschen Kaisers zu sehen ist.

John C. G. Röhl, Wilhelm II., Die Jugend des Kaisers 1859–1888, München 1993, S. 38.

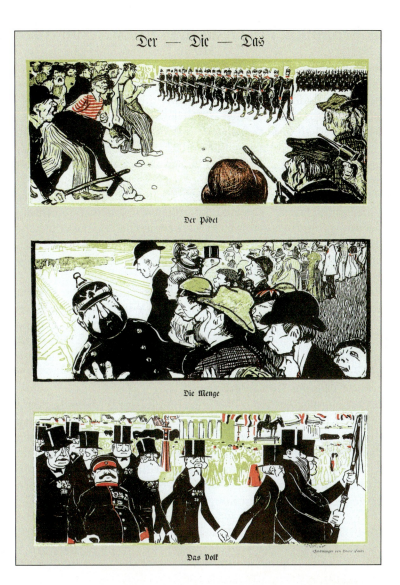

M 7 „Der – Die – Das"
Karikatur von Bruno Paul, erschienen in der Zeitschrift „Simplicissimus", 1897

Aufgaben

1. a) Erläutere den Begriff „Wilhelminismus".
   b) Wie verstand Wilhelm II. seine politische Rolle?
   → Text
2. a) Beschreibe die Darstellung Wilhelms II. in ihren einzelnen Elementen.
   b) Welchen Gesamteindruck vermittelt das Bild?
   → M5
3. a) Fasse mit eigenen Worten die Ausführungen Emil Ludwigs über die „harte Jugend" Wilhelms II. zusammen. → M6
   b) Erläutere anhand von Textbeispielen die Intention, die der Biografie über Wilhelm II. zugrunde liegt.
   → M6 a) und b)
   c) Erkläre die Einwände des Historikers Imanuel Geiss gegenüber dem Vorgehen Emil Ludwigs.
   → M6 a), b) und c)
   d) Nimm Stellung zu der Frage, inwiefern Charaktereigenschaften einzelner Menschen den Verlauf der Geschichte beeinflussen können. Begründe deine Meinung.
4. Beschreibe und interpretiere die Karikatur „Der – Die – Das".
   → M7

Das deutsche Kaiserreich

Die Außenpolitik des Deutschen Reichs 1890–1914

Der Wechsel in der Außenpolitik

Der Erste Weltkrieg 1914–1918 führte zum Untergang des deutschen Kaiserreichs. Deshalb haben viele Historiker die deutsche Außenpolitik daraufhin untersucht, welchen Anteil sie am Ausbruch des Krieges hatte. Mit Sicherheit lässt sich sagen, dass der Regierungsantritt Wilhelms II. 1888 und Bismarcks Rücktritt 1890 eine neue Phase der Außenpolitik einleiteten. Nicht nur die großen Leitlinien, sondern auch die konkrete Politik änderte sich.

Im Unterschied zur Zeit Bismarcks verfolgte Deutschland nun eine „Politik der freien Hand". Die allzu kompliziert erscheinenden Bündnisverflechtungen sollten vereinfacht werden, um das eigene politische Handeln nicht zu sehr einzuschränken. Ferner wollte sich Deutschland künftig stärker am Erwerb von Kolonien beteiligen und damit einen „Platz an der Sonne" sichern.

Während Bismarck sein Augenmerk auf den Ausgleich der Machtverhältnisse in Europa gerichtet hatte, wollte Wilhelm II. den deutschen Einfluss mithilfe seiner Kriegsflotte auch in Übersee geltend machen. Die Flotte galt ihm als Symbol einer Weltmacht. Diese veränderten Prinzipien hatten Einfluss auf die konkrete Politik.

Die Veränderung des Bündnissystems

Die erste außenpolitische Entscheidung unter Kaiser Wilhelm II. betraf den Rückversicherungsvertrag mit Russland. Entgegen den russischen Wünschen wurde er 1890 nicht verlängert. Auf der Suche nach neuen Bündnispartnern wandte sich Russland daraufhin Frankreich zu, mit dem es 1894 ein Defensivbündnis schloss. Damit war die außenpolitische Isolation Frankreichs durchbrochen und die von Bismarck befürchtete „Zweifrontenbedrohung" Deutschlands eingetreten.

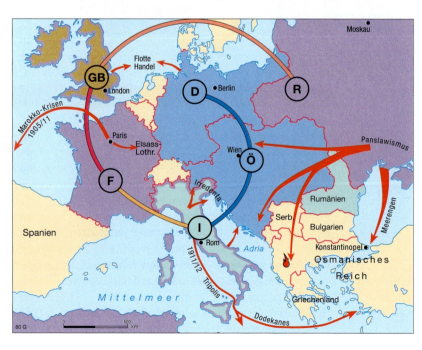

M 1

Das europäische Vertragssystem vor dem Ersten Weltkrieg
- deutsch-österreichischer Zweibund
- Dreibund
- französisch-russischer Zweibund (1894)
- französisch-italienischer Ausgleich (1902)
- Entente cordiale (1904)
- britisch-russischer Ausgleich (1907)
- Balkankriege 1912/13
- Spannungen und offene Fragen

Bau von Großkampfschiffen		
	Groß-britannien	Deutsch-land
1904/05	2	–
1905/06	2	–
1906/07	3	2
1907/08	3	3
1908/09	2	4
1909/10	10	4
1910/11	5	4
1911/12	5	4
1912/13	5	2
1913/14	5	3
	42	26

M 2

M 3 Kaiser Wilhelm II. beim Flottenmanöver
Illustration von Willy Stöver, 1912

Der Ausbau der Flotte

Gemäß den politischen Zielen wurde die Kriegsflotte seit 1897 durch Großadmiral Alfred von Tirpitz ständig vergrößert. Die neuen Großkampfschiffe sollten England zu einem Bündnis mit dem Deutschen Reich oder wenigstens zur Neutralität veranlassen. Die deutsch-britischen Gespräche scheiterten jedoch, da schnell deutlich wurde, dass Wilhelm II. und sein Flottenchef vom Ausbau der deutschen Kriegsflotte nicht abgehen würden.

Vor diesem Hintergrund kam es zu einer Annäherung zwischen England und Frankreich. Beide Länder einigten sich über eine Abgrenzung ihrer Interessengebiete in Nordafrika und schlossen die so genannte „Entente cordiale" („herzliche Übereinkunft"). Diese Vereinbarung machte deutlich, dass eine Verständigung zwischen den rivalisierenden Kolonialmächten trotz aller Gegensätze möglich war.

Die Formierung von zwei Machtblöcken

Als schließlich England und Russland 1907 ihre Besitzansprüche in Asien abgrenzten und die Entente cordiale zur Triple-Entente erweiterten, wurde Bismarcks Alptraum Wirklichkeit: Deutschlands mögliche Gegner in Ost und West hatten sich angenähert und verbündet.

Auf der anderen Seite waren Deutschland und Österreich-Ungarn Bündnispartner, sodass sich in Europa zwei zunehmend feindlich gesinnte Mächtegruppen gegenüberstanden. Während die Entente-Mächte eine deutsche Vorherrschaft in Europa fürchteten, fühlte sich das Deutsche Reich durch die Allianz Englands, Frankreichs und Russlands eingekreist und bedroht. Die gegenseitigen Ängste führten zu einer immer stärkeren Aufrüstung der Großmächte.

Seit etwa 1890 hatte sich die internationale politische Lage grundlegend gewandelt. Sie war geprägt von verschärften Spannungen zwischen den Staaten Europas. Wegen seiner aggressiven Politik stellte das kaiserliche Deutschland einen für die anderen Mächte schwer einschätzbaren Unruhefaktor dar. Dieser bildete ein wichtiges Element auf dem Weg zum Ersten Weltkrieg, auch wenn an seinem endgültigen Ausbruch im Sommer 1914 noch andere Ursachen beteiligt waren.

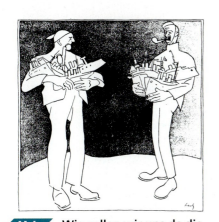

M 4 „Wie sollen wir uns da die Hand geben?"
Karikatur des Simplicissimus zu den Verhandlungen zwischen Deutschland und Großbritannien 1912.

Das deutsche Kaiserreich

Das alte Märchen
(Zeichnungen von O. Gulbransson)

Der Hase und der Swinegel wollten miteinander um die Wette laufen, und da legte der Hase los.

Aber wie er nach Paris kam, war der Swinegel schon da, und da lief der Hase, was er nur konnte.

Aber wie er nach Rom kam, da war der Swinegel schon da, und da lief der Hase furchtbar.

Aber wie er nach Petersburg kam, da war der Swinegel schon da. Und da saß der Hase erschöpft auf dem Feld und war glänzend isoliert.

M 5 „Das alte Märchen", Karikatur des Simplicissimus, 1908

M 6 Umstrittene Außenpolitik

a) Die Außenpolitik Deutschlands in wilhelminischer Zeit wird in der historischen Forschung unterschiedlich bewertet. Der Historiker Klaus Hildebrand schreibt 1995:

Seit den Neunzigerjahren des 19. Jahrhunderts war immer öfter von einem „Weltreich" als dem Ziel deutscher Außenpolitik die Rede. Der kühne Begriff und sein ehrgeiziger Anspruch drängten
5 den Nationalstaat in die imperiale Richtung, formten ihn zum Expansionsstaat um […].
Die fatale Konsequenz des ungestümen Aufbruchs wurde überdeutlich: Forsch in die Weltpolitik auszuschreiten brachte vor allem Gefahr und Rück-
10 schritt mit sich, untergrub die nationalstaatliche Grundlage des Reiches und trug ein selbstmörderisches Risiko in sich. […]
Eine Flotte zu bauen und nach Kolonien zu streben entsprach dem […] globalen Gesetz des impe-
15 rialistischen Zeitalters. Spezifisch für die deutsche Außenpolitik war, dass das Wettrüsten zu See wie ein Sprung ins Abenteuer gewagt wurde, bevor der eigene Nationalstaat fertig und die kontinentale Sicherheit konsolidiert war. […]
20 Europas unmissverständliche Antwort auf die empörende Herausforderung der anmaßenden Deutschen schlug sich in jener Auskreisung des wilhelminischen Reiches nieder, die dieses umgehend als seine „Einkreisung" beklagte.

Klaus Hildebrand, Das vergangene Reich. Deutsche Außenpolitik von Bismarck bis Hitler 1871–1945, Stuttgart 1995

b) Der britische Historiker John C. G. Röhl widmet sich in seiner 2001 erschienenen Biografie vor allem der Persönlichkeitsstruktur und den politischen Zielen Wilhelms II.:

Wilhelm hat die neue Weltpolitik nicht nur durch seine grandiose Geltungssucht weitaus rasanter vorangetrieben, als die erfahrenen Beamten im Reichskanzlerpalais und im Auswärtigen Amt für
5 ratsam hielten; durch seine sprunghaften und unberechenbaren Vorstöße auf der weltpolitischen Bühne wirkte er für die Regierungen der anderen Mächte äußerst irritierend und alarmierend.
10 Immer wieder aufs Neue an den Rand der Verzweiflung getrieben, glaubten die Staatsmänner in London, Paris und St. Petersburg, es nicht nur mit einem gefährlichen internationalen Rivalen zu tun zu haben, sondern auch mit einem über-
15 mächtigen und hyperaktiven Herrscher, der nicht ganz zurechnungsfähig zu sein schien.
Nicht weniger beunruhigt waren die deutschen Diplomaten, die oft genug Anlass hatten, angesichts der kaiserlichen Inkonsequenz die Hände
20 über dem Kopf zusammenzuschlagen. […] Beim Übergang zur Weltpolitik spielte außerdem die Erwartung mit, durch spektakuläre außenpolitische Erfolge das angeschlagene Ansehen der Monarchie wieder aufzurichten.

John C.G. Röhl, Wilhelm II. Der Aufbau der persönlichen Monarchie 1888–1900, München 2001, S. 1030 f.

Aufgaben

1. Vergleiche Bismarcks außenpolitische Ziele mit denen Wilhelms II. Nenne wesentliche Unterschiede.
   → Text, M1
2. a) Erläutere, worin die neue Außenpolitik ab 1890 bestand.
   b) Beschreibe mithilfe der Karte, wie sich die Bündnisse in Europa veränderten.
   → Text, M1
3. a) Nenne die Ziele, die das Deutsche Reich mit dem Ausbau der Flotte verfolgte.
   b) Erläutere anhand der Karikaturen die Auswirkungen der deutschen Flottenpolitik.
   → Text, M2, M4, M5
4. a) Erzähle das „alte Märchen" vom Hasen und vom Igel.
   b) Wen soll der Hase darstellen? Achte auf die Kopfbedeckung und den Bart.
   c) Wofür stehen die Städtenamen?
   d) Wen soll der Igel darstellen?
   e) Welche Aussage über deutsche Außenpolitik enthält die Bildergeschichte?
   → M5
5. a) Fasse die Aussagen der beiden Historiker mit eigenen Worten zusammen.
   b) Wie beurteilen die beiden Historiker den Versuch Deutschlands, „Weltpolitik" zu betreiben?
   → M6
6. Verfasse eine Denkschrift, wie die Spannungen zwischen den europäischen Mächten deiner Meinung nach hätten gelöst werden können.

Das deutsche Kaiserreich

M 1 Arbeiterwohnung
Arbeiterfamilie in der Wohnküche, die zugleich als Schlafraum diente, Foto um 1890

Gesellschaftlicher Wandel im Kaiserreich

Die Industriegesellschaft entsteht

Die Industrialisierung führte zu einem grundlegenden gesellschaftlichen Wandel: Deutschland entwickelte sich zu einer modernen Industriegesellschaft. Dieser soziale Wandel ist nicht denkbar ohne ein starkes Bevölkerungswachstum. Von 1866 bis 1914 wuchs die Bevölkerung von rund 40 auf 68 Millionen Menschen, eine Steigerung um 70 Prozent. Aber auch die einzelnen Schichten der Gesellschaft und ihre Stellung zueinander veränderten sich.

Die Industrialisierung führte zur Entstehung einer neuen Bevölkerungsschicht: der Arbeiter. Sie setzten sich aus ganz verschiedenen Gruppen zusammen: Kumpel und Stahlkocher in der Montanindustrie, weibliche Hilfskräfte in der Textilbranche, gut ausgebildete Facharbeiter im Maschinenbau, Wander- und Saisonarbeiter, die auf Großbaustellen arbeiteten, sowie ein Heer von Arbeitskräften in allen nur denkbaren Industriesparten. Sie alle suchten Arbeit in den ständig neu aus dem Boden schießenden Fabriken und lebten in den grauen Arbeitersiedlungen der rasch wachsenden Industriestädte.

Trotz dieser verwirrenden Vielfalt der Beschäftigtenstruktur entwickelten die Arbeiter allmählich das Bewusstsein, zu einer Klasse zu gehören, das heißt zu einer durch gemeinsame Arbeits- und Lebensbedingungen geprägten Klasse. Dies gemeinsame Schicksal schweißte sie zusammen, sodass man auch von einem „Vierten Stand" sprach.

Das Bürgertum war die Schicht, die das Kaiserreich prägte. Es zerfiel in verschiedene Gruppen, die sich in ihrer Lebensweise und im Einkommen stark voneinander unterschieden. Gemeinsam war ihnen, dass der Vater ein regelmäßiges Gehalt bezog, die Familie mit väterlicher Strenge führte und die Mutter ein behütetes Heim – meist mit zahlreichen Kindern – versorgte. Anders als bei der Unterschicht der Arbeiter war ihre Existenz nicht von täglicher Not bedroht.

Zu den Kleinbürgern zählten Handwerker, kleine Kaufleute, Beamte und Angestellte. Ihre Tugenden hießen Pflichttreue, Pünktlichkeit, Unbestechlichkeit und Leistungsbereitschaft. Das Bildungsbürgertum umfasste Ärzte, Juristen, Lehrer, Professoren. Politische und gesellschaftliche Bedeutung gewann jedoch das Besitzbürgertum, das durch die Industrialisierung reich geworden war: Fabrikanten, Bankiers, Großkaufleute. Ein „standesgemäßes" Auftreten mit komfortablem Haus und vornehmer Kleidung kostete oft gewaltige Summen.

Der Adel behauptete seine Vorherrschaft und besetzte auch weiterhin die führenden Stellen in der Politik und im Militär. Gesellschaftlicher Mittelpunkt war der kaiserliche Hof, auf den sich Hochadel und grundbesitzender Landadel konzentrierten.

Die Industrialisierung bot vielen Menschen große Aufstiegschancen, weil die entstehenden Industriebetriebe flexible und gut ausgebildete Arbeitskräfte brauchten. Die wachsende Zahl von Menschen, die in der Verwaltung tätig waren, führte zur Herausbildung einer eigenen Berufsgruppe: der Angestellten. Sie arbeiteten – wie auch heute – in den Unternehmensverwaltungen sowie im Dienstleistungssektor bei Handel, Banken und Versicherungen. Während es 1882 etwa 610 000 Angestellte gab, waren es 1907 schon fast zwei Millionen.

M 2 Fabrikantenvilla
Haus eines Nürnberger Unternehmers, erbaut im Stil eines Renaissanceschlosses, Foto von 1890

M 3 Frankfurt im Jahre 1905
Das Bild der Prachtstraße „Zeil" lässt den gründerzeitlichen Boom der Metropole am Main erahnen, Postkarte von 1905.

Leben in der Großstadt

Die Entstehung von Großstädten und ihr enormes Wachstum hatten beträchtliche Auswirkungen auf die soziale Struktur. Der Prozess der Verstädterung wird als Urbanisierung bezeichnet, abgeleitet von lat. urbs = Stadt. Berlin war 1871 mit 827 000 Einwohnern bereits die drittgrößte Stadt Europas, 1905 wurde die Einwohnerzahl von zwei Millionen überschritten. Der soziale Zusammenhalt, wie ihn das Land und die Kleinstadt kannten, wich der Anonymität in den neuen Ballungszentren. Hier trat die Bedeutung familiärer und verwandtschaftlicher Beziehungen zurück und wurde ersetzt durch lockere Kontakte im Stadtviertel oder im Betrieb.

Ausbau des Bildungssystems

Da die Industrialisierung immer mehr gut ausgebildete Arbeitskräfte forderte, wurde das Bildungssystem stark ausgebaut. Bildung bildete die Grundlage für den sozialen Aufstieg, eine Chance nicht nur für Männer, sondern zunehmend auch für Frauen.

Zwar gab es die allgemeine Schulpflicht seit längerer Zeit, doch setzte sie sich erst im Kaiserreich allgemein durch. Dies führte zum Ausbau der Volksschulen, was sich in einer großen Zahl neuer Schulgebäude niederschlug. Aber auch die höheren Schulen entwickelten sich weiter. Zunächst war das humanistische Gymnasium mit den Schwerpunkten Griechisch und Latein die einzige höhere Schule. Dann traten andere Schularten hinzu, die als moderne Fremdsprachen Englisch und Französisch oder naturwissenschaftliche Fächer wie Physik und Chemie in den Mittelpunkt stellten.

Das deutsche Kaiserreich

M 4 Volksschüler
Ein Volksschullehrer mit seiner Klasse im Westerwalddorf Hergenroth

Einerseits ermöglichte der Ausbau des Bildungswesens vielen Menschen einen sozialen Aufstieg. Andererseits waren Gymnasien und Universitäten für Arbeiterkinder kaum zugänglich. Das Bildungssystem verstärkte daher trotz positiver Ansätze noch lange Zeit die gesellschaftlichen Unterschiede.

Eine neue Familienform breitet sich aus

Die heutige Form der Familie, die aus Eltern und Kindern und somit zwei Generationen besteht, ist im Wesentlichen erst im Kaiserreich entstanden. Zuerst setzte sich diese Kleinfamilie, die auch „Kernfamilie" genannt wird, im Bürgertum als Lebensform durch.

Vor der Industrialisierung war auf dem Land die bäuerliche Großfamilie mit mehreren Generationen und den unverheirateten Geschwistern des Hoferben die Regel. In den Städten lebten die Angehörigen des Bürgertums meist in Drei-Generationen-Familien, in den unterbürgerlichen Schichten waren uneheliche Kinder und Lebensgemeinschaften weit verbreitet. Durch die jetzt erfolgende Abwanderung vieler Menschen vom Land in die Städte lösten sich die Großfamilien auf, die in Notzeiten Rückhalt geboten hatten.

Die veränderte Rolle der Frau

Den rechtlichen Status der Frau definierte das Kaiserreich als „Frau und Mutter". Auch die 1900 erfolgte Neufassung des Bürgerlichen Gesetzbuchs kannte keine Gleichberechtigung der Frau, denn sie unterstand der Vormundschaft des Vaters bzw. Ehemanns. Der Mann bestimmte, wo die Familie wohnte, wie sie lebte, wie das Geld verwendet wurde. Er allein konnte auch darüber entscheiden, ob seine Frau berufstätig sein durfte. Dennoch veränderte sich die wirtschaftliche und soziale Stellung der Frau im Kaiserreich grundlegend. Dabei ist zwischen Frauen aus dem Bürgertum und aus der Arbeiterschaft zu unterscheiden. Im Bürgertum sorgten nur unverheiratete Frauen für sich selbst. Für verheiratete Frauen war Berufstätigkeit unüblich. In der Arbeiterschaft hingegen mussten Frauen arbeiten, da der Lohn des Mannes für die Existenz der Familie meist nicht reichte.

Da die Notwendigkeit einer standesgemäßen Beschäftigung stieg, machten sich junge Frauen und deren Väter Gedanken um eine gute Schulbildung. Ab 1900 durften Mädchen Jungengymnasien besuchen und wurden schließlich auch zum Hochschulstudium zugelassen. Das Selbstbewusstsein der Frauen stieg, und es entstanden verschiedene Frauenvereine, die sich 1894 im „Bund Deutscher Frauenvereine" zusammenschlossen. Dieser forderte eine bessere Ausbildung für Mädchen, volle politische und bürgerliche Rechte – besonders auch das Wahlrecht – sowie Zugang zu allen Berufen. Ab 1908 durften Frauen politischen Vereinen und Parteien beitreten, doch erhielten sie das Wahlrecht erst 1918.

M 5 Frauenzeitschrift
Ab 1903 gab die Lehrerin Helene Lange (1848–1930) die Monatszeitschrift „Die Frau" heraus, die sich für die Gleichberechtigung der Frauen einsetzte.

Auch im Alltag zeigten sich Veränderungen. So war es für Frauen zunächst undenkbar, eine Badeanstalt oder ein Strandbad zu besuchen. Später gab es Badeabteilungen nur für Frauen, die durch hohe Wände von denen der Männer getrennt waren. Schließlich wurde das gemeinsame Baden von Männern und Frauen akzeptiert.

M 6 „Die fünf Frankfurter"
Antisemitische Postkarte, um 1900

M 7 Theodor Herzl (1860–1904)
Schriftsteller und zionistischer Politiker, Fotografie, um 1900

M 8 Max Jüdel (1845–1910)
Braunschweiger Unternehmer und Politiker

Eine neue Form der Judenfeindschaft

Die Juden erhielten im Verlauf des 19. Jahrhunderts nach und nach immer mehr Rechte und galten als „Staatsbürger jüdischen Glaubens". Allerdings wurden sie im Staatsdienst, an den Universitäten und in der Armee massiv benachteiligt. Als Folge der jahrhundertelangen Diskriminierung waren sie vor allem in freien Berufen, zum Beispiel als Ärzte oder Rechtsanwälte, im Handel- und Dienstleistungssektor oder im künstlerischen Bereich tätig. Trotz rechtlicher Gleichstellung und gesellschaftlicher Anpassung blieben in manchen Bevölkerungskreisen Vorbehalte. Neu am Antisemitismus – das heißt Judenfeindschaft – im Kaiserreich war, dass Juden nicht mehr wie früher wegen ihrer Religion, sondern wegen angeblicher rassischer Unterschiede angegriffen wurden. Es wurde behauptet, dass Juden von Natur aus betrügerisch, raffgierig und ohne Moral seien.

Diese Vorstellungen waren weit verbreitet. So war der evangelische Hofprediger von Kaiser Wilhelm II., Adolf Stoecker, einer der schärfsten Antisemiten. Doch auch in bestimmten Parteien und in einflussreichen Verbänden wie dem „Alldeutschen Verband" wurden entsprechende Positionen vertreten. Der Antisemitismus der Nationalsozialisten lässt sich teilweise bis ins Kaiserreich zurückverfolgen.

Der Zionismus

Als Reaktion auf den Antisemitismus entstand die zionistische Bewegung unter Führung von Theodor Herzl. Diese forderte die Bildung eines jüdischen Staates in Palästina. Auch wenn daraufhin Juden auswanderten, kam dies für die Mehrheit der jüdischen Bevölkerung, die sich in Deutschland zu Hause fühlte, nicht infrage. Viele Juden organisierten sich seit 1893 im „Centralverein deutscher Staatsbürger jüdischen Glaubens". Der Verein forderte in seinem Programm nicht nur die Gleichberechtigung, sondern bekannte sich auch zum Ziel der Integration. So hieß es: „Wir sind nicht deutsche Juden, sondern deutsche Staatsbürger jüdischen Glaubens" und „Wir deutschen Staatsbürger jüdischen Glaubens stehen fest auf dem Boden der deutschen Nationalität". Diese Sätze stehen stellvertretend für das nationale Selbstverständnis vieler deutscher Juden im deutschen Kaiserreich.

Max Jüdel – Ein Beispiel

Max Jüdel, ein Unternehmer aus Braunschweig, kann als Beispiel für einen erfolgreichen deutschen Staatsbürger jüdischen Glaubens dienen. In der Stadt der ersten staatlichen Eisenbahn (1838) gründete der Kaufmann 1873 zusammen mit seinem Chefingenieur Heinrich Büssing die Eisenbahn-Signal-Bauanstalt. Mit 1300 Mitarbeitern gehörte die zu einer Aktiengesellschaft umfirmierte Max Jüdel & Co. zu den größten Arbeitgebern in Braunschweig zu Beginn des 20. Jahrhunderts. Max Jüdel war Braunschweiger Landtagsabgeordneter, Stadtverordneter und von 1893 bis zu seinem Tode 1910 Präsident der Handelskammer. Die Technische Hochschule Braunschweig verlieh ihm 1909 für seine Leistung als Unternehmer die Ehrendoktorwürde. Der Stadt Braunschweig hinterließ er nicht nur die von ihm gegründete Braunschweiger Karnevalsgesellschaft von 1872, sondern auch sein Vermögen, das in einer Stiftung bedürftigen Arbeitern zugute kommen sollte.

Das deutsche Kaiserreich

M 9 Leben im Kaiserreich

a) Der Schriftsteller Theodor Fontane (1819–1898) hat eine Reihe so genannter Gesellschaftsromane geschrieben, die im Kaiserreich spielen. Hier folgt ein Auszug aus „Mathilde Möhring":

Möhrings wohnten Georgenstraße 19, dicht an der Friedrichstraße. Hauswirt war Rechnungsrat Schultze, der in der Gründerzeit mit 300 Talern spekuliert und in zwei Jahren ein Vermögen
5 erworben hatte. Wenn er jetzt an seinem Ministerium vorüberging, sah er immer lächelnd hinauf und sagte: „Gu´n Morgen, Exzellenz …" Gott, Exzellenz! Wenn Exzellenz fiel, und alle Welt wunderte sich, dass er noch nicht gefallen sei, so stand
10 er – wie Schultze gern sagte – vis-à-vis de rien, höchstens Oberpräsident in Danzig. Da war er besser dran, er hatte fünf Häuser, und das in der Georgenstraße war beinah schon ein Palais, vorn kleine Balkone von Eisen mit Vergoldung. Was
15 anscheinend fehlte, waren Keller und auch Kellerwohnungen. Statt ihrer lagen kleine Läden, ein Vorkostladen, ein Barbier-, ein Optikus- und ein Schirmladen, in gleicher Höhe mit dem Straßenzug, wodurch die darüber gelegene Wirtshaus-
20 wohnung jenen à-deux-mains-Charakter so vieler neuer Häuser erhielt. War es Hochparterre oder war es eine Treppe hoch? Auf Schultzes Karte stand Georgenstraße 19 I, was jeder gelten ließ, mit Ausnahme von Möhrings, die, je nachdem die-
25 se Frage entschieden wurde, drei oder vier Treppen hoch wohnten, was neben der gesellschaftlichen auch noch eine gewisse praktische Bedeutung für sie hatte.

Möhrings waren nur zwei Personen, Mutter und
30 Tochter. Der Vater, Buchhalter in einem kleinen Tuchexportgeschäft, war schon vor sieben Jahren gestorben, an einem Sonnabend, einen Tag vor Mathildes Einsegnung. Der Geistliche hatte daraufhin eine Bemerkung gemacht, die bei Mutter
35 und Tochter noch fortlebte, ebenso das letzte Wort, das Vater Möhring an seine Tochter gerichtet hatte: „Mathilde, halte dich propper!" Pastor Kleinschmidt, dem es erzählt wurde, war der Meinung, der Sterbende habe es moralisch gemeint;
40 Schultzes, die auch davon gehört hatten und neben dem Geld- und Rechnungsrathochmut auch den Wirtshochmut hatten, bestritten dies aber und brachten das Wort einfach in Zusammenhang mit dem kleinen Exportgeschäft als
45 Umschreibung des alten „Kleider machen Leute".

Damals waren Möhrings eben erst eingezogen, und Schultzes sahen den Tod des alten Möhrings, der übrigens erst Mitte der Vierzig war, ungern. Als man den Sarg auf den Wagen setzte, stand der Rechnungsrat am Fenster und sagte zu seiner hin- 50 ter ihm stehenden Frau: „Fatale Geschichte! Die Leute haben natürlich nichts, und nun war vorgestern auch noch Einsegnung. Ich will dir sagen, Emma, wie´s kommt: Sie werden vermieten, und weil es ´ne Studentengegend ist, so werden sie an 55 einen Studenten vermieten, und wenn wir dann mal spät nach Haus kommen, liegt er auf dem Flur, weil er die Treppe nicht hat finden können. Ich bitte dich schon heute, erschrick nicht, wenn es vorkommt, und kriege nicht deinen Aufschrei." 60
Die Befürchtungen Schultzes erfüllten sich und auch wieder nicht. Allerdings wurde Witwe Möhring eine Zimmervermieterin. Ihre Tochter aber hatte scharfe Augen und viel Menschenkenntnis, und so nahm sie nur Leute ins Haus, die 65 einen soliden Eindruck machten. Selbst Schultze, der Kündigungsgedanken gehabt hatte, musste dies nach Jahr und Tag zugeben, bei welcher Gelegenheit er nicht unterließ, den Möhrings überhaupt ein glänzendes Zeugnis auszustellen: „Wenn 70 ich bedenke, Buchhalter in einer Schneiderei, und die Frau kann doch auch höchstens Müllerstochter sein, so ist es erstaunlich. Manierlich, bescheiden, gebildet! Und das Mathildchen, sie muss nun wohl siebzehn sein, immer fleißig und grüßt sehr artig, 75 ein sehr gebildetes Mädchen."
Das war nun schon wieder sechs Jahre her, und Mathildchen war jetzt eine richtige Mathilde von dreiundzwanzig Jahren. Das heißt, eine so ganz richtige Mathilde war sie doch nicht, dazu war sie 80 zu hager und hatte einen etwas griesen Teint. Und auch das aschblonde Haar, das sie hatte, passte nicht recht zu einer Mathilde. Nur das Umsichtige, das Fleißige, das Praktische, das passte zu dem Namen, den sie führte. Schultze hatte sie auch ein- 85 mal ein appetitliches Mädchen genannt. Dies war richtig, wenn er sie mit dem verglich, was ihm an Weiblichkeit am nächsten stand, enthielt aber doch ein gewisses Maß an Übertreibung. Mathilde hielt auf sich, das mit dem „propper" hatte sich 90 ihr eingeprägt, aber sie war trotzdem nicht recht zum Anbeißen, was doch das eigentlich Appetitliche ist; sie war sauber, gut gekleidet und von energischem Ausdruck, aber ganz ohne Reiz.

Theodor Fontane, Gesammelte Werke, 3. Band., München 1979, S. 305 f.

M 10 Stundentafel – Oberrealschule 1914

Oberrealschule.

Pflichtfächer	I	II	III	IV	V	VI	VII	VIII	IX	Summe
Religionslehre	2	2	2	2	2	2	2	2	2	18
Deutsch	5	5	4	4	3	3	3	3	4	34
Französisch	6	6	6	4	3	3	3	3	3	37
Englisch	—	—	—	5	5	3	3	3	—	19
Mathematik	4	4	5	5	5	5	5	5	5	48
Physik	—	—	—	3	3	3	3	3	3	18
Naturkunde	2	2	2	2	1	1	1	1	1	13
Chemie	—	—	—	—	2	2	3	3	3	13
Geschichte	—	—	2	2	2	2	3	3	3	17
Geographie	2	2	2	2	1	1	1	1	—	12
Zeichnen	3	4	4	4	2	2	2	2	2	25
Turnen	2	2	2	2	2	2	2	2	2	18
Dazu kommen wöchentlich zwei Turnspielstunden (Spielnachmittag)										
Schreiben	2	1	—	—	—	—	—	—	—	3
Summe	28	28	29	30	31	31	31	31	31	270

Ministerialblatt für Kirchen- und Schulangelegenheiten im Königreich Bayern vom 10.06.1914, S. 223

M 11 Stundentafel – Humanistisches Gymnasium 1914

Stundentafeln. Humanistisches Gymnasium.

Pflichtfächer	I	II	III	IV	V	VI	VII	VIII	IX	Summe
Religionslehre	2	2	2	2	2	2	2	2	2	18
Deutsch	5	5	3	3	3	3	3	3	3	31
Latein	8	8	8	7	7	7	6	6	6	63
Griechisch	—	—	—	6	6	6	6	6	6	36
Französisch	—	—	—	—	—	4	3	3	3	13
Mathematik	4	4	5	3	3	3	3	3	3	31
Physik	—	—	—	—	—	—	2	2	2	6
Naturkunde	2	2	2	2	2	—	—	—	—	10
Geschichte	—	—	2	2	2	3	3	3	3	18
Geographie	2	2	2	2	2	—	—	—	—	10
Zeichnen	—	2	2	1	1	—	—	—	—	6
Turnen	2	2	2	2	2	2	2	2	2	18
Dazu kommen wöchentlich zwei Turnspielstunden (Spielnachmittag)										
Schreiben	2	1	—	—	—	—	—	—	—	3
Summe	27	28	28	30	30	30	30	30	30	263

Ministerialblatt für Kirchen- und Schulangelegenheiten im Königreich Bayern vom 10.06.1914, S. 217

Aufgaben

1. a) Stelle die wichtigsten gesellschaftlichen Gruppen im Kaiserreich zusammen und beschreibe ihre soziale Stellung.
   b) Stelle die gesellschaftliche Ordnung im Kaiserreich grafisch dar.
   → Text
2. Nenne die wichtigsten gesellschaftlichen Veränderungen im Kaiserreich um 1900.
   → Text
3. a) Erkläre den Begriff „Antisemitismus".
   b) Erläutere, worin die neue Form der Judenfeindschaft im Kaiserreich bestand.
4. a) Stelle dar, wodurch die soziale Situation der Möhrings gekennzeichnet ist.
   b) Ordne die Möhrings einer bestimmten sozialen Schicht zu und begründe deine Entscheidung.
   c) Ordne die Schultzes einer bestimmten sozialen Schicht zu und begründe deine Entscheidung.
   → M9, Internet, Lexikon
5. a) Vergleiche die beiden Stundentafeln. Worin unterschied sich die Oberrealschule vom humanistischen Gymnasium?
   b) Vergleiche deinen Stundenplan mit der Stundentafel aus dem Jahr 1914.
   c) Erläutere, welche Veränderungen sich im Schulwesen seit dem Kaiserreich vollzogen haben.
   → M10, M11

Vertiefung: „Verpreußung" Schleswig-Holsteins

Aus Schleswig-Holsteinern werden Preußen

Schleswig-Holstein nach 1866/1871

Nach dem Krieg zwischen Preußen und Österreich von 1866 erhielt Preußen große Gebiete in Norddeutschland. So gliederte Preußen die Herzogtümer Schleswig, Holstein und Lauenburg in sein Staatsgebiet ein. Die Schleswig-Holsteiner, die 15 Jahre zuvor noch ein eigenständiges Fürstentum angestrebt hatten, wurden auf diese Weise zu preußischen Staatsbürgern.

Preußen war in den genannten Herzogtümern vor 1863/64 keineswegs populär gewesen, aber die preußischen Siege über Dänemark und Österreich und die Aussicht auf die ersehnte deutsche Einheit ließen die Widerstände rasch schwinden. Schließlich tat die Welle nationaler Begeisterung nach dem Krieg gegen Frankreich 1870/71 und der Gründung des Deutschen Kaiserreiches ein Übriges. Die Geschwindigkeit dieser Veränderung war dennoch erstaunlich. Dabei dürften folgende Entwicklungen eine Rolle gespielt haben: Die territoriale Zersplitterung des Landes wurde durch eine Neuordnung überwunden. Die neue kommunale Selbstverwaltung (nach der Gemeindeordnung von 1867 und der Städteordnung von 1869) eröffnete den Bürgern neue Mitwirkungsmöglichkeiten in den Gemeinden und Städten. Verwaltung und Rechtsverfassung wurden nach preußischem Vorbild modernisiert. Mit der preußischen Verfassung wurden unter anderem Versammlungs- und Pressefreiheit eingeführt, auch wenn diese Rechte nicht immer garantiert waren. Auch wirtschaftlich ging es bald aufwärts.

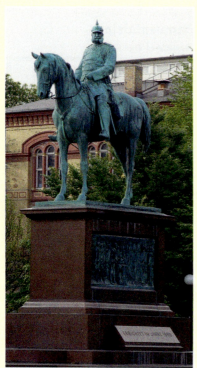

M 1 **Kaiser-Wilhelm-Denkmal in Kiel,** Einweihung des Denkmals im Schlossgarten 1896 (rechts) und das Denkmal heute. Die Inschrift lautet: „Kaiser Wilhelm I./Das befreite Schleswig-Holstein".

Diese Veränderungen zeigten bei den Reichstagswahlen Folgen: Lag der Anteil dänisch und landespolitisch orientierter Wähler 1871 noch bei über 20 Prozent, so sank dieser Prozentsatz in den folgenden Jahrzehnten deutlich ab. Insgesamt gelang es der preußischen Verwaltung also, die Mehrheit der Schleswig-Holsteiner von den Vorzügen einer Zugehörigkeit zu Preußen zu überzeugen.

M 2 „Proclamation" des Königs

Zugleich mit dem königlichen „Patent" über die Einverleibung Schleswig-Holsteins in das Königreich Preußen richtete König Wilhelm I. von Preußen 1867 eine „Proclamation" an die Bewohner Schleswig-Holsteins:

Durch das Patent, welches Ich heute vollzogen habe, vereinige Ich Euch, Einwohner der Herzogtümer Holstein und Schleswig, mit Meinen Untertanen, Euren Nachbaren und deutschen Brüdern.
5 Durch die Entscheidung des Krieges, durch völkerrechtliche Verträge und durch die Neugestaltung des gemeinsamen deutschen Vaterlandes nunmehr aus Verbindungen gelöset, die Ihr schon lange nur mit Widerstreben getragen, tretet Ihr jetzt
10 in den Verband eines großen Staates, dessen Bevölkerung Euch durch Stammesgemeinschaft und Sitte verwandt und durch Gemeinsamkeit der Interessen befreundet ist.
Wenn Manche unter Euch sich nicht ohne Zögern
15 von anderen Beziehungen losgesagt haben, so ehre Ich auch hierin die bewährte Festigkeit Eures Stammes und würdige dieselbe als eine Bürgschaft, dass Ihr und Eure Kinder auch Mir und Meinem Hause mit Treue angehören werdet. Ihr
20 werdet die Notwendigkeit des Geschehenen erkennen. Denn sollen die Früchte des schweren Kampfes und der blutigen Siege für Deutschland nicht verloren sein, so gebietet es ebenso die Pflicht der Selbsterhaltung, als die Sorge für die Förderung der nationalen Interessen, die Herzog- 25 tümer mit Preußen fest und dauernd zu vereinigen. Und – wie schon Mein in Gott ruhender Herr Vater es ausgesprochen – nur Deutschland hat gewonnen, was Preußen erworben. Dieses werdet Ihr mit Ernst erwägen, und so vertraue Ich Eurem 30 deutschen und redlichen Sinne, dass Ihr Mir Eure Treue eben so aufrichtig geloben werdet, wie Ich zu Meinem Volke Euch aufnehme. Euren Gewerben und Eurer Landwirtschaft, Eurem Handel und Eurer Schifffahrt eröffnen sich durch die Vereini- 35 gung mit Meinen Staaten reichere Quellen. Meine Vorsorge wird Eurem Fleiße wirksam entgegenkommen. Eine gleiche Verteilung der Staatslasten, eine zweckgemäße energische Verwaltung, sorgsam erwogene Gesetze, eine gerechte und pünkt- 40 liche Justizpflege, kurz alle die Bürgschaften, welche Preußen zu dem gemacht, als was es sich jetzt in harter Probe bewährt hat, werden Euch fortan gemeinsame Güter sein.
Eure kriegstüchtige Jugend wird sich ihren Brü- 45 dern in Meinen anderen Staaten zum Schutze des Vaterlandes treu anschließen, und mit Freude wird die preußische Armee und Marine die tapferen und seetüchtigen Schleswig-Holsteiner empfangen, denen in den Jahrbüchern deutschen 50 Ruhmes nunmehr ein neues Blatt eröffnet ist.

Provinzial-Correspondenz, 5/5, 30. Januar 1867, S. 1. Zit. nach: zefys.staatsbibliothek-Berlin.de

Aufgaben

1. a) Beschreibe anhand des Bildes, wie die Einweihung des Kaiser-Wilhelm-Denkmals 1896 gefeiert wurde. Überlege, welche Bedeutung das Denkmal für die Beteiligten hatte.
   b) Erläutere die Inschrift des Denkmals „Kaiser Wilhelm I./Das befreite Schleswig-Holstein".
   → M1

2. a) Erläutere, mit welchen Argumenten der preußische König versucht, die neuen Untertanen für seine Herrschaft zu gewinnen.
   b) Zeige auf, an welchen Stellen Wilhelm I. auf die Geschichte Schleswig-Holsteins und auf mögliche Vorbehalte gegen die preußische Annexion eingeht.
   c) Erarbeite, welche Teile der „Proclamation" für die Schleswig-Holsteiner als Zugeständnis, welche als Zumutung empfunden werden konnten.
   → M2

3. In nur drei Jahrzehnten wandelte sich das Verhältnis der Schleswig-Holsteiner zu Preußen. Erkläre, wie es dazu kam.
   → Text, M1, M2

Das deutsche Kaiserreich

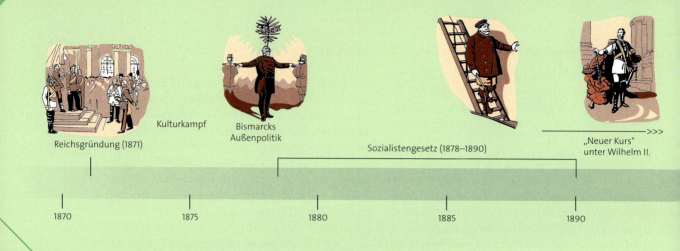

Zusammenfassung

Dass Deutschland in einem einheitlichen Nationalstaat vereinigt wird, war eine Forderung, die seit Beginn des 19. Jahrhunderts immer wieder erhoben wurde. Diese Hoffnung wurde allerdings erst 1871 – nach einer Reihe von Einigungskriegen – mit der Gründung des Deutschen Kaiserreichs erfüllt.

Der neue Staat war eine konstitutionelle Monarchie, die dem Kaiser und dem von ihm abhängigen Reichskanzler zwar große Macht einräumte, aber auch dem vom Volk gewählten Reichstag einigen Einfluss zugestand. Das Parlament und die in ihm vertretenen politischen Richtungen – Konservative, Liberale, Sozialdemokraten und Katholiken – gewannen immer mehr an öffentlicher Wirkung. Allerdings nutzte Otto von Bismarck seine Stellung als Reichskanzler und bestimmte bis zu seinem Rücktritt 1890 maßgeblich die deutsche Politik.

Außenpolitisch kam es ihm darauf an, die Existenz des neuen Staates zu sichern und den Kriegsgegner Frankreich mithilfe eines komplizierten Bündnissystems zu isolieren. Innenpolitisch versuchte er, die Katholiken und die immer stärker werdenden Sozialdemokraten politisch zu unterdrücken, was ihm jedoch nur zeitweise gelang.

Nach Bismarcks Rücktritt versuchte der junge Kaiser Wilhelm II. ein „persönliches Regiment" auszuüben: Er wollte wichtige politische Entscheidungen selbst treffen. Innenpolitisch wurden wichtige Reformen nicht durchgeführt, sodass die inzwischen entstandene moderne Industriegesellschaft der seit der Reichsgründung beibehaltenen politischen Ordnung gegenüberstand. Außenpolitisch kam es zu einem grundlegenden Wandel, da Deutschland nun versuchte, eine weltpolitische Rolle zu spielen. Dabei isolierte sich aber das Deutsche Reich in Europa und konnte schließlich nur noch auf Österreich-Ungarn als Bündnispartner zählen.

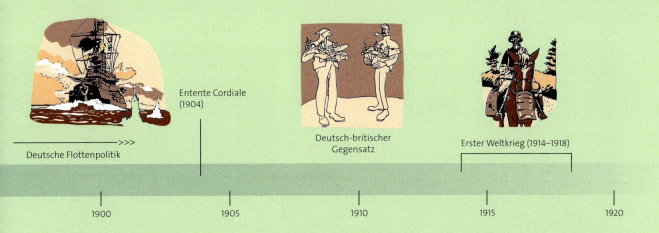

Deutsche Flottenpolitik >>>
Entente Cordiale (1904)
Deutsch-britischer Gegensatz
Erster Weltkrieg (1914–1918)

1900　1905　1910　1915　1920

Daten

1866 Norddeutscher Bund

1870/71 Deutsch-französischer Krieg

1871 Reichsgründung

1914–1918 Erster Weltkrieg

Begriffe

Deutsches Kaiserreich
Sozialgesetzgebung
Sozialistengesetz
Antisemitismus
Bündnissystem

Personen

Otto von Bismarck
Wilhelm II.

Tipps zum Thema: Das deutsche Kaiserreich

Filmtipp

Die Gründung des Deutschen Reiches, Teil I und II, Deutschland 1998

Das deutsche Kaiserreich 1871–1918, Deutschland 2006

Der Untertan, 104 min, DDR 1951

Lesetipp

Willi Fährmann:
   Der lange Weg des Lukas B., München 2005
Willi Fährmann:
   Es geschah im Nachbarhaus. Geschichte eines Verdachtes, Würzburg 2008
Carlo Feber:
   Der Tote im Winterhafen. Historischer Kriminalroman, Köln 2009

Museen

Deutsches Historisches Museum, Berlin

Otto-von-Bismarck-Stiftung, Friedrichsruh

hamburgmuseum

Historiecenter Dybbol Banke (Düppeler Schanze)

Kommentierte Links: www.westermann.de/geschichte-linkliste

2. Imperialismus und Erster Weltkrieg

Kartoffel-Verkauf
am Alexanderplatz in Berlin, Fotografie um 1916

Mahatma Gandhi (1869–1948)
Fotografie, Anfang 20. Jh.

Soldatenabschied 1914

Ein Deutscher in Ostafrika, 1906
Der Reichstagsabgeordnete Otto Arendt besucht die deutsche Kolonie

Gräberfelder in Verdun

Das Zeitalter des Imperialismus

Vorgeschichte
Seit Beginn der Neuzeit hatten europäische Seefahrer immer neue Regionen der Erde in Amerika, Afrika, Asien und Australien entdeckt. Ihnen folgten Eroberer, Missionare und Kaufleute, die in den gewonnenen Gebieten Handelsniederlassungen und Missionsstationen errichteten. Aus dem Zusammenschluss dieser verschiedenartigen Besitzungen in Übersee entstanden die Kolonialreiche Spaniens, Portugals, Großbritanniens und anderer europäischer Staaten. Häufig waren dabei private Handelsgesellschaften Träger der Kolonialpolitik, die die Regierung des Mutterlandes förderte, ohne aber direkt dafür verantwortlich zu sein. Fast alle Kolonialerwerbungen folgten dem Grundsatz „The flag follows the trade": Die Flagge folgt dem Handel!

Historische Einordnung
Die Entstehung rivalisierender Nationalstaaten und die fortschreitende Industrialisierung veränderten jedoch das Mächtesystem. Die großen Industrieländer verfolgten seit Ende des 19. Jahrhunderts eine aktive Kolonialpolitik, vorangetrieben durch einen übersteigerten Nationalismus. Statt einzelne „Schutzgebiete" zu erwerben, suchten sie künftig einen möglichst umfangreichen Herrschaftsraum (lat. imperium) außerhalb der nationalen Grenzen zu gewinnen. Der sprunghafte Fortschritt

M 1 Die Welt in der Kralle
Die französische Karikatur von 1899 zeigt die Welt in den Krallen Großbritanniens. Der Text „Verachtet sei, wer Böses dabei denkt" ist das Motto des höchsten englischen Ordens.

der Technik und die wachsende Industrieproduktion ermöglichten die Durchdringung großer Räume. Dieses Streben nach umfassender Beherrschung fremder Gebiete nennt man Imperialismus.

Der Imperialismus erreichte sein Ziel durch militärische Intervention, Kapitalexport und kulturelle Beeinflussung. So machte er ein Land und seine Bevölkerung abhängig und schuf die Voraussetzungen für seine koloniale Ausbeutung.

Bestimmende Faktoren des Imperialismus waren jedoch nicht nur Rohstoffinteressen und überseeische Absatzmärkte: Imperialistische Herrschaft rechtfertigte sich auch mit der angeblichen „Mission des weißen Mannes", die westliche Zivilisation in allen Teilen der Welt zu verbreiten. Das ging einher mit der festen Überzeugung einer Überlegenheit der „weißen Rasse".

Europäisierung und Aufteilung der Welt
Eckdaten für das Zeitalter des Imperialismus sind die Besetzung Ägyptens durch Großbritannien im Jahr 1882 und das Ende des Ersten Weltkriegs 1918. Von den europäischen Staaten trieb Großbritannien als früh entwickeltes Industrieland zuerst eine imperialistische Politik, Deutschland als spät entstandener Nationalstaat zuletzt. Daneben beteiligten sich vor allem Frankreich, Italien, Japan, Belgien sowie die USA und Russland am Wettlauf um die Aufteilung der Welt.

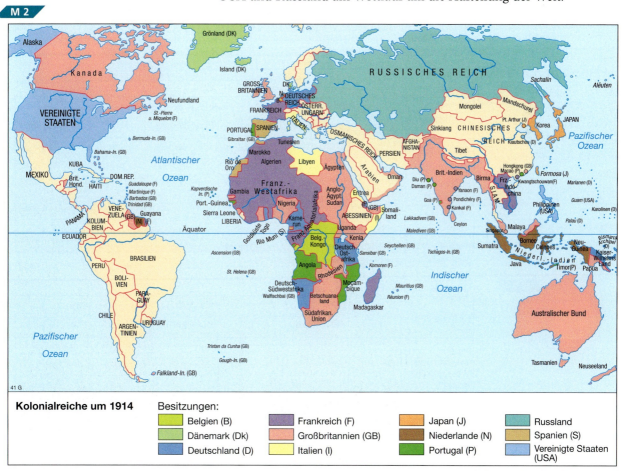

M 2 Kolonialreiche um 1914

Imperialismus und Erster Weltkrieg

Koloniale Besitzungen – Arbeiten mit Statistiken

M 3 – Großbritannien – koloniale Besitzungen

Besitzungen in	1881 km²	1881 Bevölkerung	1895 km²	1895 Bevölkerung	1912 km²	1912 Bevölkerung
Europa	375	172 613	328	203 266	328	246 458
Amerika	9 267 707	5 278 366	9 491 401	6 790 070	10 335 558	9 534 141
Afrika	670 953	2 141 645	5 965 519	27 161 174	6 209 602	35 833 501
Asien	4 400 768	243 697 000	5 324 379	296 749 727	5 281 000	324 628 804
Australien/Ozeanien	8 055 489	2 616 131	8 240 059	4 773 707	8 261 341	6 452 978
gesamt	22 395 292	253 905 755	29 021 686	335 677 944	30 087 829	376 695 882

Quelle: Wolfgang J. Mommsen, Imperialismus, Hamburg 1977, S. 37

M 4 – Die Französische Republik – koloniale Besitzungen

Besitzungen in	1881 km²	1881 Bevölkerung	1895 km²	1895 Bevölkerung	1912 km²	1912 Bevölkerung
Afrika	320 972[1]	3 288 756	2 381 476	14 894 783	6 480 200[2]	27 292 626
Asien	60 007	1 863 000	490 009	19 132 263	720 759	17 294 392
Amerika	124 504	257 548	81 993	377 341	82 000	452 005
Australien/Ozeanien	21 103	61 000	623 599	3 845 728	623 770	3 458 107
gesamt	526 586	5 470 304	3 577 077	38 850 115	7 906 729	48 497 130

[1] ohne Senegambien und Gabun [2] ohne Marokko (1911: 569 400; 3,6 Mill.)
Quelle: Wolfgang J. Mommsen, Imperialismus, Hamburg 1977, S. 37

M 5 – Das Deutsche Reich – koloniale Besitzungen

Besitzungen in	1881 km²	1881 Bevölkerung	1895 km²	1895 Bevölkerung	1912 km²	1912 Bevölkerung
Afrika	–	–	2 385 100	6 950 000	2 657 300	11 163 539
Neuguinea	–	–	255 900	387 000	242 000	602 478
Südsee-Inseln	–	–	400	12 824	2 600	37 985
China	–	–	–	–	552	173 225
gesamt	–	–	2 641 400	7 349 824	2 907 452	11 977 277

Quelle: Wolfgang J. Mommsen, Imperialismus, Hamburg 1977, S. 37

M 6 – USA – koloniale Besitzungen

Besitzungen in	1881 km²	1881 Bevölkerung	1895 km²	1895 Bevölkerung	1912 km²	1912 Bevölkerung
Mittelamerika und Westindische Inseln[1]	–	–	–	–	10 567	1 272 267
Pazifik[2]	–	–	–	–	297 027	8 387 918
gesamt	–	–	–	–	307 594	9 660 185

[1] Philippinen; Samoa; Sulu-Arch [2] nicht mitgezählt wurden Alaska, Columbia, Hawaii
Quelle: Wolfgang J. Mommsen, Imperialismus, Hamburg 1977, S. 37

Imperialismus – Einen Begriff klären

M 7 Imperialismus

a) Der Begriff „Imperialismus" wurde zu verschiedenen Zeiten unterschiedlich gebraucht, wie die folgenden Ausschnitte aus einem Konversationslexikon zeigen. Aus dem Jahre 1905:

Imperialismus (neulat.), Bezeichnung für den politischen Zustand der Staaten, in denen, wie unter römischen Kaisern, nicht das Gesetz, sondern die auf Militärmacht sich stützende Willkür des
5 Regenten herrscht.

Meyers Großes Konversations-Lexikon, 6. Auflage, 9. Band, Leipzig/Wien 1905, S. 778.

b) Aus dem Jahr 1927:

Imperialismus (neulat.), ein politisches, zu verschiedenen Zeiten verschieden verwendetes Schlagwort. […]
Neuen Inhalt erhielt das Wort nach 1900 […]:
5 einerseits Zusammenschluss Großbritanniens mit seinen Kolonialreichen, Organisation des Weltreichs, dazu Ausdehnung, planmäßiges Ausgreifen, um den Zusammenschluss zu ermöglichen, Wettbewerber auszuschalten […]; außerhalb Groß-
10 britanniens jedes Herrschaftsstreben im Gegensatz zur grundsätzlichen Selbstbeschränkung und zur Betonung des Innerstaatlichen. Im engeren Sinn wird I. das Streben nach dem „Großreich" genannt. In beiden Bedeutungen dient das Wort auch zur Kennzeichnung älterer entsprechender
15 Geschichtsepochen.
H. Fredjung („Das Zeitalter des Imperialismus", 1919-22, 3 Bde.) hat zuerst die Zeit von 1880 bis zum Weltkrieg als Zeitalter des I. bezeichnet.

Meyers Lexikon, 7. Aufl., 6. Band, Hornberg-Korrektur, Leipzig 1927, Sp. 377 f., hier 377.

c) Aus dem Jahr 1974:

Imperialismus [frz., zu lat. imperialis = die Staatsgewalt betreffend, kaiserlich],
polit.-ökonom. Herrschaftsverhältnis mit dem Ziel, die Bevölkerung eines fremden Landes mit polit.,
5 ökonom., kulturellen und ideolog. Mitteln zu beeinflussen, auszubeuten, abhängig zu machen und direkt oder indirekt zu beherrschen. Historisch wurde die Bez. zuerst auf die Beherrschung von Absatz- und Kapitalmärkten angewandt,
10 dann auch auf die polit.-ökonom. Expansionspolitik der europ. Großmächte, Japans und der USA vom letzten Drittel des 19. Jhs. bis zum 1. Weltkrieg, deren Ziel die Imperialismusbildung oder die polit.-formale Kontrolle (auch Interessensphä-
15 re) unterentwickelt-vorindustrieller, meist überseeischer Gebiete war.

Meyers Enzyklopädisches Lexikon, Mannheim/Wien/Zürich 1974, Bd. 12, Hf–Iz, S. 485.

Aufgaben

1. a) Erläutere, weshalb die Entstehung von Kolonialreichen eine „Europäisierung der Welt" bedeutete.
   b) Nenne den Zeitraum, in dem es zum Aufbau von Kolonialreichen kam.
   → Text

2. a) Beschreibe, wie sich der Kolonialbesitz in den angegebenen Staaten zwischen 1881 und 1912 entwickelt hat.
   b) Welches der angegebenen Länder hatte den größten Kolonialbesitz?
   c) Auf welchen Kontinenten lagen die Schwerpunkte des Kolonialbesitzes von Großbritannien, Frankreich, dem Deutschen Reich und der USA?
   → M3–M6

3. Beurteile, bei welchem Staat der Kolonialbesitz geografisch besonders günstig lag.
   → M2

4. a) Vergleiche die Lexikoneinträge aus den Jahren 1905, 1927 und 1974. Seit wann wird der Begriff zur Bezeichnung einer historischen Epoche verwendet?
   b) Wie wird der Imperialismus in den Lexikonartikeln von 1927 und 1974 jeweils bewertet?
   c) Suche eine aktuelle Definition und überlege, ob sich die Bedeutung des Begriffes seit 1974 verändert hat.
   → M7, Internet oder Lexikon

Britischer Imperialismus

Großbritannien beherrscht ein Weltreich

Als das Zeitalter des Imperialismus begann, besaß Großbritannien bereits zahlreiche Kolonien. Dieses Kolonialreich zu vergrößern, war das Ziel des Premierministers Benjamin Disraeli (1868–1880). Er legte den Grund zum britischen Empire, dem britischen Weltreich.

Machtpolitische Grundlage des britischen Empire war die Flotte. Um den Seeweg nach Indien – der wichtigsten Kolonie – zu sichern, erwarb der britische Staat die Aktien des Suezkanals und unterwarf Ägypten 1882 seiner „Schutzherrschaft". Mit dem „Kap-Kairo-Plan" verfolgte London die Absicht, ein geschlossenes Kolonialgebiet von Südafrika bis Ägypten zu errichten. Führender Vertreter des Commonwealth-Gedankens war der Kolonialminister Joseph Chamberlain.

Indien – das britische „Kronjuwel"

Der indische Subkontinent zerfiel in zahlreiche Fürstentümer, die die Engländer durch Verträge und Waffengewalt nach und nach unter ihre Herrschaft brachten. Daneben bestand Britisch-Indien als unmittelbar unterworfenes Gebiet, das der englischen Verwaltung unterstand. Um die Abhängigkeit der Kolonie zu unterstreichen, veranlasste Disraeli die englische Königin Viktoria im Jahr 1877, den Titel einer „Kaiserin von Indien" anzunehmen. Königin Viktoria hat das Land, dessen Kaiserin sie war, jedoch nie gesehen. An der Spitze der Verwaltung stand vielmehr ein Vizekönig.

Die indischen Völker mussten nicht nur durch Steuern das Militär und die Beamten der Kolonialmacht unterhalten, sondern auch Tribute an die britische Staatskasse entrichten. Große Profite erzielten auch die englischen Kaufleute und Kapitäne, denn britische Industriewaren überschwemmten den indischen Markt. Indische Plantagen lieferten Baumwolle, Tee und Jute, eine Faser, die zur Herstellung von Verpackungsmaterial genutzt wurde. Zur besseren Erschließung ihrer Kolonie bauten die Engländer Straßen, Eisenbahnen und Häfen. Diese Maßnahmen begünstigten vor allem die Verbreitung britischer Industrieprodukte.

M 1 **Königin Viktoria (1837–1901)** mit einem indischen Diener, Fotografie, Ende 19. Jahrhundert

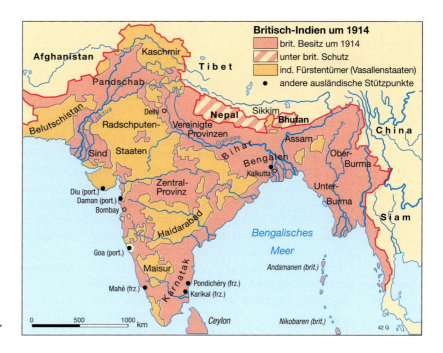

M 2

Direkte und indirekte Herrschaft

Die Einheit der Kolonie sicherten Beamte, Militär und Polizei. Für die Verwaltung hatte London einen besonderen Dienst geschaffen, den „Indian Civil Service". Die indischen Fürsten begrüßten die Tätigkeit der englischen Beamten und unterstützten sie, denn die Engländer verstanden es, sich die Sympathien der einheimischen Oberschicht zu verschaffen. So konnten sie gleichsam eine indirekte Herrschaft ausüben.

Der indische Freiheitskampf

Mit dem aufkommenden Nationalgefühl der Inder wuchs auch die Bereitschaft zum Widerstand gegen die Fremdherrschaft. Gebildete Vertreter der Mittelschicht verlangten mehr Einfluss auf die Regierung. Um den Forderungen entgegenzukommen und die Unzufriedenheit zu kanalisieren, unterstützten die Briten die Bildung eines National-Kongresses, dessen erste Sitzung 1885 in Bombay erfolgte. Aus ihm ging die Kongress-Partei als stärkste Partei des Landes hervor.

Hungersnöte, Pestepidemien und die Teilung der Provinz Bengalen stärkten jedoch um 1900 die Kampfbereitschaft der indischen Nationalisten gegen die britische Herrschaft. Sie führten ihren Kampf mit Terror und Boykott (Kaufstreik) gegen englische Einrichtungen und Waren. Auf den Boykott reagierte die britische Regierung mit harten Gegenmaßnahmen. Die indischen Nationalisten gingen jedoch dazu über, entwürdigende Strafen als Opfer für den Freiheitskampf klaglos hinzunehmen. So entstand der gleichermaßen selbstbewusste und friedliche Widerstandswille der Inder als grundlegende Voraussetzung für Mahatma Gandhis Politik des passiven Widerstands.

Im Ersten Weltkrieg stellte Indien über eine Million Soldaten den britischen Streitkräften zur Verfügung. Viele Inder erwarteten als Ausgleich dafür die politische Unabhängigkeit, die Großbritannien jedoch erst im Jahr 1947 gewährte.

M 3 **Mahatma Gandhi (1869–1948)**
Der Freiheitskämpfer am Spinnrad, Fotografie, Anfang 20. Jh.

Imperialismus und Erster Weltkrieg

Cecil Rhodes – Ein Vertreter des Imperialismus

M 4 Die auserwählte englische Rasse

Der britische Kolonialpolitiker Cecil Rhodes im Jahr 1877:

Ich behaupte, dass wir die erste Rasse in der Welt sind und dass es für die Menschheit umso besser ist, je größere Teile der Welt wir bewohnen. Ich behaupte, dass jedes Stück Land, das unserem
5 Gebiet hinzugefügt wird, die Geburt von mehr Angehörigen der englischen Rasse bedeutet, die sonst nicht ins Dasein gerufen worden wären. Darüber hinaus bedeutet es einfach das Ende aller Kriege, wenn der größere Teil der Welt in unserer
10 Herrschaft aufgeht. […]
Die Förderung des Britischen Empire, mit dem Ziel, die ganze zivilisierte Welt unter britische Herrschaft zu bringen, die Wiedergewinnung der Vereinigten Staaten, um die angelsächsische Rasse zu einem einzigen Weltreich zu machen. Was für ein 15 Traum! Aber dennoch ist er wahrscheinlich. Er ist realisierbar. […]
Da [Gott] sich die englischsprechende Rasse offensichtlich zu seinem auserwählten Werkzeug geformt hat, durch welches er einen auf Gerech- 20 tigkeit, Freiheit und Frieden gegründeten Zustand der Gesellschaft hervorbringen will, muss es auch seinem Wunsch entsprechen, dass ich alles in meiner Macht Stehende tue, um jener Rasse soviel Spielraum und Macht wie möglich zu verschaffen. 25

Wolfgang J. Mommsen, Imperialismus. Seine geistigen, politischen und wirtschaftlichen Grundlagen, Hamburg 1977, S. 48 f.

THE RHODES COLOSSUS
STRIDING FROM CAPE TOWN TO CAIRO.

M 5 „The Rhodes Colossus"
„Striding from Cape to Cairo"
(to stride = ausschreiten; große Schritte machen), englische Karikatur von 1892

Mahatma Gandhi – Ein Kämpfer für die Freiheit

M 6 Gewaltloser Widerstand

Aus Mahatma Gandhis Buch „Hind Swaraj" („Indische Selbstregierung"), 1908:

Wir werden die Freiheit erlangen, wenn wir lernen, uns selbst zu beherrschen. Wir brauchen nur zuzugreifen. Diese Freiheit ist kein Traum. Wir brauchen daher nicht zu warten. Die Freiheit, die
5 ich dir und mir vor Augen führen will, ist von solcher Art, dass wir, wenn wir sie einmal begriffen haben, bis an unser Lebensende danach trachten, andere zu überreden, es uns nachzutun. Doch solche Freiheit muss von jedem Einzelnen am eige-
10 nen Leibe erfahren werden. Ein Ertrinkender kann nie einen Ertrinkenden retten. […]
Ich glaube doch, dass du die Millionen Indiens glücklich sehen willst und nicht, dass du nur die Regierungsgewalt an dich bringen möchtest.
15 Wenn dem so ist, dann gibt es nur einen Gedanken: Wie können die Millionen zur Selbstregierung gelangen? […]
Passiver Widerstand ist eine Methode der Erringung von Rechten durch persönliches Leiden; es
20 ist das Gegenteil von bewaffnetem Widerstand. Wenn ich mich weigere etwas zu tun, das gegen mein Gewissen geht, dann setze ich meine Seelenstärke ein.
Nehmen wir an, die Regierung hat ein Gesetz
25 erlassen, das mich betrifft, das ich jedoch nicht billigen kann. Wenn ich die Regierung durch Gewaltanwendung dazu zwinge, das Gesetz zu widerrufen, wende ich sozusagen die Stärke meines Körpers an. Wenn ich jedoch das Gesetz übertrete und die Strafe für diese Übertretung auf
30 mich nehme, dann wende ich meine Seelenstärke an. Es geht dabei um die Selbstaufopferung. Jedermann gesteht ein, dass die Selbstaufopferung weit höher zu bewerten ist als die Aufopferung anderer. […]
35 Es ist eine Tatsache, dass die indische Nation im Allgemeinen den passiven Widerstand in den verschiedensten Lebensbereichen angewandt hat. Wir arbeiten mit unseren Herrschern nicht zusammen, wenn sie uns zuwider sind. Das ist passiver
40 Widerstand. Ich kann mich an einen Fall erinnern: Als in einem kleinen Fürstenstaat einige Bauern sich durch einen Befehl des Fürsten beleidigt fühlten, zogen sie aus ihrem Dorf aus. Der Fürst war betroffen, entschuldigte sich bei seinen Unterta-
45 nen und widerrief den Befehl. In Indien gibt es viele solcher Fälle. Wirkliche Selbstregierung ist nur dort möglich, wo passiver Widerstand die leitende Kraft des Volkes ist. Jede Regierung ist fremde Regierung. […]
50 Aufgrund meiner langen Erfahrung glaube ich, dass jemand, der für sein Vaterland passiven Widerstand leisten will, vollkommene Keuschheit bewahren muss, freiwillige Armut auf sich nehmen muss, der Wahrheit folgen muss und sich zur
55 Furchtlosigkeit erziehen muss.

Dietmar Rothermund, Der Freiheitskampf Indiens, Stuttgart 1976, S. 40 f.

Aufgaben

1. a) Stelle dar, warum es Großbritannien gelang, ein Weltreich aufzubauen.
   b) Erläutere, warum Indien als „Kronjuwel" bezeichnet wurde.
   → Text
2. Erkläre anhand eines Beispiels den Unterschied zwischen direkter und indirekter Herrschaft.
   → Text
3. a) Wie rechtfertigt Cecil Rhodes die britischen Kolonialherrschaft in Indien?
   b) Beurteile die Position von Cecil Rhodes aus deiner heutigen Sicht.
   → M4
4. Beschreibe und interpretiere die Karikatur „The Rhodes Colossus".
   → M5
5. a) Fasse die Argumentation von Gandhi knapp zusammen.
   b) Sind passiver und gewaltloser Widerstand identisch? Begründe.
   c) Überlege, unter welchen Voraussetzungen passiver Widerstand erfolgreich sein kann.
   → M6

Deutschland als Kolonialmacht

Erste Anfänge unter Bismarck

In den Ländern Afrikas und Asiens, die von der europäischen Kolonialherrschaft geprägt wurden, finden sich nur geringe deutsche Spuren. Das liegt daran, dass Deutschland im Gegensatz zu Großbritannien und Frankreich erst spät die imperialistische Arena betrat. Bismarck lehnte den Erwerb von Kolonien ab, weil ihm die Stabilisierung des 1871 gegründeten Deutschen Reichs im europäischen Mächtefeld wichtiger erschien als eine weitere Expansion in Übersee. Seine Außenpolitik folgte dem Grundsatz, Spannungen zwischen den europäischen Großmächten nach außen – also möglichst in die Kolonien – abzuleiten, um Deutschlands schwierige geografische Lage in der Mitte Europas zu sichern.

Im Zeitalter des Imperialismus entschied aber die in Übersee betriebene Politik zunehmend über die Position der Großmächte. Daher wurde im Kaiserreich immer häufiger gefordert, dass Deutschland beim Wettlauf um die Aufteilung der Welt nicht länger tatenlos zusehen solle. So bestimmte das Streben nach Prestige und Gleichberechtigung viele politische Entscheidungen.

Besonders Vertreter der Großindustrie verlangten den Erwerb von Kolonien. Sie versprachen sich davon die Einfuhr billiger Rohstoffe und die Erschließung neuer Absatzmärkte für die stark gestiegene Industrieproduktion. So erwarb das Deutsche Reich nach 1884 so genannte „Schutzgebiete" in Afrika und in der Südsee. Dazu zählten Togo, Kamerun, Deutsch-Ostafrika, Deutsch-Südwestafrika und Inselgruppen im Pazifik wie die Marshall-Inseln. Im Vergleich zu anderen Mächten war dieser Kolonialbesitz jedoch unbedeutend.

M 1 Speicherstadt in Hamburg
In der Hafenstadt Hamburg wurde ab 1884 die so genannte Speicherstadt als Freihafen errichtet, um hier insbesondere Kolonialwaren wie Kaffee und Tee zollfrei zwischen zu lagern, Fotografie von 2004.

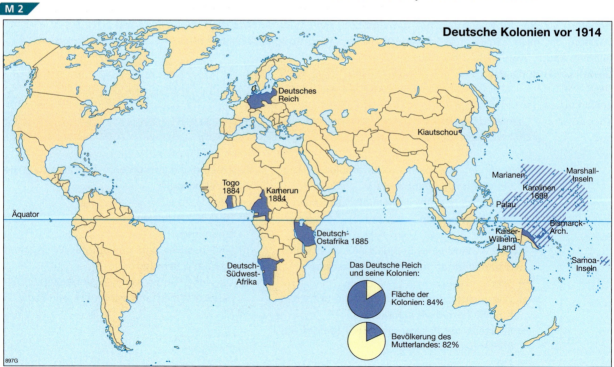

M 2 Deutsche Kolonien vor 1914

Deutschlands Eintritt in den Kreis der imperialistischen Großmächte

Nach Bismarcks Rücktritt vom Amt des Reichskanzlers 1890 und dem Beginn des „persönlichen Regiments" Kaiser Wilhelms II. betrieb das Deutsche Reich eine offensive imperialistische Politik. Deutschland wollte, wie der damalige Reichskanzler von Bülow erklärte, auch einen „Platz an der Sonne".

Interessengruppen wie der Alldeutsche Verband und der Flottenverein unterstützten auf aggressive Art und Weise diese Politik in der Öffentlichkeit. Da die älteren Kolonialmächte jedoch entschlossen waren, ihre Positionen zu behaupten, erschien ihnen Deutschland als Störenfried und lästiger Konkurrent.

Der Aufbau einer starken Kriegsflotte seit 1897 markierte den Übergang Deutschlands zur Weltpolitik. Damit verfolgte Admiral Alfred von Tirpitz, Staatssekretär des Reichsmarineamtes, das Ziel, die vom Kaiserreich beanspruchte Weltmachtstellung gegenüber Großbritannien durchzusetzen. „Unsere Zukunft liegt auf dem Wasser", meinte Kaiser Wilhelm II. Das Flottenbauprogramm trübte indes die Beziehungen zu Großbritannien, das sich jetzt zu einem Rüstungswettkampf gezwungen sah, um seine Überlegenheit zur See aufrechtzuerhalten und sein Empire zu sichern.

Deutschland als Kolonialmacht

Bis zum Beginn des Ersten Weltkriegs 1914 hatte Deutschland sein Kolonialreich nicht wesentlich erweitern können. Weder wirtschaftlich noch bevölkerungspolitisch als Siedlungsland besaßen die deutschen Kolonien nennenswerte Bedeutung. Zudem waren die Kriege, die Deutschland zur Sicherung seiner Herrschaft führte, äußerst blutig und kostspielig. So zum Beispiel die Niederschlagung des Aufstands der Herero 1904/05 in Südwest-Afrika: Truppen unter General von Trotha trieben das Volk in die wasserlose Omaheke-Wüste, wo Zehntausende umkamen. Kriegsgewinnler waren allein Reeder und weiße Siedler.

M 3 „So kolonisiert der Deutsche"
Zeichnung (Ausschnitt) von Thomas Theodor Heine aus dem „Simplicissimus", 1904

Deutschland und seine Kolonien – Unterschiedliche Quellen auswerten

M 4 „Ein Platz an der Sonne"

Bernhard von Bülow, Staatssekretär im Auswärtigen Amt und von 1900 bis 1909 Reichskanzler, hielt am 6. Dezember 1897 folgende Rede im Reichstag:

Die Zeiten, wo der Deutsche dem einen seiner Nachbarn die Erde überließ, dem anderen das Meer und sich selbst den Himmel reservierte, wo die reine Doktrin thront –
5 [Heiterkeit – Bravo]
diese Zeiten sind vorüber. Wir betrachten es als eine unserer vornehmsten Aufgaben, gerade in Ostasien die Interessen unserer Schifffahrt, unseres Handels und unserer Industrie zu fördern und zu
10 pflegen. […]
Wir müssen verlangen, dass der deutsche Missionar und der deutsche Unternehmer, die deutschen Waren, die deutsche Flagge und das deutsche Schiff in China geradeso geachtet werden, wie
15 diejenigen anderer Mächte.
[Lebhaftes Bravo.]
Wir sind endlich gern bereit, in Ostasien den Interessen anderer Großmächte Rechnung zu tragen, in der sicheren Voraussicht, dass unsere eigenen Interessen gleichfalls die ihnen gebührende Wür- 20
digung finden.
[Bravo!]
Mit einem Worte: Wir wollen niemand in den Schatten stellen, aber wir verlangen auch unseren Platz an der Sonne. 25
[Bravo!]
In Ostasien wie in Westindien werden wir bestrebt sein, getreu den Überlieferungen der deutschen Politik, ohne unnötige Schärfe, aber auch ohne Schwäche unsere Rechte und unsere Interessen zu 30
wahren.
[Lebhafter Beifall.]

Stenografische Berichte über die Verhandlungen des Reichstags, Bd. 1, Berlin 1898, S. 60, zit. nach: Geschichte in Quellen und Darstellung, Bd. 8, Stuttgart 2000, S. 269 f.

M 5 „Deutsches Colonien- und Reisespiel"
Ein Gesellschaftsspiel, um 1900

Aufstand der Herero in Bild und Texten

M 6 Ende des Hereroaufstands
Überlebende des 1904 ausgebrochenen Hereroaufstands auf dem Marsch in die Zwangsarbeit. Dem Völkermord fielen etwa 80 % der Herero zum Opfer. Ihr Land wurde enteignet und an deutsche Siedler und Firmen verkauft, Fotografie, um 1907.

M 7 Aufstand der Herero

a) In der Darstellung des deutschen Generalstabs über den Aufstand der Herero hieß es 1904:

Keine Mühen, keine Entbehrungen wurden gescheut, um dem Feinde den letzten Rest seiner Widerstandskraft zu rauben; wie ein halb zu Tode gehetztes Wild war er von Wasserstelle zu Wasser-
5 stelle gescheucht, bis er schließlich willenlos ein Opfer der Natur seines eigenen Landes wurde. Die wasserlose Omaheke sollte vollenden, was die deutschen Waffen begonnen hatten: die Vernichtung des Hererovolkes […].
10 Das Röcheln der Sterbenden und das Wutgeschrei des Wahnsinnes […] sie verhallten in der erhabenen Stille der Unendlichkeit! Das Strafgericht hatte sein Ende gefunden. Die Hereros hatten aufgehört, ein selbstständiger Volksstamm zu sein.

Die Kämpfe der deutschen Truppen in Südwestafrika, Berlin 1906, S. 211–218.

b) Stellungnahme des Auswärtigen Amtes aus dem Jahre 2006:

Die Auseinandersetzung zwischen der damaligen deutschen Kolonialverwaltung und den Herero im Jahre 1904 ist ein dunkles Kapitel unserer bilateralen Beziehungen. Die Bundesregierung bekennt
5 sich zu der besonderen historischen und moralischen Verantwortung gegenüber Namibia. Der Deutsche Bundestag hat dies in seinen Entschließungen vom April 1989 und Juni 2004 bestätigt. Die Bundesregierung kommt ihrer besonderen
10 Veranwortung insbesondere durch eine verstärkte bilaterale Zusammenarbeit, auch auf dem Gebiet der Entwicklungszusammenarbeit, nach. Namibia erhält pro Kopf der Bevölkerung den größten Anteil an Entwicklungshilfe in Afrika.

Auswärtiges Amt, 2006.

Aufgaben

1. Stelle dar, warum Deutschland erst relativ spät Kolonialpolitik betrieb. → Text
2. a) Stelle die Argumente zusammen, mit denen Bernhard von Bülow den Anspruch auf einen „Platz an der Sonne" begründete.
   b) Wie deutest du die Reaktion der Abgeordneten auf die Aussagen Bülows?
   → M4
3. a) Beschreibe die Abbildung auf dem Gesellschaftsspiel.
   b) Erläutere, welche Einstellungen zu den Kolonien deutlich werden.
   → M5
4. Informiere dich über den Herero-Aufstand und verfasse dazu einen kurzen Schulbuchtext.
   → M6, Internet oder Lexikon
5. a) Welche Einstellung gegenüber den Herero wird im Bericht von 1904 deutlich? Begründe dies am Text.
   b) Welche Beurteilung der damaligen Ereignisse ist aus der Stellungnahme von 2006 ersichtlich?
   → M7

Imperialismus und Erster Weltkrieg

Der Erste Weltkrieg

Der Erste Weltkrieg – Die „Urkatastrophe des 20. Jahrhunderts"

Der Erste Weltkrieg gilt als Ereignis von weltgeschichtlicher Bedeutung: Mit ihm endete das „alte Europa" und er bildete den Auftakt zu Kriegen und Konflikten, die das 20. Jahrhundert erschütterten. Deshalb hat der amerikanische Historiker und Diplomat George F. Kennan den Ersten Weltkrieg die „Urkatastrophe des 20. Jahrhunderts" genannt. Wie kam es dazu und wer war daran schuld?

Ein Attentat als Auslöser

Am 28. Juni 1914 erschoss ein serbischer Attentäter den österreichischen Thronfolger Franz Ferdinand und seine Frau Sophie während ihrer Fahrt durch die bosnische Hauptstadt Sarajewo. Dieses Gebiet bildete seit 1908 einen Teil Österreich-Ungarns, was auf den Widerstand anderer Mächte und der serbischen Bevölkerung stieß. Der Plan Franz Ferdinands, den Slawen im Habsburgerreich mehr Selbstständigkeit zu gewähren, hatte unter den Nationalisten Serbiens Hass hervorgerufen: Sie träumten von einem eigenen Großreich und bekämpften den Vielvölkerstaat. Das Attentat von Sarajewo bot der österreichischen Regierung zwar einen Anlass gegen Serbien vorzugehen, doch schien sich zunächst nur eine der üblichen politischen Krisen anzubahnen. Im Juli 1914 verschärfte sich aber die politische Lage.

M 1 Das Attentat von Sarajewo
Verhaftung des Attentäters, Foto vom 28.06.1914

Die Julikrise

In Wien herrschte zunächst keine einheitliche Meinung über die weitere Vorgehensweise. Während die militärische Führung ein sofortiges gewaltsames Eingreifen befürwortete, befürchteten manche Politiker eine Einmischung Russlands, das eigene Interessen auf dem Balkan verfolgte. Es unterstützte panslawistische Bestrebungen mit dem Ziel, ein slawisches Großreich unter russischer Vorherrschaft zu errichten. Vieles hing davon ab, ob Österreich-Ungarn Rückendeckung von Deutschland erhalten würde.

Da das Deutsche Reich Russlands militärische Stärke fürchtete und ein Interesse an der Erhaltung der Habsburger Monarchie als einzigem Bündnispartner hatte, sagte Wilhelm II. dem österreichischen Kaiser Franz Joseph am 6. Juli unbedingte Bündnistreue zu.

Dieser so genannte „Blankoscheck" ermutigte die Regierung in Wien, Serbien am 23. Juli ein Ultimatum zu überreichen, das auf 48 Stunden befristet war. Es forderte unter anderem, dass Österreich an der Verfolgung, Verhaftung und Bestrafung der Attentäter beteiligt sein sollte. Dies hätte einen Eingriff in die inneren Angelegenheiten Serbiens und eine Verletzung seiner Souveränität bedeutet und war daher unannehmbar.

Großbritannien versuchte den Konflikt zu entschärfen, machte aber deutlich, dass es im Kriegsfall an der Seite Russlands und Frankreichs stehen würde. Trotz dieser Versuche bestanden die Spannungen fort und verschärften sich weiter. Schließlich erklärte Österreich-Ungarn am 28. Juli 1914 Serbien den Krieg. Die Versuche der deutschen Regierung, den Bündnispartner zu bremsen, kamen zu spät. Bereits am 29. Juli begann Russland mit der Mobilmachung. Letzte Versuche Kai-

M 2 Russland schützt Serbien
In einer russischen Zeitung erschienene Abbildung vom Juli 1914

ser Wilhelms, durch persönliche Telegramme an die mit ihm verwandten Herrscher Englands und Russlands eine Lokalisierung des Kriegs zu erreichen, blieben erfolglos. Der Mechanismus der Bündnisse setzte sich in Bewegung, die Militärmaschinerie rollte. Binnen weniger Tage, ja Stunden, befanden sich die europäischen Mächte im Krieg.

Wer war schuld am Ersten Weltkrieg?
Die Frage, wer für den Ausbruch des Ersten Weltkriegs verantwortlich sei, war bereits 1914 umstritten und erregte in der Folgezeit immer wieder die Gemüter. Die Antworten reichten von eindeutigen Schuldzuweisungen an einzelne Staaten bis hin zu der Aussage, alle Mächte seien mehr oder weniger unbeabsichtigt in den Krieg hineingeraten. Entscheidend für eine Beurteilung ist, wie man das Verhalten der einzelnen Staaten in der Julikrise bewertet.

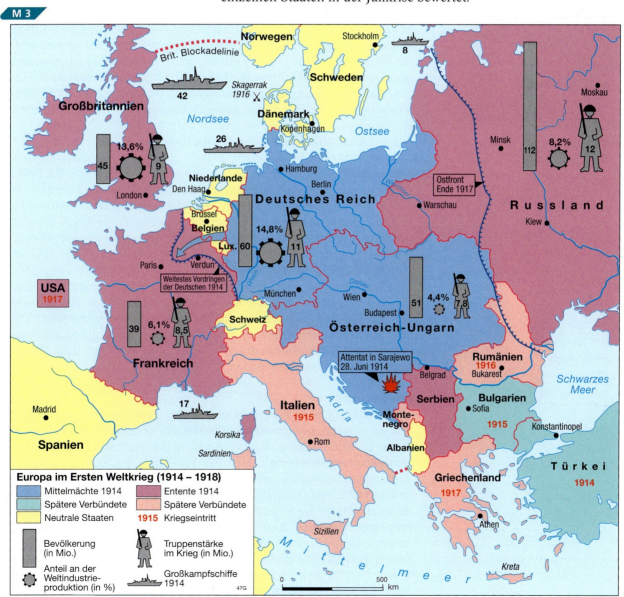

M 3 Europa im Ersten Weltkrieg (1914–1918)

Imperialismus und Erster Weltkrieg

M 4 Soldatenabschied
Fotografie, 1914

Kriegsbegeisterung und „Burgfrieden"
Nach Kriegsausbruch erfasste eine Woge nationaler Begeisterung ganz Europa. Alle Völker empfanden die Auseinandersetzung als Verteidigungskrieg und glaubten, ihr Land trüge keine Schuld an seinem Ausbruch. Sogar die Arbeiterparteien, die die Politik der Regierungen heftig kritisiert und Frieden und internationale Verständigung gefordert hatten, schlossen sich den nationalen Kriegsanstrengungen an. Auch die deutschen Sozialdemokraten stimmten im Reichstag der Bewilligung von Kriegskrediten zur Finanzierung des Krieges zu. Die Bereitschaft, angesichts der gefährlichen Lage auf innenpolitische Auseinandersetzungen zu verzichten, wurde als „Burgfrieden" bezeichnet.

Vom Bewegungskrieg zum Stellungskrieg im Westen
Der vom preußischen Generalfeldmarschall Schlieffen entwickelte Plan sah vor, Frankreich innerhalb weniger Wochen rasch zu besiegen, bevor englische Truppen zur Unterstützung der französischen Armee eintreffen konnten. Nach Niederwerfung der Gegner im Westen sollten die Truppen die schwachen Kräfte an der Ostgrenze verstärken und gemeinsam mit der österreichischen Armee Russland in die Knie zwingen. Zur Durchführung dieses Plans war es erforderlich, dass die deutschen Streitkräfte durch das neutrale Belgien und Luxemburg nach Frankreich vorstießen.

Für Deutschland verlief der Krieg anfangs nach Plan. Der deutsche Angriff im Westen kam jedoch in der Schlacht an der Marne Anfang September 1914, also bereits nach vier Wochen, zum Stehen. Die Front erstarrte von der Nordsee bis zur Schweizer Grenze und veränderte sich in den folgenden Jahren nicht wesentlich. Beide Seiten hatten sich in einem System von Schützengräben verschanzt, die jeden Vorstoß vereitelten. Der Bewegungskrieg war zum Stellungskrieg geworden.

Deutsche Erfolge im Osten
Im Osten gelang es der deutschen Armee unter den Generälen Hindenburg und Ludendorff, die Russen bei Tannenberg zu schlagen und die Front zu stabilisieren. Die österreichisch-ungarische Armee war jedoch durch Niederlagen so geschwächt, dass sie zunehmend deutscher Unterstützung bedurfte. Auch hier kam es in der Folgezeit zu keinen großen Veränderungen.

Der Seekrieg
Die überlegene britische Flotte sperrte den Ausgang der Nordsee und den Ärmelkanal und schnitt die Mittelmächte von überseeischem Nachschub ab. Die deutsche Hochseeflotte, in die man große Hoffnungen gesetzt hatte, griff nur einmal, im Mai 1916, ins Kriegsgeschehen ein. In der Schlacht am Skagerrak vor der dänischen Küste fügte sie der englischen Flotte zwar erhebliche Verluste zu, konnte die englische Blockade jedoch nicht durchbrechen. Die Hoffnung der deutschen Generäle ruhte nun trotz der damit verbundenen politischen Risiken auf dem uneingeschränkten Einsatz von Unterseebooten. Vom militärischen Standpunkt aus war der Krieg für Deutschland und seine Verbündeten bereits 1914 kaum noch zu gewinnen. Auf der anderen Seite fehlten aber auch den anderen Staaten die Mittel für einen entscheidenden Erfolg.

M 5 An der Front
Mit Gasmaske ausgerüsteter Soldat einer deutschen Munitionskolonne, Fotografie 1918

Kriegserfahrung an der Front

Im August 1914 hatten sich viele junge Männer freiwillig zum „Dienst für das Vaterland" gemeldet; Bilder und Berichte dokumentieren diese allgemeine Kriegsbegeisterung. Als die Soldaten an die Front kamen, trugen hohe Verluste und das Grauen des Kriegs zur Ernüchterung bei. Die jeden Tag lauernde tödliche Bedrohung sowie Hunger und Erschöpfung bestimmten den Alltag des Frontsoldaten. Die Stäbe hinter den Linien litten hingegen keinen Mangel und verloren zunehmend den Bezug zur Realität des einfachen Soldaten.

Versuche, Bewegung in den Stellungskrieg der Westfront zu bringen, blieben erfolglos. Sie scheiterten unter großen Verlusten in Minensperren und Drahtverhauen und unter dem Maschinengewehrfeuer aus tief gestaffelten Grabensystemen. Auch der Einsatz immer stärkerer Artillerie brachte keine Entscheidung in diesen Materialschlachten.

In der Schlacht von Verdun Anfang 1916 versuchte die deutsche Heeresleitung, dem Krieg eine entscheidende Wende zu geben: Die Franzosen sollten durch Konzentration der Angriffe auf einen Punkt „weißbluten". Granaten aus Tausenden Geschützen verwandelten das Kampfgebiet in eine Mondlandschaft, etwa 700 000 Deutsche und Franzosen fanden den Tod. Doch führte die „Hölle von Verdun" zu keinem Ergebnis und wurde zum Symbol für die Sinnlosigkeit des Kriegs.

Ein moderner Krieg

Technik und Wissenschaft fanden im Ersten Weltkrieg ein blutiges Experimentierfeld. Dies unterschied ihn von früheren Kriegen. Der Einsatz von Giftgas erhöhte die Zahl der Opfer, führte aber keine Entscheidung herbei. Als wirksamer erwiesen sich gegen Kriegsende gepanzerte Raupenfahrzeuge, so genannte Tanks, die Schutz vor Infanteriefeuer boten und Frontdurchbrüche ermöglichten.

Erstmals fand der Krieg auch in der Luft statt. Aufklärungsflugzeuge lieferten Bilder vom Kriegsgeschehen, Jagdmaschinen kämpften um die Lufthoheit, Bomber unterstützten den Angriff der Truppen. Gegen Kriegsende wuchs die technische Überlegenheit von Deutschlands Gegnern: Besonders Tanks und die alliierte Luftüberlegenheit setzten den Deutschen zu.

M 6 Schlachtfeld bei Verdun
Fotografie, Februar 1916

Das Augusterlebnis – Schriftliche Quellen vergleichen

M 7 Reaktionen bei Kriegsbeginn

a) Die Ausrufung des Kriegszustands rief ganz unterschiedliche Reaktionen hervor: Die regierungsnahe Presse berichtet aus Berlin:

Was sich vom 30. Juli bis heute [6. August] in Berlin abspielte, ist eine Offenbarung des starken nationalen Empfindens, das in unserem Volke lebt. […] Wer die Massen in den Straßen Berlins gesehen hat, wer fortgerissen mit ihnen marschierte, der wird Eindrücke bekommen haben, die sich ihm bis an das Lebensende nicht verwischen werden. […] Welch ein großer Tag war das! Die Erregung stieg zu einer nicht beschreibbaren Höhe an. […] Man war brüderlich; der Arbeiter, der in der Bluse barhäuptig die Fahne trug, der Akademiker, der neben ihm schritt, Kaufleute, Wandervogelscharen, Studenten mit dem Verbindungsband auf der Brust, Soldaten, die, zum Teil schon in der grauen Felduniform, sich singend in die Reihen der Marschierenden eingegliedert hatten. Oft ging man Arm in Arm, in Reihen zu 30 und 40 Menschen.

Norddeutsche Allgemeine Zeitung, 6. August 1914, S. 1.

b) Die sozialdemokratische „Volkszeitung" aus Düsseldorf kommentiert:

In ganz ungeheuerlicher, unglaublicher Weise ist in den letzten Tagen die Bevölkerung planmäßig in eine Aufregung hineingehetzt worden, die zur Besinnungslosigkeit führt, führen soll, um die Volksmassen den Plänen gewisser Kreise gefügig zu machen. Mit gewissenlosen Hetzartikeln und erlogenen Nachrichten wird versucht, dem Volke die Meinung beizubringen, als ob es jeden Tag von Russland und Frankreich mit Krieg überzogen werden könnte. Dadurch soll die Bevölkerung hier in Deutschland in eine Kriegsstimmung hineingehetzt werden.

Volkszeitung, 31. Juli 1914, S. 1.

c) Ein Pfarrer berichtet aus Südbayern:

Die Verhängung des Kriegszustandes am 31. Juli und der Mobilmachungsbefehl vom 1. August haben in Marienheim dieselbe Aufregung, ja Bestürzung hervorgerufen wie anderswo. War doch die Ernte noch nicht hereingebracht und waren doch im Ort selbst wie in der ganzen reformierten Pfarrgemeinde eine Anzahl von Militärdienstpflichtigen, die sich sofort zum Abschied von den Ihrigen rüsten mussten.

Aufzeichnung des Pfarramts Marienheim in Südbayern; zit. bei: Benjamin Ziemann: Front und Heimat. Ländliche Kriegserfahrungen im südlichen Bayern 1914–1923. Essen 1997, S. 43.

d) Tagebuchnotiz eines Bremer Sozialdemokraten (1. August):

Der ganze Bahnhof voll von Menschen. Die katzenjämmerlichste Stimmung herrschte, die ich je erlebt habe. Mütter, Frauen und Bräute und die übrigen Angehörigen bringen die jungen Männer zum Zuge und weinen. Alle haben das Gefühl: es geht direkt zur Schlachtbank. […] Auf dem Bahnhof spielen sich unangenehme Abschiedsszenen ab. Die alte Mutter umarmt ihren Sohn, und beide verharren lange Zeit in dieser Stellung. Abfahrt.

Wilhelm Eildermann, Jugend im ersten Weltkrieg, Berlin 1972, S. 61 f.

M 8 Kriegsbegeisterte Jugendliche in Berlin, 1. August 1914

Briefe von der Front – Den Aussagewert von Quellen einschätzen

M 9 Feldpostkarte von 1916 – Vorderseite

Feldpostkarte – Rückseite (Ausschnitt)

Folgender Text ist auf der Rückseite zu lesen:

„Im Schützengraben den[n] 14/II 16.
Liebe Lina!
Sende dir zu deiner Kartensammlung eine Fotografie von unsern Schützengraben, nach einem Kampf mit Engländern, es fotografierte dies selbst einer von unserer Kompagnie nach dem Überfall. Zur zeit geht es hier schreklich zu und glaube das es dieses Frühjahr noch schlimmer wird, denn die entscheidung fällt mal hier in Frankreich. Unsere Artillerie schießt zur zeit so stark das der boden wankt, nathürlich bleiben Sie uns auch nichts schuldig.
Grüße dich sowie deine lben Eltern frdlch
Gruß an Emil wenn du Ihm schreibst
Hans G."

Aufgaben

1. a) Erkläre den Schlieffen-Plan.
   b) Prüfe, welche völkerrechtlichen Probleme dieser Plan beinhaltete.
   → Text
2. Erläutere den Zusammenhang zwischen dem Attentat vom 28. Juni 1914 in Sarajewo und dem Ausbruch des Ersten Weltkriegs.
   → Text
3. a) Untersuche anhand der Karte zum Ersten Weltkrieg das Kräfteverhältnis zwischen den Mittelmächten und der Entente.
   b) Welche Rückschlüsse lassen sich aus der Analyse der Kräfteverhältnisse über den Ausgang des Krieges ziehen?
   → M3
4. a) Fasse die Aussagen der jeweiligen Texte knapp zusammen.
   b) Erläutere, wie die Reaktion der Bevölkerung jeweils wahrgenommen wird.
   c) Inwiefern unterscheiden sich die Texte a und b einerseits und c und d andererseits? Achte auf die Herkunft der Texte.
   d) Gab es im Juli/August eine allgemeine Kriegsbegeisterung? Erörtere diese Frage mithilfe der Texte.
   → M7
5. a) Versuche die Schrift auf der Feldpostkarte zu entziffern.
   b) Erkläre, warum Soldaten solche Feldpostkarten nach Hause schickten.
   c) Analysiere anhand des vorliegenden Beispiels, welche Informationen solche Karten enthielten und welche nicht.
   d) Beurteile, wie aufschlussreich solche Karten als historische Quellen sind. Bedenke auch, dass die Karten, bevor sie abgesandt wurden, kontrolliert werden konnten.
   → Text, M8

Methode: Ein Rollenspiel durchführen

Kriegsausbruch 1914 – Ein Rollenspiel

M 1 **Mobilmachung**
Ein Leutnant verliest vor dem Zeughaus in Berlin die Verlautbarung über den „Zustand drohender Kriegsgefahr", 31. Juli 1914

Ende Juli 1914 wurde in ganz Deutschland der Krieg ausgerufen. Dies rief ganz unterschiedliche Reaktionen hervor:

Arbeiter
Ein sozialdemokratisch gesinnter Arbeiter steht trotz Vorbehalten der Kriegserklärung positiv gegenüber.

Arbeiterin
Eine Arbeiterin, überzeugtes Mitglied der SPD, lehnt Krieg grundsätzlich ab.

Offizier
Ein Offizier ist begeistert.

Lehrer
Ein national gesinnter Lehrer steht dem Krieg positiv gegenüber.

Pfarrer
Ein katholischer Pfarrer sieht dem Krieg mit Unbehagen entgegen.

Ladenbesitzerin
Eine Ladenbesitzerin macht sich Gedanken.

Ehepaar: Ehemann–Ehefrau
Ein junges Ehepaar. Er wird zum Militär eingezogen werden. Was denkt sie?

Gymnasiast
Er steht kurz vor dem Abitur und will sich freiwillig melden.

Bauer
Ein Bauer ist zufällig in der Stadt und denkt an seine Ernte, die demnächst eingebracht werden muss.

Geschichte spielen

Das Rollenspiel
Sich in eine vergangene Zeit zurückzuversetzen, ist eine faszinierende Vorstellung. Deshalb sind Romane und Filme, die historische Zeiten vergegenwärtigen, so beliebt. Vergangene Ereignisse lassen sich aber leider nicht wiederholen. Dennoch besteht die Möglichkeit, sich in eine bestimmte Situation hineinzudenken und diese spielerisch nachzuvollziehen. Dazu werden Rollen von Personen aus der damaligen Zeit übernommen. Der Vorteil dabei ist, dass die Beweggründe und die Denkweisen der Menschen früher, so fremdartig sie auch sein mögen, besser zu verstehen sind. Die Übernahme der Rolle kann jedoch auch misslingen, wenn man nicht eine historische Figur, sondern nur sich selbst spielt. Und schließlich muss man sich auch bewusst sein, dass auch das perfekte Spiel nicht die vergangene Wirklichkeit selbst ist, sondern immer nur unsere Vorstellung davon. Deshalb ist es wichtig, dass das Rollenspiel bestimmten Regeln folgt. Bei Bedarf kann die Szene auch mehrmals, unter Umständen in verschiedenen Varianten gespielt werden.

Der Kriegsausbruch als Spielszene
Die Ausrufung des Kriegszustands 1914 bewegte damals die Öffentlichkeit und führte zu erregten Diskussionen. Dieser Moment eignet sich gut dazu, die verschiedenen Reaktionen in der deutschen Bevölkerung nachzuspielen. Auf diese Weise lassen sich vielleicht die einzelnen Einstellungen besser verstehen. Dazu ist es nötig, eine bestimmte Situation auszuwählen. Die kann die Ausrufung selbst sein, wie auf dem Bild dargestellt. Es ist aber auch vorstellbar, dass sich Passanten vor dem etwa an einer Hauswand angebrachten Aushang versammeln.

Umgang mit historischen Spielszenen

1. Vorbereitung des Spiels

a) Wie war das damals? Informiert euch anhand des Buches und anderer Materialien über den Kriegsausbruch 1914.
b) Wer spielt wen? Verteilt die Rollen gemäß den Vorschlägen. Ihr könnt auswählen oder auch weitere Figuren hinzufügen.
c) Wie denkt meine Figur? Überlegt, welche Ansichten für die jeweilige Rollenfigur wichtig waren und wie sie sie begründete. Notiert die wichtigsten Argumente auf Rollenkarten.
d) Wie läuft die Szene ab? Einigt euch über den groben Ablauf der Szene: Wo spielt die Szene? Wie beginnt die Szene? Was geschieht im Einzelnen? Wer diskutiert mit wem? Wie endet die Szene?

2. Spiel der Szene

3. Gespräch über die Szene

a) Welche Erfahrungen hatten die Einzelnen beim Spielen der Rolle?
b) Welche Eindrücke hatten die Zuschauer von der Szene?
c) Wurde die Rolle durchgehalten? Gab es Abweichungen?
d) Wäre die Situation damals so denkbar gewesen?

Kriegswende und Kriegsende

Krieg an der „Heimatfront"

In Deutschland war niemand auf einen mehrjährigen Krieg vorbereitet. So musste die Wirtschaft rasch auf Kriegsproduktion umgestellt werden. Da die meisten Männer an der Front kämpften, mussten Frauen, Jugendliche und Invaliden an ihre Stelle treten. Ungelernt oder nur rasch angelernt hielten sie die Produktion am Laufen. Die Herstellung kriegswichtiger Güter beeinträchtigte die Produktion von Lebensmitteln. Sie wurden zusehends rationiert, sodass die Bevölkerung Hunger litt. Besonders in den Städten entstanden Schwarzmärkte, deren hohe Preise sich nur Wohlhabende leisten konnten.

Bei schlechten Ernten wie 1916 bildeten minderwertige Futterrüben oft die Grundlage der Ernährung. Ersatzstoffe wie Kunsthonig sollten dem Mangel abhelfen. Aus Brennnesseln wurden Stoffe hergestellt, Stahlfedern ersetzten bei Fahrrädern den Gummireifen.

Der Staat forderte die Bevölkerung auch auf, Edelmetalle zur Finanzierung des Krieges zu spenden, sogar Kirchenglocken wurden eingeschmolzen. So bestimmte die Kriegssituation das zivile Leben: Es entstand eine „Heimatfront".

M 1 Nachricht vom Soldatentod
Zeitgenössische Lithografie von Käthe Kollwitz

M 2 Kartoffel-Verkauf 1916 am Alexanderplatz in Berlin, zeitgenössische Fotografie

Die Diktatur der Obersten Heeresleitung (OHL)

Trotz der schwierigen Situation hielten die Parteien den „Burgfrieden" ein. Doch die politischen Verhältnisse in Deutschland änderten sich, da die Oberste Heeresleitung unter den Generälen Hindenburg und Ludendorff immer mehr Vollmachten erlangte. Schließlich übten die beiden Militärs eine fast diktatorische Macht aus. Sowohl der Kaiser als auch der Reichstag verloren angesichts der Notsituation des Krieges an Einfluss.

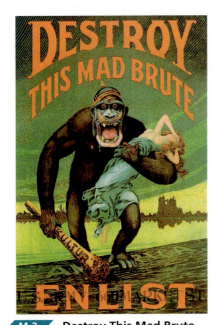

M 3 „Destroy This Mad Brute – Enlist"
Amerikanisches Plakat, um 1917

1917 – Wendejahr des Krieges

Anfang 1917 schien der Krieg einen toten Punkt erreicht zu haben, denn keine Macht konnte auf einen entscheidenden Sieg hoffen. Die englische Blockade hatte zu wachsender Not in Deutschland und zu Versorgungsschwierigkeiten an der Front geführt. Das veranlasste die Oberste Heeresleitung, den uneingeschränkten U-Boot-Krieg wieder aufzunehmen. Bereits 1915 hatten deutsche U-Boote das britische Passagierschiff „Lusitania" im Atlantik versenkt. Nur weil Deutschland auf einen weiteren U-Boot-Einsatz verzichtete, traten die USA damals nicht in den Krieg ein. Die neuerliche Ankündigung führte im April 1917 jedoch zum Kriegseintritt der USA. Damit stand ein Land von gewaltiger Wirtschaftskraft auf Seiten der Alliierten.

Nach der russischen Oktoberrevolution von 1917 drängten die neuen kommunistischen Machthaber auf einen schnellen Frieden, um die inneren Probleme besser bewältigen zu können. Russland schied somit aus der Entente aus und schloss mit den Mittelmächten den „Frieden von Brest-Litowsk", in dem es große Gebiete abtreten musste.

Bemühungen um Frieden

Allmählich geriet der „Burgfrieden" im Deutschen Reich ins Wanken. Die Hungersnot im Winter 1916/17 verstärkte die Kriegsmüdigkeit und Friedenssehnsucht. Die Krise wurde offenbar, als der Zentrumsabgeordnete Matthias Erzberger seine Zweifel an der Wirksamkeit des U-Boot-Krieges äußerte und das Zentrum, die Liberalen und die SPD in einer Friedensresolution forderten, Deutschland solle seine Bereitschaft zu einem Verständigungsfrieden bekunden. Diese Friedensbemühungen blieben ebenso erfolglos wie die des Papstes Benedikt XV. und des neuen österreichischen Kaisers Karl I., der dem 1916 verstorbenen Franz Joseph auf dem Thron gefolgt war.

Dem Zusammenbruch entgegen

Am 8. Januar 1918 entwarf der amerikanische Präsident Woodrow Wilson in 14 Punkten ein politisches Programm, das eine stabile demokratische Weltordnung garantieren sollte. Zwar setzte Deutschland den Krieg fort, doch brachten die militärischen Offensiven keine Entscheidung. Vielmehr führte die wachsende Überlegenheit der Alliierten, die von den USA mit Kriegsmaterial und Soldaten unterstützt wurden, an allen Fronten zum Scheitern. Ab Juli 1918 zeigte sich eine nachhaltige Erschöpfung des Heers und die Oberste Heeresleitung gestand endlich Deutschlands Niederlage ein. Sie drängte die Regierung zum sofortigen Waffenstillstand.

Im Oktober 1918 war es zu einer Verfassungsänderung gekommen, die das deutsche Kaiserreich zur parlamentarischen Monarchie machte. Der neue liberale Reichskanzler Max von Baden übermittelte dem amerikanischen Präsidenten unverzüglich das deutsche Waffenstillstandsgesuch. Hierin erkannte er Wilsons Friedensprogramm als Verhandlungsgrundlage an.

Als die Seekriegsleitung am 28. Oktober 1918 der Hochseeflotte den Befehl zum Auslaufen gab, führte das zur Meuterei der Matrosen. Diese weitete sich schnell zu einer Revolution aus, die ganz Deutschland erfasste und wenig später zum Ende der Monarchie führte.

Imperialismus und Erster Weltkrieg

„Die Heimatfront" – Quellen auswerten

10 Kriegsgebote.

1. **I**ß nicht mehr als nötig. Vermeide überflüssige Zwischenmahlzeiten; Du wirst Dich dabei gesund erhalten.
2. **H**alte das Brot heilig und verwende jedes Stückchen Brot als menschliche Nahrung. Trockne Brotreste geben eine wohlschmeckende und nahrhafte Suppe.
3. **S**pare an Butter und Fetten; ersetze sie beim Bestreichen des Brotes durch Sirup, Mus oder Marmeladen. Einen großen Teil aller Fette bezogen wir bisher vom Auslande.
4. **H**alte Dich an Milch und Käse. Genieße namentlich auch Magermilch und Buttermilch.
5. **G**enieße viel Zucker in den Speisen, denn Zucker ist ein vorzügliches Nahrungsmittel.
6. **K**oche Kartoffeln nur mit der Schale; dadurch sparst Du 20 vom Hundert.
7. **M**indere Deinen Bedarf an Bier und anderen alkoholischen Getränken; dadurch vermehrst Du unsern Getreide- und Kartoffelvorrat, aus dem Bier und Alkohol hergestellt wird.
8. **I**ß viel Gemüse und Obst und benutze jedes Stückchen geeigneten Land zum Anbau von Gemüsen. Spare aber die Konserven, solange frische Gemüse zu haben sind.
9. **S**ammle alle zur menschlichen Nahrung nicht geeigneten Küchenabfälle als Viehfutter; achte aber streng darauf, daß nicht schädliche Stoffe in die Abfälle hineingeraten.
10. **K**oche und heize mit Gas oder Koks; dadurch hilfst Du nicht nur ein wichtiges Düngemittel schaffen, denn bei der Gas- und Koksbereitung wird außer anderen wichtigen Nebenerzeugnissen auch das stickstoffhaltige Ammoniak gewonnen.

Beachte bei allen diesen Geboten, daß Du für das Vaterland sparst. Deshalb muß auch derjenige diese Gebote beherzigen, dem seine Mittel erlauben, zur Zeit noch in der bisherigen Art weiterzuleben.

M 4 **Aufruf,** Frankfurt 1915

M 5 **Hungerjahr 1916**

Aus einem Flugblatt aus dem Kriegsjahr 1916:

Was kommen musste, ist eingetreten: Der Hunger!
In Leipzig, in Berlin, in Charlottenburg, in Braunschweig, in Magdeburg, in Koblenz und Osna-
5 brück, an vielen anderen Orten gibt es Krawalle der hungernden Menge vor den Läden mit Lebensmitteln.
Und die Regierung des Belagerungszustandes hat auf den Hungerschrei der Massen nur die Ant-
10 wort: verschärften Belagerungszustand, Polizeisäbel und Militärpatrouillen.
Herr von Bethmann-Hollweg [der Reichskanzler] klagt England des Verbrechens an, den Hunger in Deutschland verschuldet zu haben […]
15 Indessen, die deutsche Regierung hätte wissen müssen, dass es so kommen musste: Der Krieg gegen Russland, Frankreich und England musste zur Absperrung Deutschlands führen. […]
Der Krieg, der Völkermord ist das Verbrechen, der Aushungerungsplan nur eine Folge dieses Verbre- 20 chens.
Die bösen Feinde haben uns „eingekreist", plärrten die Kriegsmacher. Warum habt ihr eine Politik gemacht, die zur Einkreisung führte?, ist die einfachste Gegenfrage. […] 25
Auf das Verbrechen der Anzettelung des Weltkrieges wurde ein weiteres gehäuft: Die Regierung tat nichts, um dieser Hungersnot zu begegnen. Warum geschah nichts? Weil den Regierungssippen, Kapitalisten, Junkern, Lebensmittel- 30 wucherern der Hunger der Massen nicht wehe tut, sondern zur Bereicherung dient. Weil, wenn man von Anfang an den Kampf gegen Hunger und Not durch ernsthafte Maßnahmen aufgenommen hätte, den verblendeten Massen der furchtbare Ernst 35 der Lage klar geworden wäre. Dann wäre aber die Kriegsbegeisterung alsbald verraucht.
Deshalb hat man die Volksmassen mit Siegestriumphgeheul betäubt und sie gleichzeitig den agrarischen und kapitalistischen Lebensmittelwu- 40 cherern ausgeliefert. […]
Jetzt vertröstet man uns auf die kommende Ernte: Alle Not werde ein Ende haben, wenn die neue Frucht da ist – auch das ist bewusster Schwindel. Die einfache Rechnung sagt: In zweiundzwanzig 45 Kriegsmonaten wurden zwei Ernten verzehrt, außerdem die großen Vorräte an Viehfutter, Zucker und anderen Produkten, die zu Kriegsbeginn im Lande lagerten; ferner alles, was in den besetzten Gebieten, in Belgien, in Nordfrankreich, Polen, 50 Litauen, Kurland, Serbien an Lebensmitteln „requiriert" wurde. Jetzt gibt es nichts mehr. Die besetzten Gebiete sind kahl gefressen, die Menschen sterben bereits Hungers in Polen und in Serbien. […]
Was soll werden? 55
Man kann noch ein halbes Jahr, vielleicht ein ganzes Jahr Krieg führen, indem man die Menschen langsam verhungern lässt. Dann wird aber die künftige Generation geopfert. Zu den furchtbaren Opfern an Toten und Krüppeln der Schlachtfelder 60 kommen weitere Opfer an Kindern und Frauen, die infolge des Mangels dem Siechtum verfallen.

Ernst Drahn/Susanne Leonhard, Unterirdische Literatur im revolutionären Deutschland während des Weltkrieges. Berlin 1920, S. 52–54.

Bilanz des Krieges – Arbeiten mit einer Darstellung

M 6 „Verlorene Generation"

Der englische Historiker John Keegan schreibt über die Verluste im Ersten Weltkrieg:

Der Streifen britischer Soldatenfriedhöfe, der sich von der Kanalküste bis zur Somme und darüber hinaus erstreckt, bildet zugleich eine idealisierte Gedenkstätte für alle auf den Schlachtfeldern des
5 Großen Krieges Gefallenen, derer nicht gedacht wird. Ihre Zahl ist gewaltig. Zu den Gefallenen des Britischen Empire und Frankreichs kommen 1,5 Millionen des Habsburgerreiches, 2 Millionen Deutsche, 1,7 Millionen Russen, 460 000 Italiener
10 und viele Hunderttausende Türken, die nie gezählt wurden. Im Verhältnis zur Zahl derjenigen, die sich freiwillig meldeten oder eingezogen wurden, könnte die Zahl der Opfer erträglich erscheinen. Für Deutschland waren es 3,5 Prozent aller im
15 Heer Dienenden.
Berechnet man den prozentualen Anteil der jüngeren Jahrgänge, dann überschreiten die Zahlen bei weitem das, was emotional verkraftet werden konnte. Zwischen 1914 und 1918 war die männ-
20 liche Sterbeziffer in Großbritannien sieben bis acht Mal, in Frankreich (wo 17 Prozent des Heeres fielen) zehn Mal so hoch wie in Friedenszeiten. Die Verluste bei den jüngsten Altersgruppen in Deutschland waren ähnlich hoch: Zwischen 1870
25 und 1899 wurden etwa 16 Millionen Knaben geboren; nahezu alle wurden im Krieg eingezogen und rund 13 Prozent fielen. Nimmt man die Zahlen für diejenigen Gruppen, die aufgrund ihres Alters sofort zum Heer eingezogen wurden, so
30 ergeben sich – wie in Frankreich und Großbritannien – noch höhere Verluste. Die Jahrgänge 1892–1895, das heißt die jungen Männer, die bei Kriegsausbruch 19 bis 22 Jahre alt waren, wurden um 35–37 Prozent reduziert. Es fiel also jeder Dritte.
35 Kein Wunder, dass man im Deutschland der Nachkriegszeit von einer „verlorenen Generation" sprach, dass deren Eltern durch den gemeinsamen Schmerz verbunden waren, dass die Überlebenden das Gefühl hatten, auf unerklärliche Weise
40 dem Tod entronnen zu sein, und oft eine Spur von Schuld, manchmal Wut und Rachegelüste empfanden. Solche Gefühle lagen britischen und französischen Kriegsteilnehmern fern, die lediglich hofften, dass die Schrecken des Stellungskrieges
45 sich nicht wiederholen würden, solange sie oder ihre Söhne lebten.
Sie gärten jedoch in den Köpfen vieler Deutscher, vor allem in dem „Frontsoldaten" Adolf Hitler, der im September 1922 in München eine Rachedro-
50 hung ausstieß, die den Boden für einen zweiten Weltkrieg bereitete.

John Keegan, Der Erste Weltkrieg, Reinbek 2004, S. 586.

Aufgaben

1. a) Erkläre den Begriff „Heimatfront".
   b) Erläutere die Bedeutung, die die Oberste Heeresleitung im Krieg spielte.
   → Text
2. Erläutere, warum 1917 als Wendejahr des Krieges bezeichnet wird.
   → Text
3. a) Welche der im Aufruf aus Frankfurt genannten Regeln sind angesichts der Situation im Krieg brauchbar, welche sind es nicht?
   b) Beurteile die Wirkung, die der Aufruf vermutlich auf die Bevölkerung hatte.
   → M4
4. a) Nenne die politischen Forderungen, die im Flugblatt erhoben werden.
   b) Überlege, bei wem diese Forderungen auf Zustimmung gestoßen sind.
   → M5
5. a) Stelle zusammen, wie hoch die Zahl der Toten in den einzelnen Ländern war.
   b) Welche Altersgruppe war von den Verlusten besonders betroffen?
   c) Erläutere den Begriff „verlorene Generation".
   → M6

Imperialismus und Erster Weltkrieg

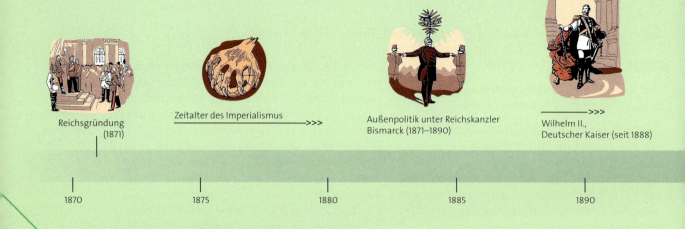

Reichsgründung (1871)

Zeitalter des Imperialismus >>>

Außenpolitik unter Reichskanzler Bismarck (1871–1890)

Wilhelm II., Deutscher Kaiser (seit 1888) >>>

1870 — 1875 — 1880 — 1885 — 1890

Zusammenfassung

Obwohl bereits seit dem Zeitalter der Entdeckungen europäische Staaten in anderen Erdteilen Handelsstationen errichtet hatten und die neuen Gebiete zum Teil wirtschaftlich und militärisch kontrollierten, setzte erst im 19. Jahrhundert ein beschleunigter Wettlauf nach eigener Machtentfaltung in fremden Gebieten ein. Nationales Sendungsbewusstsein spielte hierbei ebenso eine entscheidende Rolle wie das Gefühl eigener kultureller, zivilisatorischer und technischer Überlegenheit.

Zwar wurde die Weitergabe mancher Errungenschaften an die eroberten und kontrollierten Gebiete als Geschenk der überlegenen Zivilisation dargestellt, es dominierte aber meist das Interesse an wirtschaftlicher Ausbeutung der Kolonien und Unterdrückung der einheimischen Bevölkerung. Der Wettlauf um neue Gebiete führte zunehmend zu Spannungen zwischen den beteiligten Mächten. Neben den etablierten Kolonialmächten wie etwa Spanien, England und Frankreich traten auch Deutschland, Italien, Japan und die USA als junge Staaten in den Wettbewerb um Macht, Prestige sowie militärische und wirtschaftliche Vorteile ein. Die imperialistischen Bestrebungen der Großmächte und die daraus resultierenden Spannungen trugen einen wesentlichen Teil zum Ausbruch des Ersten Weltkrieges bei. Die Kolonien spielten im Verlauf des Krieges nur eine untergeordnete Rolle.

Ein Attentat und darauffolgende diplomatische Verwicklungen waren die Auslöser für die „Urkatastrophe" des 20. Jahrhunderts. Der Krieg zeigte die Verwendung moderner technischer Kampfmittel und bezog die Zivilbevölkerung in ungeahntem Maße in das Kriegsgeschehen mit ein. Etwa zehn Millionen Menschen wurden zu Opfern des Krieges. Am Ende stand der Zerfall des alten europäischen Staatensystems und der Verlust einer ganzen Generation. Die Folgen des Krieges bestimmten die politischen und wirtschaftlichen Entwicklungen für Jahrzehnte.

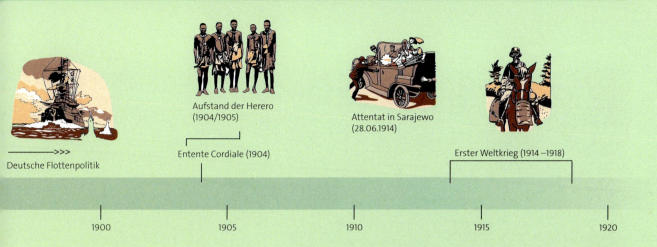

Deutsche Flottenpolitik

Entente Cordiale (1904)

Aufstand der Herero (1904/1905)

Attentat in Sarajewo (28.06.1914)

Erster Weltkrieg (1914–1918)

1900 — 1905 — 1910 — 1915 — 1920

Daten

1914–1918 Erster Weltkrieg

1917 Eintritt der USA in den Ersten Weltkrieg

Begriffe

Imperialismus

Verdun

Britisches Weltreich (Empire)

Personen

Tipps zum Thema: Imperialismus und Erster Weltkrieg

Filmtipp

Im Westen nichts Neues, USA 1929/30

Lesetipp

Dolf Verroen: Wie schön weiß ich bin, Wuppertal 2005

Hermann Schulz: Dem König klaut man nicht das Affenfell, Wuppertal 2006

Andy Crawford/Simon Adams: Der Erste Weltkrieg (aus dem Englischen von Werner Horwath), Hildesheim 2007

Museen

Deutsches Historisches Museum, Berlin

Mémorial de Verdun, Fleury-devant-Douaumont

hamburgmuseum

Kommentierte Links: www.westermann.de/geschichte-linkliste

3. Neue weltpolitische Koordinaten

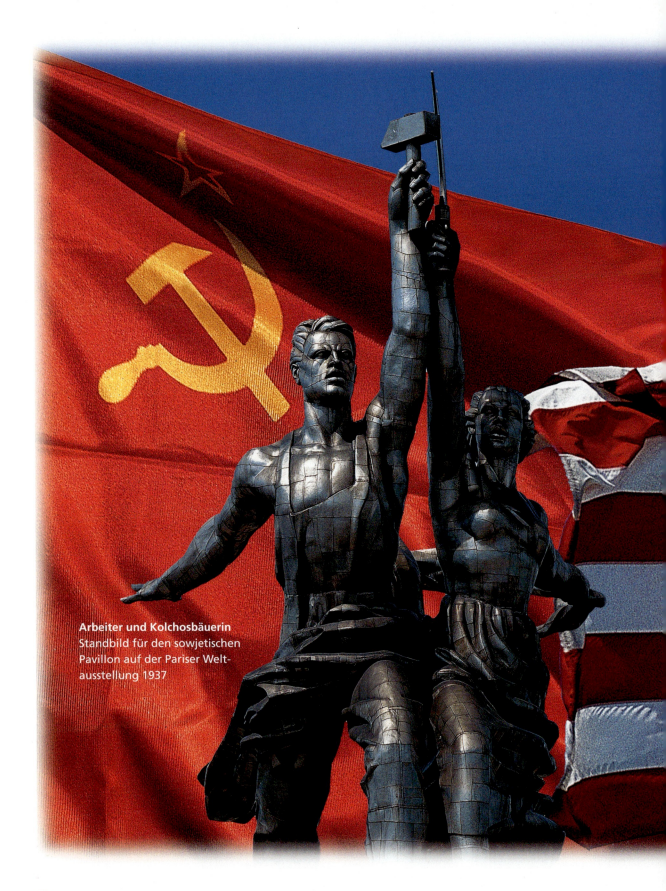

Arbeiter und Kolchosbäuerin
Standbild für den sowjetischen Pavillon auf der Pariser Weltausstellung 1937

Amerikanische Freiheitsstatue
1886 eingeweihtes Denkmal im New Yorker Hafen zur Erinnerung an die Unabhängigkeitserklärung

Die USA im 19. Jahrhundert

Zwei Machtzentren bestimmten im 20. Jahrhundert die Weltpolitik: die USA und die Sowjetunion. Der Aufstieg der USA vollzog sich seit dem frühen 17. Jahrhundert, als an der Ostküste Nordamerikas englische Siedlungskolonien entstanden, in denen um 1750 bereits über eine Million Menschen lebten. In den nördlichen und mittleren Kolonien dominierten Farmwirtschaft, Handel, Gewerbe und Schiffbau, während im Süden auf großen Plantagen vornehmlich Tabak und Baumwolle angebaut wurden. Den meisten Kolonien stand zwar ein königlicher Gouverneur vor, doch genossen die Siedler weitgehende Selbstverwaltung und wählten ihre eigenen Volksvertretungen.

Streit zwischen Kolonien und Mutterland

Mithilfe der Kolonisten gelang es den Briten im French and Indian War (1755–1763), den Konkurrenten Frankreich nahezu vollständig aus Nordamerika zu verdrängen. Der Krieg kostete jedoch viel Geld, und so legte die Regierung in London den amerikanischen Kolonien eigenmächtig neue Steuern auf. Dieser Schritt stieß bei den Siedlern auf erbitterten Protest, weil sie sich in ihren Freiheitsrechten eingeschränkt sahen – „no taxation without representation" lautete ihre Parole. Britische Waren wurden boykottiert, und gewaltsame Ausschreitungen ließen nicht lange auf sich warten.

Aufsehen erregte insbesondere die „Boston Tea Party": Im Dezember 1773 warfen als Indianer verkleidete Bostoner Bürger die Teeladung eines englischen Schiffs ins Wasser, um gegen die Teesteuer zu protestieren. Die britische Regierung ergriff daraufhin harte Zwangsmaßnahmen, und im April 1775 kam es zum ersten militärischen Zusammenstoß zwischen Siedlermilizen und britischen Truppen. Knapp einen Monat später versammelten sich Vertreter aller Kolonien in Philadelphia, riefen den Verteidigungszustand aus und übertrugen

M 1 Widerstand
Ein britischer Zöllner wird geteert und gefedert, zeitgenössische amerikanische Zeichnung.

M 2

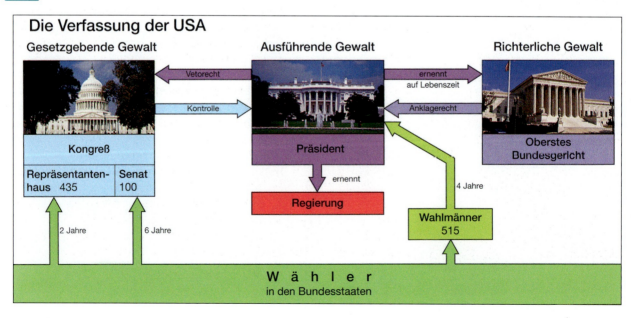

den Oberbefehl über die Streitkräfte auf George Washington. Mit der Erklärung ihrer Unabhängigkeit lösten sich die Kolonien am 4. Juli 1776 schließlich offiziell vom Mutterland.

Der Unabhängigkeitskrieg
Die schlecht ausgebildeten amerikanischen Streitkräfte hatten einen harten Stand gegen die britischen Truppen. Nur dank auswärtiger, vor allem französischer Hilfe konnten sie den Gegner im Herbst 1781 endlich zur Kapitulation zwingen. Im Frieden von Paris (September 1783) erkannte Großbritannien die Unabhängigkeit der Vereinigten Staaten notgedrungen an.

Der Westen wird erschlossen
Die folgenden Jahrzehnte der amerikanischen Geschichte sind von der Erschließung des Kontinents geprägt. Die Siedlungsgrenze (frontier) schob sich unaufhaltsam nach Westen vor, und sobald ein Territorium die Einwohnerzahl von 60 000 Männern erreichte, wurde es als Staat in die Union aufgenommen. Umfassten die USA im Jahre 1800 16 Staaten, so waren es hundert Jahre später bereits 45. Die Amerikaner empfanden es als ihre „offenkundige Bestimmung" (manifest destiny), Zivilisation und Fortschritt den Weg nach Westen zu bahnen. Bis heute gehört dieses Sendungsbewusstsein zum Mythos vom American Dream. Dabei wurde die indianische Urbevölkerung rücksichtslos dezimiert (von eine Million auf 200 000 Menschen) und in Reservate abgedrängt.

Der Sezessionskrieg (1861–1865)
Interessengegensätze bestanden zwischen den Staaten des Nordens und des Südens schon lange. Um die junge Industrie in den nördlichen Staaten gegen die starke europäische Konkurrenz zu schützen, verhängte der Kongress Importzölle über die betreffenden Güter. Darunter litt jedoch der agrarisch geprägte Süden.

Zum Katalysator des Konflikts wurde dann aber vor allem die Sklavenfrage. Während der Norden für seine Wirtschaftszweige keine Sklaven benötigte, waren sie aus der Sicht der Plantagenbesitzer des Südens für die Feldarbeit unverzichtbar. Wenn ein neuer Staat der Union beitrat, stellte sich die Frage immer aufs Neue: Sklavenhalterstaat oder nicht? Der Streit nahm an Schärfe ständig zu, und als im Jahre 1860 Abraham Lincoln zum Präsidenten gewählt wurde, der der Sklaverei kritisch gegenüberstand, erklärte South Carolina den Austritt (= Sezession) aus der Union. Zehn weitere Südstaaten schlossen sich diesem Schritt an und bildeten 1861 die Konföderierten Staaten von Amerika.

Lincoln war nicht bereit, die Spaltung der Nation hinzunehmen. Der anschließende Bürgerkrieg wurde mit wachsender Erbitterung geführt und war mit weit über 600 000 Gefallenen der mit Abstand verlustreichste Krieg der amerikanischen Geschichte. Erst nach vier Jahren konnte sich der an Menschenreserven und Rüstungspotenzial weit überlegene Norden durchsetzen; ein Verfassungszusatz schaffte die Sklaverei in den USA ab. Wenige Tage nach dem Sieg der Union fiel Präsident Lincoln den Kugeln eines fanatischen Südstaatlers zum Opfer.

M 3 Abraham Lincoln
Präsident von 1861–1865

Neue weltpolitische Koordinaten

Ein weltgeschichtliches Ereignis – Bild- und Textquelle bearbeiten

M 4 Unabhängigkeitserklärung

John Trumbull (1756–1843) arbeitete zwischen 1787 und 1818 an diesem Gemälde, auf dem John Adams (1735–1799) aus Massachusetts, Roger Sherman aus Connecticut, Robert Livingston aus New York, Thomas Jefferson (1743–1826) aus Virginia und Benjamin Franklin (1706–1790) aus Pennsylvania den Entwurf der Unabhängigkeitserklärung dem Präsidenten des Generalkongresses, John Hancock, überreichen.

M 5 Die Unabhängigkeitserklärung der Vereinigten Staaten von Amerika

Die Kolonien verabschiedeten die Unabhängigkeitserklärung am 4. Juli 1776. In ihr wurden die Gründe dargelegt, die zur Trennung führten. Dieser Tag wird als amerikanischer Nationalfeiertag begangen:

Folgende Wahrheiten erachten wir als selbstverständlich: dass alle Menschen gleich geschaffen sind; dass sie von ihrem Schöpfer mit gewissen unveräußerlichen Rechten ausgestattet sind; dass
5 dazu Leben, Freiheit und das Streben nach Glück gehören; dass zur Sicherung dieser Rechte Regierungen unter den Menschen eingesetzt werden, die ihre rechtmäßige Macht aus der Zustimmung der Regierten herleiten; dass, wenn immer
10 irgendeine Regierungsform sich als diesen Zielen abträglich erweist, es Recht des Volkes ist, sie zu ändern oder abzuschaffen und eine neue Regierung einzusetzen und diese auf solchen Grundsätzen aufzubauen und ihre Gewalten in der Form zu
15 organisieren, wie es ihm zur Gewährleistung seiner Sicherheit und seines Glückes geboten zu sein scheint. Gewiss gebietet die Weisheit, dass von alters her bestehende Regierungen nicht aus geringfügigen und vorübergehenden Anlässen geändert werden sollten; und demgemäß hat jede 20 Erfahrung gezeigt, dass die Menschen eher geneigt sind, zu dulden, solange die Missstände noch erträglich sind, als sich unter Beseitigung altgewohnter Formen Recht zu verschaffen. Aber wenn eine lange Reihe von Missständen und Übergrif- 25 fen, die stets das gleiche Ziel verfolgen, die Absicht erkennen lässt, sie absolutem Despotismus zu unterwerfen, so ist es ihr Recht und ihre Pflicht, eine solche Regierung zu beseitigen und neue Wächter für ihre künftige Sicherheit zu bestellen. 30 So haben diese Kolonien geduldig ausgeharrt, und so stehen sie jetzt vor der zwingenden Notwendigkeit, ihre bisherige Regierungsform zu ändern. Die Regierungszeit des gegenwärtigen Königs von Großbritannien ist von unentwegtem 35 Unrecht und ständigen Übergriffen gekennzeichnet, die alle auf die Errichtung einer absoluten Tyrannei über diese Staaten abzielen.

Zit. nach: M. Jonas, Die Unabhängigkeitserklärung der Vereinigten Staaten, Hannover 1964, S. 39 f.

„Go West" – Bild- und Textquelle vergleichen

M 6 „American Progress", Darstellung von John Gast, 1872

M 7 Die Bedeutung der Siedlungsgrenze

Der Historiker Frederick Jackson Turner beeinflusste mit seinen Thesen von 1893 zur Siedlungsgrenze eine ganze Generation von Amerikanern:

Die meisten Völker entwickeln sich in einem begrenzten Raum, und wenn sich eine Nation ausdehnt, trifft sie auf andere wachsende Völker, die sie unterworfen hat. Bei den Vereinigten Staaten
5 haben wir es dagegen mit einem anderen Phänomen zu tun. Wenn wir uns allein auf die Atlantikküste konzentrieren, sehen wir uns mit dem bekannten Fall der Entwicklung von Einrichtungen in einem begrenzten Gebiet konfrontiert. […]
10 Zusätzlich und zugleich haben wir es aber mit einer Wiederkehr des Vorgangs der Entwicklung in jeder westlichen Region zu tun, die im Laufe der Westausdehnung erreicht wird. Daher findet die Entwicklung in Amerika nicht nur in einer Form statt. An der ununterbrochen voranschreitenden 15 Siedlungsgrenze trifft sie vielmehr ständig wieder auf ursprüngliche Bedingungen, und der Entwicklungsprozess beginnt aufs Neue. Diese unaufhörliche Wiedergeburt […] bringt die Kräfte hervor, die den amerikanischen Charakter bestimmt 20 haben. Wer das Wesen dieser Nation begreifen will, darf nicht auf die Atlantikküste schauen, sondern auf den weiten Westen. […]
Das Voranschreiten der Siedlungsgrenze bedeutet eine stetige Bewegung weg von den Einflüssen 25 Europas, eine stetige Vertiefung der Eigenständigkeit Amerikas.

http://www.fordham.edu/halsall/mod/1893turner.html.

Aufgaben

1. Erläutere, warum die amerikanischen Kolonien sich von Großbritannien trennten. → Text, M5
2. Erkläre die Gewaltenteilung gemäß der Verfassung der USA. → M2
3. Erläutere den Mythos der Siedlungsgrenze (frontier). → Text, M6, M7
4. Nenne die Gründe für den Sezessionskrieg. → Text

Neue weltpolitische Koordinaten

Der Aufstieg der USA zur Weltmacht

Ausbau der amerikanischen Wirtschaft

Nach dem Bürgerkrieg erlebten die Vereinigten Staaten Jahrzehnte rasanten wirtschaftlichen Aufschwungs. Die Infrastruktur wurde rasch ausgebaut: Verfügte das Land 1860 über weniger als 50 000 Eisenbahnkilometer, so waren es zehn Jahre später bereits über 85 000. Dank seiner weiten Flächen, unermesslicher Bodenschätze, einem durch rege

M 1 Autoproduktion 1913
Fließband in der Autofabrik von Henry Ford, Foto von 1913

Einwanderung gespeisten Arbeitskräftereservoir, innovationsfreudigen Unternehmern und einer liberalen Wirtschaftsordnung konnten die USA bald zu den führenden Industriestaaten Europas aufschließen.

Diese Entwicklung hatte jedoch auch ihre Schattenseiten. Da der Staat die Wirtschaftskräfte ungehindert gewähren ließ, bildeten sich riesige Trusts und Kartelle, die zeitweise ganze Wirtschaftszweige (Schwerindustrie, Energiesektor, Bankwesen) beherrschten. Auch griffen Korruption und soziale Missstände um sich. Die Unternehmer setzten der Entstehung von Gewerkschaften heftigen Widerstand entgegen, und um die Jahrhundertwende erschütterten Streiks das Land.

Das Ausgreifen über die eigenen Grenzen

In der Phase der Westexpansion, die 1890 offiziell für abgeschlossen erklärt wurde, hatten die Vereinigten Staaten keine außenpolitischen Ambitionen gezeigt. Zwar warnten sie die europäischen Mächte schon 1823 in der „Monroe-Doktrin" vor Interventionen in der westlichen Hemisphäre („Amerika den Amerikanern"), doch war dies noch kein Ausdruck einer systematischen Politik.

Neben der Überzeugung von ihrer zivilisatorischen Mission weckte einige Jahrzehnte später aber vor allem die steigende Wirtschaftskraft der USA das Interesse an auswärtigen Märkten. Schon bald betrachteten sie die Karibik, Mittel- und Südamerika sowie den östlichen Pazifik als ihr natürliches Einflussgebiet. 1889 vereinbarte Washington mit einer Reihe lateinamerikanischer Staaten die „Panamerikanische Union" zur wirtschaftlichen Zusammenarbeit, und wenige Jahre später kam es anlässlich eines Grenzkonflikts zwischen Venezuela und Britisch-Guayana beinahe zum Krieg mit Großbritannien.

M 2 Öltürme
am Pioneer Run, um 1865

Aus der (vermutlich unfallbedingten) Zerstörung des US-Linienschiffs Maine im April 1898 vor der kubanischen Hafenstadt Havanna entwickelte sich ein Krieg zwischen den USA und der Kolonialmacht Spanien. Im Frieden von Paris (Dezember 1898) musste das geschlagene Spanien Puerto Rico, Guam und die Philippinen an die Vereinigten Staaten abtreten. Kuba wurde eine Republik, doch behielten sich die Amerikaner ein Interventionsrecht für die Zukunft vor. Hawaii wurde während des Krieges von den USA ebenfalls annektiert.

M 3 **Theodore Roosevelt** mit seinen „Rauen Reitern" auf Kuba. Er führte dieses Freiwilligen-Regiment 1898 im Spanisch-Amerikanischen Krieg, Foto von 1898.

„Dollar-Imperialismus"

Faktisch waren die USA damit zu einer imperialistischen Macht geworden. Dies stand jedoch so sehr im Widerspruch zu ihrer anti-kolonialen Tradition und ihrem Selbstverständnis als freiheitlicher Staat, dass sie auf diesem Weg nicht weitergingen. Dank ihres überragenden politischen und ökonomischen Gewichts verfolgten sie ihre Interessen gegenüber den Nachbarländern stattdessen durch wirtschaftliche Durchdringung und Beeinflussung („Dollar-Diplomatie").

In Erweiterung der Monroe-Doktrin postulierte Präsident Theodore Roosevelt 1904 das Recht der USA, in ihrem Einflussbereich exklusiv als internationale Polizeimacht aufzutreten. Tatsächlich kam es in den folgenden Jahren zu einer ganzen Reihe von Interventionen dieser Art.

Der Eintritt in den Ersten Weltkrieg

Beim Ausbruch des Ersten Weltkriegs im August 1914 erklärten die Vereinigten Staaten ihre Neutralität. Die Sympathien der meisten Amerikaner und auch der Regierung lagen jedoch bei den demokratisch verfassten Staaten Großbritannien und Frankreich, die gegenüber den Mittelmächten ein Vielfaches an US-Anleihen erhielten.

Als im Mai 1915 ein deutsches U-Boot den britischen Passagierdampfer Lusitania versenkte, waren unter den knapp 2000 Todesopfern auch 128 amerikanische Staatsbürger. Der Kriegseintritt der USA stand kurz bevor. Als die deutsche Seite nach einer Unterbrechung im Februar 1917 zum uneingeschränkten U-Boot-Krieg zurückkehrte, wurde dieser Schritt dann tatsächlich vollzogen. In einer Rede vor dem Kongress nannte Präsident Woodrow Wilson als leitendes Motiv: „to make the world safe for democracy".

Neue weltpolitische Koordinaten

Die US-Außenpolitik im Spiegel von Textquellen, Karikatur und Geschichtskarte

M 4 „Monroe-Doktrin"

In einer Botschaft an den Kongress warnte Präsident James Monroe (1820–1825) die europäischen Mächte:

Angesichts der Freiheit und Unabhängigkeit, welche die amerikanischen Kontinente erlangt haben, stellen sie von nun an nicht mehr
5 Objekte für künftige Kolonisation durch irgendwelche europäischen Mächte dar. […]
Jeden Versuch, ihr System auf irgendeinen Teil dieser Hemisphäre
10 auszuweiten, müssten wir für unseren Frieden und unsere Sicherheit als gefährlich betrachten. […]
Hinsichtlich der Länder, die [bereits] ihre Unabhängigkeit errungen und
15 deren Souveränität wir nach reiflicher Überlegung anerkannt haben, stellen wir fest: Jeglichen Eingriff seitens einer europäischen Macht mit der Absicht, sie zu unterdrücken oder ihr Schicksal in anderer Wei-
20 se zu kontrollieren, könnten wir in keinem anderen Licht sehen denn als Bekundung einer unfreundlichen Haltung gegenüber den Vereinigten Staaten.

http://www.law.ou.edu/ushistory/monrodoc.shtml.

M 6 Theodore Roosevelt and His Big Stick in the Caribbean, amerikanische Karikatur von W. A. Rogers, 1904

M 5 „Die Flagge weist uns den Weg"

In der Auseinandersetzung um die Zukunft der Philippinen führte der Senator von Indiana, Albert J. Beveridge, 1898 aus:

Gott hat uns ein edles Land gegeben; ein Land, das die ganze Welt ernähren und bekleiden kann und dessen Küste halb Europa umfassen würde. Es steht wie ein Wächter zwischen den beiden
5 beherrschenden Ozeanen der Erde. […]
Eine ruhmreiche Geschichte hat Gott seinem auserwählten Volk beschert; eine heldenhafte Geschichte im Glauben an unsere Mission und unsere Zukunft; eine Geschichte von Staatsmän-
10 nern, welche die Grenzen der Republik in unerforschte Gebiete vorantreiben. […]
Soll das amerikanische Volk seinen Marsch zur wirtschaftlichen Vorherrschaft auf der Erde fortsetzen? Sollen freie Einrichtungen ihre gesegnete Herrschaft ausweiten, während die Kinder der
15 Freiheit an Stärke zulegen, bis das Reich unserer Prinzipien über der ganzen Menschheit aufgerichtet ist? Haben wir etwa keine Mission, keinen Auftrag gegenüber unseren Mitmenschen? […]
Wir können uns von keinem Stück Land zurückzie-
20 hen, auf dem die Vorsehung unsere Flagge einmal entrollt hat. Es ist unsere Aufgabe, dieses Land dann für Freiheit und Zivilisation zu gewinnen.

http://www.fordham.edu/halsall/mod/1898beveridge.html.

M 7 „Internationale Polizeigewalt ausüben"

Über die ursprüngliche Tragweite der Monroe-Doktrin ging Präsident Theodore Roosevelt (1901–1909) deutlich hinaus (1904):

Es ist nicht wahr, dass die Vereinigten Staaten irgendwelchen Landhunger verspüren oder irgendwelche Pläne hinsichtlich der anderen Nationen der westlichen Hemisphäre verfolgen außer solchen, die für diese von Vorteil sind. Dieses Land
5 wünscht nichts als die Nachbarländer in Stabilität, Ordnung und Wohlstand zu sehen. Jeder Staat, dessen Bürger sich ordentlich verhalten, kann auf unsere herzliche Freundschaft zählen. Wenn ein

Land zeigt, dass es seine sozialen und politischen Angelegenheiten vernünftig und anständig zu regeln versteht, Ordnung hält und seinen Verpflichtungen nachkommt, braucht es keine Einmischung seitens der USA zu fürchten. Chronisches Fehlverhalten oder ein Unvermögen, das zu einer allgemeinen Auflösung der Standards zivilisierter Gesellschaften führt, kann aber in Amerika wie überall sonst letztlich die Intervention einer zivilisierten Nation erforderlich machen. In der westlichen Hemisphäre kann dies die USA in Übereinstimmung mit der Monroe-Doktrin dazu veranlassen, dass sie, wenn auch widerwillig, in krassen Fällen solchen Fehlverhaltens oder solchen Unvermögens eine internationale Polizeigewalt ausüben.

http://www.theodore-roosevelt.com/trmdcorollary.html.

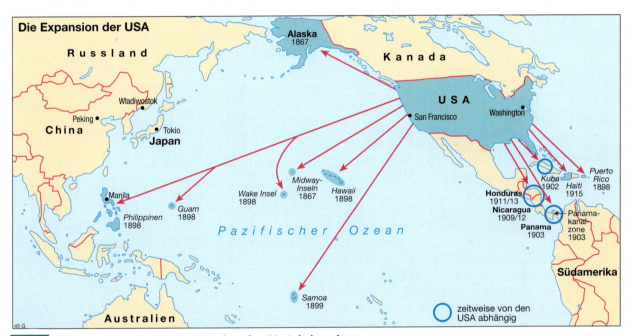

M 8 Die Expansion der USA zu Beginn des 20. Jahrhunderts

Aufgaben

1. Fasse die Aussagen der Monroe-Doktrin zusammen.
   → M4
2. Erläutere Ursachen und Formen des amerikanischen Imperialismus.
   → Text, M5, M8
3. Erkläre den Anspruch der USA, als internationale Polizeimacht zu handeln.
   → M6, M7
4. War der Eintritt der USA in den Ersten Weltkrieg unvermeidlich? Begründe deine Meinung.
   → Text
5. Erstelle anhand der Karte M8 eine Zeitleiste zur Geschichte der Expansion der USA.
   → M8

Neue weltpolitische Koordinaten

Die Oktoberrevolution von 1917

Ein epochales Ereignis
Die Oktoberrevolution des Jahres 1917 wird allgemein als epochales Ereignis betrachtet. Verhalf sie doch einem völlig neuen gesellschaftlichen System mit sozialistisch-kommunistischer Ausprägung und dem Anspruch auf eine gerechte Gesellschaftsordnung in Russland zum Durchbruch. Wie kam es zu dieser Revolution und welchen Verlauf nahm sie?

Russland im 19. Jahrhundert
Russland war im europäischen Vergleich ein politisch und wirtschaftlich rückständiges Land mit agrarischer Struktur. Die Leibeigenschaft der Bauern wurde 1861 zwar abgeschafft, doch am Elend der Landbevölkerung – Ende des 19. Jahrhunderts etwa 80 % der Bürger Russlands – änderte sich nichts.

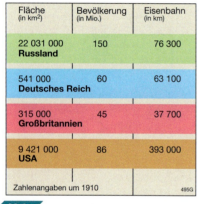

M 1

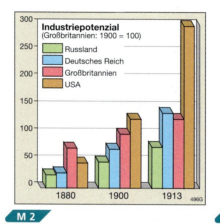

M 2

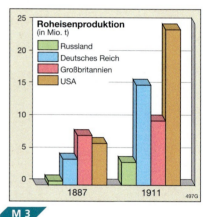

M 3

Im späten 19. Jahrhundert entstanden in Moskau, St. Petersburg und dem Donezbecken moderne Industrieanlagen mit der Folge, dass die Zahl der Fabrikarbeiter innerhalb weniger Jahre stark anstieg und eine Arbeiterbewegung entstand. Ihre politische Vertretung fand sie in der 1898 gegründeten Sozialdemokratischen Partei, die ein revolutionäres Programm verfolgte. Ihren radikalen Flügel, die Bolschewiki, führte Wladimir Iljitsch Uljanow an, genannt Lenin. Politische Betätigung war allerdings verboten und wurde vom zaristischen Regime rücksichtslos verfolgt, Lenin vorübergehend in die Verbannung geschickt.

Das Ende der Zarenherrschaft
1905 erschütterte eine Welle von Streiks und gewaltsamen Demonstrationen das Land. Der Zar musste daraufhin Zugeständnisse machen und ließ die Bürger Russlands erstmals ein Parlament, die Reichsduma, wählen. Als sich im Laufe des Ersten Weltkriegs die Niederlagen häuften und die Versorgungslage der Bevölkerung immer schlechter wurde, spitzte sich die Krise rasch zu. Mitte März (nach dem in Russland noch gebräuchlichen Kalender Ende Februar) 1917 widersetzten sich die Truppen in St. Petersburg dem Befehl, auf demonstrierende Arbeiter zu schießen. Das alte Regime brach zusammen. Zar Nikolaus II. trat wenige Tage später zurück.

M 4 **Nikolaus II.**
Zar von 1894–1917, im Krönungsgewand des ersten Zaren der Romanow-Dynastie aus dem 17. Jh.

M 5 Lenins Ankunft in Petrograd
Am 16. April 1917 kehrte der Revolutionär aus seinem Schweizer Exil nach Petrograd zurück, wie St. Petersburg von 1914–1924 hieß.

Zwei neue Machtzentren beherrschten nun die politische Bühne. Zum einen bildeten die gemäßigten Kräfte der Duma eine Provisorische (= vorläufige) Regierung, die einen liberal-bürgerlichen Verfassungsstaat anstrebte. Parallel dazu ging aus dem Sowjet (= Rat) der St. Petersburger Arbeiter und Soldaten ein „Provisorisches Exekutivkomitee" hervor, das sozialistisch geprägt war und eine Art Gegenregierung darstellte.

Die Oktoberrevolution

Die Provisorische Regierung gewährte rasch alle bürgerlichen Freiheiten und beseitigte die Unterschiede zwischen den Ständen und Nationalitäten. Die drängendsten Probleme: „Friede, Land und Brot" bekam sie jedoch nicht in den Griff und verlor daher bald jeden Rückhalt in der Bevölkerung. Lenin, der im April aus dem Schweizer Exil zurückgekehrt war, rief zum Sturz der Regierung auf. Am 7. November (alter Kalender: 25. Oktober) 1917 stürmten die Bolschewiki deren Sitz und verhafteten die anwesenden Mitglieder. Daraufhin setzten sie die erste Sowjetregierung ein, den „Rat der Volkskommissare" unter dem Vorsitz Lenins.

Die Bolschewiki festigen ihre Macht

Unverzüglich trafen die neuen Herrscher Maßnahmen zur Sicherung ihrer Macht: Sie hoben die Pressefreiheit auf, und eine neue Geheimpolizei, die „Tscheka", diente der Verfolgung aller angeblichen Staatsfeinde. Daneben erfolgten weitreichende Reformen. Mit dem „Dekret über Grund und Boden" wurden die Großgrundbesitzer enteignet und ihr Land den Bauern übertragen. Diese Maßnahme war begleitet von der Verstaatlichung der Industrie und der Banken. Jegliche Religionsausübung wurde verboten, der Kirchenbesitz eingezogen. Die Regierung untersagte den privaten Handel, die Verteilung der Güter unterstand künftig dem Staat. Als die Bolschewiki Ende November 1917 bei den Wahlen zur verfassunggebenden Versammlung nur ein Viertel der Stimmen erhielten, ließ Lenin die neue Volksvertretung wieder auflösen. Die Diktatur einer kleinen Gruppe nahm nun konkrete Formen an. Ab März 1918 nannten sich die Bolschewiki „Russische Kommunistische Partei". Neue Hauptstadt wurde Moskau.

Krieg und Bürgerkrieg

Außenpolitisch war die neue Regierung bemüht, den Krieg gegen die Mittelmächte zu beenden, da die Lage im Innern dies erforderte. Verhandlungen mit der deutschen Obersten Heeresleitung führten im März 1918 zum Vertrag von Brest-Litowsk, der schmerzliche territoriale Einbußen für Russland enthielt. Lenin nahm dies in Kauf, da die Festigung der Macht im Innern unbedingten Vorrang für ihn hatte. Gegner des neuen kommunistischen Regimes, „die Weißen" genannt, formierten sich ab 1918 in Russland zum Kampf. Zwar wurden sie vom Ausland unterstützt, doch waren ihre Ziele und Interessen zu unterschiedlich für eine gemeinsame Strategie. In harten Kämpfen konnte die „Rote Armee" die Oberhand behalten. Die Kriegshandlungen und ein Wirtschaftschaos durch die überstürzte Einführung des Sozialimus führten zwischen 1918 und 1922 zu mehreren Millionen Opfern.

M 6 „Genosse Lenin reinigt die Erde von Unrat"
Sowjetisches Plakat von 1920

Schriften und Propaganda der Bolschewiki – Bild- und Textquellen auswerten

M 7 „Lenin auf der Tribüne"
Gemälde von A. M. Gerassimow (1930)

M 8 „Klasse" und „Staat"

a) Lenin hat in seinen zahlreichen Büchern zu wichtigen Begriffen eine Definition gegeben. Zum Begriff „Klasse" schrieb er:

Als Klassen bezeichnet man große Menschengruppen, die sich voneinander unterscheiden nach ihrer Stellung in einem geschichtlich bestimm-
5 ten System der gesellschaftlichen Produktion, nach ihrem (größtenteils in Gesetzen festgelegten und fixierten) Verhältnis zu den Produktionsmitteln, nach ihrer Rolle in der gesellschaft-
10 lichen Organisation der Arbeit und folglich nach der Art der Erlangung und dem Umfang des Anteils am gesellschaftlichen Reichtum, über den sie verfügen. Klassen, das sind solche
15 Gruppen von Menschen, von denen die eine sich die Arbeit der anderen aneignen kann, infolge der Verschiedenheit ihrer Stellung in einem bestimmten System der [...] Wirtschaft.

Zit. nach: I. Fetscher, Der Marxismus, Seine Geschichte in Dokumenten, München 1983, S. 560.

b) Über den Staat schrieb Lenin:

Der Staat ist das Produkt und die Äußerung der Unversöhnlichkeit der Klassengegensätze. Der Staat entsteht dort, [...] wo, wann und inwiefern die Klassengegensätze objektiv nicht versöhnt
5 werden können. Und umgekehrt: Das Bestehen des Staates beweist, dass die Klassengegensätze unversöhnlich sind.
Wir setzen uns als Endziel die Vernichtung des Staates, d. h. jeder organisierten und systemati-
10 schen Gewalt, jeder Gewaltanwendung gegen Menschen überhaupt. [...]
Indem wir zum Sozialismus streben, sind wir überzeugt, dass er in den Kommunismus hineinwachsen wird, und im Zusammenhang damit wird jede
15 Notwendigkeit der Gewaltanwendung gegen Menschen überhaupt, die Unterordnung eines Menschen unter einen anderen, eines Teiles der Bevölkerung unter den anderen, verschwinden. [...] Zwischen der kapitalistischen und der kommunistischen Gesellschaft liegt die Periode der 20 revolutionären Umwandlung der einen in die andere. Dem entspricht auch eine politische Übergangsperiode, deren Staat nichts anderes sein kann als die revolutionäre Diktatur des Proletariats. [...] 25
Zugleich bringt die Diktatur des Proletariats eine Reihe von Freiheitsbeschränkungen für die Unterdrücker, die Ausbeuter, die Kapitalisten. [...]
Erst in der kommunistischen Gesellschaft, wo der Widerstand der Kapitalisten endgültig gebrochen 30 ist, [...] wo es keine Klassen mehr gibt, erst da hört der Staat auf zu bestehen und kann von Freiheit die Rede sein.

Zit. nach: I. Fetscher, Der Marxismus, Seine Geschichte in Dokumenten, S. 594; und: I. Fetscher, Von Marx zur Sowjetideologie, Frankfurt/M., 1965, S. 103 f., S. 107.

Beurteilungen der Oktoberrevolution – Arbeiten mit Darstellungen

M 9 „Gewaltige Revolutionsbewegung"

a) Noch heute kommen Wissenschaftler bei der Beurteilung der Oktoberrevolution von 1917 zu ganz unterschiedlichen Einschätzungen. Der englische Historiker Eric Hobsbawm, 1994:

Es sah so aus, als bräuchten die Völker nur ein Signal, um sich zu erheben und den Kapitalismus durch Sozialismus zu ersetzen und damit die sinnlosen Leiden des Krieges schließlich in etwas Sinn-
5 volleres zu verwandeln [...].
Die Russische oder genauer: die Bolschewistische Revolution vom Oktober 1917 war bereit, der Welt dieses Signal zu geben. Deshalb war sie für dieses Jahrhundert ein ebenso zentrales Ereignis
10 wie die Französische Revolution von 1789 für das 19. Jahrhundert gewesen war. [...]
Die Oktoberrevolution hatte jedoch ein sehr viel stärkeres und globaleres Echo als ihre Vorgängerin. Zwar ist deutlich geworden, dass die Ideen der
15 Französischen Revolution die des Bolschewismus überlebt haben, aber die faktischen Auswirkungen von 1917 waren bei weitem größer und anhaltender als die von 1789. Die Oktoberrevolution brachte die gewaltigste Revolutionsbewegung der
20 modernen Geschichte hervor.

E. Hobsbawm, Das Zeitalter der Extreme. München 1994, S.79.

M 10 „Beispiellose Katastrophe"

b) Der deutsche Politologe Ludger Kühnhardt, 1995:

1917 markiert den Beginn einer beispiellosen Katastrophe für das russische Volk, überwölbt durch Zwangsmodernisierung und Großindustrialisierung, die in den folgenden Jahrzehnten mit-
5 hilfe der kommunistisch zentralisierten Staatsführung ein Sechstel der Erdoberfläche ebenso umformen wie dauerhaft lähmen sollten.
In seinem Buch „On liberty" hatte John Stuart Mill 1859 geschrieben, dass die Gefahr der modernen Demokratie nicht der Absolutismus des Staates, 10 sondern die Despotie (= Gewaltherrschaft) der Gesellschaft sei.
Im Russland des Kommunismus erfolgte eine Anhäufung beider Gefahren, des Absolutismus des Staates und der Despotie der Gesellschaft, bis 15 am 25. Dezember 1991 die rote Fahne über dem Kreml eingeholt wurde und Russland wieder begann, zu seinen eigenen Wurzeln zurückzukehren. Diese mochten nicht unbedingt hoffnungserweckend sein, aber sie sind immerhin authentisch 20 (= glaubwürdig), was vom Sowjetkommunismus nicht gesagt werden konnte.

L. Kühnhardt, Revolutionszeiten, München 1995, S.150.

Aufgaben

1. Vergleiche die Wirtschaftskraft Russlands mit der der anderen aufgeführten Länder. Beziehe dich dabei auf die Angaben zum Industriepotenzial und zur Roheisenproduktion. Berücksichtige auch die Bevölkerungsgröße.
   → M1–M3
2. a) Beschreibe Russlands Weg vom Zarenreich zur Herrschaft der Bolschewiki.
   b) Halte fest, wie es den Kommunisten gelang, ihre Macht zu festigen.
   → Text
3. Erkläre, was man unter „Diktatur des Proletariats" versteht. Fasse die Ausführungen Lenins zusammen und nimm Stellung.
   → M8
4. Beschreibe und interpretiere das Gemälde von 1930.
   → M7
5. a) Welche Bedeutung sprechen die beiden Autoren der Oktoberrevolution zu?
   b) Diskutiert die beiden Positionen in der Klasse.
   → M9, M10

Neue weltpolitische Koordinaten

M 1 Josef Stalin (1879–1953)
Das Bild zeigt Stalin auf dem XVIII. Parteitag 1939, Gemälde von A. Gerassimow.

M 2 Plakat zur Kollektivierung der Landwirtschaft
Die Aufschrift lautet: „Bäuerin, kollektiviere das Dorf, tritt ein in die Reihen der roten Traktorfahrerinnen!", 1930.

Die Sowjetunion unter Stalin

Stalins Aufstieg

Nach Lenins Tod 1924 brachen Machtkämpfe in der Führung der Kommunistischen Partei aus. Aus ihnen ging Josef Wissarionowitsch Dschugaschwili als Sieger hervor, der 1922 zum Generalsekretär der Partei aufgestiegen war und sich „Stalin" – der Stählerne – nannte. Es gelang ihm, nacheinander alle Rivalen auszuschalten und den gesamten Parteiapparat unter seine Kontrolle zu bringen. Dazu besetzte er Tausende Funktionärsstellen mit ihm ergebenen Leuten. Stalin gilt heute als einer der schrecklichsten Diktatoren des 20. Jahrhunderts.

Die Industrialisierung der Sowjetunion

Früh wurde klar, dass die russische Revolution keine Weltrevolution auslösen würde. Stalin gab daher die Devise vom „Aufbau des Sozialismus in einem Land" aus. Voraussetzung dafür war die Industrialisierung des rückständigen Landes. So begann ab 1928 ein gewaltiges industrielles Aufbauprogramm, für das die staatlichen Behörden Fünfjahrespläne aufstellten. Die Wirtschaftspolitik konzentrierte sich zunächst auf den Ausbau der Schwerindustrie. Es entstanden riesige Stahlkombinate, Erz- und Kohlebergwerke, Staudämme, Eisenbahnen und Kraftwerke, die als Symbole des sozialistischen Aufbaus galten. In Sibirien und der Ukraine wuchsen ganze Industrieviere aus dem Boden, während ein Heer von Zwangsarbeitern die Erzlagerstätten erschloss.

Erkauft wurde dieser Erfolg durch brutale Ausbeutung und Disziplinierung der Arbeitskräfte. Hunderttausende von Zwangsarbeitern wurden der Industrialisierung bedenkenlos geopfert.

Die Kollektivierung der Landwirtschaft

Zur Absicherung der Industrialisierung entschied sich Stalin, die Kollektivierung der Landwirtschaft durchzusetzen: Die Regierung enteignete die Bauern und schloss ihren Grundbesitz zu so genannten Kolchosen zusammen, die gemeinschaftlich (kollektiv) bewirtschaftet wurden. Auf diese Weise wurden etwa fünf bis sechs Millionen Groß- und Mittelbauern – die „Kulaken" – enteignet. Stalin bezeichnete sie abfällig als „konterrevolutionäre Klasse" und ließ sie gnadenlos verfolgen. Man schätzt, dass etwa 600 000 Kulaken dabei ums Leben kamen. Die Folge der brutalen Zwangskollektivierung war eine Hungerkatastrophe, der in den Wintern 1931 bis 1933 Millionen Menschen zum Opfer fielen. Stalin aber hatte sein Ziel erreicht: 1937 befanden sich über 90% der landwirtschaftlichen Nutzfläche in Kollektivbesitz.

In den Kollektiven lebten die Bauern als Landarbeiter mit geringer Entlohnung. Die Regierung leitete alle verfügbaren landwirtschaftlichen Produkte in die neuen Industriereviere mit ihrer wachsenden Bevölkerung. So bildeten die Bauern mit ihrer Arbeit das Fundament für den Aufbau der Industrie.

Die stalinistische Gewaltherrschaft

Ein Merkmal des Stalinismus war die Verfolgung vermeintlicher Gegner, die sich zunächst gegen führende Parteifunktionäre und hohe Offiziere richtete. In den Dreißigerjahren steigerte der misstrauische Stalin diese „Säuberungen" zu einem Massenterror ungeahnten Ausmaßes. Die Angeklagten wurden zu falschen Geständnissen gezwungen und meist zu langjähriger Zwangsarbeit verurteilt oder hingerichtet.

Bald überzog ein Netz von Straflagern das Land, deren Insassen unter unmenschlichen Bedingungen in Bergwerken oder beim Bau von Kanälen, Straßen und Eisenbahnen arbeiten mussten. Man schätzt, dass dem Massenterror Stalins zwischen 1925 und 1953 etwa 20 Millionen, zumeist völlig unschuldige Menschen zum Opfer fielen.

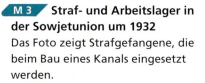

M 3 Straf- und Arbeitslager in der Sowjetunion um 1932
Das Foto zeigt Strafgefangene, die beim Bau eines Kanals eingesetzt werden.

„Aufbau des Sozialismus" – Propaganda und Kritik

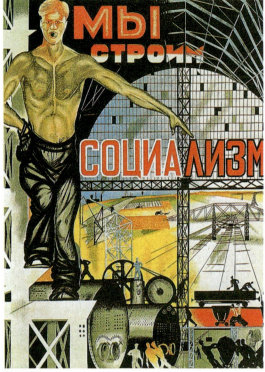

M 4 „Wir bauen den Sozialismus"
Propagandaplakat von Jurij Pimenow, 1927

M 5 „Arbeiter und Kolchosbäuerin"
Das Standbild wurde für den Pavillon der UdSSR auf der Weltausstellung 1937 in Paris geschaffen und steht heute in Moskau. Es ist 25 m hoch.

M 6 Erfolge der sozialistischen Wirtschaft

Aus Stalins Rechenschaftsbericht vor dem XVII. Parteitag der Kommunistischen Partei, 1934:

Die Sowjetunion hat sich in dieser Periode von Grund aus umgestaltet und das Gepräge der Rückständigkeit und des Mittelalters abgestreift. Aus einem Agrarland ist sie zu einem Industrieland geworden. Aus einem Lande der kleinbäuerlichen Einzelwirtschaft ist sie zu einem Lande des kollektiven mechanisierten landwirtschaftlichen Großbetriebs geworden. Aus einem unwissenden, analphabetischen und kulturlosen Land wurde sie – genauer gesagt, wird sie – zu einem gebildeten, kulturell hochstehenden Land, das von einem gewaltigen Netz von Hoch-, Mittel- und Elementarschulen bedeckt ist. […]
Es wurden neue Industriezweige geschaffen: der Werkzeugmaschinenbau, die Automobilindustrie, die Traktorenindustrie, die chemische Industrie, der Motorenbau, der Flugzeugbau, die Produktion von Mähdreschmaschinen, von Hochleistungsturbinen und Generatoren, von Qualitätsstahlsorten, Eisenlegierungen, synthetischem Kautschuk, Stickstoff, Kunstfasern usw. In dieser Periode wurden Tausende neuer, modernster Industriewerke errichtet und in Betrieb gesetzt. […]
In fast menschenleeren Gebieten sind neue große Städte mit einer großen Bevölkerungszahl emporgewachsen. Die alten Städte und Industrieorte haben sich kolossal erweitert. […]
Dem Wesen der Sache nach war die Berichtsperiode für die Landwirtschaft nicht so sehr eine Periode des raschen Aufschwungs und mächtigen Anlaufs, als vielmehr eine Periode, in der die Voraussetzungen für einen solchen Aufschwung und einen solchen Anlauf in der Zukunft geschaffen wurden.

Nach: Geschichte in Quellen, Bd. 5, Weltkriege und Revolutionen 1914–1945, München 1975, S. 143.

M 7 Zwangskollektivierung

Der russische Schriftsteller Lew Kopelew (1912–1997) saß unter Stalin von 1945 bis 1955 in Haft. In seinen Erinnerungen berichtet er über die Kollektivierungen, an denen er in den Dreißigerjahren als junger Offizier teilnahm:

Ich sah, was durchgängige Kollektivierung bedeutete – wie sie „entkulakisierten", wie sie im Winter 1932/33 den Bauern erbarmungslos alles nahmen. Ich nahm selbst daran teil, durchstreifte die Dörfer
5 auf der Suche nach verstecktem Getreide, stocherte mit einem Stock in der Erde herum, um es zu finden. Gemeinsam mit anderen leerte ich die Vorratskisten alter Leute und verstopfte mir die Ohren, um das Geschrei der Kinder nicht anhören
10 zu müssen. […]
Im schrecklichen Frühjahr 1933 sah ich, wie Menschen Hungers starben. […]
Ich sah all das und verlor doch nicht den Verstand. Ich verfluchte auch diejenigen nicht, die mich aus-
15 gesandt hatten, um den Bauern im Winter oder im Frühjahr das Getreide wegzunehmen und die zum Skelett abgemagerten Menschen, die sich kaum auf den Beinen halten konnten, zu überzeugen, auf die Felder zu gehen und den Anbauplan der
20 Bolschewiki nach Art von Stoßbrigaden zu erfüllen. Ich verlor auch meinen Glauben nicht. Wie bisher glaubte ich, weil ich glauben wollte.

Lew Kopelew, Und schuf mir einen Götzen. Lehrjahre eines Kommunisten, Göttingen 1996, S. 232.

M 8 „Archipel Gulag"

Der russische Schriftsteller Alexander Solschenizyn (1918–2008) thematisierte das Schicksal russischer Zwangsarbeiter in einem Roman, den er nach der Lagerhauptverwaltung GULAG „Archipel Gulag" nannte. Solschenizyn war von 1945–1953 selbst in ein stalinistisches Arbeitslager verbannt:

Die traditionelle Verhaftung – das heißt […]: mit zitternden Händen zusammensuchen, was der Verhaftete dort brauchen könnte, Wäsche zum Wechseln, ein Stück Seife und was an Essen da ist
5 […]. Für die aber, die nach der Verhaftung zurückbleiben, beginnen nun Monate eines zerrütteten, verwüsteten Lebens. Die Versuche, mit Paketen durchzukommen. Und überall nur bellende Antworten: „Den gibt es hier nicht"[…].
10 Und erst nach Monaten oder einem Jahr lässt der Verhaftete selbst von sich hören oder es wird einem das „Ohne Recht auf Briefwechsel" an den Kopf geworfen […]. Das steht fast sicher für: erschossen […].
15 Geprügelt wird mit Gummiknüppeln, geprügelt wird mit Teppichklopfern, geprügelt wird mit Sandsäcken. Arg ist der Schmerz, wenn sie auf Knochen schlagen, zum Beispiel mit Stiefeln gegen das Schienbein, wo über dem Knochen nur Haut
20 ist. Der Brigadekommandeur Karpunitsch-Brawen wurde 21 Tage hintereinander geprügelt.

Alexander Solschenizyn, Der Archipel Gulag, Bern/München 1974, S. 17, S. 212.

Aufgaben

1. Erläutere, welcher Methoden zur Machterhaltung sich Stalin bediente.
   → Text, M4, M7, M8
2. Erläutere das Programm der Kollektivierung und schildere Durchführung und Ergebnisse.
   → Text, M7
3. a) Erläutere, wie Stalin seine Wirtschaftspolitik beschreibt und wie er sie bewertet.
   b) Vergleiche mit dem Bericht des Schriftstellers Lew Kopelew.
   → M6, M7
4. Wäge Erfolge und Opfer gegeneinander ab. Zu welchem Ergebnis kommst du?
   → Text, M8
5. a) Informiere dich über den russischen Schriftsteller Alexander Solschenizyn (1918–2008). Worüber spricht Solschenizyn in dem abgedruckten Auszug?
   b) Das Buch „Archipel Gulag" konnte in der Sowjetunion nur im Geheimen gelesen werden. Stelle Vermutungen darüber an, welche Gründe dies gehabt haben könnte.
   → M8

Neue weltpolitische Koordinaten

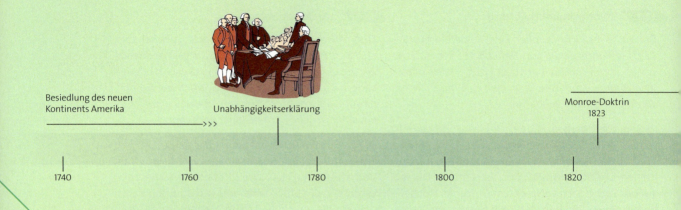

Besiedlung des neuen Kontinents Amerika >>>

Unabhängigkeitserklärung

Monroe-Doktrin 1823

| 1740 | 1760 | 1780 | 1800 | 1820 |

Zusammenfassung

Nach Spannungen mit dem englischen Mutterland, die sich im Unabhängigkeitskrieg entluden, sagten sich 1776 mit der Unabhängigkeitserklärung 13 Kolonien von England los und erklärten sich zu den „Vereinigten Staaten von Amerika". Ihre besondere Bedeutung erhielt die Erklärung dadurch, dass sich die Bürger auf unantastbare Menschenrechte sowie die Souveränität des Volkes beriefen.

Das 19. Jahrhundert war von der Erschließung des Kontinents geprägt. Nach dem blutigen Bürgerkrieg (1861–1865) erlebten die Vereinigten Staaten dann einen rasanten wirtschaftlichen Aufschwung. Beim Eintritt in den Ersten Weltkrieg 1917 waren die USA schließlich einer der führenden Industriestaaten und stiegen zur Weltmacht auf.

Die Geschichte der Sowjetunion begann 1917 mit der Oktoberrevolution. Die siegreichen Bolschewiki suchten unter Lenin eine sozialistische Gesellschaft zu verwirklichen, die nach 1924 unter Stalin zu einem Terrorregime entartete. Unter unvorstellbaren Opfern setzte Stalin die Industrialisierung der Sowjetunion und die Zwangskollektivierung der Landwirtschaft durch.

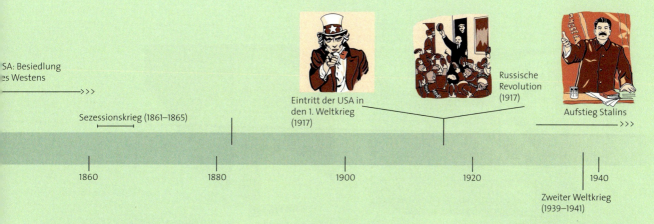

SA: Besiedlung
es Westens
>>>

Sezessionskrieg (1861–1865)

Eintritt der USA in den 1. Weltkrieg (1917)

Russische Revolution (1917)

Aufstieg Stalins
>>>

1860　　1880　　1900　　1920　　1940

Zweiter Weltkrieg (1939–1941)

Daten

1776 Unabhängigkeitserklärung

1917 Kriegseintritt der USA

1917 Februar- und Oktoberrevolution

1924–1953 Herrschaft Stalins

Begriffe

Sezessionskrieg

Dollar-Imperialismus

Oktoberrevolution

Bolschewismus

Stalinismus

Personen

George Washington

Abraham Lincoln

Lenin

Stalin

Tipps zum Thema: Neue weltpolitische Koordinaten

Filmtipp

Filmdokumente zur Zeitgeschichte: Die Russische Revolution 1917 im Dokumentar- und im Spielfilm, FWU 2008

Geschichte der USA, FWU 2000

Panzerkreuzer Potemkin, Regie: Sergej S. Eisenstein, UdSSR 1925

Stalin. Dokumentation von Guido Knopp, Deutschland 2005

Lesetipp

Steffen Lüddemann:
  50 Hertz gegen Stalin, Düsseldorf 2007

Karla Schneider:
  Die Geschwister Apraksin. Das Abenteuer einer unfreiwilligen Reise, München 2006

Museen

National Museum of American History
www.americanhistory.si.edu

The National Archives Online Exhibits
www.archives.gov/exhibits

Virtuelles Gulag-Museum
www.gulagmuseum.org/index_de

Kommentierte Links: www.westermann.de/geschichte-linkliste

4. Die Weimarer Republik

Wahlplakat der DNVP von 1924

Wahlplakat von 1919

Revolution in Kiel
Soldatenrat auf dem Kriegsschiff „Prinzregent Luitpold" in Kiel, November 1918

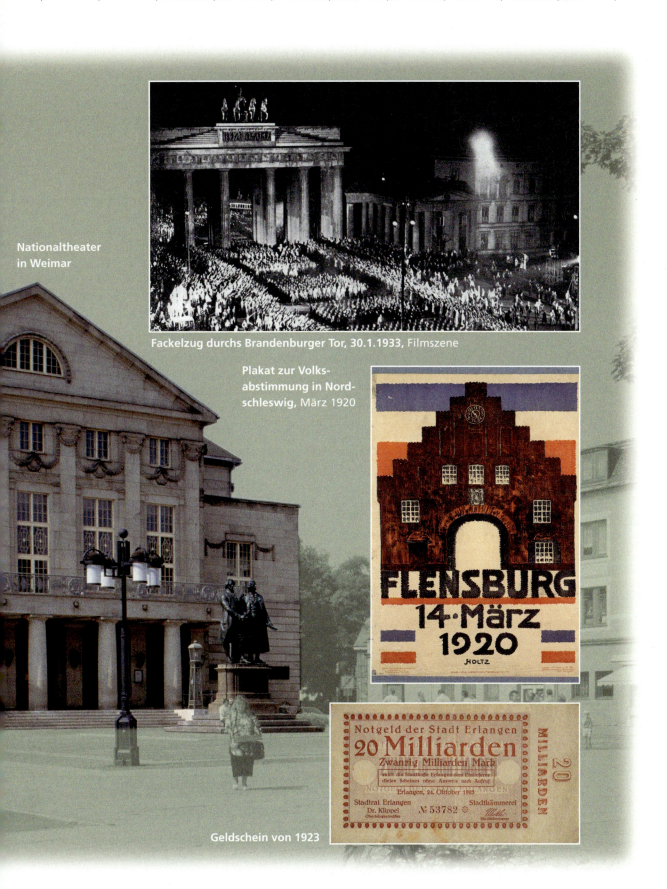

Nationaltheater in Weimar

Fackelzug durchs Brandenburger Tor, 30.1.1933, Filmszene

Plakat zur Volksabstimmung in Nordschleswig, März 1920

Geldschein von 1923

Die Weimarer Republik

M 1   Extra-Ausgabe
„Vorwärts" vom 9. November 1918

Die Deutsche Revolution

Ein historischer Tag

Am 9. November 1918 überschlugen sich in der Reichshauptstadt Berlin die Ereignisse. Am Vormittag legte ein Generalstreik das gesamte Wirtschaftsleben lahm: Um 12 Uhr gab Reichskanzler Max von Baden eigenmächtig die Abdankung Wilhelms II. und den Thronverzicht des Kronprinzen bekannt. Zugleich übertrug er sein Amt an Friedrich Ebert, den Vorsitzenden der MSPD. Während des Krieges hatte sich die SPD gespalten. Ein Teil hatte sich als „Unabhängige Sozialdemokratische Partei Deutschlands" selbstständig gemacht und sich von den „Mehrheitssozialdemokraten" (MSPD) getrennt. Damit übernahm zum ersten Mal ein Sozialdemokrat das höchste Regierungsamt. Ohne Ebert zu informieren, rief sein Parteifreund, Philipp Scheidemann, gegen 14 Uhr die „Deutsche Republik" aus und kam damit der Ausrufung einer Sowjetrepublik nach russischem Vorbild zuvor. Zwei Stunden später proklamierte nämlich Karl Liebknecht die „Sozialistische Republik" und forderte die „Weltrevolution". Am Abend des 9. November einigten sich schließlich die MSPD und die USPD darauf, eine provisorische Regierung zu bilden. Diese trug den Namen „Rat der Volksbeauftragten" und sollte bis zur Wahl einer Nationalversammlung die politische Verantwortung in Deutschland übernehmen. Das deutsche Kaiserreich hatte damit aufgehört zu bestehen.

Wie kam es dazu?

Nachdem das kommunistische Russland Anfang 1918 im Frieden von Brest-Litowsk riesige Gebiete hatte abtreten müssen, versuchten die deutschen Armeen mit einer groß angelegten Frühjahrsoffensive, die militärische Entscheidung auch im Westen zu erzwingen. Im Lauf des Sommers zeichnete sich ab, dass diese Aktion erfolglos verlief. Zudem forderten die USA die Demokratisierung Deutschlands: Die konstitutionelle Monarchie, in der zwar eine Verfassung existierte, sollte in eine parlamentarische umgewandelt werden. Die Regierung sollte

M 2   Novemberrevolution
Soldaten am 9. November 1918 am Brandenburger Tor in Berlin, nachträglich kolorierte Fotografie

M 3   Friedrich Ebert
(1871–1925)

M 4   Rosa Luxemburg
(1870–1919)

M 5   Karl Liebknecht
(1871–1919)

künftig vom Vertrauen des Reichstages und nicht mehr nur vom Kaiser abhängig sein. Doch diese sogenannte Oktoberreform kam zu spät. Als Anfang November 1918 der Befehl gegeben wurde, dass die Kriegsflotte auslaufen solle, kam es zu Meutereien und Unruhen in den Kieler Werften und Rüstungsbetrieben, die sich schnell in ganz Deutschland ausbreiteten.

Die Räte übernehmen die Macht

Aufständische Soldaten und Arbeiter wählten Vertreter, die ihre Interessen wahrnehmen sollten. In diesen Soldaten- und Arbeiterräten arbeiteten meistens Mitglieder der MSPD und der USPD. Die Rätebewegung breitete sich in den ersten Novembertagen in ganz Deutschland aus; in Braunschweig übernahm zum Beispiel ein Arbeiter- und Soldatenrat die Macht. Neben der Rätebewegung agierte der am 9. November eingerichtete Rat der Volksbeauftragten. Nur die beiden sozialistischen Parteien und gewählte Arbeiter- und Soldatenräte bestimmten das politische Geschehen. Die bürgerlichen Parteien, Zentrum und Liberale, waren von den Entscheidungen ausgeschlossen. Allerdings hatte General Groener Friedrich Ebert zugesagt, dass sich die Armee, um sich gegenüber den Soldatenräten zu behaupten, der neuen sozialdemokratischen Regierung unterstellen werde.

Räteherrschaft oder parlamentarische Demokratie?

Wie die politische Ordnung Deutschlands aussehen sollte, war unter den Revolutionären umstritten. Eine Richtung forderte eine Herrschaft der Räte, die direkt vom Volk gewählt, aber auch abgewählt werden konnten. Sie sollten gesetzgeberische, ausführende und richterliche Befugnisse haben, das heißt, es war keine Gewaltenteilung vorgesehen.

Eine andere Richtung wollte eine Volksvertretung mit gewählten Abgeordneten, die jedoch nicht an die Vorgaben ihrer Parteien gebunden sein sollten. Das Parlament sollte nur gesetzgeberische Rechte haben. In den ersten Tagen der Revolution waren jedoch schon Vorentscheidungen gefallen. So vereinbarten Friedrich Ebert und General Wilhelm Groener zusammenzuarbeiten, um eine Ausweitung der Revolution zu verhindern. Auch Unternehmer und Gewerkschaften einigten sich darauf, auf Enteignungen von Industriebetrieben zu verzichten.

Im Dezember trat in Berlin ein gesamtdeutscher Rätekongress zusammen, der sich mit überwältigender Mehrheit für die parlamentarische Demokratie entschied. In der neu gegründeten KPD, der Kommunistischen Partei Deutschlands, sammelten sich diejenigen, die weiterhin am Ziel einer Räterepublik festhielten und durch eine gewaltsame Revolution die bestehenden Verhältnisse beseitigen wollten. Sie versuchten mit dem sogenannten Spartakus-Aufstand, die für Januar 1919 geplanten Wahlen zu verhindern. Die Regierung setzte zur Niederschlagung Freikorps ein, die sich aus entlassenen Soldaten zusammensetzten und die der Revolution ablehnend gegenüberstanden. Die verhafteten KPD-Führer Rosa Luxemburg und Karl Liebknecht wurden dabei ermordet. Als am 19. Januar 1919 die Wahl zur verfassungsgebenden Nationalversammlung stattfand, war die Revolution beendet, die am 9. November 1918 begonnen hatte. Nun ging es darum, eine neue politische Ordnung zu schaffen.

Die Weimarer Republik

Die Republik wird ausgerufen – Arbeiten mit Textquellen

M 6 Philipp Scheidemann (1865–1939), Foto, Oktober 1918

M 7 „Die Deutsche Republik"

Philipp Scheidemann rief am 9. November gegen 14 Uhr die „Deutsche Republik" aus. Der folgende Text wurde von Philipp Scheidemann für seine 1928 erschienenen Memoiren nachträglich angefertigt:

Arbeiter und Soldaten!
Furchtbar waren die vier Kriegsjahre, grauenhaft waren die Opfer, die das Volk an Gut und Blut hat bringen müssen. Der unglückselige Krieg ist zu
5 Ende. Das Morden ist vorbei. Die Folgen des Krieges, Not und Elend, werden noch viele Jahre lang auf uns lasten. Die Niederlage, die wir unter allen Umständen verhüten wollten, ist uns nicht erspart geblieben, weil unsere Verständigungsvorschläge
10 sabotiert wurden, wir selbst wurden verhöhnt und verleumdet. Die Feinde des werktätigen Volkes, die wirklichen „inneren Feinde", die Deutschlands Zusammenbruch verschuldet haben, sind still und unsichtbar geworden. Das waren die Daheim-
15 krieger, die ihre Eroberungsforderungen bis zum gestrigen Tage ebenso aufrechterhielten, wie sie den verbissensten Kampf gegen jede Reform der Verfassung und besonders des schändlichen preußischen Wahlsystems geführt haben. Diese Volks-
20 feinde sind hoffentlich für immer erledigt.
Der Kaiser hat abgedankt. Er und seine Freunde sind verschwunden. Über sie alle hat das Volk auf der ganzen Linie gesiegt! Der Prinz Max von Baden hat sein Reichskanzleramt dem Abgeordneten Ebert übergeben. Unser Freund wird eine 25 Arbeiterregierung bilden, der alle sozialistischen Parteien angehören werden. Die neue Regierung darf nicht gestört werden in ihrer Arbeit für den Frieden, in der Sorge um Brot und Arbeit. Arbeiter und Soldaten! Seid euch der geschichtlichen 30 Bedeutung dieses Tages bewusst. Unerhörtes ist geschehen. Große und unübersehbare Arbeit steht uns bevor.
Alles für das Volk, alles durch das Volk! Nichts darf geschehen, was der Arbeiterbewegung zur 35 Unehre gereicht. Seid einig treu und pflichtbewusst! Das Alte und Morsche, die Monarchie ist zusammengebrochen. Es lebe das Neue! Es lebe die Deutsche Republik!

Geschichte in Quellen, hrsg. von W. Lautemann und M. Schlenke, Weltkriege und Revolutionen 1914–1945, München 1975, S.114.

M 8 „Die freie sozialistische Republik"

Karl Liebknecht proklamierte am 9. November 1918 gegen 16 Uhr auf einer Massenversammlung in Berlin die „Sozialistische Republik":

Der Tag der Revolution ist gekommen. Wir haben den Frieden erzwungen. Der Friede ist in diesem Augenblick geschlossen. Das Alte ist nicht mehr. Die Herrschaft der Hohenzollern, die in diesem Schloss jahrhundertelang gewohnt haben, ist vor- 5 über […].
Parteigenossen, ich proklamiere die freie sozialistische Republik Deutschland, die alle Stämme umfassen soll, in der es keine Knechte mehr geben wird, in der jeder ehrliche Arbeiter den ehrlichen 10 Lohn seiner Arbeit finden wird. Die Herrschaft des Kapitalismus, der Europa in ein Leichenfeld verwandelt hat, ist gebrochen […].
Wir müssen alle Kräfte anspannen, um die Regierung der Arbeiter und Soldaten aufzubauen und 15 eine neue staatliche Ordnung des Proletariats zu schaffen, eine Ordnung des Friedens, des Glücks und der Freiheit unserer deutschen Brüder und unserer Brüder in der ganzen Welt. Wir reichen ihnen die Hände und rufen sie zur Vollendung der 20 Weltrevolution auf.

Geschichte in Quellen, hrsg. von W. Lautemann und M. Schlenke, Weltkriege und Revolutionen 1914–1945, München 1975, S. 115.

Der 9. November 1918 – Eine Darstellung auswerten

M 9 Der November in der Fachliteratur

Der Historiker Heinrich August Winkler bietet in seinem Buch „Der lange Weg nach Westen" einen Überblick über die Bedeutung des 9.11.1918:

Die Aushöhlung überlieferter Wertmaßstäbe durch den Krieg, die immer deutlicher sich abzeichnende militärische Niederlage der Mittelmächte und die Ausdehnung „schwarzer Märkte" als Folge des wirtschafts- und währungspolitischen Systemversagens: So lässt sich die Trias von Faktoren umreißen, die […] den Zusammenbruch des Kaiserreichs verursachten. Die Verkörperung des alten Systems war der Kaiser. Er trug, so sahen es die breiten Massen, die oberste Verantwortung für die Dauer und den katastrophalen Ausgang des Krieges wie für die materiellen Entbehrungen des Volkes, und weil er uneinsichtig war, musste er gehen. Wilsons „Vierzehn Punkte" hatten den Glauben genährt, dass Deutschland auf einen gerechten Frieden hoffen durfte, wenn es sein politisches System demokratisierte. Die Sehnsucht nach Frieden förderte also den Wunsch nach Demokratie. Hinter diesen beiden Zielen stand im Herbst 1918 eine breite Mehrheit: Sie bildete den Kern eines zwar nicht allumfassenden, aber doch klassen- und konfessionsübergreifenden Konsenses am Vorabend des 9. November 1918 und in den ersten Wochen danach.

Ein gutes Maß an Demokratie war am 9. November 1918 bereits erreicht. Die Deutschen kannten seit der Reichsgründung von 1871 […] das allgemeine gleiche Reichstagswahlrecht für Männer. Am 8. November 1918 hatten sich die Mehrheitsparteien darauf verständigt, dieses Wahlrecht auf alle Bundesstaaten, also auch Preußen, zu übertragen und auch den Frauen das aktive und passive Wahlrecht zu geben. Überdies wurde Deutschland seit dem 3. Oktober 1918 de facto und seit dem 28. Oktober de jure parlamentarisch regiert. Doch das eigenmächtige Vorgehen des Kaisers, der Armee und der Seekriegsleitung in den Tagen seit der Verfassungsreform machte deutlich, dass das neue parlamentarische System nur auf dem Papier stand, und die interfraktionellen Abmachungen vom 8. November kamen zu spät, um am Ablauf der Ereignisse noch etwas zu ändern.

Die Revolution von unten brach aus, weil die Revolution von oben, in Gestalt des Regimewandels vom Oktober, gescheitert war – gescheitert an militärischer Obstruktion [Widerstand]. Die Obstruktion des Militärs, und hier in erster Linie der Seekriegsleitung, machte es unmöglich, die Institution der Monarchie aufrechtzuerhalten. Zusammenbruch, Obstruktion und Revolution führten zur Proklamation der Deutschen Republik am 9. November 1918. Die Revolution war damit noch nicht zu Ende. Es war nur ein neuer Abschnitt in der Geschichte der deutschen Revolution, der an jenem Tag begann.

Heinrich August Winkler, Der lange Weg nach Westen. Deutsche Geschichte 1806–1933, München 2000, S. 376 f.

Aufgaben

1. Stelle in einem Schaubild dar, wie es im November 1918 zu einer Revolution in Deutschland kam.
   → Text
2. a) Stelle mit eigenen Worten die grundsätzlichen Unterschiede zwischen Rätesystem und parlamentarischer Demokratie dar.
   b) Diskutiere die Vor- und Nachteile der beiden Modelle. → Text
3. a) Fasse die wichtigsten Aussagen der Reden von Scheidemann und Liebknecht zusammen.
   b) Stelle die politischen Ziele beider Redner einander gegenüber.
   → M7, M8
4. Bestimme die Rolle, die Friedrich Ebert im Verlauf der Ereignisse spielte.
   → Text
5. Worin sieht der Historiker Heinrich August Winkler die Ursache für die Revolution?
   → M9
6. Informiere dich, in welchem Zusammenhang heute noch an wichtige Personen der Revolution von 1918 erinnert wird (Friedrich Ebert, Philipp Scheidemann, Karl Liebknecht, Rosa Luxemburg).
   → M3–M5, Lexikon oder Internet

Vertiefung: Aufstand der Matrosen und Arbeiter in Kiel

Revolution in Kiel

Ende Oktober 1918 zeichnete sich die Niederlage des Deutschen Reiches deutlich ab. Während bereits über einen Waffenstillstand verhandelt wurde, fasste die deutsche Seekriegsleitung den Entschluss, die in den Häfen liegende Hochseeflotte zu einem letzten, aussichtslosen Gefecht auslaufen zu lassen. Als dieser Plan in den letzten Oktobertagen unter den Schiffsbesatzungen bekannt wurde, kam es zunächst in Wilhelmshaven zur Meuterei. Der Versuch der Marineführung, den Aufruhr durch die Verlegung eines Teils der Schiffe nach Kiel zu beenden, führte allerdings zur Ausweitung der Revolte: Nach der Ankunft in Kiel am 1. November 1918 begannen die Mannschaften, die Freilassung der während der Fahrt verhafteten „Aufrührer" zu verlangen.

Zwei Tage später versammelten sich bereits mehrere Tausend Matrosen auf dem Kieler Exerzierplatz und forderten die Freilassung aller Inhaftierten. Am Abend des 3. November eskalierte die Situation, als sieben Demonstranten erschossen und 29 teilweise schwer verletzt wurden. Daraufhin zogen am nächsten Morgen bewaffnete Matrosen durch die Stadt, um zum Aufstand aufzurufen; auf den Schiffen der kaiserlichen Marine wehte die rote Flagge. Bis zum Nachmittag schlossen sich Arbeiter der Germania-Werft und anderer Unternehmen den Aufständischen an, ebenso zahlreiche Matrosen der Kieler Kaserne. Bald darauf wurde ein erster Soldatenrat gebildet. Der Stadtkommandant ließ angesichts dieser Lage alle Verhafteten frei. Am Abend versammelten sich Arbeiter- und Soldatenvertreter im Kieler Gewerkschaftshaus, um einen Arbeiter- und Soldatenrat zu bilden, der die bekannten „14 Kieler Punkte" formulierte. Berlin entsandte das Regierungsmitglied Gustav Noske, einen sozialdemokratischen Reichstagsabgeordneten, um über eine Lösung zu verhandeln.

Am Morgen des 5. November hatten die Aufständischen die Macht in Kiel in der Hand, die bisherige Stadtverwaltung blieb aber weiter im Amt. Erst im Laufe des folgenden Tages erkannte die militärische Führung, dass der Aufstand nicht mehr aufzuhalten war. Abgesandte des Arbeiter- und Soldatenrates brachten die Nachricht vom erfolgreichen Aufstand in andere Städte und Garnisonen. Am 9. November wurde in Berlin die Abdankungserklärung des Kaisers veröffentlicht, die Regierungsgeschäfte wurden an den SPD-Vorsitzenden Friedrich Ebert übergeben und es wurde die Republik ausgerufen.

M 1 Matrosen auf dem Schiff „Prinzregent Luitpold"
Kiel, November 1918. Auf der Tafel steht:
„Soldatenrat
Kriegsschiff Prinzregent Luitpold.
Es lebe die sozialistische Republik!"

M 2 Auf einem U-Boot wird die rote Flagge gehisst
Kiel, November 1918

> **Beschlüsse und Forderungen des Soldatenrates:**
> 1. Freilassung sämtlicher Inhaftierten und politischen Gefangener.
> 2. Vollständige Rede- und Preßfreiheit.
> 3. Aufhebung der Briefzensur.
> 4. Sachgemäße Behandlung der Mannschaften durch Vorgesetzte.
> 5. Straffreie Rückkehr sämtlicher Kameraden an Bord und in die Kasernen.
> 6. Die Ausfahrt der Flotte hat unter allen Umständen zu unterbleiben.
> 7. Jegliche Schutzmaßnahmen mit Blutvergießen haben zu unterbleiben.
> 8. Zurückziehung sämtlicher nicht zur Garnison gehöriger Truppen.
> 9. Alle Maßnahmen zum Schutze des Privateigentums werden sofort vom Soldatenrat festgesetzt.
> 10. Es gibt außer Dienst keine Vorgesetzte mehr.
> 11. Unbeschränkte persönliche Freiheit jedes Mannes von Beendigung des Dienstes bis zum Beginn des nächsten Dienstes.
> 12. Offiziere, die sich mit den Maßnahmen des jetzt bestehenden Soldatenrates einverstanden erklären, begrüßen wir in unserer Mitte. Alles übrige hat ohne Anspruch auf Versorgung den Dienst zu quittieren.
> 13. Jeder Angehörige des Soldatenrates ist von jeglichem Dienste zu befreien.
> 14. Sämtliche in Zukunft zu treffenden Maßnahmen sind nur mit Zustimmung des Soldatenrates zu treffen.
>
> Diese Forderungen sind für jede Militärperson Befehle des Soldatenrates.
>
> Der Soldatenrat.

M 3 Beschlüsse und Forderungen des Soldatenrates in Kiel
Abgedruckt in der „Schleswig-Holsteinischen Volkszeitung", dem Organ der (M)SPD, 5.11.1918

Aufgaben

1. a) Übertrage die „Beschlüsse und Forderungen des Soldatenrates" in Kiel in heutiges Deutsch.
   b) Erläutere die konkreten Forderungen des Soldatenrates. Unterscheide dabei zwischen allgemeinen Forderungen und Forderungen, die sich nur auf die Kieler Soldaten beziehen.
   c) Stelle dar, in welchem Verhältnis die Ereignisse in Kiel zu denen in Berlin standen.
   → Text, M3

2. a) Stelle anhand des Minilexikons in diesem Schulbuch die Merkmale einer Revolution zusammen.
   b) Erläutere, worin das Revolutionäre der Kieler Ereignisse bestand.
   → Text, M1–M3

Die Weimarer Republik

Die Gründung der Weimarer Republik

Der Name „Weimarer Republik"

Warum hieß der neue Staat „Weimarer" und nicht „Berliner Republik"? Nach der Wahl zur Nationalversammlung traten die Mitglieder des neuen Parlaments in Weimar zusammen, um eine Verfassung für den neuen Staat auszuarbeiten. Die Aufstände in der Hauptstadt hatten sie bewogen, das unruhige Berlin zu verlassen und sich in die durch Goethe und Schiller berühmt gewordene thüringische Kleinstadt zu begeben. In Weimar wählten die Abgeordneten Friedrich Ebert zum ersten Reichspräsidenten, sein Parteifreund Philipp Scheidemann wurde Reichskanzler, und die Reichsregierung bestand aus einer bürgerlich-sozialdemokratischen Koalition. SPD, Zentrum und Linksliberale bildeten die „Weimarer Koalition", die auf dem Boden der parlamentarischen Demokratie und der republikanischen Staatsform stand.

Die Weimarer Reichsverfassung

Die provisorische Regierung Scheidemann wollte den verfassungslosen Zustand schnell überwinden und dem unruhigen Land eine Konstitution geben, in der sich auch die Errungenschaften der Revolution niederschlagen sollten. Am Ende ausführlicher und leidenschaftlicher Diskussionen in der Nationalversammlung von Weimar verabschiedeten die Abgeordneten im Sommer 1919 die Weimarer Verfassung, die Reichspräsident Ebert am 11. August unterzeichnete.

Sie war zum einen durch die starke Stellung des Reichspräsidenten gekennzeichnet, den das Volk direkt wählte und der in Krisenzeiten besondere Vollmachten erhielt. Aufgrund seiner Machtfülle wurde er als „Ersatzkaiser" bezeichnet.

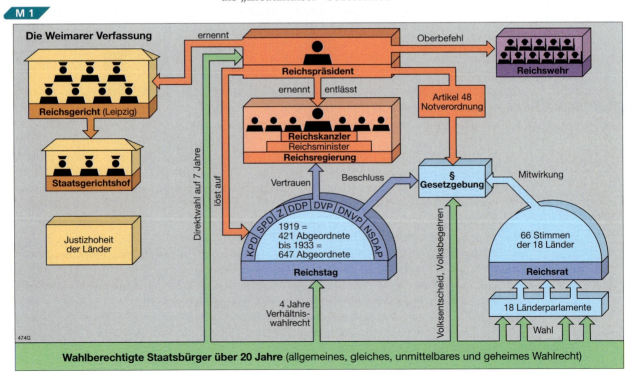

M 1 Die Weimarer Verfassung

M 2 Weibliche Abgeordnete
Bei den Wahlen zur Nationalversammlung 1919 hatten Frauen zum ersten Mal aktives und passives Wahlrecht, Fotografie.

Zum anderen gewann der Reichstag gegenüber dem Kaiserreich an Macht, da die Regierung vom Parlament abhängig war. Zum ersten Mal in der deutschen Parlamentsgeschichte konnten auch Frauen wählen und gewählt werden. Da auch die kleinsten Parteien gemäß ihrem Stimmenanteil im Parlament vertreten waren, gestaltete sich die Regierungsbildung oft sehr schwierig. Schließlich hatten die Bürger die Möglichkeit, durch Volksentscheide (Plebiszite) direkt Einfluss auf die Politik auszuüben. Da die Weimarer Verfassung nur die politische Entscheidungsfindung regeln wollte und keine Vorkehrungen gegen Feinde der Demokratie vorsah, wird die Weimarer Reichsverfassung als „wertneutral" bezeichnet.

Parteien in der Weimarer Republik

Die Republik von Weimar war ein Parteienstaat. Zum ersten Mal in der deutschen Geschichte hatten die Parteien Einfluss auf die Regierungsbildung und die Besetzung wichtiger Ämter. Während sie im Kaiserreich im „Vorhof der Macht" blieben, gelangten sie in der Republik an die „Schaltstellen des Staates".

Das Parteiensystem des Kaiserreiches blieb trotz der Revolution im Wesentlichen erhalten. Auch die weltanschauliche Gebundenheit der Parteien lebte weiter. Die Konservativen sammelten sich vor allem in der Deutschnationalen Volkspartei (DNVP), die Liberalen in der Deutschen Demokratischen Partei (DDP) und der Deutschen Volkspartei (DVP), die Katholiken im Zentrum (Z) beziehungsweise in Bayern in der Bayerischen Volkspartei (BVP) und die Sozialdemokraten in der SPD und der USPD. Hinzu kamen die KPD und zahlreiche kleinere Splitterparteien.

Wahlen in der Weimarer Republik

Bei der ersten Wahl Anfang 1919 entschied sich die große Mehrheit für die sogenannte Weimarer Koalition (SPD, Zentrum, DDP). Allerdings war dieses Regierungsbündnis nicht von langer Dauer, sodass Parteien, die der Republik distanziert, ablehnend oder sogar feindlich gegenüberstanden, in der Folgezeit immer wieder mitregierten. Dies trug nicht zur Stabilität des jungen Staates bei. Nach der Verfassungsgebung kehrte der Reichstag wieder nach Berlin zurück. Auch wenn die Hauptstadt nun das politische Zentrum war, blieb der Name „Weimarer Republik" erhalten.

M 3 Wahlplakat von 1919

Wahlprogramme – Informationsentnahme aus Textquellen

M 4 KPD/Spartakusbund

Aufruf des Spartakusbundes vom 14.12.1918:

Der Kampf um den Sozialismus ist der gewaltigste Bürgerkrieg, den die Weltgeschichte gesehen, und die proletarische Revolution muss sich für diesen Bürgerkrieg das nötige Rüstzeug bereiten, sie muss
5 lernen, es zu gebrauchen zu Kämpfen und Siegen. Eine solche Ausrüstung der kompakten arbeitenden Volksmasse mit der ganzen politischen Macht für die Aufgaben der Revolution, das ist die Diktatur des Proletariats und deshalb die wahre Demokratie.

W. Treue, Deutsche Parteiprogramme, Göttingen 1954, S. 99.

M 5 Deutsche Volkspartei

Aus den Grundsätzen der DVP vom 19.10.1919:

Die Deutsche Volkspartei wird den Wiederaufbau des Reiches mit allen Mitteln fördern. Daher wird sie im Rahmen ihrer politischen Grundsätze innerhalb der jetzigen Staatsform mitarbeiten. [...]
5 Die Deutsche Volkspartei erblickt in dem durch freien Entschluss des Volkes auf gesetzmäßigem Wege aufzurichtenden Kaisertum, dem Sinnbild deutscher Einheit, die für unser Volk nach Geschichte und Wesensart geeignetste Staatsform.
10 Verantwortliche Mitarbeit der Volksvertretung an der Regierung, ohne Ausbeutung der jeweiligen Parteimacht, gilt uns als wesentliche Grundlage jeder Verfassung.

W. Treue, Deutsche Parteiprogramme, Göttingen 1954, S. 128.

M 6 Deutsche Demokratische Partei

Aus dem Programm der DDP vom 15.12.1919:

Die DDP steht auf dem Boden der Weimarer Verfassung; zu ihrem Schutz und zu ihrer Durchführung ist sie berufen. [...] Die deutsche Republik muss ein Volksstaat sein und unverbrüchlich
5 zugleich ein Rechtsstaat. Wir erstreben die Einheit des Reiches, aber unter Berücksichtigung und Erhaltung der Eigenart der deutschen Stämme.

W. Treue, Deutsche Parteiprogramme, Göttingen 1954, S. 136.

M 7 Deutschnationale Volkspartei

Aus den Grundsätzen der DNVP vom 9.9.1920:

Die monarchische Staatsform entspricht der Eigenart und geschichtlichen Entwicklung Deutschlands. Über den Parteien stehend verbürgt die Monarchie am sichersten die Einheit des Volkes, den Schutz der Minderheiten, die Stetigkeit der 5 Staatsgeschäfte und die Unbestechlichkeit der öffentlichen Verwaltung. [...]
Der aus allgemeinen, gleichen, unmittelbaren und geheimen Wahlen beider Geschlechter hervorgehenden Volksvertretung gebührt entscheidende 10 Mitwirkung bei der Gesetzgebung und wirksame Aufsicht über Politik und Verwaltung.

W. Treue, Deutsche Parteiprogramme, Göttingen 1954, S. 121.

M 8 Sozialdemokratische Partei

Aus dem Görlitzer Programm vom 23.9.1921:

Die SPD ist entschlossen, zum Schutz der errungenen Freiheit das Letzte einzusetzen. Sie betrachtet die demokratische Republik als die durch die geschichtliche Entwicklung unwiderruflich gegebene Staatsform, jeden Angriff auf sie als ein 5 Attentat auf die Lebensrechte des Volkes.
Die Sozialdemokratische Partei kann sich aber nicht darauf beschränken, die Republik vor den Anschlägen ihrer Feinde zu schützen. Sie kämpft um die Herrschaft des im freien Volksstaat orga- 10 nisierten Volkswillens über die Wirtschaft, um die Erneuerung der Gesellschaft im Geiste sozialistischen Gemeinsinns.

W. Treue, Deutsche Parteiprogramme, Göttingen 1954, S. 112 f.

M 9 Zentrum

Aus den Richtlinien von 1923:

Die Stellung der Zentrumspartei zu den innerstaatlichen Angelegenheiten wird durch die christliche Staatsauffassung und durch den überlieferten Charakter als Verfassungspartei bestimmt. Jeden 5 gewaltsamen Umsturz der verfassungsmäßigen Zustände lehnt sie grundsätzlich ab. Ebenso entschieden, wie sie die Staatsallmacht verwirft, bekämpft sie die Verneinung und Auflösung des Staatsgedankens. Die Staatsgewalt findet ihre Grenzen im natürlichen Recht und im göttlichen Gesetz, 10 die Unterordnung und Pflichterfüllung dem Staate gegenüber ist eine Forderung des Gewissens.
Die Zentrumspartei bekennt sich zum deutschen Volksstaat, dessen Form durch den Willen des Volkes auf verfassungsmäßigem Wege bestimmt wird. 15

H. Mommsen, Die verspielte Freiheit, Berlin 1989, S. 124.

Wahlergebnisse – Informationen aus einer Statistik entnehmen

Wahl	Wahl-beteili-gung (in %)	KPD		USPD		SPD		DDP		Zentrum	
		Stimmen-anteil (in %)	Anzahl der Sitze	Stimmen-anteil (in %)	Anzahl der Sitze	Stimmen-anteil (in %)	Anzahl der Sitze	Stimmen-anteil (in %)	Anzahl der Sitze	Stimmen-anteil (in %)	Anzahl der Sitze
19.01.1919	83,0	–	–	7,6	22	37,9	163	18,5	75	19,7	91
06.06.1920	79,2	2,0	4	17,8	84	21,7	102	8,2	39	13,6	64
04.05.1924	77,4	12,5	62	0,7	–	23,9	100	5,3	28	13,3	65
07.12.1924	78,7	8,9	45	0,3	–	26,0	131	6,3	32	13,5	69
20.05.1928	75,6	10,6	54	–	–	28,7	153	4,9	25	11,9	62
14.09.1930	82,0	13,1	77	–	–	24,5	143	3,8	20	11,8	68
31.07.1932	84,1	14,3	89	–	–	21,6	133	1,0	4	12,5	75
06.11.1932	80,6	16,9	100	–	–	20,4	121	1,0	2	11,9	70

Quelle: Statistisches Jahrbuch für das Deutsche Reich, 1933

Wahl	Wahl-beteili-gung (in %)	DVP		BVP		DNVP		NSDAP	
		Stimmen-anteil (in %)	Anzahl der Sitze	Stimmen-anteil (in %)	Anzahl der Sitze	Stimmen-anteil (in %)	Anzahl der Sitze	Stimmen-anteil (in %)	Anzahl der Sitze
19.01.1919	83,0	4,4	19	–	–	10,3	44	–	–
06.06.1920	79,2	13,9	65	4,1	21	15,0	71	–	–
04.05.1924	77,4	9,2	45	3,2	16	19,5	95	6,5	32
07.12.1924	78,7	10,6	51	3,7	19	20,4	103	3,0	14
20.05.1928	75,6	8,7	35	3,9	16	14,2	73	2,6	12
14.09.1930	82,0	4,5	30	3,0	19	7,0	41	18,3	107
31.07.1932	84,1	1,2	7	3,2	22	5,9	37	37,3	230
06.11.1932	80,6	1,9	11	3,1	20	8,3	52	33,1	196

Quelle: Statistisches Jahrbuch für das Deutsche Reich, 1933

M 10 Wahlen zur Nationalversammlung und zum Reichstag 1919–1932

Aufgaben

1. Erläutere, wie es zum Namen „Weimarer Republik" kam. → Text
2. a) Erläutere die Stellung des Reichspräsidenten in der Weimarer Reichsverfassung.
   b) Überlege, ob es berechtigt ist, den Reichspräsidenten als „Ersatzkaiser" zu bezeichnen.
   → Text, M1
3. Stelle in einer Tabelle stichpunktartig die wichtigsten Programmpunkte der einzelnen Parteien zusammen.
   → M4–M9
4. a) Zeichne auf der Grundlage der Wahlergebnisse für die einzelnen Parteien eine Kurve für die Stimmenanteile und eine Kurve für die Anzahl der Sitze im Reichstag. Verwende für die Parteien verschiedene Farben.
   b) Werte die Kurven aus: Welche Partei hat am meisten gewonnen, welche am meisten verloren?
   c) Suche Gründe für diese Veränderungen.
   → M10
5. a) Erläutere den Begriff „Weimarer Koalition".
   b) Errechne, wie sich der Stimmenanteil der Weimarer Koalition im Laufe der Zeit veränderte.
   c) Interpretiere deine Ergebnisse.
   → Text, M10

Die Weimarer Republik

Der Versailler Vertrag

Der Abschluss des Friedensvertrags

„Welche Hand müsste nicht verdorren, die sich und uns in diese Fesseln legt", urteilte Reichskanzler Scheidemann über den Friedensvertrag mit Deutschland – den Vertrag von Versailles, der am 28. Juni 1919 in Versailles bei Paris unterzeichnet wurde und im Januar 1920 in Kraft trat. Vorausgegangen war der Waffenstillstand am 11. November 1918 – also zwei Tage nach der Revolution. Der Vertrag wurde von einer deutschen Kommission unter dem Zentrumspolitiker Matthias Erzberger unterzeichnet, also nicht die Krieg führenden Militärs, sondern zivile Politiker der Revolutionsregierung schlossen den Waffenstillstand.

Im Mai 1919 übergaben die Sieger ihre Forderungen, die bei allen Parteien in der Nationalversammlung und bei der Bevölkerung auf einmütige Ablehnung stießen. Da sich Deutschland durch die Errichtung einer Republik dem politischen System des Westens angepasst hatte, war ein milder Frieden erwartet worden. Doch die „großen Drei", der US-Präsident Wilson, der britische Premier Lloyd George und der französische Ministerpräsident Clemenceau, zeigten kein Entgegen-

M 1 Europa nach dem Ersten Weltkrieg (1918–1937)

kommen. Die deutschen Vertreter wurden von den Verhandlungen ausgeschlossen, und die Siegermächte erzwangen die Annahme des Friedensvertrages mit der Drohung, in Deutschland einzumarschieren und das Land militärisch zu besetzen. Parallel dazu wurden in den Pariser Vororten Saint Germain-en-Laye und Trianon mit Bulgarien, der Türkei und Österreich-Ungarn separate Friedensverträge abgeschlossen. Sie bedeuteten das Ende des Habsburger Vielvölkerstaates.

Die Bestimmungen

Der Vertrag von Versailles legte die Alleinschuld Deutschlands und seiner Verbündeten am Ausbruch des Ersten Weltkrieges fest und führte bis ins Kleinste alle Forderungen auf, die das Reich gegenüber den Siegern zu erfüllen hatte. Der Kriegsschuldartikel 231 diente dabei als Begründung für die Zahlung von Entschädigungen, sogenannten Reparationen, deren endgültige Höhe später bestimmt werden sollte. Deutschland musste Gebiete wie zum Beispiel Elsass-Lothringen abtreten, ohne dass die Bevölkerung gefragt wurde. In anderen Gebieten sollten Volksabstimmungen stattfinden. Danzig wurde zur „Freien Stadt" unter Aufsicht des Völkerbundes erklärt. Das linke Rheinufer und ein 50 km breiter Gebietsstreifen rechts des Rheins wurden entmilitarisiert.

Neben Kriegsschuld, Reparationen und Gebietsverlusten wurde Deutschland auch entmilitarisiert: An die Stelle der allgemeinen Wehrpflicht sollte ein Berufsheer mit 100 000 Mann treten. Fast das gesamte Kriegsmaterial musste abgeliefert werden. Zudem wurde gefordert, dass die Regierung Kriegsverbrecher ausliefert und dass Kaiser Wilhelm II. unter Anklage gestellt wird.

Revisionspolitik und Dolchstoßlegende

Ziel der deutschen Außenpolitik in den folgenden Jahren war eine Änderung dieses Friedensvertrages durch Verhandlungen. Diese Politik wurde als Revisionspolitik bezeichnet. In der öffentlichen Diskussion spielte in diesem Zusammenhang die Dolchstoßlegende eine wichtige Rolle. Diese Unterstellung besagte, dass die Deutschen den Krieg nur deswegen verloren hätten, weil ihre Armee von „hinten" erdolcht worden sei. Nicht im äußeren Gegner, sondern bei denjenigen, die den Umsturz im Innern herbeigeführt hatten, sahen diese Gruppen die Verantwortlichen für die militärische Niederlage Deutschlands. Diese wurden als „Erfüllungspolitiker", ja als „Novemberverbrecher" beschimpft.

M 2 Postkarte zum Versailler Vertrag, um 1920

Der Völkerbund

Die Idee des amerikanischen Präsidenten Woodrow Wilson, einen Völkerbund zu schaffen, der künftig den Weltfrieden sichern sollte, fand große Zustimmung und wurde schließlich verwirklicht. Zum Sitz dieser neuen internationalen Organisation wurde die Schweizer Stadt Genf bestimmt. Alle Streitigkeiten sollten hier durch Verhandlungen beigelegt, bewaffnete Konflikte verhindert werden. Die USA und auch das kommunistische Russland traten dem Völkerbund nicht bei, das besiegte Deutschland wurde erst Jahre später aufgenommen. Der Völkerbund als internationales Gremium gilt als Vorläufer der heutigen UN.

Die Weimarer Republik

Der Versailler Vertrag – Kontroverse Standpunkte erfassen

M 3 Der Friedenskuss
Karikatur von Thomas Theodor Heine aus dem Simplizissimus, 8. Juli 1919

M 4 „Die Stunde der Abrechnung"

Aus der Ansprache des französischen Ministerpräsidenten Clemenceau an die deutsche Delegation in Versailles am 7.5.1919 vor der Aushändigung des Vertragstextes:

Meine Herren Delegierten des Deutschen Reiches! Es ist hier weder der Ort noch die Stunde für überflüssige Worte. Sie haben vor sich die Versammlung der Bevollmächtigten der kleinen und großen
5 Mächte, die sich vereinigt haben, um den fürchterlichsten Krieg auszufechten, der ihnen aufgezwungen worden ist. Die Stunde der Abrechnung ist da. Sie haben uns um Frieden gebeten. Wir sind geneigt, ihn Ihnen zu gewähren.
10 Wir übergeben Ihnen das Buch des Friedens. Jede Muße zu seiner Prüfung wird Ihnen gegeben werden. Ich rechne darauf, dass Sie diese Prüfung im Geiste der Höflichkeit vornehmen werden, welche zwischen den Kulturnationen vorherrschen muss;
15 der zweite Versailler Friede ist zu teuer von uns erkauft worden, als dass wir es auf uns nehmen könnten, die Folgen dieses Krieges allein zu tragen.

Um auch die andere Seite meines Gedankens zu Ihrer Kenntnis zu bringen, muss ich notwendiger-
20 weise hinzufügen, dass dieser zweite Versailler Friede, der den Gegenstand unserer Verhandlungen bilden wird, von den hier vertretenen Völkern zu teuer erkauft worden ist, als dass wir nicht einmündig entschlossen sein sollten, sämtliche uns zu
25 Gebote stehenden Mittel anzuwenden, um jede uns geschuldete berechtigte Genugtuung zu erlangen.

Lautemann, W./Schlenke, M. (Hg.), Geschichte in Quellen, München 1975, S. 126 f.

M 5 Flammender Protest

Rede des Reichsministerpräsidenten Philipp Scheidemann in der Nationalversammlung am 12.5.1919:

Die deutsche Nationalversammlung ist heute zusammengetreten, um am Wendepunkte im Dasein unseres Volkes gemeinsam mit der Reichsregierung Stellung zu nehmen zu dem, was unsere Gegner Friedensbedingungen nennen. […]
5 Heute, wo jeder die erdrosselnde Hand an der Gurgel fühlt, lassen Sie mich ganz ohne taktisches Erwägen reden: was unseren Beratungen zugrunde liegt, ist dies dicke Buch, in dem 100 Absätze beginnen: Deutschland verzichtet, verzichtet, verzichtet!
10 Dieser schauerliche und mörderische Hexenhammer, mit dem einem großen Volke das Bekenntnis der eigenen Unwürdigkeit, die Zustimmung zur erbarmungslosen Zerstückelung abgepresst werden soll, dies Buch darf nicht zum Gesetzbuch der
15 Zukunft werden. Seit ich die Forderungen in ihrer Gesamtheit kenne, käme es mir wie eine Lästerung vor, das Wilson-Programm, diese Grundlagen des ersten Waffenstillstandvertrages, mit ihnen auch nur vergleichen zu wollen! Aber eine Bemerkung
20 kann ich nicht unterdrücken: Die Welt ist wieder einmal um eine Illusion ärmer geworden. Die Völker haben in einer an Idealen armen Zeit wieder einmal den Glauben verloren. […]
Ich frage Sie: Wer kann als ehrlicher Mann – ich
25 will gar nicht sagen als Deutscher – nur als ehrlicher, vertragstreuer Mann solche Bedingungen eingehen? Welche Hand müsste nicht verdorren, die sich und uns solche Fesseln legte? […]
Dieser Vertrag ist nach der Auffassung der Reichs-
30 regierung unannehmbar ...

Lautemann, W./Schlenke, M. (Hg.), a. a. O., S. 129.

Die Dolchstoßlegende – Analyse und Beurteilung

M 6 Wahlplakat der DNVP von 1924

M 7 „Von hinten erdolcht"

Die Nationalversammlung setzte einen Untersuchungsausschuss ein, um die Ursachen für den deutschen Zusammenbruch 1918 zu ergründen. Am 18.11.1919 sagte der oberste Militär, Generalfeldmarschall Paul von Hindenburg aus:

Unsere wiederholten Anträge auf strenge Zucht und strenge Gesetzgebung wurden nicht erfüllt. So mussten unsere Operationen misslingen, es musste der Zusammenbruch kommen; die Revolution bildete nur den Schlussstein. Ein englischer General sagte mit Recht: „Die deutsche Armee ist von hinten erdolcht worden." Den guten Kern des Heeres trifft keine Schuld […].
Wo die Schuld liegt, ist klar erwiesen. Bedurfte es noch eines Beweises, so liegt er in dem angeführten Ausspruch des englischen Generals und in dem maßlosen Erstaunen unserer Feinde über ihren Sieg.

Michaelis, Herbert/Schraepler, Ernst (Hg.), Ursachen und Folgen. Vom deutschen Zusammenbruch 1918 und 1945 bis zur staatlichen Neuordnung Deutschlands in der Gegenwart, Bd. 4, Berlin o. J., S. 7 f.

Aufgaben

1. a) Erkläre die Bezeichnung „Versailler Vertrag".
   b) Versailles, der Ort der Vertragsunterzeichnung, hatte in der deutsch-französischen Geschichte eine besondere Bedeutung. Informiere dich hierüber und erkläre, warum der Friedensvertrag in Versailles abgeschlossen wurde. → Text, Lexikon oder Internet
2. Fasse die Friedensbestimmungen für Deutschland in einer Tabelle zusammen. Bilde Oberbegriffe für die verschiedenen Bereiche. Ziehe dazu auch die Karte M1 heran.
   → Text, M1
3. a) Welche Einstellung gegenüber dem Versailler Vertrag kommt in der Karikatur „Der Friedenskuss" zum Ausdruck? Begründe deine Deutung.
   b) Welche Einstellung vertritt Clemenceau?
   c) Erläutere, wie Philipp Scheidemann den Versailler Vertrag bewertet. Belege deine Aussagen mithilfe von Zitaten aus der Rede.
   → M3–M5
4. a) Erkläre den Begriff „Dolchstoßlegende".
   b) Erläutere, wen die DNVP mit ihrem Wahlplakat ansprechen wollte. Beziehe den Text und das Bild in deine Überlegungen mit ein.
   c) Wem weist Hindenburg die Schuld an der Kriegsniederlage zu? Überprüfe dazu den historischen Hintergrund. → M6, M7

Methode: Umgang mit Geschichtskarten

M 1 Historische Karte
Von der Reichsregierung 1928 für den Gebrauch in Schulen herausgegebene Wandkarte

Geschichtskarte und historische Karte

Die Begriffe „Geschichtskarte" und „historische Karte" werden oft gleich verwendet, bezeichnen aber Unterschiedliches. Historische Karten stammen aus vergangenen Zeiten und geben die damalige Sichtweise wieder, während Geschichtskarten aus einer späteren Zeit geschichtliche Zusammenhänge rückblickend darstellen.

Karten erwecken oft den Eindruck, Zusammenhänge objektiv darzustellen. Bei genauerer Betrachtung lässt sich allerdings feststellen, dass die in der Entstehungszeit wirksamen Wahrnehmungen und Deutungen auch die Gestaltung der Karten beeinflussen konnten. Bei einem so umstrittenen Ereignis wie dem Versailler Vertrag ist dies auch nicht verwunderlich.

So gibt es zur Situation nach dem Ersten Weltkrieg kartografische Darstellungen aus den 1920er-Jahren wie die für den Schulgebrauch gedachte Karte „Deutschlands Verstümmelung", aber auch solche aus heutiger Zeit wie die Karte „Deutschland nach dem Ersten Weltkrieg" aus einem Schulbuch. Beim Vergleich beider Karten können unterschiedliche Sichtweisen auf das historische Ereignis sichtbar werden.

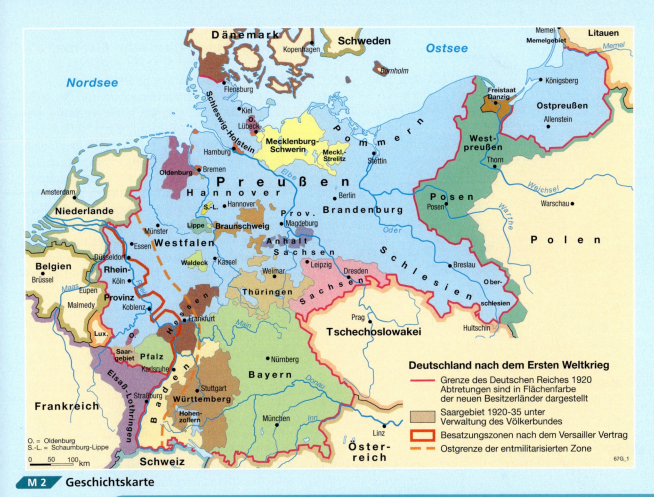

M 2 Geschichtskarte

Fragen an Geschichtskarten

1. Bestandteile der Karten
a) Vergleiche den Ausschnitt und den Maßstab der Karten. Gibt es dabei Unterschiede?
b) Betrachte die jeweilige Legende und stelle in einer Liste gegenüber, was im Einzelnen aufgeführt wird. Worin unterscheiden sich die Karten?
c) Achte auf die Farbgebung, die Linienführung und die Beschriftung. Konzentriere dich dabei auf das Gebiet um Danzig und auf Ostpreußen. Welche Unterschiede fallen dir dabei auf?
d) Vergleiche die Überschriften: Was fällt dabei auf?

2. Art der Karten
a) Überlege, welchen Zweck die jeweilige kartografische Darstellung hat.
b) Welche Karte ist eine historische, welche eine Geschichtskarte? Begründe.
c) Überlege, ob die Geschichtskarte auch zu einer historischen werden könnte.

3. Aussagewert der Karten
a) Welche der beiden Karten enthält mehr Informationen zum Versailler Vertrag?
b) Welche Einstellung gegenüber dem Versailler Vertrag lässt sich aus den Überschriften entnehmen?
c) Überlege, ob die Karte „Deutschlands Verstümmelung" als Quelle gelten kann.
d) Die Karte „Deutschlands Verstümmlung" trägt nicht zur Versöhnung bei. Nimm zu dieser Aussage Stellung.

Vertiefung: Die Volksabstimmungen in Nordschleswig

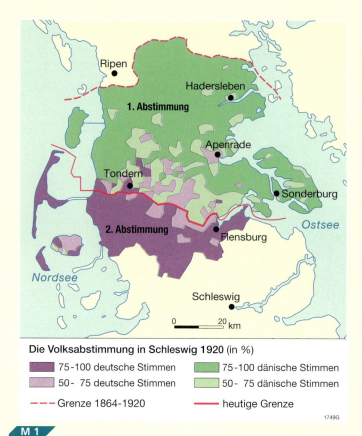

Die Volksabstimmung in Schleswig 1920 (in %)
- 75–100 deutsche Stimmen
- 50–75 deutsche Stimmen
- 75–100 dänische Stimmen
- 50–75 dänische Stimmen
- --- Grenze 1864–1920
- — heutige Grenze

M 1

Die deutsch-dänische Grenze

Die Propagandaschlacht 1920

Die Grenze zwischen Dänemark und Deutschland besteht so, wie sie heute verläuft, seit 1920. Sie war das Ergebnis einer Volksbefragung. Der Versailler Vertrag sah in einigen Regionen vor, dass durch Abstimmungen national einheitliche Gebiete geschaffen werden sollten. Diese Volksabstimmungen waren von einer von beiden Seiten heftig geführten Propagandaschlacht begleitet. Wie aufgeheizt die Stimmung nach dem Ersten Weltkrieg war, lässt sich an der großen Anzahl an Zeitungsartikeln ablesen, die sich damals mit dieser Frage beschäftigten.

Das Abstimmungsgebiet wurde in zwei Zonen aufgeteilt, in denen die Wahlen getrennt voneinander stattfanden. Die erste Zone umfasste Nordschleswig, die zweite Zone Teile von Mittelschleswig. Die Abstimmung in der ersten Zone erfolgte am 10. Februar 1920. Bei äußerst hoher Wahlbeteiligung stimmten 75 Prozent der Wähler für Dänemark. Am 14. März 1920 fand die Abstimmung in der zweiten Zone statt. Im Gegensatz zum Wahlverfahren in der ersten Zone wurde hier das Abstimmungsergebnis gemeindeweise festgestellt. In allen Gemeinden entschied sich die überwiegende Mehrheit für eine Zugehörigkeit zum Deutschen Reich, sodass die gesamte zweite Zone bei Deutschland verblieb, auch die heftig umstrittene Stadt Flensburg.

Im nördlichen Abstimmungsgebiet gab und gibt es bis heute eine deutsche Minderheit, im südlichen Abstimmungsgebiet hingegen eine dänische Minderheit.

M 2 Plakate zur Volksabstimmung in der 1. Zone
Frühjahr 1920

M 3 Zeitungsartikel aus Schleswig-Holstein

a) Flensburger Nachrichten, 12.2.1920:

Und wieder hat sich drohend der Nord gegen uns erhoben, wieder greifen gierige Dänenfinger nach heiligem deutsch-schleswig-holsteinischem Erbe. Freilich nicht Eider und Dannewerk gilt es diesmal, sondern der „nationalen" Grenze und – Flensburg. Flensburg, du schönste unter den Städten unseres schleswig-holsteinischen Landes, dich wollen sie dänisch machen? Dich wollen sie durch die rot-weißen Grenzpfähle von Deutschland trennen, dem du in Not und Tod durch tausend Bande des Bluts und der Kultur verbunden warst von jeher? [...]

Schon fielen in der ersten Zone die Würfel, die über das Schicksal von Tausenden unserer deutschen Brüder und Schwestern entschieden, und näher rückt der lärmende Kampf den Toren unsrer alten, deutschen Talstadt. Nun gilt es! Nun zeigt, ihr Schleswig-Holstein-Jungen, dass ihr da seid! Nun schwinge dich auf, du altes Schleswig-Holstein-Lied! Zeige, was du kannst! Lass in deinem brausenden Klang den Geist von 48 lebendig werden! Stärke die Schwachen, feure die Starken an, schütze unsre Reihen und stürme uns voran: zum Sieg!

Flensburger Nachrichten, 56. Jahrgang, Nr. 35, 12. Februar 1920.

b) Kieler Neueste Nachrichten, 14.3.1920:

Am Sonntag, den 14. März, findet die Abstimmung in der zweiten Zone statt. Dies sei noch einmal ausdrücklich festgestellt, denn die Dänen haben ihre widerwärtige Agitation zum Schluss mit der verwirrenden Mitteilung gekrönt, die Abstimmung erfolge erst am 16. März. [...]

Deutsch soll die zweite Zone bleiben, und über jeder Gemeinde, über jedem Hof und jeder Stadt soll in Zukunft wie bisher die deutsche und die schleswig-holsteinische Fahne wehen. [...] Kein Mensch in Deutschland hat daran gedacht, Dänemark irgendein Leid zu tun. Wir lebten mit ihm im besten Frieden. Da streckte es in der Zeit von Deutschlands Not plötzlich mit gierigem Griff seine Hände nach deutschem Nachbargut aus. Der Schandvertrag von Versailles, der dem deutschen Volke, ohne dass es ein Wort dazu sagen durfte, aufgezwungen wurde, diente ihm als Handhabe, um seine Raubpolitik zu verwirklichen. [...] Fort daher mit der dänischen Vergewaltigung! Wir wollen keine Dänen sein, wir wollen Deutsche bleiben!

Kieler Neueste Nachrichten, 26 Jahrgang Nr. 59, 14. März 1920.

c) Flensburger Nachrichten, 15.3.1920:

Der 14. März hat der dänischen Spielleitung und dem gesamten dänischen Volke diejenige Antwort gegeben, die wir auf deutscher Seite mit Sicherheit voraussahen und die unter den obwaltenden Umständen auch die einzige war, welche uns wirklich dienen konnte. Klar und unzweideutig hat die Volksabstimmung nämlich gezeigt, dass Flensburg eine kerndeutsche Stadt ist, die nach dem Geist des Selbstbestimmungsrechts unter keinen Umständen an Dänemark fallen kann. Nach dem bisher vorliegenden Abstimmungsergebnis stimmten in Flensburg für Deutschland: 27.074, für Dänemark 8.937, im gesamten Abstimmungsgebiet der 2. Zone für Deutschland 51.393, für Dänemark 12.914. Es entfielen in Flensburg selbst auf die deutsche Seite 75 %, auf die dänische 25 %, und in der ganzen 2. Zone auf Deutschland 80 %, auf Dänemark 20 %. – Von besonderem Gewicht ist natürlich das Abstimmungsbild in dem vielumstrittenen Flensburg selbst. Man weiß ja, worauf die dänischen Annexionisten hier auswollten und dass sie sich vorgenommen hatten, auch nach der Abstimmung noch, wenn diese nämlich eine auch nur einigermaßen brauchbare Handhabe hierfür bot, Himmel und Hölle in Bewegung zu setzen, um auf Schleichwegen durch die Internationale Kommission und die Entente die Abtrennung Flensburgs an Dänemark zu erzwingen. Nach dem gestrigen Abstimmungsergebnis besteht hierfür aber auch nicht der Schatten einer Möglichkeit mehr [...].

Flensburger Nachrichten, 56. Jahrgang, Nr. 62, 15. März 1920.

Aufgaben

1. a) Lies die Zeitungsartikel aufmerksam. Kläre dir unverständliche Begriffe und Sachverhalte.
   b) Fasse jeweils die Hauptaussage knapp zusammen.
   c) Erläutere, welchen Standpunkt die Autoren jeweils einnehmen. Belege deine Ausführungen mit Zitaten aus den Artikeln.
   → Text, M3

Die Weimarer Republik

M 1 Kapp-Putsch
Putschisten auf dem Pariser Platz vor dem Brandenburger Tor in Berlin mit der Reichskriegsflagge, Fotografie vom 13.3.1920

Die Krisenjahre 1919–1923

„Reichswehr schießt nicht auf Reichswehr" – Der „Kapp-Putsch"

Aufstände gegen die Republik und Attentate auf ihre führenden Vertreter verhinderten in den ersten Jahren, dass sich die politischen Verhältnisse stabilisierten. Im März 1920 löste der sogenannte Kapp-Putsch eine Staatskrise aus. General Walther von Lüttwitz, der Reichswehrbefehlshaber von Berlin, Wolfgang Kapp, ein nationalistischer Politiker, und der Freikorpsführer Hermann Ehrhardt widersetzten sich der Auflösung von Armeeverbänden, wie es dem Versailler Vertrag entsprach, und versuchten die gewählte Reichsregierung zu stürzen. Als sich die Regierung militärische Hilfe von der Reichswehrführung erbat, weigerte sich diese und betonte ihre Neutralität. Die Regierung rief den Generalstreik aus, der nach vier Tagen zum Zusammenbruch des Aufstands führte. Das Verhalten der Reichswehrführung und die milden Gerichtsurteile gegen die Aufständischen zeigten, dass wichtige Gruppen in der Gesellschaft dem neuen Staat distanziert bis ablehnend gegenüberstanden.

Politische Attentate

Seit der Reichstagswahl von 1920 gab es keine Mehrheit für die Parteien der „Weimarer Koalition", die fest auf dem Boden der Verfassung stand. Die einsetzende Wirtschaftskrise, harte Reparationsforderungen Frankreichs und die unsichere politische Lage begünstigten ein Klima der Gewalt, aus dem sich Anschläge gegen Vertreter der Republik entwickelten. Die prominentesten Opfer waren 1921 Matthias Erzberger, der den Waffenstillstand unterzeichnet und den Versailler Friedensvertrag akzeptiert hatte und als „Erfüllungspolitiker" verleumdet wurde, sowie im Juni 1922 Walther Rathenau, der international geachtete Außenminister der Republik.

Reichspräsident Ebert erließ als Reaktion auf die politischen Morde eine „Verordnung zum Schutz der Republik" und setzte einen Staatsgerichtshof ein. Das Parlament beschloss zudem ein „Gesetz zum Schutz der Republik" als Mittel im Kampf gegen die Verfassungsfeinde von rechts und links. Bevor sich die Situation in der Weimarer Republik beruhigte, hatte sie das Krisenjahr 1923 zu bestehen.

Reparationen als gefährlicher Konfliktherd

Da Anfang der 20er-Jahre in Deutschland eine Wirtschaftskrise herrschte, beendete die Reichsregierung ihre Politik, die durch ein Entgegenkommen eine Abschwächung der im Versailler Vertrag verankerten Reparationen erreichen wollte, und verlangte einen Zahlungsaufschub. Der französische Ministerpräsident Poincaré lehnte dies ab und ließ, um die Sachlieferungen sicherzustellen, daraufhin Anfang des Jahres 1923 durch Truppen das Ruhrgebiet besetzten. Die Reichsregierung beantwortete diese Maßnahme mit dem Aufruf zum passiven Widerstand in den besetzen Gebieten. Der Konflikt verschärfte sich in der Folgezeit, da die französische Besatzungsmacht mit aller Härte vorging: Es kam zu Ausweisungen, Verhaftungen und Beschlagnahmungen. Gegen streikende Arbeiter und einzelne Saboteure wurden sogar Todesurteile verhängt.

M 2 „Produktive Pfänder"
Ein französischer Soldat bewacht einen Kohlewaggon im Ruhrgebiet 1923, kolorierte Fotografie.

M 3 Geldschein
Erlangen, 1923

Die Inflation von 1923

Dieser Konflikt verschärfte die wirtschaftliche Krise Deutschlands zusätzlich, da die Reichsregierung den passiven Widerstand im Ruhrgebiet durch staatliche Zuschüsse finanzierte. Dies führte zu einer Inflation mit einer nahezu vollständigen Entwertung des Geldes und zum Zusammenbruch des Währungssystems.

Die Inflation traf ganz besonders diejenigen, die Geld gespart hatten. Sie verloren ihr Vermögen. Schuldner und Spekulanten dagegen galten als Gewinner der wirtschaftlichen Krise.

Die politischen Folgen der großen Inflation des Jahres 1923 waren unübersehbar: Die bürgerlichen Mittelschichten sahen im Staat den Schuldigen, der für ihre verzweifelte wirtschaftliche Lage die Verantwortung trug, und wandten sich von der Republik ab. Viele setzten ihre Hoffnung in die Parteien der extremen Rechten, die die Weimarer Demokratie bekämpften.

Kurswechsel und Währungsreform

Die im September 1923 unter Reichskanzler Gustav Stresemann (DVP) gebildete Regierung einer Großen Koalition aus SPD, Zentrum, DDP und DVP brach wegen der ungeheuren finanziellen Verluste den passiven Widerstand auf. Mit der Einführung der Rentenmark, deren Wechselkurs auf eine Billion Papiermark festgelegt worden war, gelang es der Regierung, den Geldwert zu stabilisieren.

Die Währungsreform hatte aber nicht nur eine Stabilisierung des Geldwertes zur Folge, sondern war auch mit tiefen sozialen Einschnitten verbunden. Begüterte Familien verloren ihr Kapitalvermögen, kleine Leute wurden um ihre Spargutthaben gebracht. Zudem stieg die Arbeitslosigkeit. Staatsbedienstete mussten Lohn- und Gehaltseinbußen bis zu 40 % hinnehmen. Die steigende Unzufriedenheit in der Bevölkerung nährte die Umsturzhoffnungen der Gegner der noch jungen Republik.

Der Hitler-Putsch von 1923

Den Kern der Republikgegner bildeten die vaterländischen Verbände, zu denen auch die Nachfolgeorganisationen der Freikorps zählten, sowie die 1920 in München gegründete Nationalsozialistische Deutsche Arbeiterpartei (NSDAP) mit ihrem Führer Adolf Hitler.

Als Hitler von München aus die Reichsregierung für abgesetzt erklärte und zum „Marsch auf Berlin" rüstete, scheiterten er und seine Anhänger, da die bayerische Polizei einen Zug der Aufständischen am 9. November 1923 an der Münchner Feldherrnhalle gewaltsam auflösen konnte. Hitler wurde verhaftet und Anfang April 1924 zusammen mit einigen Mitverschwörern wegen Hochverrats vor Gericht gestellt. Der Richter behandelte die Aufrührer jedoch außerordentlich milde: Hitler bekam fünf Jahre Festungshaft, wurde allerdings nach einigen Monaten wieder entlassen. Während er in Landsberg einsaß, schrieb er „Mein Kampf", ein Buch, in dem er seine politischen Ziele offen darlegte.

Ende 1923 hatte der neue Staat seine bislang schwersten Herausforderungen überstanden. Die Demokratie war aber nicht dauerhaft gesichert.

Die Weimarer Republik

Der Hitler-Putsch im Spiegel unterschiedlicher Quellen

Proklamation an das deutsche Volk!

Die Regierung der Novemberverbrecher in Berlin ist heute für abgesetzt erklärt worden.

Eine provisorische deutsche Nationalregierung ist gebildet worden, diese besteht aus

Gen. Ludendorff
Ad. Hitler, Gen. v. Lossow
Obst. v. Seisser

M 4 Aufruf der Hitler-Putschisten, 9. November 1923

M 5 Urteile im Prozess

Folgendes Urteil fällte das Gericht über die Beteiligten am Hitler-Putsch:

Urteil
I. Von den Angeklagten:
1. Hitler Adolf, geboren am 20. April 1889 in Braunau (Oberösterreich), Schriftsteller in München, seit 14. November 1923 in dieser Sache in Untersuchungshaft;
2. Ludendorff Erich, geboren am 9. April 1865 in Kuszewia, General der Infanterie a. D., Exzellenz in München;
3. Pöhner Ernst, geboren am 11. Januar 1870 in Hof a. S., Rat am Obersten Landesgerichte in München, in dieser Sache vom 9. November 1923 bis 23. Januar 1924 in Untersuchungshaft gewesen;
4. Frick Wilhelm, geboren am 12. März 1877 in Alsenz B. A. Reckenhausen, Oberamtmann der Polizeidirektion München, Dr. jur., in dieser Sache seit 9. November 1923 in Untersuchungshaft;
5. Weber Friedrich, geboren am 30. Januar 1892 zu Frankfurt a. M., Assistent an der tierärztlichen Fakultät der Universität München, Dr. med. vet., in dieser Sache seit 9. November 1923 in Untersuchungshaft;
6. Röhm Ernst, geboren am 28. November 1887 in München, Hauptmann A. D. in München, in dieser Sache seit 9. November 1923 in Untersuchungshaft; […] werden verurteilt:

Hitler, Weber, Kriebel und Pöhner
jeder wegen eines Verbrechens des Hochverrats je zu fünf Jahren Festungshaft,
ab bei Hitler vier Monate zwei Wochen, Weber vier Monate drei Wochen, Kriebel und Pöhner je zwei Monate zwei Wochen Untersuchungshaft, sowie jeder zur Geldstrafe von zweihundert Goldmark, ersatzweise zu je weiteren zwanzig Tagen Festungshaft;

Brückner, Röhm, Pernet, Wagner und Frick
jeder wegen eines Verbrechens der Beihilfe zu einem Verbrechen des Hochverrats zu je einem Jahr drei Monaten Festungshaft, ab bei Brückner vier Monate eine Woche, Röhm und Frick je vier Monate drei Wochen, Pernet und Wagner je zwei Monate drei Wochen Untersuchungshaft,
sowie jeder zur Geldstrafe von einhundert Goldmark, ersatzweise zu je weiteren zehn Tagen Festungshaft,
sowie endlich alle zu den Kosten.

II. Ludendorff wird von der Anklage eines Verbrechens des Hochverrats unter Überbürdung der ausscheidbaren Kosten auf die Staatskasse freigesprochen.
III. Die Haftanordnungen gegen Frick, Röhm und Brückner werden aufgehoben.

Otto Gritschneder, Bewährungsfrist für den Terroristen Adolf H. Der Hitler-Putsch und die bayerische Justiz, München 1990, S. 60.

Vorwort

Am 1. April 1924 hatte ich, auf Grund des Urteilsspruches des Münchner Volksgerichts von diesem Tage, meine Festungshaft zu Landsberg am Lech anzutreten.

Damit bot sich mir nach Jahren ununterbrochener Arbeit zum ersten Male die Möglichkeit, an ein Werk heranzugehen, das von vielen gefordert und von mir selbst als zweckmäßig für die Bewegung empfunden wurde. So habe ich mich entschlossen, in zwei Bänden nicht nur die Ziele unserer Bewegung klarzulegen, sondern auch ein Bild der Entwicklung derselben zu zeichnen. Aus ihr wird mehr zu lernen sein als aus jeder rein doktrinären Abhandlung.

Ich hatte dabei auch die Gelegenheit, eine Darstellung meines eigenen Werdens zu geben, soweit dies zum Verständnis sowohl des ersten als auch des zweiten Bandes nötig ist und zur Zerstörung der von der jüdischen Presse betriebenen üblen Legendenbildung über meine Person dienen kann.

Ich wende mich dabei mit diesem Werk nicht an Fremde, sondern an diejenigen Anhänger der Bewegung, die mit dem Herzen ihr gehören und deren Verstand nun nach innigerer Aufklärung strebt.

Ich weiß, daß man Menschen weniger durch das geschriebene Wort als vielmehr durch das gesprochene zu gewinnen vermag, daß jede große Bewegung auf dieser Erde ihr Wachsen den großen Rednern und nicht den großen Schreibern verdankt.

Dennoch muß zur gleichmäßigen und einheitlichen Vertretung einer Lehre das Grundsätzliche derselben niedergelegt werden für immer. Hierbei sollen diese beiden Bände als Bausteine gelten, die ich dem gemeinsamen Werke beifüge.

Landsberg am Lech,
Festungshaftanstalt.

Der Verfasser.

M 6 „Mein Kampf": Vorwort

Am 9. November 1923, 12 Uhr 30 Minuten nachmittags, fielen vor der Feldherrnhalle sowie im Hofe des ehemaligen Kriegsministeriums zu München folgende Männer im treuen Glauben an die Wiederauferstehung ihres Volkes:

Alfarth, Felix, Kaufmann, geb. 5. Juli 1901
Bauriedl, Andreas, Hutmacher, geb. 4. Mai 1879
Casella, Theodor, Bankbeamter, geb. 8. Aug. 1900
Ehrlich, Wilhelm, Bankbeamter, geb. 19. Aug. 1894
Faust, Martin, Bankbeamter, geb. 27. Januar 1901
Hechenberger, Ant., Schlosser, geb. 28. Sept. 1902
Körner, Oskar, Kaufmann, geb. 4. Januar 1875
Kuhn, Karl, Oberkellner, geb. 26. Juli 1897
Laforce, Karl, stud. ing., geb. 28. Oktober 1904
Neubauer, Kurt, Diener, geb. 27. März 1899
Pape, Claus von, Kaufmann, geb. 16. Aug. 1904
Pfordten, Theodor von der, Rat am obersten Landesgericht, geb. 14. Mai 1873
Rickmers, Joh., Rittmeister a. D., geb. 7. Mai 1881
Scheubner-Richter, Max Erwin von, Dr. ing., geb. 9. Januar 1884
Stransky, Lorenz Ritter von, Ingenieur, geb. 14. März 1899
Wolf, Wilhelm, Kaufmann, geb. 19. Oktober 1898

Sogenannte nationale Behörden verweigerten den toten Helden ein gemeinsames Grab.

So widme ich ihnen zur gemeinsamen Erinnerung den ersten Band dieses Werkes, als dessen Blutzeugen sie den Anhängern unserer Bewegung dauernd voranleuchten mögen.

Landsberg a. L., Festungshaftanstalt, 16. Oktober 1924.

Adolf Hitler.

M 7 „Mein Kampf": Gedenkblatt

Während seiner Festungshaft in Landsberg verfasste Adolf Hitler die Schrift „Mein Kampf". Der erste Teil enthält eine Darstellung seines bisherigen Lebens, der zweite seine politischen Vorstellungen. Das Buch, das in der Zeit des Nationalsozialismus massenhaft verbreitet war, enthielt in den Augen seiner Anhänger unumstößliche Wahrheiten.

In seinem Vorwort (M6) gab Hitler Auskunft über die Entstehung der Schrift. Das Gedenkblatt (M7) erinnerte an die Ereignisse im November 1923.

Aufgaben

1. Erläutere, warum das Jahr 1923 als „Krisenjahr" bezeichnet wird. → Text
2. a) Erkläre den Begriff „Inflation".
   b) Stelle zusammen, welche sozialen Gruppen von der Inflation besonders betroffen waren. → Text
3. a) Verfasse einen Zeitungsartikel, in dem du als Journalist und Zeitzeuge der Ereignisse den Ablauf des Hitlerputsches schilderst.
   b) Analysiere den Aufruf der Putschisten.
   c) Erscheinen dir die Urteile gerecht? Begründe. → M4, M5
4. a) Erkläre den Titel von Hitlers Buch „Mein Kampf".
   b) Welche Motive waren für Hitler maßgeblich, das Buch zu schreiben?
   c) Woran erinnert das Gedenkblatt, das dem Buch vorangestellt war?
   d) Stelle dar, welche Deutung der Ereignisse im November 1923 im Gedenkblatt vermittelt werden soll. → M6, M7

Die Weimarer Republik

Außenpolitik der Weimarer Republik (1919–1929)

Besiegte und Sieger

Grundlage der Außenpolitik nach dem Ersten Weltkrieg war der Versailler Vertrag. Den deutschen Politikern ging es darum, die harten Friedensbedingungen durch Verhandlungen abzumildern, ja rückgängig zu machen und die Reparationszahlungen zu reduzieren. Dies wurde Revisionspolitik genannt. Außenminister Walther Rathenau vertrat die Auffassung, dass Deutschland den Siegermächten entgegenkommen müsse, indem die Forderungen soweit wie möglich erfüllt würden. Dies – so die Überlegung – würde deutlich machen, dass der Versailler Vertrag insgesamt unerfüllbar ist.

Die Gegner der Republik benutzen den Begriff „Erfüllungspolitik" allerdings, um die verantwortlichen Politiker und das demokratische System insgesamt zu verunglimpfen.

Die Siegermächte verfolgten keine einheitliche Politik, denn sie hatten unterschiedliche Interessen. Während sich die USA nach 1918 aus Europa zurückzogen, vertrat Großbritannien – wie schon zu früheren Zeiten – die Idee einer „balance of power" auf dem europäischen Festland. Frankreich dagegen baute ein System von Bündnissen auf, das Deutschland isolieren und die eigene Sicherheit garantieren sollte.

Der Ausgleich mit der Sowjetunion

Angesichts der internationalen Lage nach dem Ersten Weltkrieg galt es als eine Sensation, als bekannt wurde, dass die beiden isolierten Staaten, das Deutsche Reich und Sowjetrussland, 1922 in Rapallo unweit von Genua einen Vertrag geschlossen hatten. Dieser sah die Aufnahme diplomatischer Beziehungen, den Verzicht auf Kriegsentschädigungen, militärische Kontakte und verbesserte wirtschaftliche Beziehungen vor. Deutschland war das erste Land, das den aus der Oktoberrevolution hervorgegangenen kommunistischen Staat international anerkannte. Die Zusammenarbeit zwischen Deutschland und der Sowjetunion wurde 1926 erneuert.

Der Ausgleich mit dem Westen

Das Verhältnis zwischen Deutschland und Frankreich war vor allem wegen des Ruhrkampfes stark belastet. In dieser Situation versuchte Gustav Stresemann einen Kurswechsel. Als Außenminister prägte der Politiker die Außenpolitik der Republik von 1924 bis zu seinem Tod im Jahr 1929 entscheidend. Sein Ziel war es, durch einen Ausgleich mit dem Westen für Deutschland wieder den Rang einer europäischen Großmacht zu erreichen.

Gleich nach seinem Amtsantritt versuchte Gustav Stresemann, die ehemaligen Kriegsgegner durch eine „Friedensoffensive" zu besänftigen. Sowohl der englische Außenminister Chamberlain als auch sein französischer Kollege Briand reagierten positiv auf die deutschen Vorschläge und luden im Herbst 1925 zu einer Konferenz in den Schweizer Ort Locarno ein. Anwesend waren auch Vertreter aus Belgien, Italien, Polen und der Tschechoslowakei.

In den sogenannten Locarno-Verträgen von 1926 verzichteten Deutschland und seine westlichen Nachbarn auf eine kriegerische Ver-

M 1 Verträge von Locarno
Der deutsche Außenminister Gustav Stresemann (1878–1929) und der französische Außenminister Aristide Briand (links) nach der Unterzeichnung der Verträge, Fotografie von 1925

M 2 Deutschland im Völkerbund
Gustav Stresemann spricht auf einer Vollversammlung des Völkerbundes in Genf, Fotografie vom 10. September 1926.

änderung der bestehenden Grenzen und erkannten somit die Regelungen des Versailler Vertrags grundsätzlich an. Eine förmliche Anerkennung der Grenzen zur Tschechoslowakei und zu Polen fand sich jedoch nicht. Die Revision der Ostgrenze blieb damit weiterhin ein Ziel deutscher Politik. Zudem wurde vereinbart, dass Deutschland Mitglied im Völkerbund werden sollte. Für ihre Verständigungspolitik erhielten Stresemann und Briand den Friedensnobelpreis.

Das Dauerproblem der Reparationen

Eng verbunden mit der Revisionspolitik war das Problem der im Versailler Vertrag festgelegten Reparationsforderungen. 1921 setzten die Siegermächte den Betrag auf 132 Milliarden Goldmark fest und verbanden ihre Forderung mit der Drohung, das Ruhrgebiet zu besetzen, falls sich Deutschland weigern würde zu zahlen („Londoner Ultimatum"). Der Ruhrkampf und die Inflation machten allerdings deutlich, dass eine Neuregelung der Zahlungen notwendig war.

Der Amerikaner Charles G. Dawes entwickelte 1924 einen nach ihm benannten Plan, in dem die jährlichen Raten und die Art, wie das Geld aufgebracht werden sollte, festgelegt wurden. Er sah aber auch vor, dass Deutschland eine Auslandsanleihe von 800 Millionen Goldmark erhalten solle. Der heftig kritisierte Dawes-Plan stellte eine Verbesserung der deutschen Situation dar, da auf diese Weise die Besetzung des Rheinlands rückgängig gemacht wurde, war jedoch von den Forderungen Deutschlands nach einer Revision des Versailler Vertrags noch weit entfernt.

Eine weitere Entschärfung der Reparationsfrage entwickelte der amerikanische Finanzexperte Owen D. Young. Die Republik sollte 59 Jahre lang jährlich zwei Milliarden Mark zahlen, dafür verpflichteten sich die Siegermächte, alle besetzten Gebiete im Rheinland vor Ablauf der vereinbarten Frist zu räumen. Auch der Young-Plan war in Deutschland höchst umstritten. Erst 1932 kam es zu einer dauerhaften Einigung.

Die Auseinandersetzungen um den Versailler Vertrag und das Bemühen um internationalen Ausgleich stellten somit ständige Herausforderungen für die europäischen Staaten dar.

M 3 Gegen den Dawes-Plan
Wahlplakat

Die Weimarer Republik

M 4 Plakat der DNVP
Zu den Reichstagswahlen am 20. Mai 1928

M 5 Streit um Locarno

a) Um den von Stresemann ausgehandelten Locarno-Vertrag vom 16.10.1925 gab es eine heftige innenpolitische Auseinandersetzung. Der „Völkische Kurier" schrieb am 19.10.1925:

Die Verantwortung, die Luther und Stresemann auf sich geladen haben, wird nicht im Reichstag festgestellt werden. Darüber wird die Geschichte befinden. Deren Urteile werden die selbstgefälligen Logenbrüder von Locarno hoffentlich noch hören. Auf jeden Fall wünschen wir ihnen aus diesem Grunde ein recht langes Leben. Denn die große Gnade, die Bethmann Hollweg und Ebert widerfuhr, vor dem Tage der irdischen Abrechnung abberufen zu werden, wird nicht jedem zuteil.

b) Der KPD-Abgeordneter Bartels am 30.10.1925:

Was ist Locarno? Wenn man die einzelnen Verträge und ihre Paragrafen durchgeht, so sehen wir, dass Deutschland hinreichend Garantie gibt, aber dafür lediglich die Garantie erhält, dass es Kriegsbütteldienste leisten darf und andererseits Deutschland als Kriegsschauplatz ausliefern muss. Locarno bedeutet in Wirklichkeit – das wird auch in diesem Hause niemand zu bestreiten versuchen – die Auslieferung der Rheinlande, es bedeutet direkt ein Verschenken preußisch-deutschen Gebietes, es bedeutet die Garantie des Einmarsch- und Durchmarschrechtes durch Deutschland, es bedeutet die Kriegsdienstverpflichtung der deutschen Bevölkerung für die Entente gegen Russland, es bedeutet vor allem die Anerkennung der Aufrechterhaltung des Besatzungsregimes, und es bedeutet erneut das Bekenntnis zu dem Versailler Vertrag. Es bedeutet darüber hinaus verschärfte Ausbeutung, verschärfte Entrechtung, Unterdrückung, Elend, Übel, Not und alles, was im Gefolge des neuen Krieges eben zu erwarten ist.

c) Der DNVP-Politiker Hugenberg am 5.11.1925:

Sachlich betrachtet ist vor allem die Auffassung falsch, dass Locarno einen zehn- bis zwanzigjährigen Frieden bedeute. Gerade das Gegenteil ist richtig. Ich bin kein Pazifist, aber ich muss der Tatsache Rechnung tragen, dass Deutschland waffenlos ist, und muss deshalb verlangen, dass die deutsche auswärtige Politik mit einer dieser Tatsache Rechnung tragenden Vorsicht geführt wird! Seit unserem Zusammenbruch hat mir immer als größte Sorge vorgeschwebt, dass Deutschland der Kriegsschauplatz zwischen Russland und dem Westen werden, dass Deutschland den Fehler einer Verfeindung mit Russland wiederholen könnte. […]
Manche Leute sind sich des Unterschiedes in der Struktur des Westens und des Ostens Deutschlands nicht bewusst. Das dichtbevölkerte industrielle Rheinland zu französisieren, würde den Franzosen auch dann nicht gelingen, wenn sie es – was Gott verhüte – eine Zeitlang beherrschten. Ganz anders im weiten Osten mit seinem ausgedehnten Großgrundbesitz und seiner dünnen Bevölkerung.

Was wir in Polen heute sehen, kann sich für den ganzen deutschen Osten wiederholen!

Man muss auch als Gegner anerkennen, dass alle Regierungen seit der Revolution diesen gefahrvollen, sich jedermann aufdrängenden Tatbestand berücksichtigt haben. Es ist Herrn Stresemann vorbehalten geblieben, mit diesem Feuer zu spielen. Denn Locarno, wie es geworden ist, bedeutet tatsächlich und trotz aller Vorbehalte, dass Deutschland in dem Gegensatz Westmächte-Russland optiert und damit – waffenlos wie es ist – sich leichtsinnig mitten in Gegensätze hineinspielt, bei deren Austragung es nur die Rolle des furchtbar Leidenden spielen kann. [...]

d) Otto Wels (SPD) am 24.11.1925:

Wie man zu den Verträgen von Locarno und zu dem Eintritt Deutschlands in den Völkerbund stehen mag, dass fühlt ein jeder: Wir stehen jetzt am Scheidepunkte der europäischen Politik. Es fragt sich jetzt, ob eine neue Welt, in der der Gedanke des Friedens lebendige Kraft haben soll, das Leben der Völker Europas in Zukunft beherrschen wird, oder ob die Mächte, die, auf Gewalt und kriegerischen Auseinandersetzungen fußend, dem Fortschritt, dem moralischen und materiellen Wiederaufbau den Weg dauernd versperren sollen. [...] Was seit Jahrzehnten in Europa fehlte, das Bedürfnis nach europäischer Solidarität, das ist heute ein sichtbares Bedürfnis aller europäischen Völker geworden. [...] Es zeigt sich jetzt allerdings mehr denn je die Notwendigkeit, die Allgemeininter-essen Europas, die mit den Interessen jedes einzelnen Landes identisch sind, den selbstsüchtigen Interessen von Gruppen, Cliquen und Parteien voranzustellen.

e) Konstantin Fehrenbach (Zentrum) am 24.11.1923:

Oberstes Gesetz unseres politischen Handelns nach dem unglücklichen Ausgang des Weltkrieges ist die Wiederaufrichtung unseres Deutschen Reiches aus Knechtschaft zur Freiheit, aus Not und Elend zur wirtschaftlichen Gesundung. Dabei sind wir uns bewusst, dass dieses hohe Ziel nur auf dem Wege friedlicher Verständigung mit den anderen Nationen in stufenweise sich aufbauenden Teilerfolgen zu erreichen ist. [...]

Von dieser Überzeugung durchdrungen, haben wir im Vorjahre dem Londoner Abkommen und den Dawes-Gesetzen zugestimmt, um unseren wirtschaftlichen Wiederaufstieg zu ermöglichen. In demselben Geiste nehmen wir heute Stellung zu den Verträgen von Locarno, die der politischen Befriedung Europas dienen sollen.

Wir fragen uns: Sind diese Verträge in Wirklichkeit ein Instrument des Friedens, eines Friedens, dem Deutschland in Ehren zustimmen kann?

Dazu ist unseres Erachtens zunächst erforderlich, dass sowohl in der Form wie in der Sache die volle Gleichberechtigung Deutschlands gewahrt ist und dass dem deutschen Volke nichts zugemutet wird, was seiner nationalen Würde und unveräußerlichen, durch die natürliche Ordnung der Dinge garantierten Rechten eines jeden Staatsvolkes zuwiderliefe.

Diese Bedingung ist erfüllt. Nach der formalen Seite ist das unbestritten. Aber auch der Inhalt der Verträge entspricht der gestellten Anforderung.

Wolfgang Michalka/Gottfried Niedhart (Hg.), Die ungeliebte Republik, München 1984, S. 167 ff.

Aufgaben

1. Erläutere, inwiefern Gustav Stresemann für die Außenpolitik der Weimarer Republik eine so bedeutsame Rolle spielte.
   → Text
2. Stelle zusammen, welche Regelungen im Hinblick auf die Reparationen getroffen wurden.
   → Text
3. Erkläre, was der Völkerbund war.
   → Text
4. a) Fasse die wichtigsten Bestimmungen der Locarno-Verträge in einem Schaubild zusammen.
   b) Welche Einstellung gegenüber diesen Verträgen ist im Wahlplakat der DNVP erkennbar?
   c) Fasse die in der Reichstagsdebatte vertretenen Positionen knapp zusammen.
   d) Erkläre die jeweilige Beurteilung. Beziehe dabei die Parteizugehörigkeit der jeweiligen Redner mit ein.
   → Text, M4, M5

Die Weimarer Republik

Die ruhige Zwischenphase der Weimarer Republik

„Goldene Zwanziger"

Der Begriff „Die Goldenen Zwanziger" rührt von den kulturellen Entwicklungen, den künstlerischen Leistungen sowie den wissenschaftlichen Entdeckungen und technischen Erfindungen her, die für die Mitte der Zwanzigerjahre kennzeichnend sind. Dies überstrahlte zeitweise die wirtschaftliche und politische Entwicklung. Zwar kam es in den Jahren nach 1923 bis zum Ausbruch der Weltwirtschaftkrise 1929 zu einer Stabilisierung der ersten deutschen Demokratie, es blieben jedoch die Probleme wirksam, die die Frühphase gekennzeichnet hatten.

Politische Entwicklungen

Auch in den 1920er-Jahren blieb die politische Situation unsicher. Zwar ging die politische Gewalt zurück und es gab keine offenen Aufstände mehr, jedoch gab es keine stabilen Mehrheiten im Reichstag und die Regierungen wechselten deshalb oft. Ein wichtiges Ereignis war die Wahl des Reichspräsidenten. Nach dem Tod von Friedrich Ebert 1925, der als SPD-Politiker in der Revolution eine entscheidende Rolle gespielt und die Republik stabilisiert hatte, wurde eine Neuwahl notwendig. Im zweiten Wahlgang setzte sich schließlich der General des Ersten Weltkriegs Paul von Hindenburg durch. Dies galt Zeitgenossen und späteren Historikern als Zeichen der Wende nach rückwärts. Auch wenn der Monarchist Hindenburg sich in den ersten Jahren streng an die Reichsverfassung hielt, bekamen republikfeindliche Kräfte dennoch Zulauf.

M 1 Reichspräsident Hindenburg nach der Wahl 1925
Berlin, Fotografie

Zur politischen Stabilisierung trug der wirtschaftliche Aufschwung bei. Dieser war durch die Währungsreform begründet, die die Inflation beendete, und durch die Entlastung von den Reparationszahlungen, die der Dawes-Plan mit sich brachte. Für viele verbesserte sich die materielle Situation, allerdings blieb die Wirkung begrenzt.

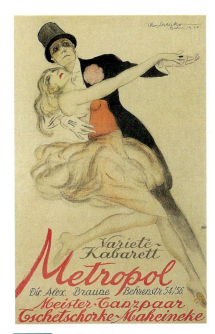

M 2 Werbeplakat
Kabarett-Veranstaltung in Berlin, 1920

Die neue Rolle der Frau

Die Lebenssituation der Frauen änderte sich nach dem Ersten Weltkrieg tiefgreifend. Das Frauenwahlrecht sicherte ihnen mehr politische Mitsprache. Die wachsende Berufstätigkeit verbesserte ihre soziale Stellung. Insbesondere weibliche Angestellte im Büro übten qualifizierte Tätigkeiten aus. Dieses veränderte Selbstbewusstsein äußerte sich in Frisur und Kleidung: Kurze, als „Bubikopf" geschnittene Haare sowie Seidenstrümpfe und kürzere Röcke spiegelten das neue Rollenverhalten in der Gesellschaft wider. Im Haushalt erleichterten neue Geräte wie der Staubsauger die Arbeit.

Moderne Massenkultur

Eine der auffallendsten Entwicklungen war die Entstehung einer modernen Massenkultur, bei der die neuen Medien Rundfunk und Film eine wichtige Rolle spielten. So sendete 1923 die „Funkstunde AG" zum ersten Mal, drei Jahre später gab es bereits mehr als eine Million Radiohörer. In den neu entstandenen Kinos wurden zunächst Stummfilme, dann Tonfilme gezeigt. Die 1917 gegründete Universum Film AG (UFA) war der wichtigste deutsche Filmproduzent. „M", das Porträt eines Kindermörders (Regie: Fritz Lang) mit Peter Lorre und Gustaf Gründgens, und „Der blaue Engel" (Regie: Josef von Sternberg) mit Marlene Dietrich und Emil Jannings waren die großen Kinoerfolge. Das Kino erwies sich als der große Publikumsmagnet, bereits 1925 kauften täglich zwei Millionen Menschen eine Kinokarte.

Eng verbunden mit dem Film waren auch populäre Schlager, modische Tänze, Swing- und Jazzmusik, die das Bild einer ausgelassenen Epoche bis in unsere Gegenwart prägen. Charleston und Foxtrott sowie die Lieder der „Comedian Harmonists" sind Beispiele für die „Goldenen Zwanziger". Einen großen Einfluss übte auch die Presse aus. 1928 erschienen 3356 unterschiedliche Tageszeitungen. Die Entwicklungen in der Weimarer Republik waren ein entscheidender Schritt auf dem Weg zu einer durch Medien geprägten Gesellschaft, wie sie heute in Deutschland existiert.

Kunst, Wissenschaft und Technik

Für die Kunst in dieser Phase der Republik mit ihren nüchternen, wirklichkeitsgetreuen Ausdrucksmitteln setzte sich der Begriff „Neue Sachlichkeit" durch. In der Architektur wurden klare, einfache Formen bevorzugt, in der Literatur experimentierten die Autoren mit neuen Ausdrucksmitteln, für das Theater schrieb Bertolt Brecht Stücke, die sich mit aktuellen Problemen auseinandersetzten.

In der Wissenschaft bewiesen deutsche Nobelpreisträger wie Carl Bosch, Albert Einstein und Werner Heisenberg die herausragende Stellung der Naturwissenschaft in der Weimarer Republik. Mit dem Namen Hugo Junkers verbindet sich die Entwicklung der zivilen Luftfahrt. Die 1926 gegründete „Luft–Hansa AG" brachte den Durchbruch des Flugzeugs als Transportmittel.

In den Bereichen Kultur, Wissenschaft und Technik war die Weimarer Republik ein moderner, zukunftsoffener Staat, während sich ihre politischen Führungskräfte noch stark an den Traditionen des vergangenen Kaiserreichs orientierten.

M 3 Luft-Hansa Flug
Fotografie, um 1930

Die Weimarer Republik

Erwerbspersonen nach Stellung im Beruf (1907 - 1933)

Jahr	Erwerbspersonen insgesamt	Stellung im Beruf als							
		Selbstständige		Mithelfende Familienangehörige		Beamte und Angestellte		Arbeiter	
	1000	1000	%[1]	1000	%[1]	1000	%[1]	1000	%[1]
1907	28 092	5496	19,6	4288	15,3	2882	10,3	15 427	54,9
1925	32 009	5288	16,5	5437	17,0	5525	17,3	15 759	49,2
1933	32 296	5303	16,4	5312	16,4	5513	17,1	16 168	50,1

[1] in % der Erwerbspersonen

M 4

Weibliche Erwerbspersonen nach Stellung im Beruf (1907 - 1933)

Jahr	Weibliche Erwerbspersonen insgesamt	Stellung im Beruf als							
		Selbstständige		Mithelfende Familienangehörige		Beamtinnen und Angestellte		Arbeiterinnen	
	1000	1000	%[1]	1000	%[1]	1000	%[1]	1000	%[1]
1907	9 493	1091	11,5	3178	33,5	371	3,9	4853	51,1
1925	11 478	1081	9,4	4133	36,0	1450	12,6	4814	41,9
1933	11479	936	8,2	4149	36,1	1695	14,8	4699	40,9

[1] in % der Erwerbspersonen

M 5

M 6 „Vampyr-Staubsauger"
Werbeplakat der Firma AEG, um 1929

M 7 „Plätteisen"
Werbeplakat der Firma AEG, um 1929

M 8 Filmplakate
„Metropolis" von 1926 (links) und „Der blaue Engel" von 1930 (rechts)

Aufgaben

1. Erläutere, warum der Begriff „Goldene Zwanziger" missverständlich ist.
   → Text
2. a) Erkläre, warum es zu einer politischen und wirtschaftlichen Stabilisierung kam.
   b) Welche Bedeutung hatte die Wahl Hindenburgs zum Reichspräsidenten?
   → Text
3. a) Berechne, wie sich der Anteil der Frauen an den Berufstätigen zwischen 1907 und 1933 insgesamt veränderte.
   b) In welchen Bereichen nahm die Erwerbstätigkeit der Frauen zu, in welchen ab?
   → M4–M5
4. a) In den 1920er-Jahren wurde von der „neuen Frau" gesprochen. Worin bestand das Neue im Leben der Frauen?
   b) Inwiefern haben die damaligen Veränderungen Auswirkungen bis heute?
   → M6–M7
5. a) Welche Handlung erwartest du aufgrund der Filmplakate in den beiden Filmen?
   b) Informiere dich über den Inhalt der beiden Filme und vergleiche den tatsächlichen Inhalt mit deinen Erwartungen.
   c) Suche Informationen zu Emil Jannings, Josef von Sternberg, Marlene Dietrich und Fritz Lang. → M8, Lexikon oder Internet

Die Weimarer Republik

Phasen der Weimarer Republik	
1918/19	Deutsche Revolution
1919–1923	Schwierige Anfänge
1923	Krisenjahr
1923–1929	Ruhige Zwischenphase
1929	Weltwirtschaftskrise
1930–1933	Präsidialkabinette
1933	Ende der Republik

Die Weltwirtschaftskrise

Phasen der Weimarer Republik

Die Republik von Weimar bestand von 1919 bis 1933. In diesen 14 Jahren gab es schwere innen- und außenpolitische Krisen, aber auch Zeiten einer gewissen Stabilität. Zwar war die Anfangsphase durch revolutionäre Aktionen, Putschversuche, Attentate, den Streit um den Versailler Vetrag und die Inflation von 1923 gekennzeichnet. Doch erlebte die Republik zwischen 1924 und 1929 ruhigere Zeiten.

Man hat diese Jahre später als die „Goldenen Zwanziger" bezeichnet, in denen Deutschland auf dem Gebiet der Wissenschaft und Kultur eine herausragende Stellung erlangte. Das trifft für einige Bereiche zu, denn die Wirtschaft wuchs kräftig und die Zahl der Arbeitslosen sank. Zudem spielten die radikalen Parteien des linken und rechten Spektrums im öffentlichen Leben noch keine große Rolle. Außenpolitisch konnte sich Deutschland aus seiner Isolierung befreien, in die es durch den Ersten Weltkrieg geraten war, und in den Kreis der Großmächte zurückkehren.

Die Weltwirtschaftskrise, die Ende 1929 auch Deutschland erfasste, markiert die letzte Phase der Weimarer Republik. Es kam zu einer tief greifenden Staatskrise, die wesentlich zum Untergang der Republik beitrug.

Der „Schwarze Freitag"

Nachdem die Aktienkurse am 24. Oktober 1929 an der New Yorker Börse stark eingebrochen waren, erreichte der Kurssturz am folgenden Tag – einem Freitag – auch Europa. Viele Anleger, vor allem jene, die ihre Aktien auf Kredit gekauft hatten, standen plötzlich vor dem finanziellen Nichts. Doch dies war nur der Auftakt zu einer globalen Wirtschaftskrise. Wegen der weltweiten finanziellen Verflechtung erfasste die Katastrophe alle Industriestaaten. Man spricht deshalb von einer „Weltwirtschaftskrise". In den USA stieg die Zahl der Arbeitslosen von 1929 bis 1932 von 1,5 auf 12 Millionen.

Da viele Menschen wegen ihrer verzweifelten Finanzlage kaum Waren kaufen konnten, führte die mangelnde Nachfrage zu einem Preisverfall. Die Unternehmen leiteten deshalb Massenentlassungen ein und kürzten drastisch die Löhne. Massenarbeitslosigkeit und wirtschaftliche Not prägten die Situation zu Beginn der Dreißigerjahre.

M 1 Schwarzer Freitag
Anleger vor der Börse in New York am 24.10.1929

Ursachen der Weltwirtschaftskrise

Die Regelungen des Dawes-Plans begrenzten die deutschen Reparationszahlungen auf ein erträgliches Maß. Das begünstigte den internationalen Kapitalverkehr, von dem Deutschland besonders profitierte. Amerikanische Banken und Finanziers investierten nach 1924 viel Kapital in die deutsche Wirtschaft und beteiligten sich an Unternehmen. So kaufte der Automobilkonzern „General Motors" 1929 die Adam Opel AG. Manche sahen Deutschland geradezu als „Kolonie der New Yorker Börse", so eng waren die finanziellen Verflechtungen beider Länder.

Insgesamt flossen von 1925 bis 1929 ausländische Kredite in Höhe von 21 Milliarden Reichsmark nach Deutschland, denen nur 7,7 Milliarden Reichsmark deutscher Anlagen im Ausland gegenüberstanden.

Die Folgen der Weltwirtschaftskrise

All das änderte sich schlagartig, als die amerikanische Wirtschaft nach dem Börsenkrach eine verheerende Rezession erlebte und kurzfristig gewährte Kredite aus Deutschland abzog. Da die deutschen Banken zu wenig Eigenkapital hatten, um einzuspringen, fehlte Geld für Kredite und Investitionen.

Als Folge mussten viele Betriebe schließen oder Entlassungen vornehmen: Die Arbeitslosenzahlen stiegen unaufhörlich und erreichten schließlich die schwindelerregende Höhe von über 6 Millionen Erwerbslosen. Merkmale der Weltwirtschaftskrise waren Produktionseinbrüche, Firmenpleiten, sinkende Einkommen und rapide steigende Arbeitslosenzahlen. Im Gegensatz zum Krisenjahr 1923, in dem die Geldentwertung vor allem Sparer und Kapitalbesitzer getroffen hatte, traf die Weltwirtschaftskrise die gesamte Bevölkerung.

Neben der Industrie erfasste die Krise auch das Bank- und Kreditwesen, sodass es zum Zusammenbruch des deutschen Bankensystems kam. Nach Konkursen verschiedener Großbanken verloren die Kunden ihre gesamten Spareinlagen und verarmten.

Heute weiß man, dass der „Schwarze Freitag" nicht alleiniger Auslöser der deutschen Wirtschaftskrise war, sondern den seit 1928 bestehenden Abschwung enorm beschleunigte. Zwischen 1928 und 1930 verdoppelte sich die Arbeitslosigkeit, weil die deutsche Exportwirtschaft unter hohen Einfuhrzöllen wichtiger Exportländer litt und auf deren Binnenmärkten nicht mehr konkurrenzfähig war.

Die Weltwirtschaftskrise trug entscheidend zum Verfall des parlamentarischen Systems von Weimar bei und begünstigte den Aufstieg der radikalen Parteien NSDAP und KPD.

M 2 Bankenpleite
Andrang ängstlicher Sparer vor dem Postscheckamt in Berlin, 13.7.1931

Die Weimarer Republik

Die Weltwirtschaftskrise – Arbeiten mit englischsprachigen Quellen

M 3 The Great Depression

Richard Waskin, a child in Detroit during the Depression remembers:

Mostly I remember if it hadn't been for my mother who was an excellent seamstress, and she seemed to find jobs here and there with the department stores, I don't know how we would have made
5 it, because my father was a common laborer, a factory worker, and there just wasn't [sic] any jobs at that time.
Sometimes during the winter [...] when the snow fell in Detroit they called for people that they wanted
10 to shovel the snow, and of course everybody didn't get hired – you just had to go out there and the foreman or whoever would be throwing the shovel and if you happened to catch it you're hired. And so my father would go out there and on occasion
15 he would be hired and earn a couple of dollars or so for the day's work there. Otherwise it was kind of catch or catch can there [...]

But another thing as a child that I remember was that you stood in the welfare line somewhere on Michigan Avenue – I don't remember just exactly 20 where – and they were passing out sweaters for children and we were fortunate enough to get me a grey sweater, and I can remember how proud I was of having that sweater and how warm I felt with that thing on.
Shoes, of course, were a problem and many 25 times I remember I wore out the soles down to the pavement, so to speak, and you had to put cardboard in there. But then my father he got hold of some shoe forms – metal ones – and he would buy leather. He would cut out the sole – 30 with nails and a hammer on these shoe forms – he would put new leather on my shoes and probably on my brothers' also [...].

From the Michigan Historical Center, Department of History, Arts and Libraries website – Reminiscences of the Great Depression:

http://www.michigan.gov/hal/0,1607,7-160-17451_18670_18793-53511--,00.html [8 March 2008]

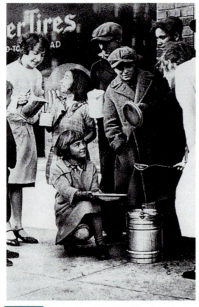

M 4 Eine Suppenküche in Chicago
An Kinder von Arbeitslosen wird kostenlos Suppe verteilt, Foto von 1929.

M 5 New York
Foto von 1929

130

Massenarbeitslosigkeit – Eine Darstellung auswerten

M 6 „Ganz unten"

Der Historiker Detlev Peukert schreibt über die Arbeitslosigkeit in der Weltwirtschaftskrise:

Hauptbetroffene waren jedoch die Arbeiter und Angestellten. Dabei ging es den Arbeitern im Baugewerbe und denen in der Schwerindustrie am schlechtesten. […]
5 Die Zeit der Erwerbslosigkeit dauerte nach dem Verlust eines Arbeitsplatzes immer länger, 1933 konnten viele auf ein halbes Jahrzehnt ohne Arbeit zurückblicken. In dieser Zeit sanken ihr sozialer Status und Einkommen immer weiter ab; letzteres
10 erreichte bald das Existenzminimum. Sowohl die 1927 gesetzlich verankerte Arbeitslosenversicherung als auch die an sie anschließende Krisenhilfe reichten mit ihren Unterstützungszahlungen nur über eine relativ kurze Zeitspanne. Dann fiel man
15 der kommunalen Wohlfahrtspflege zur Last, die nicht nur Unterstützungssätze auszahlte, die sich am Existenzminimum (und an den leeren Kassen der Gemeinde) orientierten, sondern selbst diese kargen Hilfen von entwürdigenden Prüfungspro-
20 zeduren abhängig machten. Die Erwerbslosen durchliefen eine regelrechte Negativkarriere, bis sie ganz unten angelangt waren. […] Zu Armut und Statusverlust trat bei vielen Dauererwerbslosen das Gefühl völliger Entwürdigung und des Ausgelie-
25 fertseins an anonyme Behördenmächte hinzu. […] Der Alltag der Arbeitslosen war nicht nur von materieller Entbehrung und Sorgen um den Unterhalt der Familien gekennzeichnet. Daneben trat die kaum zu überschätzende psychische Belas-
30 tung, aus dem Produktionsprozess ausgestoßen, nutzlos und ohne Aufgaben den Tag verbringen zu müssen. Der Rhythmus des Arbeitslebens, die Zeitdisziplin des Arbeitstages hatten den Alltag gegliedert und auch die verbliebene freie Zeit erst
35 kostbar gemacht. Alle zeitgenössischen Untersuchungen des Arbeitslosenalltags stimmen darin überein, dass schrittweise auch die sonst betriebene Freizeitaktivität nachließ, dass sich ein allgemeiner Verlust des Zeitbewusstseins einstellte
40 und den Dauererwerbslosen alle Initiative und die Hoffnungen auf eine zukünftige Besserung immer mehr verlorenging.

Detlev J. K. Peukert, Die Weimarer Republik. Krisenjahre der klassischen Moderne, Frankfurt/M. 1987, S. 247.

M 7 Arbeitslosigkeit
Arbeitslose vor dem Arbeitsamt in Hannover, Foto von 1930

Aufgaben

1. a) Erläutere anhand von Beispielen, warum man von der „Weltwirtschaftskrise" spricht.
   b) Stelle dar, welche Wirkungen die Weltwirtschaftskrise auf die deutsche Innenpolitik hatte. → Text
2. Erläutere anhand der englischsprachigen Quellen die Folgen der „Great Depression" in den USA. → M3–M5
3. a) Beschreibe die einzelnen Stufen der Negativkarriere eines Arbeitslosen, indem du ein Stufenmodell zeichnest und die einzelnen Stufen einträgst.
   b) Stelle die Wirkungen der Arbeitslosigkeit für die Betroffenen dar. → Text, M6, M7

Methode: Umgang mit Statistiken

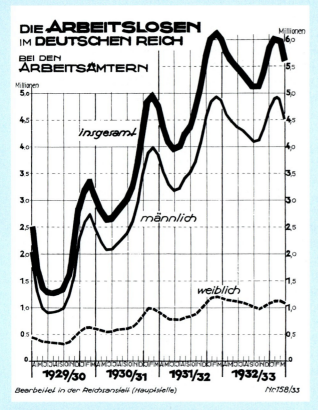

M 1 „Die Arbeitslosen im Deutschen Reich"
Aus einer Veröffentlichung der „Reichsanstalt für Arbeitsvermittlung und Arbeitslosenversicherung" von 1934

Arbeitslosigkeit 1919 – 1933		
Jahr	abhängige Erwerbspersonen (in 1000)	Arbeitslose (in 1000)
1919	16950	–
1920	18367	–
1921	19126	346
1922	20184	215
1923	20000	818
1924	19122	927
1925	20176	682
1926	20287	2025
1927	21207	1312
1928	21995	1391
1929	22418	1899
1930	21916	3076
1931	20616	4520
1932	18711	5603
1933	18540	4804

Aus: Dietmar Petzina, Werner Abelshauser, Anselm Faust, Sozialgeschichtliches Arbeitsbuch, München 1978, S. 119.

M 2 Arbeitslosigkeit 1919–1933

Verlauf der Weltwirtschaftskrise (1928 = 100)						
	1929	1930	1931	1932	1933	1934
Produktion und Beschäftigung						
Produktionsgüter [1]	103	86	61	46	54	77
Investitionsgüter [2]	103	84	54	35	45	75
Verbrauchsgüter	97	91	87	74	80	90
Beschäftigte	99	92	80	71	74	85
Preise und Löhne						
Produktionsgüter	102	101	96	86	83	83
Konsumgüter	98	91	80	67	64	67
Lebenshaltung	102	98	90	80	78	80
Reallohn	102	97	93	87	91	95

[1] Produktionsgüter: Güter, die nicht für den Endverbraucher bestimmt sind, sondern zur Weiterverarbeitung vorgesehen sind.
[2] Investitionsgüter: Wirtschaftsgüter von langer Lebensdauer, die zur Leistungserstellung in Unternehmen eingesetzt werden, z. B. Maschinen und Werzeuge

Aus: Dietmar Petzina, Werner Abelshauser, Anselm Faust, Sozialgeschichtliches Arbeitsbuch, München 1978, S. 84.

M 3 Verlauf der Weltwirtschaftskrise

Umgang mit Statistiken

Eine Wirtschaftskrise, und eine Weltwirtschaftskrise erst recht, ist ein schwer zu durchschauender Sachverhalt, denn es wirken viele Faktoren aufeinander ein. Umso notwendiger ist es, sich einen möglichst genauen Überblick zu verschaffen. Dazu ist es nötig, auf Statistiken zurückzugreifen. Um die richtigen Informationen zu entnehmen, müssen sie genau gelesen und ausgewertet werden.

Fragen an Statistiken

1. Thema der Statistiken

a) Erläutere die Überschrift der grafischen Darstellung bei M1 und M2. Achte dabei auf den Zusatz „bei den Arbeitsämtern".
b) Welche Übersicht umfasst den größten Zeitraum?
c) Vergleiche die beiden Überschriften. Welche verspricht umfassendere Informationen?

2. Darstellung der Statistiken

Zu den Diagrammen M1 und M2
a) Welchen Zeitraum umfasst die Übersicht?
b) Was ist auf der waagrechten x-Achse und was auf der senkrechten y-Achse eingetragen? Was bedeuten die Buchstaben auf der x-Achse?
c) Erkläre die Wellenbewegung der beiden oberen Kurven.
d) Warum weicht die Kurve „weiblich" so stark von den anderen beiden ab?
e) Was bedeutet der Begriff „abhängige Erwerbspersonen"?
f) Ist die Arbeitslosigkeit hoch? Überlege, welche Zusatzinformationen du benötigst, um diese Frage genauer beantworten zu können.
g) Wie hoch war der Anteil der Arbeitslosen an den abhängigen Erwerbspersonen? Errechne den Prozentsatz mithilfe der Angaben in der Übersicht M2.

Zur Tabelle M3
h) Informiere dich über den Begriff Index.
i) Wieso wurde für das Jahr 1928 der Index 100 angesetzt?
k) Erläutere die einzelnen Begriffe in der linken Spalte.
l) Beantworte folgende Fragen:
In welchem Jahr waren die Löhne am niedrigsten?
In welchem Jahr wurden am wenigsten Produktionsgüter produziert?
In welchem Jahr gab es die wenigsten Beschäftigten?
In welchem Jahr gab es die wenigsten Güter des alltäglichen Bedarfs?
In welchem Jahr wurde insgesamt am wenigsten produziert?

3. Informationsgehalt der Statistiken

a) Wann war der Höhepunkt der Wirtschaftskrise?
b) Welche Darstellung enthält die meisten Informationen? Begründe.
c) Überlege, ob sich aus den Zahlen Ursachen für die Wirtschaftskrise ableiten lassen.

133

Die Weimarer Republik

M 1 Adolf Hitler (1889–1945)
Sorgsam pflegte man Hitlers Erscheinungsbild in der Öffentlichkeit. Ungünstige Fotos wurden nicht veröffentlicht, Foto von 1933.

Adolf Hitler
* **20.4.1889** Braunau (Österreich)
† **30.4.1945** Berlin
Schöpfer und Zerstörer des „Dritten Reichs", gescheiterter Künstler, Weltkriegsteilnehmer im 1. Weltkrieg.
Seit 1920 Propagandist und in der Folgezeit „Führer" der NSDAP.
1923 Festungshaft nach missglücktem Putsch („Mein Kampf").
Nach 1930 Durchbruch der NSDAP zur Massenbewegung während der Weltwirtschaftskrise.
26.2.1932 Hitler wird als Regierungsrat des Freistaats Braunschweig eingestellt und damit eingebürgert, sodass er sich nun als Deutscher für das Präsidentenamt bewerben kann.
30.1.1933 Ernennung zum Reichskanzler.
1934 nach dem Tod Hindenburgs „Führer und Reichskanzler". Verantwortlich für Errichtung der totalitären NS-Diktatur und Entfesselung des 2. Weltkriegs.
1945 Selbstmord im Bunker der Reichskanzlei.

Der Aufstieg der NSDAP

München – „Stadt der Bewegung"
In der Zeit des Nationalsozialismus erhielt München den Beinamen „Stadt der Bewegung", denn hier war die „Nationalsozialistische Deutsche Arbeiterpartei" (NSDAP) entstanden. Sie ging hervor aus der im Jahr 1919 gegründeten „Deutschen Arbeiterpartei" und verstand sich im Gegensatz zu anderen politischen Vereinigungen nicht als Partei, sondern als eine alle Schichten des Volkes umfassende „Bewegung", an deren Spitze der „Führer" Adolf Hitler stand.

Basis für den Aufstieg der Partei war die nationalistische und rassistische Stimmung, die sich nach Niederschlagung der kommunistischen Räterepublik im Frühjahr 1919 in Bayern ausbreitete. Da führende Vertreter der Räterepublik Juden und Bolschewisten waren, hatte die NSDAP ein Feindbild, das der junge Adolf Hitler auf seinen Versammlungen beschwor. Er sah seine Aufgabe als „Trommler" der Bewegung, der die Massen mit aggressiven Reden aufpeitschte.

Dem aus Österreich stammenden Hitler, den der Weltkrieg aus der Bahn geworfen hatte, gelang es, den Parteigründer Drexler beiseite zu drängen und 1921 „Führer" der Partei zu werden. Sein unermüdlicher Einsatz als Redner bei Versammlungen verschaffte ihm in nationalistischen Kreisen einen Ruf als bedenkenloser Agitator, der die Massen begeistern konnte.

Der „Hitler-Putsch"
Im Oktober 1922 hatte Benito Mussolini, Führer der italienischen Faschisten, durch einen „Marsch auf Rom" die Macht in Italien errungen. Nach diesem Vorbild riskierte Hitler im Krisenjahr 1923 in München einen Putsch. Er wollte die Macht in Deutschland gewaltsam an sich reißen und das verhasste System der Weimarer Republik beseitigen. Da ihm jedoch die Unterstützung der führenden konservativen und militärischen Kreise fehlte, schlug das Unternehmen fehl.

Hitler wurde zu fünf Jahren Haft auf der Festung Landsberg verurteilt und die NSDAP verboten. In der Gefängniszelle, wo er bis zur vorzeitigen Entlassung seine Strafe verbüßte, entstand das Bekenntnisbuch „Mein Kampf", in dem Hitler seine politischen Vorstellungen darlegte. Diese waren durch einen extremen Antisemitismus – also Judenhass – und die Forderung nach Eroberung von „Lebensraum" im Osten gekennzeichnet.

Wechsel der politischen Strategie
Nach Neugründung der NSDAP 1925 gelang es Hitler, die zerstrittenen völkischen Gruppen in Deutschland auf seine Person zu vereinen und eine neue Strategie durchzusetzen: Wahlerfolge sollten nun statt eines gewaltsamen Putsches die Machtübernahme ermöglichen. Dass sie die Ordnung der Weimarer Republik zerstören wollten, verschwiegen die Nationalsozialisten nicht. Ihr Kurs beschränkte sich darauf, nur die formalen Spielregeln der Demokratie einzuhalten.

Die Einführung des Hitlergrußes – „Heil Hitler" – und die willige Unterordnung anderer NS-Größen zeigten, dass die NSDAP Adolf Hitler als unumstrittenen Führer anerkannte.

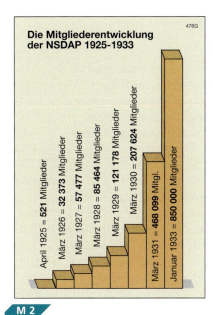

M 2

Die Mitgliederentwicklung der NSDAP 1925-1933

April 1925 = **521** Mitglieder
März 1926 = **32 373** Mitglieder
März 1927 = **57 477** Mitglieder
März 1928 = **85 464** Mitglieder
März 1929 = **121 178** Mitglieder
März 1930 = **207 624** Mitglieder
März 1931 = **468 099** Mitgl.
Januar 1933 = **850 000** Mitglieder

Eine straffe Organisation und die Gründung einer Jugendabteilung im Jahr 1926, aus der später die „Hitlerjugend" (HJ) hervorging, festigten die Macht des „Führers" und machten ihn auch bei der jüngeren Generation populär.

Der Aufstieg zur stärksten Partei

In der stabilen Phase der Weimarer Republik zwischen 1924 und 1929 blieben große Wahlerfolge aus. Erst 1930 gelang es der NSDAP, die Stimmenzahl deutlich zu steigern: Die Zahl ihrer Abgeordneten im Reichstag stieg sensationell von 12 auf 107. Aufgrund der sich verschärfenden Weltwirtschaftskrise erhielt die Partei großen Zulauf. Zwischen 1926 und 1930 wuchs die Mitgliederzahl von 32 000 auf 207 000. Im Januar 1933 hatte sie 850 000 Mitglieder.

Mit neuen Formen der Propaganda gelang es der Partei, Anhänger zu gewinnen. So benutzte Hitler als Wahlkämpfer ein Flugzeug und konnte jeden Tag in verschiedenen Orten Kundgebungen abhalten. Geschickt inszenierte Massenveranstaltungen, Aufmärsche mit Fahnen und Marschmusik und eine zentral gelenkte Parteipresse ließen die NSDAP als dynamische politische Bewegung erscheinen. Auf der anderen Seite dienten die „Sturm-Abteilung" (SA) und die „Schutz-Staffel" (SS) dazu, politische Gegner mit Straßen- und Saalschlachten einzuschüchtern. Diese militärisch organisierten Gruppierungen vermittelten ein Gemeinschaftsgefühl und bildeten die Basis des künftigen nationalsozialistischen Terrorregimes.

Zwischen 1930 und 1933 wurde die NSDAP so stark, dass führende Vertreter der Republik sie an der Regierung beteiligen wollten. Das scheiterte zunächst daran, dass Hitler die ganze Macht für sich beanspruchte. Wenn er später die Macht dennoch an sich reißen konnte, so verdankte er das der Entwicklung der NSDAP zu einer Massenbewegung und ihrem Aufstieg zur stärksten Partei im Reichstag.

M 3 **Hitler als Redner**
Adolf Hitler spricht im Berliner Lustgarten zur Reichspräsidentenwahl, Foto vom 4.4.1932.

Die NSDAP – Zusammenhänge zwischen Programm und Wahlerfolg erklären

M 4 Programm der NSDAP

Aus dem Programm vom 24. Februar 1920:

1. Wir fordern den Zusammenschluss aller Deutschen aufgrund des Selbstbestimmungsrechts der Völker zu einem Groß-Deutschland.
2. Wir fordern die Gleichberechtigung des deutschen Volkes gegenüber den anderen Nationen, Aufhebung der Friedensverträge in Versailles und St. Germain. […]
4. Staatsbürger kann nur sein, wer Volksgenosse ist. Volksgenosse kann nur sein, wer deutschen Blutes ist, ohne Rücksichtnahme auf Konfession. Kein Jude kann daher Volksgenosse sein. […]
10. Erste Pflicht jedes Staatsbürgers muss sein, geistig oder körperlich zu schaffen. Die Tätigkeit des Einzelnen darf nicht gegen die Interessen der Allgemeinheit verstoßen, sondern muss im Rahmen des Gesamten und zum Nutzen aller erfolgen. Daher fordern wir:
11. Abschaffung des arbeits- und mühelosen Einkommens. Brechung der Zinsknechtschaft. […]
13. Wir fordern die Verstaatlichung aller (bisher) bereits vergesellschaftlichten (Trusts) Betriebe.
14. Wir fordern Gewinnbeteiligung an Großbetrieben.
15. Wir fordern einen großzügigen Ausbau der Altersversorgung.
16. Wir fordern die Schaffung eines gesunden Mittelstandes und seine Erhaltung. […]
18. Wir fordern den rücksichtslosen Kampf gegen diejenigen, welche durch ihre Tätigkeit das Gemeininteresse schädigen. Gemeine Volksverbrecher, Wucherer, Schieber usw. sind mit dem Tode zu bestrafen, ohne Rücksichtnahme auf Konfession oder Rasse. […]

Aus: Wolfgang Treue, Deutsche Parteiprogramme seit 1861, Göttingen 1954, S. 156–158.

M 5 Soziale Struktur der NSDAP vor 1933

	Arbeiter	Selbstständige				Beamte		An-gestellte	Mithelfende Familien-angehörige (meist weibl.)	Ins-gesamt
		Land-wirte	Handwerker und Gewerbetreibende	Kauf-leute	Freie Berufe	Lehrer	Andere			
Im Reichsgebiet (Volkszählung von 1925)	45,1	6,7	5,5	3,7	1,5	1,0	3,3	15,9	17,3	100
In der NSDAP vor dem 14.09.1930	28,1	14,1	9,1	8,2	3,0	1,7	6,6	25,6	3,6	100
Unter den neuen NSDAP-Mitgliedern (zwischen 14.09.1930 und 30.01.1933)	33,5	13,4	8,4	7,5	3,0	1,7	5,5	22,1	4,9	100

Erwerbstätige (in %)

Aus: Martin Broszat, Der Staat Hitlers, München 1969, S. 51.

M 6 Wer wählte Hitler?

Der Historiker Jürgen Falter schreibt:

Betrachtet man schließlich die Netto-Fluktuation zur NSDAP, d. h. den absoluten Beitrag, den die einzelnen politischen Lager zu den Wahlerfolgen der NSDAP geleistet haben, so zeigt sich, dass in der Summe aller zwischen 1928 und 1933 stattfindenden Reichstagswahlen das Nichtwählerlager mit fast 14 Prozentpunkten wahrscheinlich der mit Abstand stärkste Spender war. In erster Linie ist dies auf die enorme Mobilisierung bisheriger Nichtwähler zugunsten der NSDAP bei der Märzwahl von 1933 zurückzuführen. Von erheblicher Bedeutung war auch der Beitrag der Interessen- und Regionalparteien des bürgerlich-protestantischen Lagers. Die mit großem Abstand geringste Nettofluktuationsrate zur NSDAP hin hatte wie erwartet das katholische Lager zu verzeichnen. […] Von den liberalen, konservativen und interessenorientierten Parteien gelang es der NSDAP zwischen 1928 und 1933 im Saldo wahrscheinlich, rund 7,5 Millionen Wähler und aus dem Nichtwählerlager nochmals fast 6 Millionen Stimmen zu sich herüberzuziehen.

Aus: Falter, Jürgen, Hitlers Wähler, München, 1991, S. 369.

Propaganda in Bildquellen erfassen

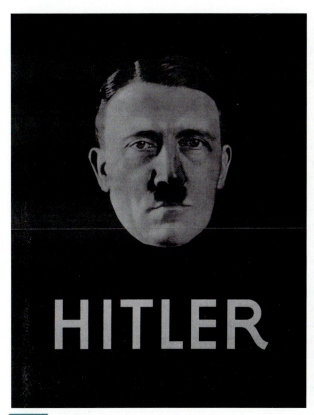

M 7 „Hitler"
Wahlplakat zur Reichspräsidentenwahl, 1932

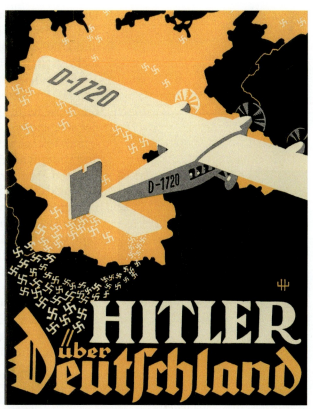

M 8 „Hitler über Deutschland"
Umschlag eines Buches zu Hitlers Deutschlandflügen, 1932

Aufgaben

1. Erkläre, welches Selbstverständnis in dem Parteinamen NSDAP zum Ausdruck kommt.
   → Text
2. a) Erläutere, was die Forderung der NSDAP nach einem „Großdeutschland" konkret bedeutet.
   b) Wie wird der Antisemitismus in dieser Partei begründet?
   c) Stelle dar, in welchen Artikeln des Programms die NSDAP „sozialistisch" ist.
   d) Für welche wirtschaftlichen Gruppen tritt sie ein, welche bekämpft sie?
   → M4
3. a) Stelle die statistischen Angaben in Form eines Säulendiagramms dar.
   b) Erkläre die Vor- und Nachteile beider Darstellungsformen.
   → M5
4. a) Stelle anhand des Textes von Jürgen Falter dar, wie der typische NSDAP-Wähler aussieht.
   b) Vergleiche die Aussagen Falters mit der Statistik über die soziale Struktur der NSDAP.
   → M5, M6
5. a) Beschreibe, mit welchen Propagandamitteln die NSDAP um Anhänger warb.
   b) Analysiere das Plakat zur Reichspräsidentenwahl 1932 „Hitler" und den Umschlag des Buches über die Deutschlandflüge Hitlers. Erläutere, welche Wirkungen von dem Plakat bzw. dem Buchumschlag ausgehen sollten.
   → M7, M8

Die Weimarer Republik

Die Endphase der Weimarer Republik

Die letzte parlamentarische Regierung

Seit 1923 war die SPD, die die Republik gegründet und mit Zentrum und DDP die Weimarer Koalition gebildet hatte, in keiner Regierung mehr vertreten. Das änderte sich nach der Reichstagswahl vom Mai 1928. Gemeinsam mit dem Zentrum und den liberalen Parteien DVP und DDP bildete sie unter Hermann Müller (SPD) eine große Koalition. Diese hatte sich angesichts der Weltwirtschaftskrise vor allem mit der steigenden Arbeitslosigkeit auseinanderzusetzen.

Seit 1927 gab es eine staatliche Arbeitslosenversicherung, die Arbeiter und Unternehmer durch Beiträge je zur Hälfte finanzierten. Die Gelder reichten aber nur für 800 000 Empfänger, sodass angesichts steigender Arbeitslosenzahlen entweder die Beiträge erhöht oder Leistungskürzungen vorgenommen werden mussten.

Die SPD beharrte auf einer Erhöhung der Beiträge von 3,5 auf 4 Prozent, während die Koalitionspartner diese Forderung wegen der Belastung der Wirtschaft ablehnten. Hinter den Sozialdemokraten standen die Gewerkschaften, während die anderen Parteien von den Unternehmern unterstützt wurden. Da es zu keinem Kompromiss bei der Arbeitslosenversicherung kam, traten Reichskanzler Müller und sein Kabinett im März 1930 zurück. Die Politik der Großen Koalition war gescheitert. Sie war die letzte Regierung, die sich auf eine parlamentarische Mehrheit im Reichstag stützen konnte.

Die Regierung der Präsidialkabinette

Von nun an verlagerte sich die Macht vom Parlament auf den Reichspräsidenten. Es bildeten sich statt parlamentarischer Regierungen sogenannte „Präsidialkabinette", die politisch allein vom Reichspräsidenten abhängig waren. Die Weimarer Verfassung bot dafür die Grundlage. Der Reichspräsident konnte den Reichstag auflösen und Neuwahlen ausschreiben (Artikel 25), den Reichskanzler ernennen (Artikel 53) und anstelle von Gesetzen, über die der Reichstag zu beschließen hatte, Notverordnungen erlassen (Artikel 48).

Diese Regelungen waren für Krisensituationen gedacht und nur vereinzelt angewandt worden. Nach 1930 entwickelte sich daraus aber ein Dauerzustand. Die Verlagerung der Macht vom Parlament zum Präsidenten leitete das Ende des demokratischen Systems von Weimar ein.

Reichskanzler Brüning

Nach Rücktritt von Hermann Müller (SPD) ernannte Reichspräsident Hindenburg den Zentrumspolitiker Heinrich Brüning zum Regierungschef. Der versuchte mit einer Deflationspolitik die Wirtschaftskrise zu überwinden und den Staatshaushalt zu sanieren. „Deflationspolitik" bedeutete „Sparpolitik" und das hieß konkret: Erhöhung von Steuern, Senkung von Löhnen und Staatsausgaben, vor allem Gehaltskürzungen bei Beamten und Leistungsabbau bei den Sozialversicherungen. Brünings Maßnahmen dienten einerseits dem Ziel, einen ausgeglichenen Haushalt aufzustellen. Andererseits sollten sie den Alliierten zeigen, dass Deutschland nicht länger in der Lage sei, die gewaltigen Reparationslasten zu tragen.

M 1 Paul von Hindenburg (1847–1934), Reichspräsident von 1925 bis 1934, Foto von 1932

M 2 Heinrich Brüning (1885–1970), der Reichskanzler in seinem Arbeitszimmer, 1932

M 3 **Im Reichstag 1930**
Das Foto zeigt eine der üblichen Aktionen der Fraktion der NSDAP im Reichstag: Die NSDAP-Abgeordneten kehren dem Redner einer bürgerlichen Partei demonstrativ den Rücken zu, Dezember 1930.

Da Brünings Politik angesichts der Mehrheitsverhältnisse im Reichstag keine Unterstützung fand, setzte Hindenburg sie mit Notverordnungen nach Artikel 48 durch. Als die Abgeordnetenmehrheit dagegen stimmte, löste der Reichspräsident das Parlament auf.

Die Reichstagswahlen 1930 und ihre Folgen

Die Neuwahlen vom 14. September 1930 kamen einer politischen Katastrophe gleich, die im In- und Ausland Bestürzung hervorrief. Hitlers NSDAP erhielt gewaltigen Zulauf und wurde zweitstärkste Partei im Reichstag. Auch die Kommunisten gewannen hinzu. Damit wurde eine konstruktive Arbeit im Reichstag zusehends unmöglich. Die Situation bot Brüning kaum Chancen, künftig mit einer parlamentarischen Mehrheit zu regieren. Die Sozialdemokraten tolerierten jedoch die Regierung Brüning, da sie eine Regierungsbeteiligung der NSDAP unbedingt verhindern wollten.

Das Entscheidungsjahr 1932

Brutale Straßenkämpfe und Saalschlachten veranlassten Brüning, die SA zu verbieten. Als er daran ging, unrentable Güter in Ostdeutschland aufzuteilen, um Arbeitslose als Bauern anzusiedeln, schuf er sich Gegner aus den Reihen der Großgrundbesitzer. Sowohl Militärs, die der SA Sympathie entgegenbrachten, als auch die Großagrarier erreichten beim greisen Staatsoberhaupt Brünings Entlassung am 30. Mai 1932. Inzwischen war Hindenburg am 10. April 1932 wiedergewählt worden. Sogar die Sozialdemokraten hatten ihn unterstützt, um Adolf Hitler als Reichspräsidenten zu verhindern.

Hindenburg ernannte Franz von Papen zum Kanzler und löste den Reichstag kurz nach dessen Amtsantritt auf. Doch brachten auch die Wahlen vom 31. Juli 1932 nicht die erwünschte parlamentarische Basis. Eine erste Maßnahme der neuen Regierung war die Aufhebung des SA-Verbots. Der Terror auf den Straßen nahm während des Wahlkampfs in erschreckender Weise zu. Innerhalb von zwei Monaten kamen über 300 Menschen bei gewalttätigen Ausschreitungen zwischen Nazis und Kommunisten ums Leben, rund 1 200 wurden verletzt.

M 4 **„Harzburger Front"**
1931 gründete sich die Harzburger Front. Hitler wird eingereiht in die nationale Bewegung, die sich in Bad Harzburg trifft und dort ihre Anhänger aufmarschieren lässt.

Die Weimarer Republik

Die Demontage der Republik

Unter dem Vorwand, die blutigen Auseinandersetzungen zwischen Nationalsozialisten und Kommunisten würden die öffentliche Ordnung gefährden, setzte Papen am 20. Juli 1932 die SPD-geführte Regierung in Preußen ab. Dieser Staatsstreich – gedeckt durch eine Notverordnung Hindenburgs – bewirkte, dass Papen als Reichskommissar selbst die Regierungsgeschäfte in Preußen übernahm. Er ließ den öffentlichen Dienst von republiktreuen Beamten säubern und durch autoritäre, republikfeindliche Anhänger ersetzen. Angesichts von Millionen Arbeitslosen verzichteten die Gewerkschaften darauf, einen Generalstreik auszurufen.

Die Reichstagswahl vom 31. Juli 1932 zeigte, dass über die Hälfte aller Wähler demokratiefeindlichen Parteien von links und rechts ihre Stimme gegeben hatten. Allein die NSDAP verdoppelte die Zahl ihrer Mandate und wurde mit 37,4 Prozent der Stimmen stärkste Partei im Reichstag. Papens Versuch, Hitler und seine Bewegung durch Beteiligung an der Regierung zu „zähmen", scheiterte: Hitler beanspruchte die ungeteilte Macht und stieß zu diesem Zeitpunkt noch auf den entschiedenen Widerstand Hindenburgs.

Die Machtübergabe an Hitler

Als Papen im Reichstag eine Abstimmung verlor, wurde das Parlament erneut aufgelöst. Die Nationalsozialisten erlitten jedoch bei der Reichstagswahl vom 6. November 1932 eine empfindliche Niederlage und gerieten in eine innerparteiliche Krise.

Inzwischen bewog der einflussreiche General Kurt von Schleicher (1882–1934) den Reichspräsidenten zum Sturz Papens und übernahm selbst das Amt des Kanzlers. Sein Versuch, sich mit den Gewerkschaften zu verständigen und die NSDAP zu spalten, indem er einen Keil zwischen Hitler und dessen Gegner Gregor Strasser trieb, scheiterte. Auch Schleicher musste im Januar 1933 zurücktreten. Nach langem Zögern und auf Betreiben Papens ernannte Hindenburg am 30. Januar 1933 Adolf Hitler zum Reichskanzler.

M 5 „Das Verhängnis"
Karikatur von A. Paul Weber, 1932

Der „Hungerkanzler" Brüning – Arbeiten mit unterschiedlichen Materialien

M 6 Heinrich Brüning

Der Historiker Heinrich August Winkler bilanziert die Kanzlerschaft Heinrich Brünings:

Von keinem Reichskanzler der Weimarer Republik lässt sich mit so viel Recht wie von Heinrich Brüning sagen, dass sein Charakterbild, von der Parteien Gunst und Hass verzerrt, in der Geschichte
5 schwankt. Den einen gilt er als ein Mann, der die Grundlagen der deutschen Demokratie systematisch unterhöhlt hat und darüber zu einem unfreiwilligen Wegbereiter Hitlers wurde. Andere sehen in ihm den Vertreter einer konservativen Alterna-
10 tive sowohl zum gescheiterten parlamentarischen System als auch zur nationalsozialistischen Diktatur. Der zweiten Lesart zufolge war Brünings Politik auf weiten Strecken historisch notwendig und erst sein Sturz der Beginn des Wegs in die Katastrophe.
15 Richtig ist, dass die parlamentarische Demokratie von Weimar bereits gescheitert war, als Brüning am 30. März 1930 Kanzler wurde. Nach dem Zerbrechen der Großen Koalition war der Übergang zum offenen Präsidialsystem nur noch eine Fra-
20 ge der Zeit. Brüning wurde zum Exekutor einer Politik, deren Richtlinien im Großen vom Reichspräsidenten und seiner Umgebung bestimmt wurden. Auf wirtschaftspolitischem Gebiet vertrat der Kanzler bis weit in die Hälfte des Jahres 1931
25 hinein den partei- und lagerübergreifenden Sanierungskonsens, der auf Deflation hinauslief.
[…]
Tatsächlich war Brüning der halb willige, halb unfreiwillige Vollstrecker einer Politik, die sich mit
30 „konservativ" nicht hinreichend beschreiben lässt. Das eigentliche Machtzentrum der späten Republik bestand aus Hindenburg und seiner Kamarilla. Was sie anstrebten, lief zunehmend auf einen autoritären Staat hinaus, in dem der Wille des
35 Volkes nur noch gedämpft zur Geltung kommen sollte. Brüning hingegen wollte sich mit einer Beschränkung der Parlamentsrechte, vor allem was ausgabenwirksame Beschlüsse anging, begnügen (und setzte dieses durchaus zweckmäßige
40 Reformvorhaben im Februar 1931 auch durch). Er hielt die Nationalsozialisten für zähmbar, knüpfte an ihre Regierungsbeteiligung jedoch Bedingungen, die diese nicht annehmen konnten, ohne ihr Wesen radikal zu ändern. Er befürwortete, eben-
45 so wie der Parteivorsitzende des Zentrums, Prälat Kaas, eine Rechtsschwenkung der deutschen Politik, wollte dabei aber strikt verfassungskonform bleiben. Als Hindenburg und sein Kreis sich im Frühjahr 1932 entschlossen, jede Rücksichtnahme
50 auf die tolerierende Sozialdemokratie fallen zu lassen und dem Nationalsozialismus weiter entgegenzukommen, als Brüning dies für verantwortbar hielt, musste er gehen.
Der Sturz Brünings war ein tiefer historischer Einschnitt. Am 30. Mai 1932 endete die erste,
55 gemäßigte parlamentarisch tolerierte Phase des Präsidialsystems. Es begann eine zweite, autoritäre, offen antiparlamentarische Phase.

Heinrich August Winkler, Der lange Weg nach Westen, Deutsche Geschichte 1806–1933, München 2000, S. 509 und 510.

M 7 „Wirtschaftsprogramm"
Karikatur von Thomas Theodor Heine, 1932

„Der Zweck dieser genial erdachten Maschinerie ist der, niedrigere Löhne und noch niedrigere Preise zu erzielen."

„Die Lohnsenkung hat glänzend funktioniert, aber bei der Preissenkung scheint ein kleiner Konstruktionsfehler unterlaufen zu sein."

Die Weimarer Republik

Die Reichstagswahlen vom 6. November 1932 – Wahlplakate interpretieren

M 8 „Bravo Herr von Papen"
Wahlplakat der NSDAP zum 6.11.32

M 9 „Wählt Sozialdemokraten"
Wahlplakat der SPD zum 6.11.32

M 10 „Kämpfe mit der Kommunistischen Partei!" Wahlplakat der KPD zum 6.11.32

M 11 „Zurück zu Brüning"
Wahlplakat der Zentrumspartei zum 6.11.32

Wahlergebnisse – Statistiken analysieren

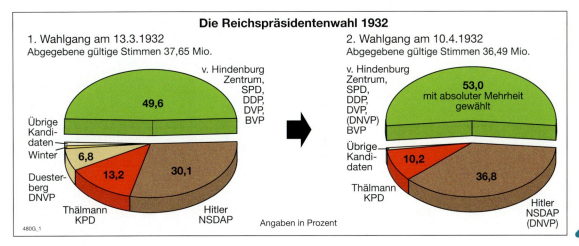

M 12

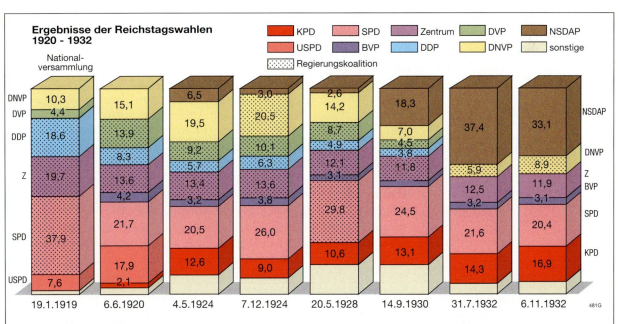

M 13

Aufgaben

1. Erläutere den Unterschied zwischen einem parlamentarischen Regierungssystem und dem Präsidialsystem. → Text
2. a) Erläutere den Begriff „Deflationspolitik".
   b) Analysiere die Karikatur zum Wirtschaftsprogramm von 1932.
   c) Stelle dar, wie der Historiker Heinrich August Winkler Kanzler Brüning beurteilt.
   → Text, M6, M7
3. Analysiere die Wahlplakate der verschiedenen Parteien NSDAP, KPD, Zentrum und SPD. Achte auf die Bildinhalte und auf die Wahlslogans.
   → M8–M11
4. a) Vergleiche die Reichstagswahlergebnisse im Zeitraum von 1920 bis 1932. Stelle Vermutungen darüber an, von welchen Wählern die NSDAP ihre Stimmen bekam.
   b) Stelle dar, welche Parteien im genannten Zeitraum am stabilsten waren und versuche zu erklären, warum das der Fall war. → M13

143

Methode: Umgang mit Spielfilmen

Auszug aus dem Heimatort — Exerzieren im Schmutz — Essen gegen Liebe

M 1 Standbilder aus dem Film „Im Westen nichts Neues"

Wir analysieren einen zeitkritischen Film

„Im Westen nichts Neues"
1929 erschien der in 42 Sprachen übersetzte Antikriegsroman des deutschen Autors Erich Maria Remarque „Im Westen nichts Neues". Es sollte „dieses Buch weder eine Anklage noch ein Bekenntnis sein, sondern nur über eine Generation berichten, die vom Krieg zerstört wurde – auch wenn sie seinen Granaten entkam", so der Autor. Das Buch wurde 1929/30 mit triumphalem Erfolg in den USA verfilmt.

Der Inhalt
Angesteckt von der Kriegsbegeisterung und bestärkt vom Klassenlehrer meldet sich 1914 eine Abiturklasse geschlossen zum Kriegseinsatz. Vom früheren Briefträger Himmelstoß werden sie während der Ausbildung bis zur Erschöpfung schikaniert. Ein Rotkreuzzug voll Verwundeter, der erste Kampfeinsatz, der erste Tote unter ihnen, Nässe, Strapazen, Gas und Granaten lassen rasch Illusionen verfliegen.

Der erfahrene Soldat Katczinsky („Kat") lehrt die Jungen das Überleben. Dennoch stirbt in den ersten Gefechten die halbe Kompanie. Der Schüler Kemmerich, dem ein Bein amputiert wird, stirbt im Lazarett. Seine guten Stiefel wechseln nach und nach den Besitzer. Mit französischen Mädchen tauschen die Soldaten „Wurst gegen Liebe".

Paul Bäumer, die Hauptfigur, wird verwundet und kommt ins Lazarett. Auf Heimaturlaub erkennt er, dass er mit seiner Familie und seinem alten Lehrer nicht mehr viel gemeinsam hat.

Bei einem Artillerieangriff gerät Paul in einen Granattrichter. Dort ersticht er einen Franzosen und erkennt, dass er keinen Feind, sondern einen Menschen – den Drucker Duval – getötet hat.

Kurz vor Kriegsende 1918 beobachtet Paul während einer Feuerpause einen Schmetterling und greift nach ihm. Dabei wird er erschossen. Der Heeresbericht meldet an diesem Tag: „Nichts Neues von der Westfront." Paul Bäumers Tod ist nur eine kleine, unwichtige Episode im mörderischen Krieg.

M 2 Regisseur Lewis Milestone
Er wurde für seine Regieleistung im Film „Im Westen nichts Neues" 1930 mit dem Oscar ausgezeichnet.

Kampf in Schützengräben — Heimaturlaub bei der kranken Mutter — Maschinengewehrstellung

Bei dieser Thematik bietet sich die Zusammenarbeit mit den Fächern Kunst und Deutsch im Rahmen eines fächerübergreifenden Projektes an.

Ein Film im Meinungsstreit

In Amerika war das Publikum gebannt „durch die erstaunliche Kraft eines sachlichen, schrecklichen Dramas", sodass der Streifen einen riesigen Erfolg hatte. Seine Brisanz machte „Im Westen nichts Neues" zum Antikriegsfilm schlechthin. Willkürliche Schnitte der deutschen Zensur verstümmelten jedoch den Film. Geschnitten wurden damals fast alle Szenen, in denen die Rekruten unter unwürdigen Bedingungen gedrillt wurden sowie ein Gespräch, in dem die Soldaten dem Kaiser die Schuld am Krieg gaben.

Am 21.11.1930 gelangte der Film in die Kinos. Sofort kam es zu gezielten Störmaßnahmen durch die Nationalsozialisten mit der Begründung, das Ansehen der deutschen Soldaten werde in den Dreck gezogen. Der Regisseur wurde angegriffen mit dem Argument, er sei ein „jüdischer Deutschenhetzer". 1933, gleich nach der „Machtergreifung", verbot Hitler den Film. 1952 wurde der Film wieder für deutsche Kinos freigegeben, wobei die Szene mit dem sterbenden Franzosen Duval fehlte. In dieser Szene verletzt Paul Bäumer den Soldaten Duval im Kampf und muss dann – da er den Bombentrichter auf dem Schlachtfeld nicht verlassen kann – mehrere Stunden dessen Todeskampf verfolgen. Erst 1984 kam es zur Ausstrahlung der ungekürzten Originalfassung im ZDF.

Wie wirkt ein Film?

Ein Film ist ein sehr komplexes Medium. Bild und Ton wirken zusammen und nehmen den Zuschauer gefangen. Der Eindruck, den ein Film hinterlässt, ist allerdings – auch wenn viele Bilder im Kopf bleiben – schwer nachzuvollziehen. Im Unterschied zu einem Buch ist es bei einem Kinobesuch nicht möglich, zurückzublättern und einzelne Stellen noch einmal zu betrachten.

Anhand einzelner Szenen ist es aber möglich, sich die Wirkungsweise von Filmen vor Augen zu führen. Dazu bedarf es jedoch einiger Kenntnisse über die Filmsprache. Von zentraler Bedeutung für die Wirkung einzelner Einstellungen ist die Perspektive der Kamera, aus der eine Szene gefilmt wird.

M 3 Deutsches Filmplakat, 1952

Methode: Umgang mit Spielfilmen

M 4 Standbilder aus der „Duval-Szene"

M 5 Einstellungen und Perspektiven

M 6 **Glossar: Perspektiven und Einstellungen**

a) Die Kamera als bewegliches Aufnahmeinstrument kann ein Geschehen aus verschiedenen Positionen aufnehmen. Diese prägen auch die Sicht des Zuschauers auf das Geschehen. Drei Perspektiven werden unterschieden:

Als **Normalsicht** wird eine Kamerahöhe von etwa 1,70 m (der Augenhöhe eines erwachsenen Menschen) bezeichnet. Sie gilt als normal, weil sie unserer alltäglichen Wahrnehmung am ehesten entspricht.

Als **Froschperspektive** wird ein Kamerablick von unten nach oben bezeichnet. Dem Zuschauer wird durch eine solche Kameraposition eine dem Abgebildeten untergeordnete Position nahe gelegt, so, als müsse auch er aufblicken.

Die **Vogelperspektive** bringt den Zuschauer umgekehrt in eine erhöhte Position über das Dargestellte, verschafft ihm eine Übersicht, so, als hätte er Macht über das Geschehen.

Zwischen den Perspektiven gibt es Übergänge. Aufsicht und Untersicht können extrem, aber auch nur geringfügig angewendet werden, auch kann sich innerhalb einer Einstellung die Kameraperspektive verändern. Mit den Perspektiven werden keine festen Bedeutungszuweisungen verbunden. [...] Die Perspektive ist nur ein Darstellungsmodus, die Bedeutung des so Gezeigten ergibt sich erst aus der Relation zum Kontext der gesamten Geschichte und aus der sonstigen Charakterisierung des Gezeigten.

b) Die Einstellungsgröße bestimmt, wie groß ein Mensch oder ein Gegenstand zu sehen ist. Hier werden folgende Einstellungen unterschieden:

Weit: Weite Landschaften, Panoramen werden so gezeigt, dass sich der Einzelne in der Landschaft verliert.
Totale: Ein Überblick über ein Geschehen wird vermittelt, ein Eindruck des Ganzen, in dem aber der Einzelne noch zu erkennen ist.
Halbtotale: Die Figur ist ganz zu sehen, ihre Körpersprache dominiert, es ist Raum für Aktion.
Halbnah: Die Figur ist bis zu den Oberschenkeln bzw. zu den Knien zu sehen. Man sieht jetzt viel Umraum, die Figur tritt zu anderen Figuren in deutliche Beziehung, die Mimik ist zugunsten der Gestik in den Hintergrund getreten.
Nah: Ein Brustbild bzw. bis zum Bauch. Es ist dies die gemäßigt-normale Distanz des Ansagers und Nachrichtensprechers.
Groß: Ein Kopf wird bis zum Hals oder zur Schulter gezeigt. Der Zuschauer kann so die Mimik des Gezeigten genau verfolgen, jeder Augenaufschlag, jedes Zucken des Mundwinkels bekommt Bedeutung.
Detail: Hier ist nur ein sehr kleiner Ausschnitt zu sehen, ein Auge, ein Mund, die Finger am Abzugshahn des Revolvers.

Fragen an Spielfilme

1. **Entstehung des Films**
   a) Wann entstand „Im Westen nichts Neues"?
   b) Wer war an der Entstehung des Films beteiligt?
   c) Wie wurde die literarische Vorlage umgesetzt?

2. **Filmsprache**
   a) Beschreibe die Wirkung, die die Szenenfotos auf dich haben.
   b) Benenne mithilfe des Glossars die jeweils gewählte Einstellung.
   c) Vergleiche die möglichen Kameraeinstellungen. Nenne die wesentlichen Unterschiede.
   d) Erläutere, warum sich der Regisseur für eine bestimmte Einstellung entschied. Warum hat er denkbare andere Sichtweisen, wie sie die Zeichnungen zeigen, nicht gewählt?

3. **Wirkung des Films**
   a) Wie wurde „Im Westen nichts Neues" aufgenommen?
   b) Wie veränderten sich die Reaktionen auf den Film im Lauf der Zeit?

Die Weimarer Republik

M 1 „Bonn ist nicht Weimar"
Umschlag des Buches von Fritz René Allemann (Ausgabe von 2000). Der Band ist erstmals 1956 erschienen.

Warum scheiterte die Weimarer Republik?

Vielfältige Schuldzuweisungen

Das Ende der Weimarer Republik markiert zugleich den Beginn der nationalsozialistischen Herrschaft. Daher ist die Suche nach Gründen für den Untergang der ersten parlamentarischen Demokratie in Deutschland noch heute aktuell. Für Zeitgenossen wie Otto Braun, bis 1932 sozialdemokratischer Ministerpräsident in Preußen, war klar, wer Schuld am Scheitern der Weimarer Republik trug: „Versailles und Moskau", lautete seine Botschaft. Die Kommunisten dagegen sahen die Verantwortung bei der Industrie, den Großgrundbesitzern und Militärs, während Konservative und Liberale die verblendeten Massen anklagten, die Hitler gewählt hatten.

Amerikanische Historiker haben den obrigkeitshörigen Charakter des deutschen Volkes seit Martin Luther betont und ihn für den Niedergang der ersten deutschen Demokratie verantwortlich gemacht. Andere gaben dem preußischen Militär und dem autoritären Staat die Schuld. Nach dem Zweiten Weltkrieg entstand die Formel: „Bonn ist nicht Weimar". Damit sollte zum Ausdruck gebracht werden, dass es vor allem die Schwächen der Weimarer Verfassung waren, die zum Scheitern der Republik beitrugen.

Zusammenspiel vieler Faktoren

Historiker haben bis heute eine Fülle von Ursachen erarbeitet, die erklären, wie es zum Untergang der ersten deutschen Demokratie kam. Im Einzelnen werden genannt:

- die unvollendete Revolution von 1918, insbesondere das Fortbestehen der alten Eliten des Kaiserreichs;
- die Schwäche der demokratischen Parteien und ihre mangelnde Fähigkeit, Kompromisse zu schließen;
- die Schwächung des bürgerlichen Mittelstandes durch Inflation und Weltwirtschaftskrise;
- die Stärke der radikalen Parteien NSDAP und KPD und die Radikalisierung des öffentlichen Lebens in der Endphase der Republik;
- antidemokratische Tendenzen in Militär, Justiz und Beamtenschaft;
- das Intrigenspiel der letzten Reichskanzler Papen und Schleicher, und die Unfähigkeit führender Politiker, die gewalttätige NSDAP in ihre Schranken zu weisen;
- Fehler der Verfassung, vor allem Artikel 48 (Notverordnungen);
- außenpolitische Belastungen durch den Versailler Vertrag;
- Massenarbeitslosigkeit infolge der Weltwirtschaftskrise;
- Schwäche des Verhältniswahlrechts und Parteienzersplitterung;
- massenwirksame NS-Propaganda mit der Führungsfigur Hitler;
- unheilvoller Einfluss der Berater auf den greisen Reichspräsidenten Hindenburg;
- fehlende demokratische Gesinnung der Staatsbürger.

Einigkeit herrscht darin, dass das Ende von Weimar nur durch ein Zusammenwirken vieler Faktoren zu erklären ist. Welche davon entscheidend waren, bleibt allerdings umstritten.

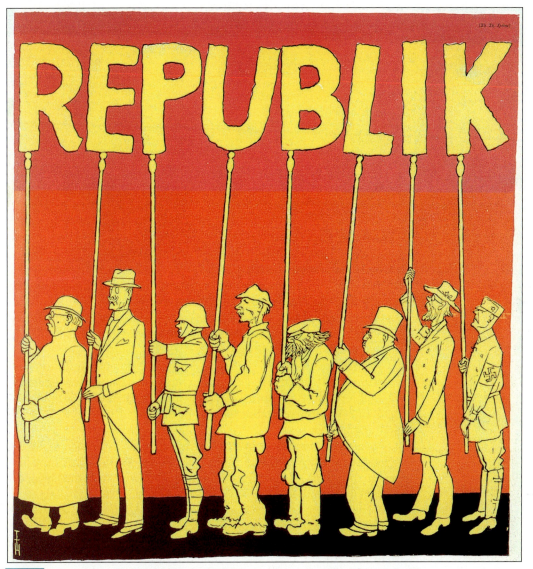

M 2 „Sie tragen die Buchstaben der Firma – aber wer trägt den Geist?"
Karikatur von Thomas Theodor Heine, erschienen am 21. März 1927
in der Zeitschrift „Simplicissimus"

Aufgaben

1. Erstelle eine Zeitleiste für die gesamte Weimarer Republik zwischen 1918 und 1933 und trage – unter Zuhilfenahme eines Lexikons – die wichtigsten innen- und außenpolitischen Ereignisse ein.
   → Lexikon
2. a) Beschreibe die Karikatur.
   b) Ordne die dargestellten Personen bestimmten sozialen und politischen Gruppen zu.
   c) Formuliere die Aussage der Karikatur.
   → M2
3. Diskutiere mit Blick auf die Karikatur die Aussage: Weimar war eine Demokratie ohne Demokraten!

Die Weimarer Republik

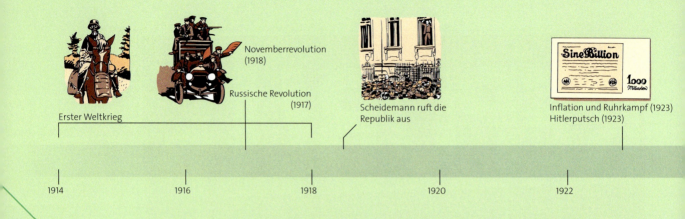

Zusammenfassung

In Deutschland fegte die Novemberrevolution die Monarchie hinweg, und mit der Weimarer Republik entstand 1919 die erste deutsche Demokratie. Neben der Ausarbeitung einer Verfassung, die dem Reichspräsidenten eine starke Stellung verlieh, musste die junge Republik den Friedensvertrag von Versailles unterzeichnen. Dieser stieß in Deutschland auf heftige Kritik.

In der großen Krise von 1923, die durch Ruhrkampf, Inflation und kommunistische Aufstände gekennzeichnet war, konnte sich die Republik – unter dem Reichspräsidenten Friedrich Ebert – behaupten. Es folgte eine Phase der Stabilisierung, in der sich Kultur und Wissenschaft entfalteten.

1929 begann in den USA eine Weltwirtschaftskrise, die auch Deutschland erfasste. Die Wirtschaft brach zusammen, Millionen Arbeitslose standen mittellos auf der Straße. Damit begann ein Auflösungsprozess der ersten deutschen Demokratie, von dem die Nationalsozialisten profitierten: Die rechtsextreme NSDAP unter Adolf Hitler wuchs von einer kleinen Randgruppe zur stärksten Partei.

Da die radikalen Parteien KPD und NSDAP eine parlamentarische Arbeit blockierten, fiel Reichspräsident Hindenburg zunehmend eine Schlüsselrolle zu. Als auch die Kabinette von Papen und Schleicher stürzten, ernannte er als Ausweg aus der Krise am 30. Januar 1933 Adolf Hitler zum Reichskanzler.

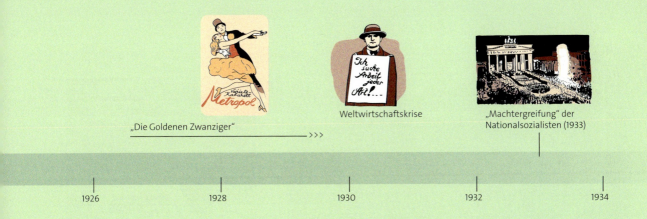

"Die Goldenen Zwanziger"   Weltwirtschaftskrise   „Machtergreifung" der Nationalsozialisten (1933)

1926　1928　1930　1932　1934

Daten

9.11.1918 Ausrufung der Republik
1919 Versailler Vertrag
1922 Rapallovertrag
1923 Krisenjahr
1925 Vertrag von Locarno
1926 Eintritt Deutschlands in den Völkerbund
1929 Beginn der Weltwirtschaftskrise

Begriffe

Rätesystem
Dolchstoßlegende
Völkerbund
Parlamentarische Demokratie
„Erfüllungspolitik"
Inflation
Reparationen
Präsidialkabinett
NSDAP

Personen

Woodrow Wilson
Friedrich Ebert
Rosa Luxemburg
Philipp Scheidemann
Gustav Stresemann
Aristide Briand
Paul von Hindenburg
Heinrich Brüning
Adolf Hiltler

Tipps zum Thema: Die Weimarer Republik

Filmtipp

Metropolis,
Regie: Fritz Lang,
Deutschland 1927

Berlin. Sinfonie der Großstadt,
Regie: Walther Ruttmann,
Deutschland 1927

Lesetipp

Klaus Kordon:
Die roten Matrosen oder
Ein vergessener Winter, 2008

Klaus Kordon:
Mit dem Rücken zur Wand, 2007

Museen

Deutsches Historisches Museum, Berlin

hamburgmuseum

Stiftung Reichspräsident-Friedrich-Ebert-Gedenkstätte, Heidelberg

Bauhaus-Archiv Museum für Gestaltung, Berlin

Kommentierte Links: www.westermann.de/geschichte-linkliste

5. Nationalsozialismus und Zweiter Weltkrieg

Erntedankfest auf dem Bückeberg, 1933

Opfer in Auschwitz, 1945

Gefallene deutsche Soldaten, 1941

KZ-Gedenkstätte Buchenwald

„Jugend dient dem Führer"
NS-Propagandaplakat, 1935

Lübeck während des Luftangriffs, 1942

Werbung für den KdF-Wagen, 1938

Nationalsozialismus und Zweiter Weltkrieg

M 1 Fackelzug der SA durch das Brandenburger Tor, 30. Januar 1933
So feierten die Nationalsozialisten Hitlers „Machtergreifung". Da es keine brauchbaren Fotos hiervon gab, stellte die NSDAP die Szene für einen Propagandafilm im Sommer 1933 nach.

Die Nationalsozialisten erringen die Macht

30. Januar 1933: Adolf Hitler ist Reichskanzler

Dieser Tag gilt als Beginn der nationalsozialistischen Diktatur und als entscheidendes Datum der deutschen Geschichte. In zeitgenössischen Zeitungsmeldungen, Briefen und Augenzeugenberichten erschien er als Tag wie jeder andere. Nach den kurzen Amtszeiten der Reichskanzler v. Papen und v. Schleicher kam – so die Wahrnehmung vieler Menschen – nur eine weitere Regierung an die Macht.

Nach langen Verhandlungen hatte Reichspräsident Hindenburg Adolf Hitler am Abend des 30. Januar 1933 zum Reichskanzler ernannt. Als ein Fackelzug der SA durchs Brandenburger Tor marschierte, erwarteten die wenigsten, dass Hitler und seine Anhänger in nur wenigen Monaten die gesamte Macht an sich reißen könnten. Viele glaubten, Hitler würde nach kurzer Zeit scheitern.

„Machtergreifung" oder Machtübergabe?

Hitlers Bündnispartner waren Franz von Papen und Alfred Hugenberg. In Verkennung der wirklichen Machtverhältnisse wollten sie die NSDAP dazu benutzen, eine autoritäre Regierung zu errichten. So stellten die Nationalsozialisten im Kabinett nur drei Minister, denen acht Konservative gegenüberstanden. Papen behauptete sogar, sie hätten Hitler „in die Ecke gedrückt, dass er quietscht". Dass dies eine gefährliche Fehleinschätzung war, zeigte sich bald.

Der Nationalsozialist Wilhelm Frick, als Innenminister zuständig für die innere Sicherheit, befehligte die Polizei. Hermann Göring erhielt bald die kommissarische Leitung des preußischen Innenministeriums und hatte so entscheidenden Einfluss auf das größte deutsche Land. Die Nationalsozialisten nutzten also ihre politischen Möglichkeiten konsequent aus. Hinzu kam, dass sie im Unterschied zu den anderen Ministern von einer dynamischen Massenpartei unterstützt wurden, die zu jedem Gewaltakt bereit war.

M 2 Kabinett der „nationalen Erhebung", Foto vom 30.1.1933
Vorn (von li. nach re.):
Göring (NSDAP, ohne Geschäftsbereich), Hitler (NSDAP, Reichskanzler), Papen (parteilos, Vizekanzler).
Hinten (von li. nach re.):
Seldte (Stahlhelm, Arbeitsminister), Gereke (Deutsche Bauernpartei, Reichskommissar für Arbeitsbeschaffung), Graf Schwerin von Krosigk (parteilos, Finanzminister), Frick (NSDAP, Innenminister), Blomberg (parteilos, Reichswehrminister), Hugenberg (DNVP, Wirtschafts- u. Landwirtschaftsminister)

Zunächst fürchteten die Nationalsozialisten, dass sich die Arbeiterschaft durch einen Generalstreik gegen die Regierung wenden könnte oder Bürger gegen den Raub ihrer Freiheitsrechte protestieren würden. Anfangs gab es zwar Proteste und auch Beschwerden bei den Gerichten. Aber die bürgerlichen Gruppierungen waren zu schwach und zerstritten. Auch erreichten SPD und KPD keinen Zusammenschluss, da die KPD das kapitalistische System stürzen, die SPD aber auf dem Boden der Verfassung bleiben wollte.

Aus Uneinigkeit und Zwietracht übergab man Hitler also die Macht, die er mithilfe der NSDAP schnell und rücksichtslos für seine Ziele ausnutzte. Auf scheinbar legalem Weg wurde die Macht ausgebaut.

Erste Schritte zur Sicherung der Macht

Bedingung für Hitlers Regierungsübernahme war die Auflösung des Reichstags, die schon am 1. Februar 1933 erfolgte. Den Wahlkampf nutzte die NSDAP für eine Propagandaschlacht, der die anderen Parteien wenig entgegenzusetzen hatten, da eine Notverordnung ihre Arbeit massiv einschränkte.

Am 27. Februar 1933 brannte das Berliner Reichstagsgebäude. Das Feuer hatte vermutlich der holländische Kommunist Marinus van der Lubbe gelegt, der für die Tat zum Tode verurteilt wurde. Hintermänner ließen sich nicht finden.

Für die Nationalsozialisten war dies ein willkommener Anlass, die Tat den Kommunisten und Sozialdemokraten zur Last zu legen. Bereits am nächsten Tag wurde die Notverordnung „zum Schutz von Volk und Staat" erlassen. Sie setzte wichtige Grundrechte wie freie Meinungsäußerung und Versammlungsfreiheit außer Kraft und erlaubte Beschränkungen wie Hausdurchsuchungen, Festnahmen und die Beschlagnahme von Eigentum. Politische Gegner wurden ohne Gerichtsverfahren in „Schutzhaft" genommen und Ende März 1933 wurden die ersten Konzentrationslager eingerichtet. Nur wenige protestierten gegen die Welle von Verhaftungen, Folterungen und Tötungen.

M 3 Wahlplakat der NSDAP zur Reichstagswahl am 5. März 1933

Nationalsozialismus und Zweiter Weltkrieg

M 4

Das „Ermächtigungsgesetz"

Die Reichstagswahl vom 5. März 1933 lässt sich wegen der massiven Behinderung politischer Gegner nicht als „frei" bezeichnen – dennoch verfehlte die NSDAP mit 43,9 % die absolute Mehrheit. Um die bürgerlichen Parteien für sich zu gewinnen, inszenierten die Nationalsozialisten die feierliche Eröffnung des neuen Reichstags als „Tag von Potsdam". Geladen waren in die Potsdamer Garnisonkirche – Begräbnisort Friedrichs des Großen – Vertreter der Parteien (außer SPD und KPD), der SA, des Militärs und der Wirtschaft sowie Fürsten und Generäle des untergegangenen Kaiserreichs.

Hitler gab sich betont konservativ und beruhigte so Monarchisten und Bürgerliche. Seine Verneigung vor Hindenburg galt als Symbol für die Versöhnung des „alten" mit dem „jungen" Deutschland, das Hitler als „Drittes Reich" bezeichnete.

Damit war der Weg frei für das „Gesetz zur Behebung der Not von Volk und Reich" – dem sogenannten „Ermächtigungsgesetz" –, das der Reichstag am 23. März 1933 verabschiedete. Es ermächtigte die Regierung, ohne Zustimmung des Reichstags und Gegenzeichnung durch den Reichspräsidenten Gesetze zu erlassen. Das bedeutete die Übertragung der gesetzgebenden Gewalt auf die Regierung und ein Ende der Demokratie.

In dieser entscheidenden Reichstagssitzung marschierten Männer der SA auf, die die SPD-Abgeordneten bedrohten und beschimpften. Die 81 Abgeordneten der KPD waren bereits verhaftet oder untergetaucht. Am Ende erhielt das Gesetz die verfassungsändernde Zweidrittelmehrheit; nur die Abgeordneten der SPD stimmten dagegen.

Die NSDAP wird Staatspartei

Danach gingen die Nationalsozialisten rigoros gegen die Arbeiterschaft und ihre Organisationen vor. Der 1. Mai, seit Jahrzehnten der Tag, an dem die Arbeiter ihre Forderungen öffentlichkeitswirksam erhoben, wurde „Tag der nationalen Arbeit" und als Feiertag mit Massenveranstaltungen begangen. Wenig später wurden die freien Gewerkschaften zerschlagen, ihr Vermögen eingezogen und viele Funktionäre verhaftet. Als Ersatz wurde die „Deutsche Arbeitsfront" (DAF) gegründet, eine Organisation der NSDAP, die Arbeiter und Unternehmer unter Schirmherrschaft des „Führers" zusammenschloss. Danach folgten Verbote der KPD und SPD.

Bis Juli 1933 lösten sich die restlichen Parteien unter massivem Druck selbst auf – mit einer Widerstandslosigkeit, die sogar Hitler überraschte. Dies geschah mit einer Mischung aus Resignation und Furcht. Das „Gesetz gegen die Neubildung von Parteien" vom 14. Juli 1933 machte die NSDAP zur Staatspartei. Parteienpluralismus, Meinungsvielfalt und das Parlament waren beseitigt, Deutschland eine Diktatur geworden.

Die Nationalsozialisten hatten nur ein halbes Jahr gebraucht, um ihre Machtposition zu festigen, politische Gegner auszuschalten und die demokratische Ordnung der Weimarer Republik zu beseitigen. Erst die Ernennung Adolf Hitlers zum Reichskanzler am 30. Januar 1933 hatte allerdings diesen Prozess ermöglicht, auch wenn das damals für viele Zeitgenossen nicht erkennbar war.

M 5 **Propaganda zum 1. Mai**
Die Nationalsozialisten vereinnahmten diesen Tag, der einst gewerkschaftlichen Forderungen der Arbeiter vorbehalten war.

Die „Machtergreifung" Hitlers im Spiegel unterschiedlicher Quellen – Perspektiven erfassen

M 6 „Beim Schachspiel"
Zeitgenössische Karikatur von 1932 aus der satirischen Zeitschrift „Der wahre Jacob". Der Text lautet: „Na dann Prosit, Herr Generaldirektor, auf ein glückliches neues Spiel."

M 7 Tagebucheintragungen

a) Luise Solmitz, Lehrerin aus Hamburg, schrieb am 30. Januar 1933 in ihr Tagebuch:

Hitler ist Reichskanzler! Und was für ein Kabinett!!! Wie wir es im Juli nicht zu erträumen wagten. Hitler, Hugenberg, Seldte, Papen!!! An jedem hängt ein großes Stück meiner deutschen Hoff-
5 nung. Nationalsozialistischer Schwung, deutschnationale Vernunft, der unpolitische Stahlhelm und der von uns unvergessene Papen. Es ist so unausdenkbar schön, dass ich es schnell niederschreibe, ehe der erste Missklang folgt, denn
10 wann erlebt Deutschland nach herrlichstem Frühling einen gesegneten Sommer? Wohl nur unter Bismarck. Was Hindenburg da geleistet hat!

Zitiert nach: Josef und Ruth Becker (Hg.), Hitlers Machtergreifung 1933, Dokumente vom Machtantritt Hitlers 30. Januar 1933 bis zur Besiegelung des Einparteienstaates 14. Juli 1933, München 3. Aufl. 1993, S. 31.

b) Julius Leber war Reichstagsabgeordneter der SPD aus Lübeck und wurde 1945 von den Nationalsozialisten hingerichtet. Über die politische Situation äußerte er sich am 30. Januar 1933 in seinem Tagebuch:

Jetzt steht es klar vor aller Augen: Hitler Kanzler – Papen Vizekanzler – Hugenberg Wirtschaftsminister. Was wird diese Regierung tun? Ihre Ziele kennen wir. Von ihren nächsten Maßnahmen weiß niemand.
5 Ungeheuer sind die Gefahren. Aber unerschütterlich ist die Festigkeit der deutschen Arbeiterschaft. Wir fürchten die Herren nicht. Wir sind entschlossen, den Kampf aufzunehmen.

Zitiert nach: Josef und Ruth Becker (Hg.), Hitlers Machtergreifung 1933, Dokumente vom Machtantritt Hitlers 30. Januar 1933 bis zur Besiegelung des Einparteienstaates 14. Juli 1933, München 3. Aufl. 1993, S. 32.

M 8 Bericht des britischen Botschafters

Der britische Botschafter in Berlin, Rumbold, schrieb am 1. Februar 1933 an seinen Außenminister Simon:

Überall im Lande nahm die Bevölkerung die Nachricht gleichgültig auf. In der Hauptstadt selbst konnte man ein gewisses Maß an öffentlichem Interesse feststellen, da die Nazi-Führer ihr Talent für Propaganda und theatralische Auftritte
5 bei einem improvisierten Fackelzug entfalteten. Einheiten der SA, denen später der „Stahlhelm" folgte, zogen am Sitz des Reichspräsidenten und des Kanzlers vorbei.

Zitiert nach: Josef und Ruth Becker (Hg.), a. a. O., S. 39.

Nationalsozialismus und Zweiter Weltkrieg

Das „Ermächtigungsgesetz" – Arbeiten mit Textquellen

M 9 „Ermächtigungsgesetz"

Aus dem „Gesetz zur Behebung der Not von Volk und Reich", verabschiedet am 23. März 1933:

Artikel 1. Reichsgesetze können außer in dem in der Reichsverfassung vorgesehenen Verfahren auch durch die Reichsregierung beschlossen werden. Dies gilt auch für die in den Artikeln 85 Abs. 2 und
5 87 der Reichsverfassung bezeichneten Gesetze.
Artikel 2. Die von der Reichsregierung beschlossenen Reichsgesetze können von der Reichsverfassung abweichen, soweit sie nicht die Einrichtung des Reichstags und des Reichsrats als solche zum
10 Gegenstand haben. Die Rechte des Reichspräsidenten bleiben unberührt.

Zitiert nach: Der Nationalsozialismus, Dokumente 1933–1945, hrsg. von Walther Hofer, Frankfurt/M. 1979, S. 57.

M 10 Hitler zum „Ermächtigungsgesetz"

Auszug aus der Rede Adolf Hitlers im Reichstag vom 23. März 1933:

Es ist kaum eine Revolution von so großem Ausmaß so diszipliniert und unblutig verlaufen wie diese Erhebung des deutschen Volkes in diesen Wochen. Es ist mein Wille und meine feste Absicht,
5 für diese ruhige Entwicklung in Zukunft zu sorgen. Allein umso nötiger ist es, dass der nationalen Regierung jene souveräne Stellung gegeben wird, die in einer solchen Zeit allein geeignet ist, eine andere Entwicklung zu verhindern. Die Regierung
10 beabsichtigt dabei, von diesem Gesetz nur insoweit Gebrauch zu machen, als es zur Durchführung der lebensnotwendigen Maßnahmen erforderlich ist. Weder die Existenz des Reichstags noch des Reichsrats soll dadurch bedroht sein. Die Stellung und die Rechte des Herrn Reichspräsi- 15 denten bleiben unberührt [...].
Der Bestand der Länder wird nicht beseitigt, die Rechte der Kirchen werden nicht geschmälert, ihre Stellung zum Staate nicht geändert.

Zitiert nach: Werner Conze, Der Nationalsozialismus, Teil I, 1919–1934, Stuttgart 1976, S. 64.

M 12 Otto Wels zum „Ermächtigungsgesetz"

Auszug aus der Rede des SPD-Parteivorsitzenden Otto Wels im Reichstag vom 23. März 1933:

Freiheit und Leben kann man uns nehmen, die Ehre nicht. Nach den Verfolgungen, die die Sozialdemokratische Partei in der letzten Zeit erfahren hat, wird niemand billigerweise von ihr verlangen und erwarten können, dass sie für das hier 5 eingebrachte Ermächtigungsgesetz stimmt. Die Wahlen vom 5. März haben den Regierungsparteien die Mehrheit gebracht. Damit ist die Möglichkeit gegeben, streng nach Wortlaut und Sinn der Verfassung zu regieren. Wo diese Möglichkeit 10 besteht, besteht auch die Pflicht. Kritik ist heilsam und notwendig. Niemals, seit es einen deutschen Reichstag gibt, ist die Kontrolle der öffentlichen Angelegenheiten durch die gewählten Vertreter des Volkes in solchem Maße ausgeschaltet wor- 15 den, wie das jetzt geschieht und wie das durch das neue Ermächtigungsgesetz noch mehr geschehen soll. Eine solche Allmacht der Regierung muss sich umso schwerer auswirken, als auch die Presse jeder Bewegungsfreiheit entbehrt. [...] 20
Die Verfassung von Weimar ist keine sozialistische Verfassung. Aber wir stehen zu den Grundsätzen des Rechtsstaates, der Gleichberechtigung, des sozialen Rechtes, die in ihr festgelegt sind. Wir deutschen Sozialdemokraten bekennen uns 25 in dieser geschichtlichen Stunde feierlich zu den Grundsätzen der Menschlichkeit und der Gerechtigkeit, der Freiheit und des Sozialismus. [...]
Wir grüßen die Verfolgten und Bedrängten. Wir grüßen unsere Freunde im Reich. Ihre Standhaf- 30 tigkeit und Treue verdienen Bewunderung. Ihr Bekennermut, ihre ungebrochene Zuversicht verbürgen eine hellere Zukunft.

Zitiert nach: Wolfgang Michalka (Hg.), Das Dritte Reich, Dokumente zur Innen- und Außenpolitik, Band 1, „Volksgemeinschaft" und Großmachtpolitik 1933–1939, München 1985, S. 33–35.

M 11 Einmarsch der SA in den Reichstag zur Einschüchterung der Abgeordneten am 23. März 1933

„Tag von Potsdam" – Bildquellen interpretieren

M 13 Hitler begrüßt Reichspräsident Hindenburg vor der Garnisonkirche in Potsdam am 21. März 1933 (im Hintergrund: Reichswehrminister General von Blomberg). In der Garnisonkirche befand sich damals das Grab Friedrichs des Großen, außerdem wurde zu Ehren des im Exil lebenden Kaisers Wilhelm II. in der Kirche ein leerer Stuhl freigehalten, Foto vom 21. März 1933.

M 14 Bildpostkarte vom „Händedruck von Potsdam" auf der Grundlage eines Gemäldes von Carl Langhorst (1867–1950)

Aufgaben

1. Der 30. Januar 1933 wurde in der Öffentlichkeit sehr unterschiedlich aufgenommen.
   a) Erläutere, warum die Karikatur aus dem „Wahren Jacob" als Fehleinschätzung bezeichnet werden muss.
   b) Stelle die Meinungen von Julius Leber und Luise Solmitz zum 30. Januar 1933 einander gegenüber. Welche Position vertritt der britische Botschafter in Berlin?
   c) Erkläre die Bedeutung des Fackelzugs durch das Brandenburger Tor in der Nacht des 30. Januar 1933. → Text, M1, M6–M8

2. a) Die NSDAP hatte im neuen Kabinett keine Mehrheit. Erkläre, warum ihre Positionen dennoch entscheidend für die Sicherung der Macht waren.
   b) Erläutere die Folgen des Reichstagsbrandes vom 27. Februar 1933.
   c) Im Grundgesetz der Bundesrepublik können die Grundrechte nicht außer Kraft gesetzt werden. Erläutere, inwiefern man aus den Erfahrungen im „Dritten Reich" gelernt hat. → Text, M1, M2

3. a) Wie begründet Hitler die Notwendigkeit des Gesetzes? Was verspricht er?
   b) Erläutere die Haltung des SPD-Abgeordneten Otto Wels zum „Ermächtigungsgesetz".
   c) Erkläre, welche Auswirkungen das „Ermächtigungsgesetz" auf das demokratische Leben in Deutschland hatte. → Text, M9–M12

4. a) Zeige anhand des Verfassertextes und des Fotos, wie Goebbels und Hitler den „Tag von Potsdam" als Versöhnung zwischen „altem" und „jungem" Deutschland inszenierten.
   b) Vergleiche das Foto mit der Bildpostkarte und arbeite heraus, was Carl Langhorst mit seinen Veränderungen bezwecken wollte. → Text, M13, M14

Nationalsozialismus und Zweiter Weltkrieg

Die Nationalsozialisten festigen ihre Macht

„Gleichschaltung" – Die NS-Diktatur entsteht

Mitte 1933 hatten Hitler und die Nationalsozialisten ihre Macht bereits so weit gefestigt, dass sie ihnen kaum noch genommen werden konnte. Bis Sommer 1934 bildeten sich dann die Grundzüge der nationalsozialistischen Diktatur heraus, die bis Ende 1945 wirksam blieben. Diesen Prozess der Ausrichtung des politischen, wirtschaftlichen und gesellschaftlichen Lebens auf Hitler und die NSDAP bezeichnete man als „Gleichschaltung".

Welche Folgen hatte dieser Propagandabegriff? Er bedeutete die Entfernung aller Gegner aus ihren Machtpositionen und die Zerschlagung von Strukturen, die dem „Führerwillen" im Wege standen. So brachten die Nationalsozialisten Verbände und Vereine, Berufsorganisationen und Kultureinrichtungen unter ihre Kontrolle.

Die Entmachtung der Länder

Obwohl Hitler die Unabhängigkeit der Länder noch im „Ermächtigungsgesetz" garantiert hatte, schaffte er die föderative Ordnung Schritt für Schritt ab. Im März 1933 wurde das „Gesetz zur Gleichschaltung der Länder mit dem Reich" erlassen, das die Landtage entsprechend der Sitzverteilung im Reichstag umbildete. Ein zweites Gleichschaltungsgesetz vom April 1933 setzte in den Ländern „Reichsstatthalter" ein, die die Länderregierungen künftig ernannten. 1934 wurden die Landtage ganz aufgelöst und die Länderregierungen bestanden nur noch formal fort.

Die neu ernannten „Reichsstatthalter" begannen mit „Säuberungen" und entsandten ihrerseits Gesinnungsgenossen in die Schlüsselpositionen der Verwaltung. Mit der Ausschaltung ihrer Gegner hatten die Nationalsozialisten leichtes Spiel, da ihnen in allen Ländern Polizei und Justiz unterstanden.

Unterstützt wurde die Gleichschaltung durch das „Gesetz zur Wiederherstellung des Berufsbeamtentums" vom 7. April 1933. Es ermöglichte die Entlassung von Beamten aus politischen oder „rassischen" Gründen und forderte von ihnen eine „nationale Gesinnung".

Machtkampf in der NSDAP

Eine größere Gefahr drohte Hitler 1934 von der SA. Die „Sturmabteilung" betrieb Konzentrationslager und Gefängnisse und trat zunehmend in Konkurrenz zur Reichswehr. Hinzu kamen Eigenmächtigkeiten vieler SA-Führer und Forderungen von SA-Chef Ernst Röhm, gegen die Großindustrie vorzugehen. Hitler wollte jedoch Reichswehr und Großindustrie an sich binden, um Deutschland auf einen Krieg vorzubereiten. Bestärkt wurde Hitler durch hohe Parteiführer wie Hermann Göring, Joseph Goebbels und besonders Heinrich Himmler. Der Führer der „Schutzstaffel" (SS) konnte hoffen, auf Kosten der SA an Macht und Einfluss zu gewinnen.

M 1 Adolf Hitler und Ernst Röhm auf dem Reichsparteitag in Nürnberg, 1933

Der „Röhm-Putsch"

Als sich der Konflikt zuspitzte, schlugen Hitler und die SS zu: Unter dem Vorwand, Röhm habe einen Putsch geplant, wurden er und die

SA-Führung Ende Juni und Anfang Juli 1934 entmachtet. Hitler ließ in dieser Nacht ohne jede rechtliche Grundlage über 80 Gegner töten und erklärte die Mordaktion in einem eigenen Reichsgesetz für rechtens. Gewinner des „Röhm-Putsches" waren neben Hitler die Reichswehr und die SS unter Heinrich Himmler.

Hitler: „Führer und Reichskanzler"

Die Demontage der Weimarer Republik hatte nur die Institution des Reichspräsidenten überlebt. Als Hindenburg im August 1934 starb, entfiel auch dieses Amt. Hitler wurde „Führer und Reichskanzler" und damit Oberbefehlshaber der Reichswehr. Mit der persönlichen Vereidigung auf Hitler waren alle Beamten, Richter und Soldaten eng an ihn gebunden, denn sie schworen „dem Führer des Deutschen Reiches und Volkes, Adolf Hitler, dem Oberbefehlshaber der Wehrmacht", unbedingten Gehorsam.

Hitler besaß nun die uneingeschränkte Gewalt in Deutschland: im Bereich der Exekutive, Legislative und Judikative.

Hitler – absoluter Diktator?

Hitlers Diktatur stützte sich insbesondere auf eine Parteiorganisation, die straff organisiert war. Dennoch gab es ein Nebeneinander von staatlichen Stellen und Parteigliederungen, die miteinander konkurrierten, weil sie ähnliche Aufgabenbereiche hatten.

So wirkten an der Schulpolitik drei Stellen mit: das Reichsministerium für Wissenschaft, Erziehung und Volksbildung, der NS-Lehrerbund und die Führung der Hitlerjugend (HJ). Bei den häufigen Kompetenz-Konflikten musste nicht selten der „Führer" schlichten, was seine Position stärkte. Dennoch war Hitler nur vordergründig der allmächtige Diktator, da manche seiner Befehle im Dickicht der Bürokratie und des Kompetenzgerangels versandeten.

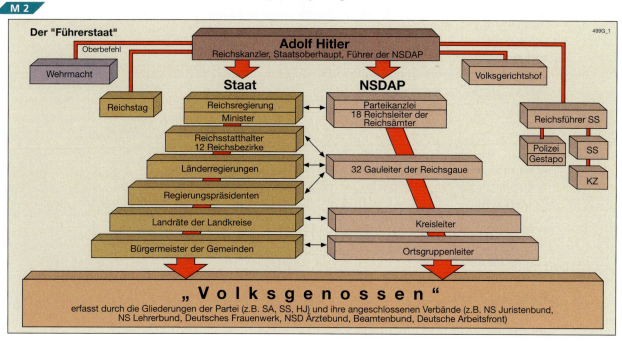

M 2 Der „Führerstaat"

Der „Röhm-Putsch" – Text- und Bildquellen interpretieren

M 3 Legitimierter Mord

Erst nachträglich wurden die Ermordungen im sogenannten „Röhm-Putsch" (30.6.–2.7.1934) in einem Reichsgesetz vom 3. Juli 1933 gerechtfertigt:

Die zur Niederschlagung hoch- und landesverräterischer Angriffe am 30. Juni, 1. und 2. Juli 1934 vollzogenen Maßnahmen sind als Staatsnotwehr rechtens.

Reichsgesetzblatt, Jahrgang 1934, Teil I, S. 529; zitiert nach: Werner Conze, Der Nationalsozialismus, Teil I, 1919–1934. Stuttgart 1976. S. 79.

M 4 Hitlers Erklärungen zum „Röhm-Putsch"

Hitler am 13. Juli 1934 vor dem Reichstag:

In dieser Stunde war ich verantwortlich für das Schicksal der deutschen Nation und damit des deutschen Volkes oberster Gerichtsherr. Meuternde Divisionen hat man zu allen Zeiten durch
5 Dezimierung wieder zur Ordnung gerufen. […] Ich habe den Befehl gegeben, die Hauptschuldigen an diesem Verrat zu erschießen, und ich gab weiter den Befehl, die Geschwüre unserer inneren Brun-
10 nenvergiftung und der Vergiftung des Auslandes auszubrennen bis auf das rohe Fleisch. […]
Wenn mir die Meinung entgegengehalten wird, dass nur ein gerichtliches
15 Verfahren ein genaues Abwägen von Schuld und Sühne hätte ergeben können, so lege ich gegen diese Auffassung feierlich Protest ein.
Wer sich untersteht, im Innern unter
20 Bruch von Treue und Glauben und heiligen Versprechen eine Meuterei anzuzetteln, kann nichts anderes erwarten, als dass er selbst das erste Opfer sein wird.

Das Dritte Reich, Dokumentarische Darstellung des Aufbaues der Nation, hrsg. von Gerd Rühle, Berlin o.J., Bd. II, S. 245 f., zitiert nach: Werner Conze, Der Nationalsozialismus, Teil I, 1919–1934, Stuttgart 1976, S. 80.

M 5 „Heil Hitler"

Fotocollage von John Heartfield zu den Ereignissen vom 30. Juni 1934

M 6 Bericht über den „Röhm-Putsch"

Der Staatssekretär Dr. Meissner schrieb 1950 in seinen Memoiren über den 30. Juni 1934:

Alle diese Hinrichtungen erfolgen ohne jedes Verhör, ohne irgendeine Nachprüfung der Be-schuldigung und ohne jede Möglichkeit einer Verteidigung, ja selbst ohne nähere Feststellung der Personalien, sodass in einigen Fällen Personenver- 5 wechslungen vorkamen; Listen und unkontrollierte Denunziationen genügten sowohl in München wie in Berlin als Unterlage für diese Exekutionen. [Als] die blutigen Grausamkeiten und der Umfang der Hinrichtungen bekannt wurden, ging eine 10 Welle der Empörung und des Schreckens durch Deutschland. Die Erregung stieg weiter an, als in den nächsten Tagen bekannt wurde, dass [… die Situation benutzt wurde], um politische Gegner zu beseitigen, die nichts mit Röhm und seinen Plänen 15 zu tun hatten und nur der nationalsozialistischen Partei und ihrer Führung im Wege standen.

Zitiert nach: Das Dritte Reich, Dokumente zur Innen- und Außenpolitik, Band 1, „Volksgemeinschaft" und Großmachtpolitik 1933–1939, herausgegeben von Wolfgang Michalka, München 1985, S. 52 f.

Propagandabilder analysieren und beurteilen

„Gute Nachricht"

M 7 Hitlerbilder
Propagandabilder aus dem Sammelalbum „Adolf Hitler. Bilder aus dem Leben des Führers", herausgegeben vom Cigaretten Bilderdienst Hamburg. Die Bilder zeigen Hitler in seinem Haus auf dem Obersalzberg, um 1934.

„Ein Pimpf übergibt dem Führer einen Brief seiner kranken Mutter"

„Kleiner Besuch beim Führer auf dem Obersalzberg"

Aufgaben

1. Erläutere, welche Bedeutung die „Gleichschaltung" für die Errichtung des „Führerstaates" hatte. → Text
2. a) Zeige anhand des Schaubildes, welche Machtbereiche Hitler kontrollierte.
   b) Erläutere das Schaubild. → M2
3. a) Arbeite heraus, wie Hitler die Morde vom 30. Juni 1934 nachträglich rechtfertigte.
   b) Fasse die Darstellung von Staatssekretär Meissner über den 30. Juni 1934 zusammen.
   c) Arbeite heraus, wie Heartfield in seiner Fotomontage den 30. Juni 1934 sieht.
   → Text, M3–M6
4. Untersuche die Bildquellen. Welches Bild Hitlers soll durch die Fotos vermittelt werden?
   → M7

Methode: Umgang mit Fotografien

M 1 **Nürnberger Parteitag 1935**
Das Bild erschien 1935 im Sammelalbum „Adolf Hitler. Bilder aus dem Leben des Führers", herausgegeben vom „Cigaretten/Bilderdienst" in Hamburg. Es gehört zu den drei Bildern, denen im Album jeweils eine eigene Seite zugestanden wurde. Die Unterschrift lautete dort: „Reichsparteitag 1935. Standartenweihe und Totenehrung".

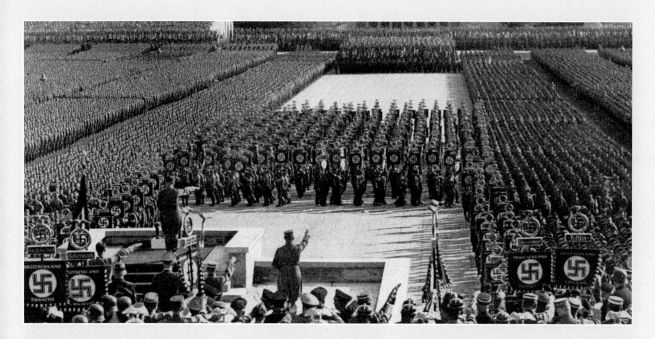

Fotografien vom Reichsparteitag 1935

M 2 Nürnberger Parteitag 1935
Das Foto zeigt ebenfalls eine Szene vom Reichsparteitag 1935. Die Bildunterschrift lautete: „Standarteneinmarsch beim gewaltigen SA-Appell in der Luitpoldarena". Es erschien 1935 im offiziellen Bericht über den Reichsparteitag.

Die Fotos zeigen den Nürnberger Reichsparteitag 1935, der in der Sprache der Propaganda „Reichsparteitag der Freiheit" genannt wurde und mit den dort verkündeten „Nürnberger Gesetzen" die Grundlagen für Unfreiheit, Ausgrenzung und Diskriminierung der Juden brachte. Warum wurde das erste Foto und nicht das zweite für einen Propagandaband ausgewählt? Welche Argumente lassen sich aufgrund der formalen Gesichtspunkte (Format, Perspektive) anführen, welche aufgrund der inhaltlichen Aspekte (Position des „Führers", Darstellung des Massencharakters der „Bewegung")?

Fragen an Fotografien

1. **Entstehung der Fotografie**
   a) Was war der Anlass, zu dem die Fotografien entstanden?
   b) Lässt sich ein Auftraggeber für die Fotos erschließen? Welche Motive hatte dieser, einen Fotografen zu beauftragen?

2. **Bildsprache**
   a) Was ist dargestellt? Beschreibe die beiden Fotos genau.
   b) Analysiere, von welchem Standort aus die Fotos gemacht wurden.
   c) Untersuche den Bildaufbau. Suche nach Symmetrien.
   d) Decke Teile der Fotos ab und bestimme, ob sich die Wirkung verändert.

3. **Verwendung der Fotografien**
   a) Wie wurden die Fotos verbreitet?
   b) Erläutere, ob die gewählten Bildunterschriften passen.
   c) Denke dir neue Bildunterschriften aus. Ändert sich dadurch die Wirkung?

4. **Kritik**
   a) Wurde etwas hinzugefügt oder weggelassen?
   b) Fotos bilden Wirklichkeit ab. Überlege, ob und wie sich die fotografierte Wirklichkeit von dem tatsächlichen Geschehen unterscheiden kann.

Nationalsozialismus und Zweiter Weltkrieg

M 1 „Der ewige Jude"
Die Darstellung enthält alle Symbole, die die Nationalsozialisten mit dem Judentum verbanden, Plakat zu der antisemitischen Ausstellung „Der ewige Jude", München 1937.

M 2 Urform von „Mein Kampf"
Der noch wenig einprägsame Arbeitstitel von Hitlers „Mein Kampf" aus dem Jahr 1924

Die Weltanschauung der Nationalsozialisten

Die Bedeutung der Ideologie
Wie wichtig war die Ideologie, also das Gedankengebäude, an das die Nationalsozialisten glaubten, für ihr politisches Handeln? Lässt sich die Ermordung der europäischen Juden oder der Krieg gegen die Sowjetunion allein aus Hitlers politischen Vorstellungen erklären oder gab es dafür noch andere Gründe? Um die Frage zu beantworten, muss man die „Weltanschauung" näher betrachten.

Auffallend ist, dass die nationalsozialistische Ideologie keineswegs einheitlich war, sondern ganz unterschiedliche Vorstellungen zusammenfügte. Es gab auch keine systematische Zusammenfassung zentraler Punkte. Wichtig waren das Parteiprogramm von 1920 und Adolf Hitlers Buch „Mein Kampf".

Das Parteiprogramm von 1920 und Hitlers „Mein Kampf"
Das Parteiprogramm der NSDAP entstand in einer Zeit, als der verlorene Erste Weltkrieg enorme politische und wirtschaftliche Belastungen auf die junge Weimarer Republik häufte. Diese Notlage nutzte Hitler, um den verunsicherten und gedemütigten Deutschen sein Programm als alleinige Rettung anzupreisen.

Nach dem missglückten Putsch vom November 1923 nutzte Hitler seine Haftzeit, um das Buch „Mein Kampf" zu verfassen. Der erste Teil ist eine Autobiografie, d.h. die Darstellung seines bisherigen Lebens. Der zweite Teil enthält Hitlers politische Grundsätze. „Mein Kampf" wurde bald zur „Bibel der Bewegung", zu einem zentralen Werk, an das die Nationalsozialisten auf fast religiöse Weise glaubten.

Der Antisemitismus
Radikaler Antisemitismus, also fanatischer Judenhass, war das zentrale Element der nationalsozialistischen Weltanschauung. Im Judentum sah Hitler den „Weltfeind", der am Unglück des deutschen Volks die Schuld trug. So war es möglich, der Bevölkerung einen „Sündenbock", eine „Erklärung" für alle Missstände zu präsentieren.

Der Weltkrieg war demnach das Werk „imperialistisch-jüdischer Mächte", der „Schandvertrag" von Versailles das Produkt „jüdisch-kapitalistischer Regierungen". Hauptschuldige der allgemeinen Not waren in Hitlers Augen die angeblichen „jüdisch-marxistischen Novemberverbrecher", also die Gründer der Weimarer Republik.

„Rassenlehre" und „Lebensraum"
Rassenwahn und „Lebensraum"-Ideologie kennzeichneten Hitlers Weltanschauung. Im Zentrum stand die Behauptung, dass es eine hochstehende nordische oder „arische Rasse" gäbe, die zur Herrschaft über die „minderwertigen Rassen" berufen sei. Die größte Gefahr ging nach dieser absurden Lehre von der „jüdischen Rasse" aus, die das deutsche Volk zersetzen wolle und eine „jüdische Weltverschwörung" angezettelt habe.

Bedrohlich waren Hitlers expansive Ziele, da er „neuen Lebensraum" im Osten forderte. Die slawischen Völker sollten unterworfen werden und der deutschen „Herrenrasse" als „Sklavenvölker" dienen.

Die „Volksgemeinschaft"

Die Deutschen bildeten für Hitler eine „Volksgemeinschaft", aus der Juden und Gegner des Regimes ausgeschlossen waren. An ihrer Spitze stand der „Führer". „Führerprinzip" und „Führerkult" bildeten somit weitere Elemente der NS-Ideologie. Hitler erschien dabei als „Erlöser", der von der „Vorsehung" dazu berufen war, das deutsche Volk zu einigen. Er würde es von den „Fesseln des Versailler Schandvertrags" befreien und zur Weltherrschaft führen.

Attraktivität für große Teile der Bevölkerung

Solche Gedanken waren in damaliger Zeit weit verbreitet und machten die NSDAP für unterschiedliche Wählergruppen und Bevölkerungskreise attraktiv. Auch wenn manche politische Maßnahmen nicht nur auf die Ideologie zurückzuführen sind, so sind sie doch ohne die nationalsozialistische Weltanschauung nicht erklärbar.

M 3 Schmucktelegramm der Reichspost zum Reichsparteitag der NSDAP in Nürnberg 1933

M 4 „Mein Kampf"

In seinem Buch „Mein Kampf" entwickelte Hitler zentrale Aspekte seiner Weltanschauung:

Nein, der Jude besitzt keine irgendwie kulturbildende Kraft, da der Idealismus, ohne den es eine wahrhafte Höherentwicklung des Menschen nicht gibt, bei ihm nicht vorhanden ist und nie vorhan-
5 den war. Daher wird sein Intellekt niemals aufbauend wirken, sondern zerstörend und in ganz seltenen Fällen vielleicht höchstens aufpeitschend, dann aber als das Urbild der „Kraft, die stets das Böse will und stets das Gute schafft". [...]
10 Da der Jude niemals einen Staat mit bestimmter territorialer Begrenzung besaß und damit auch nie eine Kultur sein eigen nannte, entstand die Vorstellung, als handle es sich hier um ein Volk, das in die Reihe der Nomaden zu rechnen wäre.
15 Dies ist ein ebenso großer wie gefährlicher Irrtum. Der Nomade besitzt sehr wohl einen bestimmt umgrenzten Lebensraum, nur bebaut er ihn nicht als sesshafter Bauer, sondern lebt vom Ertrage seiner Herden, mit denen er in seinem Gebiete wan-
20 dert. Der äußere Grund hierfür ist in der geringen Fruchtbarkeit eines Bodens zu sehen, der eine Ansiedlung einfach nicht gestattet. Die tiefere Ursache aber liegt im Missverhältnis zwischen der technischen Kultur einer Zeit oder eines Volkes
25 und der natürlichen Armut eines Lebensraumes. Es gibt Gebiete, in denen auch der Arier nur durch seine im Laufe von mehr denn tausend Jahren entwickelte Technik in der Lage ist, in geschlossenen Siedlungen des weiten Bodens Herr zu
30 werden und die Erfordernisse des Lebens aus ihm zu bestreiten. Besäße er diese Technik nicht, so müsste er entweder diese Gebiete meiden oder sich ebenfalls als Nomade in dauernder Wanderschaft das Leben fristen, vorausgesetzt, dass nicht
35 seine tausendjährige Erziehung und Gewöhnung an Sesshaftigkeit dies für ihn einfach unerträglich erscheinen ließe. Man muss bedenken, dass in der Zeit der Erschließung des amerikanischen Kontinents zahlreiche Arier sich ihr Leben als Fallen-
40 steller, Jäger usw. erkämpften, und zwar häufig in größeren Trupps mit Weib und Kind, immer herumziehend, sodass ihr Dasein vollkommen dem der Nomaden glich. Sobald aber ihre steigende Zahl und bessere Hilfsmittel gestatteten, den wil-
45 den Boden auszuroden und den Ureinwohnern standzuhalten, schossen immer mehr Siedlungen in dem Lande empor.

Wahrscheinlich war auch der Arier erst Nomade und wurde im Laufe der Zeit sesshaft, allein deshalb war er doch niemals Jude! Nein, der Jude ist 50 kein Nomade; denn auch der Nomade hatte schon eine bestimmte Stellung zum Begriffe „Arbeit", die als Grundlage für eine spätere Entwicklung dienen konnte, sofern die notwendigen geistigen Voraussetzungen hierzu vorhanden waren. Die 55 idealistische Grundanschauung aber ist bei ihm, wenn auch in unendlicher Verdünnung, gegeben, daher erscheint er auch in seinem ganzen Wesen den arischen Völkern vielleicht fremd, allein nicht unsympathisch. Bei dem Juden hingegen ist diese 60 Einstellung überhaupt nicht vorhanden; er war deshalb auch nie Nomade, sondern immer nur Parasit im Körper anderer Völker. Dass er dabei manchmal seinen bisherigen Lebensraum verließ, hängt nicht mit seiner Absicht zusammen, son- 65 dern ist das Ergebnis des Hinauswurfes, den er von Zeit zu Zeit durch die missbrauchten Gastvölker erfährt. Sein Sich-Weiterverbreiten aber ist eine typische Erscheinung für alle Parasiten; er sucht immer neuen Nährboden für seine Rasse.[1] [...] 70
Die völkische Weltanschauung glaubt keineswegs an eine Gleichheit der Rassen, sondern erkennt mit ihrer Verschiedenheit auch ihren höheren oder minderen Wert und fühlt sich durch diese Erkenntnis verpflichtet, gemäß dem ewigen Wol- 75 len, das dieses Universum beherrscht, den Sieg des Besseren, Stärkeren zu fördern, die Unterordnung des Schlechteren und Schwächeren zu verlangen. Sie huldigt damit prinzipiell dem aristokratischen Grundgedanken der Natur.[2] [...] 80
Wo immer wir in der Welt Angriffe gegen Deutschland lesen, sind Juden ihre Fabrikanten. Die Gedankengänge des Judentums sind dabei klar. Die Bolschewisierung Deutschlands, d.h. die Ausrottung der nationalen völkischen deutschen 85 Intelligenz und die dadurch ermöglichte Auspressung der deutschen Arbeitskraft im Joche der jüdischen Weltfinanz ist nur als Vorspiel gedacht für die Weiterverbreitung dieser jüdischen Welteroberungstendenz. Werden unser Volk und 90 unser Staat das Opfer dieser blut- und geldgierigen jüdischen Völkertyrannen, so sinkt die ganze Erde in die Umstrickung dieses Polypen; befreit sich Deutschland aus dieser Umklammerung, so darf diese größte Völkergefahr als für die gesamte 95 Welt gebrochen gelten.[3]

Adolf Hitler, Mein Kampf, München, 11. Aufl. 1932, (1) S. 332 ff., (2) S. 420 f., (3) S. 702 f.

NS-Weltanschauung – Quellen analysieren

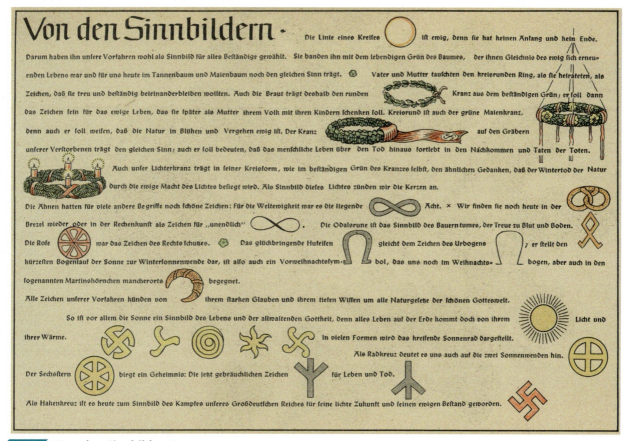

M 5 „Von den Sinnbildern"
Blatt aus dem Kalender „Vorweihnachten", herausgegeben von der NSDAP, um 1934

Aufgaben

1. Erkläre den Begriff „Antisemitismus".
   → Text
2. a) In seinem Buch „Mein Kampf" wird Hitlers Bild von den Juden deutlich. Stelle die Angriffe und Vorwürfe, die Hitler äußert, zusammen.
   b) Wodurch unterscheiden sich nach Hitler die „Juden" von den „Ariern"?
   c) Welche Folgen lassen sich für die Juden in Deutschland aus den Ausführungen Hitlers ableiten?
   d) Setze dich mit Hitlers Auffassungen auseinander.
   → M4
3. Erläutere, inwiefern „Rassenlehre" und „Lebensraum" zentrale Begriffe der nationalsozialistischen Weltanschauung waren.
   → Text
4. Die NS-Ideologie drang in fast alle Lebensbereiche ein. Zeige anhand des Kalenderblattes von 1934, wie das Weihnachtsfest im Sinne der NS-Weltanschauung umgedeutet wurde.
   → M5
5. a) Erkläre, warum die NS-Ideologie Teilen der Bevölkerung attraktiv erschien.
   b) Die NS-Ideologie weist auch Elemente einer „Ersatzreligion" oder eines Mythos auf. Zeige dies mithilfe des Schmucktelegrammes von 1933. → Text, M3

Methode: Umgang mit Darstellungen

M 1 Wahlerfolge der NSDAP

Der Historiker und Sozialpädagoge Frank Omland, geboren 1967 in Neumünster, analysiert in einem Aufsatz die Erfolge der NSDAP in Schleswig-Holstein:

In der Weimarer Republik hat es keine Meinungsumfragen zum Wahlverhalten gegeben, sodass die moderne Wahlforschung auf statistische Schätzungen zu den Wählerwanderungen und zur
5 Wählerherkunft von Parteien zurückgreifen muss. Aufgrund der bisherigen Ergebnisse solcher Schätzungsmodelle für Schleswig-Holstein und des derzeitigen Forschungsstandes zu den Wahlkämpfen und zur Regionalgeschichte geht der Verfasser
10 davon aus, dass die NSDAP in Schleswig-Holstein ihren Aufstieg bei Wahlen folgenden Faktoren verdankte:
1. Die NSDAP konnte an vorhandene völkische bzw. antisemitische Einstellungen und Haltungen
15 *in der Wählerschaft anknüpfen.* […]
2. Die NSDAP knüpfte an die antidemokratischen Haltungen und Weltbilder eines Teils der bürgerlichen Wählerschaft an.
Ab 1921 dominierte in Schleswig-Holstein bei
20 Wahlen die DNVP mit ihren konservativen, reaktionären und antidemokratischen Positionen die überwiegende Mehrzahl der Gemeinden, insbesondere auf dem Land. Dagegen waren die liberal-demokratischen Positionen der DDP weitest-
25 gehend in eine Minderheitsrolle gedrängt worden. Beides wird als Beleg für Haltungen innerhalb des bürgerlich-liberalen Wählerlagers angesehen, die einen Aufstieg der NSDAP befördert haben.
3. Die NSDAP vollzog einen Strategiewechsel in
30 *ihrer Hauptzielgruppenorientierung: „Zuerst die Dörfer, dann die Städte."*
Die schleswig-holsteinische NSDAP vollzog vor anderen Gauen der Partei einen entscheidenden Strategiewechsel. Anstelle des (scheiternden) Ver-
35 suches, die städtische Arbeiterschaft für sich zu gewinnen, befahl Gauleiter Lohse den Auf- und Ausbau von Ortsgruppen in bestimmten ländlichen Räumen (Dithmarschen und anliegende Kreisgebiete) und die gezielte Durchdringung der
40 dortigen Milieus. Die Partei verdankte ihre späteren überdurchschnittlichen Erfolge in Schleswig-Holstein ihren so ausgebauten Hochburgen von 1928. Hier konnte sie auf immer höherem Niveau Wahlsiege für sich verbuchen, die schließ-
45 lich im März 1933 auf 70 bis 93 Prozent der abgegebenen gültigen Stimmen anstiegen.

4. Die NSDAP profitierte als „Anti-System-Partei" von dem regional unterschiedlichen Wahlverhalten, d.h. städtischen Wechselwählern und rückwärtsgewandten ländlichen Wählern. 50
Das städtische und ländliche Wahlverhalten unterschied sich in der Regel dadurch, dass ländliche Wähler ihren Entscheidungen für bestimmte Parteien länger treu blieben und weniger zu einem lagerübergreifenden Wechsel neigten als die städ- 55
tischen. Im Kern blieben die Wähler in der Dorfgemeinschaft antimodernen, antiparlamentarischen und antidemokratischen Vorstellungen verhaftet und konnten nur durch Parteien angesprochen werden, die einen solchen Kurs einschlugen. An 60
diese Haltungen knüpfte die NSDAP an und konnte sich als die Anti-System-Partei erfolgreich gegen alle anderen Konkurrenten durchsetzen und auch deshalb im dörflichen und ländlichen Milieu eine Monopolstellung erringen. 65
5. Das bürgerliche Wählerlager löste sich seit 1924 zugunsten der NSDAP auf.
Das bürgerliche Lager löste sich nach den Reichstagswahlen vom Dezember 1924 in unterschiedlichen Schritten fast vollständig zugunsten der 70 Interessenparteien und der aufsteigenden NSDAP auf.
Dieser Prozess erfasste zuerst die DDP und zeitversetzt die DVP, die bis 1930 gerade einmal ein Drittel bis ein Viertel ihrer Wähler halten konnte, um sich 75
danach zugunsten der NSDAP aufzulösen. Der DNVP gelang es 1928 letztmalig – zumindest im ländlichen Raum –, noch knapp die Hälfte ihrer Wähler von der vorhergehenden Wahl an sich zu binden, doch verlor sie danach rapide an die NSDAP und konnte sich 80
davon auch 1933 nicht mehr erholen, geschweige denn wieder zur ernsthaften Konkurrenz der Nationalsozialisten in Schleswig-Holstein werden.
6. Die NSDAP profitierte von den enttäuschten Hoffnungen der (bürgerlichen) Wähler, die sich des- 85
halb im Sinne einer Kosten-Nutzen-Rechnung der jeweils „neuen" Partei zuwandten, von der sie sich den größten persönlichen Vorteil versprachen.
Der NSDAP gelang es von allen Parteien am besten, diejenigen Wähler anzusprechen, die keine 90
größere Bindung an eine bestimmte Partei besaßen. […] Doch wechselten die Wähler angesichts der reichsweiten Erfolglosigkeit dieser Parteien zur radikaleren Konkurrenz der NSDAP über […].

Frank Omland, „Gegen das System". Zum Aufstieg der NSDAP bei den Wahlen in Schleswig-Holstein 1924–1933, in: Informationen zur Schleswig-Holsteinischen Zeitgeschichte, Heft 50/2008, hrsg. vom Arbeitskreis zur Erforschung des Nationalsozialismus in Schleswig-Holstein, S. 46–48.

Erfolge der NSDAP in Schleswig-Holstein

Ergebnisse der Reichstagswahlen in der Provinz Schleswig-Holstein 1920–1933 (in Prozent)						
Wahl	Parteien (Auswahl)					
	SPD	DDP	DVP	DNVP	NSDAP	KPD
19.10.1919	45,7	27,2	8,0	7,3	–	–
20.02.1921	37,3	9,3	18,7	20,2	–	6,1
04.05.1924	24,7	8,0	12,2	31,0	7,4	10,3
07.12.1924	30,1	8,7	14,7	33,1	2,7	6,8
20.05.1928	35,1	5,6	13,8	22,9	4,1	8,0
14.09.1930	29,6	4,8	7,2	6,1	27,0	10,7
31.07.1932	26,1	1,4	1,4	6,4	51,1	10,8
06.11.1932	24,5	1,2	2,2	10,2	45,8	13,4
05.03.1933	21,9	0,8	1,3	10,1	53,3	10,8

Nach: Uwe Danker, Astrid Schwabe, Schleswig-Holstein und der Nationalsozialismus, Neumünster 2005, S. 21.

Die Reichstagswahlergebnisse zeigen, dass die NSDAP schon früh große Erfolge in Schleswig-Holstein erzielen konnte. War dieses Land besonders anfällig für die nationalsozialistische Propaganda und Ideologie? Und wenn ja – warum?

Eine Antwort auf diese Fragen kann in Darstellungen der Geschichtswissenschaft gesucht werden, in Büchern oder Aufsätzen, in denen Historiker ihre Forschungsergebnisse präsentieren.

Fragen an Darstellungen

1. **Verständnisprobleme**
   a) Lies den Text – eventuell mehrmals – aufmerksam durch.
   b) Was verstehst du nicht? Ziehe zur Erklärung das Minilexikon oder ein anderes Nachschlagewerk heran.

2. **Thema der Darstellung**
   a) Worum geht es in dem Text?
   b) Ist die Überschrift deiner Meinung nach passend? Begründe.

3. **Gliederung und Inhalt der Darstellung**
   a) Der Text besteht inhaltlich aus zwei Teilen. Erläutere.
   b) Erstelle eine stickpunktartige Gliederung.
   c) Fasse die Inhalte der einzelnen Abschnitte zusammen.

4. **Sprache der Darstellung**
   a) Der Autor verwendet einen sachlichen Stil. Suche Beispiele.
   b) Suche im Text Zitate, die von der NSDAP selbst stammen. Weshalb verwendet der Autor solche Zitate?

5. **Bewertung der Darstellung**
   a) Ist der Text sachlich und objektiv oder lässt sich eine Tendenz feststellen?
   b) Leistet der Text einen sinnvollen Beitrag zur Beantwortung der Ausgangsfrage?

Nationalsozialismus und Zweiter Weltkrieg

M 1 „SS-Jungschütze"
Porzellanfigur der „Staatlichen Porzellanmanufaktur Nymphenburg", 1941

Verführung und Gewalt

Alltagsleben in der Diktatur

Es war unmöglich, sich dem Nationalsozialismus völlig zu entziehen, da er im Alltag überall anwesend war: besonders durch den „Deutschen Gruß" und die massenhafte Verbreitung von NS-Symbolen und Hitlerbildern. Das Hakenkreuz fand sich nicht nur auf Fahnen und Uniformen, sondern auch auf Geschirr, Werkzeug, Christbaumschmuck, Briefköpfen, Spielzeug und vielem mehr. Das ganze Jahr über gab es nationalsozialistische Feier- und Gedenktage.

Während der Staat die einen als Mitglieder der „deutschen Volksgemeinschaft" umwarb, drängte er die „Gemeinschaftsfremden" immer weiter an den Rand. Wer nicht dazugehörte oder dazugehören wollte, bekam dies deutlich zu spüren. Der nationalsozialistische Staat trat mit einem totalen Machtanspruch auf, setzte ihn gewaltsam durch und ließ dem Einzelnen keine persönliche Freiheit.

Verführung – Förderung der „deutschen Volksgemeinschaft"

Entsprechend ihrer Rassenideologie wollten die Nationalsozialisten ein „neues deutsches Volk", eine „deutsche Volksgemeinschaft" formen. Zu ihrem Familienideal zählten Kinderreichtum und eine feste Rollenverteilung zwischen Mann und Frau: Während der Mann als Kämpfer und Soldat idealisiert wurde, sollte die Frau vor allem Hausfrau und Mutter sein. Der Anteil der Studentinnen wurde auf zehn Prozent beschränkt, berufstätige Frauen oft behindert und von Führungspositionen ausgeschlossen. In politische Ämter konnten Frauen nicht mehr gewählt werden.

Zur Verbreitung der „arischen Rasse" sollten möglichst viele „erbgesunde" Kinder geboren werden. Ehestandsdarlehen, finanzielle Hilfen und Großprojekte im Wohnungsbau unterstützten dieses Konzept. Ab 1939 wurden kinderreiche Mütter mit dem Mutterkreuz („Ehrenkreuz der deutschen Mutter") ausgezeichnet.

M 2 Wohnungsbau
In Braunschweig-Lehndorf wurde zwischen 1934 und 1936 eine „Gemeinschaftssiedlung" mit etwa 2600 Wohneinheiten gebaut, Foto von 1936.

Häufig fanden Sammlungen und Spenden für die Allgemeinheit statt, so z. B. für das „Winterhilfswerk", das die materielle Not Bedürftiger lindern sollte. Während die „Hitlerjugend" auf der Straße mit Geldbüchsen umherzog, gerieten Sammlungen der SA und SS oft zur Kontrolle von Privathaushalten. Sie nutzten Spendenaufrufe zu systematischen Hausbesuchen und spähten Verdächtige aus. Wer nicht spendete, fiel auf, was niemand leichtfertig herauszufordern wagte.

Freizeit und Unterhaltung für die „arischen Deutschen"

„Man soll nicht von früh bis spät Gesinnung machen." – Mit diesem Satz begründete Joseph Goebbels 1933 die – scheinbar unpolitischen – Freizeitangebote und Unterhaltungsmöglichkeiten, welche die Nationalsozialisten organisierten.

„Kraft durch Freude" (KdF) war die Freizeitorganisation der „Deutschen Arbeitsfront" (DAF): Die Menschen sollten gemeinsam mit anderen „deutschen Volksgenossen" Kraft schöpfen für die harte Arbeit im Alltag. Die KdF-Angebote umfassten günstige Urlaubsfahrten, Sportgruppen, Musikgruppen und gemeinschaftliche Aktivitäten. Auf diese Weise konnten sich viele Menschen erstmals einen Urlaub leisten, was die Beliebtheit des Regimes steigerte.

Auch die Unterhaltungsindustrie sollte ihren Beitrag zur Erholung und Entspannung leisten. Die „Reichskulturkammer" unter Goebbels' Leitung steuerte die Bereiche Literatur, Musik, Theater, Film, Rundfunk und Unterhaltung. Viele Unterhaltungsfilme, die keine direkten politischen Aussagen enthalten, werden bis heute im Fernsehen gezeigt, z. B. „Die Feuerzangenbowle" mit Heinz Rühmann.

Unsicherheit, Rechtlosigkeit und Gewalt

Die propagierte „Volksgemeinschaft" war denen verschlossen, die nicht in das Bild der Nationalsozialisten passten: politische Gegner, Juden, Sinti und Roma, geistig und körperlich Behinderte oder Homosexuelle. Die Folgen waren Ausgrenzung, Verfolgung und Vernichtung des „undeutschen" und „kranken" Lebens.

Die Nationalsozialisten kontrollierten die Menschen in immer stärkerem Maße. Damit erzeugten sie Unsicherheit, Angst und das Gefühl, ausgeliefert zu sein. Wenn es nachts an der Tür läutete, konnte dies die „Gestapo" (Geheime Staatspolizei) sein. Gesteigert und perfektioniert wurde das Unsicherheitsgefühl durch ein System anhaltender Beobachtung und Denunziation. So kontrollierten Blockwarte die Häuser und meldeten Auffälliges.

Der Schutz des Einzelnen durch den Rechtsstaat wurde immer mehr durchlöchert und entfiel schließlich völlig. Bereits 1933 kam es zu Verhaftungen ohne richterlichen Beschluss. Dies betraf damals über 25 000 Menschen, vor allem Gewerkschaftsfunktionäre, Kommunisten und Juden. Die Richter wurden bald auf den NS-Staat verpflichtet und mussten NS-Hoheitszeichen auf ihrer Amtsrobe tragen.

Im Krieg kam es zu weiteren Verschärfungen. So konnte „Wehrkraftzersetzung" wie Verweigerung des Kriegsdienstes, Fahnenflucht oder Sabotage mit dem Tod bestraft werden. Aktenkundig sind etwa 32 000 Todesurteile während des „Dritten Reichs" – vermutet werden jedoch weit über 40 000.

M 3 Ausgrenzung, Verfolgung und Ermordung

Der 1907 in Wilsche bei Gifhorn geborene sinto-deutsche Boxer Johann Wilhelm Trollmann – 1933 deutscher Meister im Halbschwergewicht – wurde 1943/44 im KZ Neuengamme ermordet.

Nationalsozialismus und Zweiter Weltkrieg

Systematischer Terror im Konzentrationslager

Inbegriff des nationalsozialistischen Terrors sind die „Konzentrationslager" (KZ). Organisatoren und Vollstrecker waren neben der „Gestapo" der SD (Sicherheitsdienst) und die SS. Eine zentrale Rolle spielte dabei Heinrich Himmler (1900–1945), der ab 1936 als „Reichsführer SS und Chef der deutschen Polizei" den gesamten Sicherheitsapparat kontrollierte.

Anfangs gab es „wilde" Gefängnisse und KZ, in denen vor allem die SA folterte und tötete. Ab Mitte 1933 bauten die Nationalsozialisten jedoch eine planvolle Organisation mit klarer Verantwortlichkeit auf und unterstellten die Konzentrationslager später der SS. Inhaftiert wurden die Menschen ohne Gerichtsurteil.

Die ersten Häftlinge waren politische Gegner des Regimes und jüdische Bürger. Später folgten Sinti und Roma, Homosexuelle, Geistliche, Kriegsdienstverweigerer (z. B. Zeugen Jehovas) und Kriminelle, nach 1939 auch Kriegsgefangene. Insgesamt gab es bis 1945 in Deutschland und den eroberten Gebieten 23 KZ-Stammlager und über 1 000 Außenlager. Die Häftlinge mussten harte Zwangsarbeit leisten. Viele starben an Unterernährung, Erschöpfung, Krankheit oder sadistischer Quälerei, andere wurden erschossen. Manche wurden sogar für medizinische Experimente missbraucht.

Die Inschrift am Lagertor des KZ Dachau lautete: „Arbeit macht frei!" Das war zynisch, denn trotz härtester Arbeit kamen nur wenige frei. Wer entlassen wurde, musste eine Schweigeverpflichtung unterschreiben; dennoch sickerten viele Informationen über das Innenleben der KZ in der Öffentlichkeit durch. Wenn man allein Dachau herausgreift, lassen sich die Dimensionen des nationalsozialistischen Terrors erahnen: Laut Lageraufzeichnungen waren von 1933 bis 1945 etwa 206 200 Menschen inhaftiert. 31 591 Todesfälle sind beurkundet, doch dürfte ihre Zahl wesentlich höher liegen.

M 4 Heinrich Himmler
Der „Reichsführer SS und Chef der Deutschen Polizei" war maßgeblich an der Errichtung der Konzentrationslager beteiligt, Foto von 1935.

M 5 Flucht aus dem KZ
Im Ausland erschienener Bericht eines geflohenen KZ-Häftlings, 1933

M 6 Das Konzentrationslager Oranienburg
Zu den Inhaftierten zählte Fritz Ebert, Sohn des früheren sozialdemokratischen Reichspräsidenten Friedrich Ebert (2. Häftling von links), Foto vom Juli 1933.

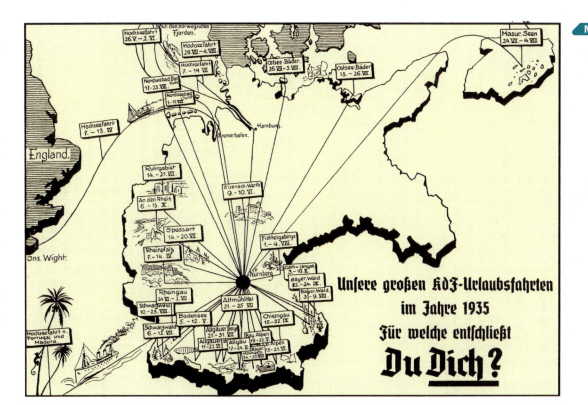

M 7

M 8 Urlaubsfahrten mit „KdF" 1938

Einmal im Jahr sollten Deutsche aus dem umfangreichen Angebot der „KdF"-Reisen eine Erholungsfahrt auswählen: Die günstigsten Reisen kosteten 10,– RM, die teuersten – z. B. eine Norwegenfahrt auf der „Wilhelm Gustloff" – 62,– RM.:

Denke stets daran, dass du als KdF-Urlauber einer nationalsozialistischen Gemeinschaft angehörst. Du bist nicht „Kunde", sondern Angehöriger der NS-Gemeinschaft „Kraft durch Freude", die
5 nichts anderes darstellt als das Werk einer großen Gemeinschaft. Du hast aber nur dann ein Recht, von dieser Gemeinschaft etwas zu fordern, wenn du für diese etwas leistest. Dein Beitrag dazu soll darin bestehen, dass du uns zu verstehen suchst
10 und mithilfst, dem deutschen Volke durch „KdF" immer noch Größeres und Schöneres zu geben. […] Wir weisen ausdrücklich darauf hin, dass an KdF-Fahrten ausschließlich gesunde und lebensfrohe Volksgenossen teilnehmen sollen. […] Volks-
15 genossen, welche belästigend, Ekel erregend oder sonst allgemein anstößig wirken (Schwachsinnige usw.) können grundsätzlich nicht teilnehmen.

Urlaubsfahrten mit Kraft durch Freude, Gau Franken 1938, Nürnberg 1938, S. 3 und S. 57.

M 9 KdF-Reisekatalog (1938)

Teilnehmen konnte nur, wer Mitglied der KdF oder einer anderen NS-Vereinigung war.

Nationalsozialismus und Zweiter Weltkrieg

Konzentrationslager für Schutzhäftlinge in Bayern

München, 20. März.

Bezüglich der Dauer der Schutzhaft laufen fortgesetzt zahllose Anfragen bei der Polizeidirektion ein. Polizeipräsident Himmler erklärte hierzu, es sei notwendig, das Material, das wir in ungeahnten Mengen beschlagnahmen konnten, zu sichten. Anfragen halten in der Sichtung dieses Materials nur auf und laufen praktisch darauf hinaus, daß jede Anfrage dem Schutzhäftling einen Tag mehr kostet.

Bei dieser Gelegenheit trat Polizeipräsident Himmler den Gerüchten über eine schlechte Behandlung der Schutzhäftlinge entschieden entgegen.

Aus zwingenden Gründen sind einige Änderungen in der Unterbringung der Schutzhäftlinge notwendig geworden.

Am Mittwoch wird in der Nähe von Dachau das erste Konzentrationslager mit einem Fassungsvermögen für 5000 Menschen errichtet werden. Hier werden die gesamten kommunistischen und soweit dies notwendig ist, Reichsbanner- und sozialdemokratischen Funktionäre, die die Sicherheit des Staates gefährden, zusammengezogen, da es auf die Dauer nicht möglich ist und den Staatsapparat zu sehr belastet, diese Funktionäre in den Gerichtsgefängnissen unterzubringen. Es hat sich gezeigt, daß es nicht angängig ist, diese Leute in die Freiheit zu lassen, da sie weiter hetzen und Unruhe stiften. Im Interesse der Sicherheit des Staates müssen wir diese Maßnahme treffen ohne Rücksicht auf kleinliche Bedenken. Polizei und Innenministerium sind überzeugt, daß sie damit zur Beruhigung der gesamten nationalen Bevölkerung und in ihrem Sinne handeln.

M 10 „Völkischer Beobachter"
Seite vom 21.3.1933

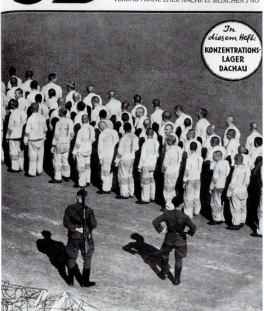

M 11 „Konzentrationslager Dachau"
Titelseite des „Illustrierten Beobachters" vom 3.10.1936 mit einer Reportage über das KZ

M 12 Lagerordnung

Aus der „Disziplinar- und Strafordnung" für das KZ Dachau vom 1.10.1933:

Im Rahmen der bestehenden Lagervorschriften werden zur Aufrechterhaltung der Zucht und Ordnung für den Bereich des Konzentrationslagers Dachau nachstehende Strafbestimmungen erlassen. […]
Toleranz bedeutet Schwäche. Aus dieser Erkenntnis heraus wird dort rücksichtslos zugegriffen werden, wo es im Interesse des Vaterlandes notwendig erscheint. Der anständige, verhetzte Volksgenosse wird mit diesen Strafbestimmungen nicht in Berührung kommen. Den politisierenden Hetzern und intellektuellen Wühlern – gleich welcher Richtung – aber sei gesagt, hütet euch, dass man euch nicht erwischt, man wird euch sonst nach den Hälsen greifen und nach eurem eignen Rezept zum Schweigen bringen. […]
§ 6
Mit 8 Tagen strengem Arrest und mit je 25 Stockhieben zu Beginn und am Ende der Strafe wird bestraft:
1. wer einem SS-Angehörigen gegenüber abfällige oder spöttische Bemerkungen macht, die vorgeschriebene Ehrenbezeugung absichtlich unterlässt oder durch sein sonstiges Verhalten zu erkennen gibt, dass er sich dem Zwange der Zucht und Ordnung nicht fügen will. […]

Konzentrationslager Dachau, hrsg. vom Comité International de Dachau, Dachau o. J., S. 69 und 135.

M 13 Bericht der Exil-SPD

Die Leitung der Exil-SPD versuchte aus dem Ausland, den Genossen in Deutschland heimlich zu helfen und den Widerstand gegen den Nationalsozialismus zu organisieren. Sie analysierte das Verhalten der Arbeiterschaft im Januar 1935:

Es zeigt sich, dass die Wirkungen der Wirtschaftskrise auf die innere Widerstandskraft der Arbeiterschaft verheerender waren, als man bis dahin glaubte. Immer wieder wird dieselbe Erfahrung gemacht: Der mutigste illegale Kämpfer, der rücksichtloseste Gegner des Regimes ist in der Regel der Erwerbslose, der nichts mehr zu verlieren hat. Kommt aber ein Arbeiter nach jahrelanger Arbeitslosigkeit in den Betrieb, so wird er – und seien Lohn und Arbeitsbedingungen noch so schlecht – auf einmal ängstlich. Jetzt hat er wieder etwas zu verlieren. […]
Die Nationalsozialisten haben das Selbstvertrauen der Arbeiterschaft zerstört, die Kräfte der Solidarität verschüttet und ihren Willen zum Widerstand gelähmt. Das ist im Wesentlichen der Stand am Ende des zweiten Jahres der Diktatur. Es zeigen sich vereinzelt Ansätze neu erwachenden Widerstandsgeistes, aber es ist noch nicht zu übersehen, ob aus den Ansätzen bald eine allgemeine Bewegung herauswachsen wird.

Wolfgang Michalka (Hg.), Das Dritte Reich, Dokumente zur Innen- und Außenpolitik, Band 1: „Volksgemeinschaft" und Großmachtpolitik 1933–1939, München 1985, S. 88.

M 14 Bericht der Gestapo

Aus einem Bericht der „Geheimen Staatspolizei" des Regierungsbezirks Aachen vom 7.8.1935:

Leider erfasst die gegen den Staat und die Bewegung gerichtete stille, gleichwohl aber nachhaltige und gefährliche Opposition neuerdings immer weitere Kreise. Zu den Teilen der Arbeiterschaft […] und der im hiesigen Bezirk sehr breiten Schicht kirchentreuer Katholiken […] kommen hinzu jene bürgerlichen Elemente, die sich aus ihrem rein wirtschaftlich-materiellen Denken nicht loslösen können und dem Kampf der Bewegung gegen Juden [und den] politischen Katholizismus verständnislos gegenüberstehen und aus ihrem liberalistischen Denken heraus jegliche Eingriffe des Staates in ihre eigene Sphäre ablehnen. Vielfach setzen gerade diese Kreise ihre Hoffnung auf die Reichswehr, die in Gerüchten oft in einen Gegensatz zur Partei gebracht wird. Auch hier geht der Reim um:
„Heil Hitler ist der deutsche Gruß,
Die Reichswehr steht Gewehr bei Fuß.
Blomberg[1] wartet auf den großen Krach
Und dann sagen wir wieder ‚Guten Tag'.
Im dritten Reich marschieren wir,
Im vierten Reich regieren wir."

[1] Blomberg = damaliger Reichskriegsminister

Wolfgang Michalka (Hg.), Das Dritte Reich, Dokumente zur Innen- und Außenpolitik, Band 1: „Volksgemeinschaft" und Großmachtpolitik 1933–1939, München 1985, S. 93 f.

Aufgaben

1. a) Erkläre die Funktion und die Bedeutung der DAF bzw. der Angebote der Organisation „Kraft durch Freude".
   b) Beurteile, welche Wirkung die Symbolik und die KdF-Fahrten auf die Menschen hatte.
   c) Setze dich mit der von den Nationalsozialisten propagierten Vorstellung einer „Volksgemeinschaft" auseinander.
   → Text, M2, M7–M9
2. a) Erkläre, warum die Nationalsozialisten systematisch Terror eingesetzt haben.
   b) Der Eingangsspruch zum KZ Dachau lautete „Arbeit macht frei". Nimm dazu Stellung.
   c) Erläutere, warum in den KZs eine umfangreiche Kennzeichnung eingeführt wurde. Welche Funktion hatte es, dass Nationalsozialisten die Häftlinge nur mit ihrer Nummer angeredet haben?
   d) Versuche einzuschätzen, welche Wirkung die Konzentrationslager auf die Oppositionellen 1933 gehabt haben müssen.
   → Text, M3, M5, M6, M10–M12
3. Fertige eine Dokumentation über den Boxer Johann Wilhelm Trollmann an.
   → M3, Internet
4. Finde für die Seiten 175, 176 und 177 passende Überschriften.
5. Recherchiere (z. B. im Internet), ob bzw. wo es in der Nähe deines Heimatortes ein Konzentrationslager gegeben hat. → Internet

Die Hitlerjugend

Jugend im NS-Staat
„Du bist nichts – dein Volk ist alles!" – „Führer befiehl – wir folgen dir!" Das waren Propagandasprüche, die die Jugend im NS-Staat überfluteten: in Klassenzimmern, auf Plakatwänden oder bei Veranstaltungen. Von Kindesbeinen an war der Nationalsozialismus Teil des Alltags: auf Sammelbildern, in Kinderbüchern, bei Aufmärschen oder in Radiosendungen. Die Nationalsozialisten hatten erkannt, wie wichtig es war, die Jugend in ihrem Sinn zu erziehen und an sich zu binden. Hitler wollte eine sportliche, kriegsbereite Jugend, die „hart wie Kruppstahl" war. Jungen und Mädchen sollten zu „rassebewussten" Mitgliedern der „Volksgemeinschaft" erzogen werden und dem „Führer" bedingungslos folgen.

Die „Erfassung" der Jugend
Vor 1933 war fast jeder zweite Jugendliche Mitglied in einer Jugendorganisation, sei es ein Sportverein, eine christliche oder politische Vereinigung. Hitler beauftragte nach der Machtübernahme „Reichsjugendführer" Baldur von Schirach damit, alle Jugendlichen bis zu 18 Jahren in der „Hitlerjugend" (HJ) zu erfassen: die Jungen im Alter von 10–14 Jahren im „Jungvolk", im Alter von 14–18 Jahren in der „Hitlerjugend". Der Name „Hitlerjugend" blieb Oberbegriff für alle NS-Jugendorganisationen. Die Mädchen wurden bei den „Jungmädeln" und dem „Bund Deutscher Mädel" (BDM) organisiert. Alle anderen Jugendgruppen wurden eingegliedert oder verboten.

M 1 Der Jugendliche im NS-Staat

Die „Hitlerjugend" als „Staatsjugend"
Bis 1936 blieb der Dienst in der HJ freiwillig. Trotz Propaganda und Vergünstigungen war bis zu diesem Zeitpunkt nur die Hälfte aller Jugendlichen zum Eintritt bereit. Das „Gesetz über die Hitlerjugend" von 1936 fasste daher alle Jugendliche zwischen 10 und 18 Jahren automatisch in der Hitlerjugend zusammen. So wurde die nationalsozialistische Parteijugend zur „Staatsjugend". Anfang 1938 zählte die HJ nach eigenen Angaben sieben Millionen Mitglieder.

Attraktivität für Kinder und Jugendliche
1933 gab es in Deutschland wesentlich mehr jüngere Menschen als heute. Mit Sprüchen wie „Macht Platz, ihr Alten!" wirkte die NS-Bewegung auf junge Menschen besonders attraktiv. Es war ein bestechendes Gefühl, als junger Mensch ernst genommen und gebraucht zu werden – man galt als „Garant der Zukunft" und Hitler wandte sich in vielen Reden ganz besonders an die Jugend.

Die HJ bot Kindern und Jugendlichen bei Fackelzügen und Lagerfeuern, beim Singen und Marschieren, bei Sport und Geländespielen Gemeinschaftserlebnisse. Attraktiv war auch, dass nicht Erwachsene befahlen, sondern Jugendliche als HJ-Führer Verantwortung trugen. Da viele von ihnen in bescheidenen Verhältnissen lebten, erhielten sie durch die HJ erstmals die Möglichkeit, Fahrten zu unternehmen. Auch das Tragen der HJ-Uniform förderte das Gefühl, an etwas Großem teilzuhaben. Dies vermittelte vielen Jugendlichen ein Gefühl der Überlegenheit.

M 2 Hitlerjungen bei der Schießausbildung, Foto von 1938

M 3 „BDM-Mädel" in einem Zeltlager, Foto von 1938

Kriegsvorbereitung
Allerdings dienten sportliche Angebote wie Schießen oder Segelfliegen auch der vormilitärischen Ausbildung. Geländespiele hatten das gleiche Ziel: Jugendliche lernten Karten zu lesen, Hügel zu verteidigen, Maschinengewehr-Attrappen zu bedienen und sammelten schließlich Wollfäden von „getöteten" Gegnern. Dementsprechend spielte das Militärische im Rahmen der HJ eine große Rolle. Uniformen und Dienstgrade waren der Armee nachempfunden, Marschieren und Exerzieren bestimmten die wöchentlichen Zusammenkünfte und Ferienlager. Eine eigene Meinung war unerwünscht. Es herrschte das Prinzip von Befehl und Gehorsam.

Ausgrenzung Andersdenkender
Der gezielt eingesetzte Gruppendruck veranlasste viele zum Mitmachen, da sie nicht abseits stehen wollten. Daher schickten Eltern ihre Kinder oft bewusst zur HJ, auch wenn sie selbst nicht davon überzeugt waren. Wer fern blieb, lief Gefahr, von Funktionären der Partei unter Druck gesetzt und benachteiligt zu werden. Dennoch gab es Jugendliche, die eine Mitgliedschaft verweigerten oder allenfalls halbherzig mitmachten.

Zudem mehrten sich Berichte über aufkommenden Unmut, weil die HJ mit den Jahren nichts Neues mehr bot. Die immer gleichen HJ-Abende mit ihren politischen Schulungen, die Dienste und Pflichten und auch das einförmige Marschieren und Exerzieren wurden vielen jungen Leuten langweilig. Es ist daher schwer einzuschätzen, wie erfolgreich die ideologische Berieselung der Jugendlichen durch die Nationalsozialisten war.

„Bund Deutscher Mädel" – Lebenserinnerungen befragen

M 4 „Mein Weg in die Hitler-Jugend"

Die Zeitzeugin Melita Maschmann berichtet:

Auf die Frage, welche Gründe junge Menschen damals veranlasst haben, Nationalsozialisten zu werden, wird es viele Antworten geben. Vermutlich hat der Gegensatz der Generationen und das
5 Zusammentreffen der Hitlerschen Machtübernahme mit einem bestimmten Pubertätsstadium dabei oft eine Rolle gespielt. Für mich war es ausschlaggebend: Ich wollte einen anderen Weg gehen als den konservativen, den mir die Familientradition
10 vorschrieb. Im Mund meiner Eltern hatte das Wort „sozial" oder „sozialistisch" einen verächtlichen Klang. Sie sprachen es aus, wenn sie sich darüber entrüsteten, dass die bucklige Hausschneiderin so anmaßend war, sich politisch betätigen zu wollen.
15 Am 30. Januar 1933 verkündeten sie, dass jetzt eine Zeit anbrechen würde, in der Dienstmädchen nicht mehr am Küchentisch essen müssten. Meine Mutter hatte stets vorbildlich für ihre Angestellten gesorgt, aber es wäre ihr absurd vorgekommen,
20 Tischgemeinschaft mit ihnen zu haben.

Keine Parole hat mich je so fasziniert wie die der Volksgemeinschaft. Ich habe sie zum ersten Mal aus dem Mund der verkrüppelten und verhärmten Schneiderin gehört, und am Abend des 30. Januar
25 bekam sie einen magischen Glanz. Die Art dieser ersten Begegnung bestimmte ihren Inhalt: Ich empfand, dass sie nur im Kampf gegen die Standesvorurteile der Schicht verwirklicht werden konnte, aus der ich kam, und dass sie vor allem
30 den Schwachen Schutz und Recht gewähren musste. Was mich an dieses phantastische Wunschbild band, war die Hoffnung, es könnte ein Zustand herbeigeführt werden, in dem die Menschen aller Schichten miteinander leben würden wie Ge-
35 schwister. Am Abend des 30. Januar nahmen meine Eltern uns Kinder – meinen Zwillingsbruder und mich – mit in das Stadtzentrum. Dort erlebten wir den Fackelzug, mit dem die Nationalsozialisten ihren Sieg feierten. Etwas Unheimliches ist mir von
40 dieser Nacht her gegenwärtig geblieben.

Das Hämmern der Schritte, die düstere Feierlichkeit roter und schwarzer Fahnen, zuckender Widerschein der Fackeln auf den Gesichtern und Lieder, deren Melodien aufpeitschend und sentimental
45 zugleich klangen. Stundenlang marschierten die Kolonnen vorüber, unter ihnen immer wieder Gruppen von Jungen und Mädchen, die kaum älter waren als wir. In ihren Gesichtern und in ihrer Haltung lag ein Ernst, der mich beschämte. Was war
50 ich, die ich nur am Straßenrand stehen und zusehen durfte, mit diesem Kältegefühl im Rücken, das von der Reserviertheit der Eltern ausgestrahlt wurde? Kaum mehr als ein zufälliger Zeuge, ein Kind, das noch Jungmädchenbücher zu Weihnachten geschenkt bekam. Und ich brannte doch darauf,
55 mich in diesen Strom zu werfen, in ihm unterzugehen und mitgetragen zu werden. […]

In diesem Alter findet man sein Leben, das aus Schularbeiten, Familienspaziergängen und Geburtstagseinladungen besteht, kümmerlich und
60 beschämend arm an Bedeutung. Niemand traut einem zu, dass man sich für mehr interessiert als für diese Lächerlichkeiten. Niemand sagt: Du wirst für das Wesentliche gebraucht, komm! Man zählt noch nicht mit, wo es um ernste Dinge geht. Aber
65 die Jungen und Mädchen in den Marschkolonnen zählten mit. Sie trugen Fahnen, wie die Erwachsenen, auf denen die Namen ihrer Toten standen. Irgendwann sprang jemand plötzlich aus der Marschkolonne und schlug auf einen Mann ein,
70 der nur wenige Schritte von uns entfernt gestanden hatte. Vielleicht hatte er eine feindselige Bemerkung gemacht. Ich sah ihn mit blutüberströmtem Gesicht zu Boden fallen, und ich hörte ihn schreien. Eilig zogen uns die Eltern fort aus
75 dem Getümmel, aber sie hatten nicht verhindern können, dass wir den Blutenden sahen.

Sein Bild verfolgte mich tagelang. In dem Grauen, dass es mir einflößte, war eine winzige Zutat von berauschender Lust: „Für die Fahne wollen wir ster-
80 ben", hatten die Fackelträger gesungen. Es ging um Leben und Tod. Nicht um Kleider oder Essen oder Schulaufsätze, sondern um Tod und Leben. Für wen? Auch für mich? Ich weiß nicht, ob ich mir die Frage damals gestellt habe, aber ich weiß, dass
85 mich ein brennendes Verlangen erfüllte, zu denen zu gehören, für die es um Leben und Tod ging. Wenn ich den Gründen nachforsche, die es mir verlockend machten, in die Hitler-Jugend einzutreten, so stoße ich auch auf diesen: Ich wollte aus
90 meinem kindlichen, engen Leben heraus und wollte mich an etwas binden, das groß und wesentlich war. Dieses Verlangen teilte ich mit unzähligen Altersgenossen.

Melita Maschmann, Fazit. Mein Weg in die Hitler-Jugend, München 1981, S. 8 f.

Propagandaplakate analysieren

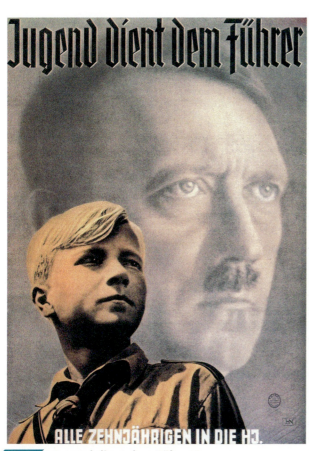

M 5 „Jugend dient dem Führer"
Propagandaplakat der HJ, 1935

M 6 „Auch Du gehörst dem Führer"
Propagandaplakat des BDM, 1937

Aufgaben

1. a) Erkläre, warum die Nationalsozialisten die Jugend für sich gewinnen wollten.
   b) Erläutere, welche Rolle die NS-Jugendorganisationen dabei spielen sollten.
   c) Erkläre, was Hitler damit meinte, dass die Jugend „nicht mehr frei" werden würde.
   → Text, M1
2. Beschreibe ausgehend von dem Zeltlager-Foto und dem Foto von den Hitlerjungen bei der Schießausbildung die Gleichzeitigkeit von Attraktivität und Zwang der NS-Jugendpolitik.
   → M2, M3
3. Verfasse einen persönlichen Brief an die Zeitzeugin Melita Maschmann, in dem du deine Gedanken und deine Meinung über ihren Bericht sowie deine Fragen an die Autorin formulierst. → M4
4. a) Beschreibe und vergleiche die beiden Propagandaplakate.
   b) Erkläre, welches Ziel mit den Plakaten erreicht werden sollte. Mit welchen gestalterischen Mitteln wurde hier gearbeitet, um dieses Ziel zu erreichen?
   c) Die Propagandaplakate wirken aus heutiger Sicht abschreckend oder lächerlich. Für viele damalige Jugendliche waren sie das jedoch nicht. Versuche zu ermitteln, was an den Aussagen für die damalige Jugend attraktiv war.
   → M5, M6

Nationalsozialismus und Zweiter Weltkrieg

M 1 Der „Judenboykott" 1933
SA-Mann am 1. April 1933 vor einem jüdischen Kaufhaus in Berlin

Ausgrenzung und Entrechtung der Juden

Judenfeindliche Aktionen

Der Antisemitismus war nach Hitlers Machtübernahme zentraler Bestandteil der Regierungspolitik. Dabei lassen sich verschiedene Phasen der Entrechtung und Verfolgung unterscheiden.

Am 1. April 1933 organisierte die NSDAP einen „Judenboykott", der sich gegen jüdische Geschäfte, Ärzte und Rechtsanwälte richtete. Es kam zu gewalttätigen Übergriffen, Vandalismus und Diebstahl. Begründet wurde der Boykott als Antwort auf angeblich jüdische Hetze gegen das „neue Deutschland".

Das „Gesetz zur Wiederherstellung des Berufsbeamtentums" vom 7. April 1933 ermöglichte den neuen Machthabern die Entlassung jüdischer Beamter und politischer Gegner aus dem öffentlichen Dienst. Andere Bestimmungen schränkten die Tätigkeit jüdischer Ärzte und Rechtsanwälte ein. Dieser Druck verstärkte sich 1935. Neben Schändungen von Synagogen und Zuzugsverboten erfolgten Boykottkampagnen gegen jüdische Geschäfte und andere Unternehmen, häufig auf Betreiben der „arischen" Konkurrenz.

Die „Nürnberger Gesetze"

Eine neue Stufe der Entrechtung jüdischer Mitbürger bedeuteten die „Nürnberger Gesetze" von 1935. Sie schieden die Bevölkerung in „Reichsbürger deutschen oder artverwandten Blutes", die „alleinige Träger der vollen politischen Rechte" sein sollten, und übrige „Staatsangehörige" und deklassierten Juden zu Bürgern minderen Rechts. Das „Gesetz zum Schutze des deutschen Blutes und der deutschen Ehre" verbot sexuelle Beziehungen zwischen „Juden und Staatsangehörigen deutschen und artverwandten Blutes", ferner auch Eheschließungen. Die rechtliche Diskriminierung zog die gesellschaftliche Isolierung der Juden nach sich.

M 2 „An den Pranger"
Anschlag 1936 in Nürnberg

M 3 Judenhetze in Deutschland
Spruchband in der pommerschen Kleinstadt Greifenberg, 1935

Verschärfung des Antisemitismus

Nachdem sich das NS-Regime während der Olympischen Spiele 1936 zurückgehalten hatte, verschärfte es den judenfeindlichen Kurs erneut. Es folgten Berufsverbote für jüdische Ärzte und Anwälte, Verbote zum Betrieb von Einzelhandels- und Versandgeschäften sowie das Einfrieren jüdischer Vermögenswerte. Ziel war die Vertreibung der Juden aus Deutschland. Diese Maßnahmen verunsicherten die jüdische Bevölkerung noch mehr, doch hofften die meisten – allen Demütigungen zum Trotz –, in ihrem Vaterland weiterhin leben zu können.

Von den etwa 500 000 deutschen Juden, die Anfang 1933 in Deutschland lebten, hatten bis Ende 1938 nur 150 000 ihre Heimat verlassen. Die Emigration war wegen der Erhebung einer „Reichsfluchtsteuer" mit nahezu totalem Vermögensverlust verbunden. Doch auch das Ausland war nur zögernd bereit, Juden aufzunehmen.

M 4

Jüdischer Exodus aus Deutschland						
1933	1934	1935	1936	1937	1938	1939
38 000	22 000	21 000	24 500	23 500	40 000	78 000

Verdrängung der deutschen Juden von Arbeitsplätzen						
	Selbstständige	Angestellte	Arbeiter	ohne Erwerb	Industrie Handwerk	Handel Verkehr	Dienstleistung
1933	111 439	80 935	23 958	61 229	55 947	148 375	33 455
1939	5 367	8 152	19 446	107 855	11 500	6 500	13 100

Die Verschleppung polnischer Juden

1938 verwehrte Polen allen Juden polnischer Nationalität, die mehr als fünf Jahre im Ausland gelebt hatten, die Rückkehr. Da das NS-Regime an ihrem Verbleib nicht interessiert war, schob es Ende Oktober 1938 12 000 von ihnen an die polnische Grenze ab, wo sie unter menschenunwürdigen Bedingungen interniert wurden.

Unter den vertriebenen Juden befanden sich auch Angehörige von Herschel Grynszpan, der in Paris lebte. Als er vom Schicksal seiner Familie erfuhr, erschoss er einen deutschen Diplomaten.

Die Pogrome vom 9./10. November 1938

Die Nationalsozialisten benutzten das Attentat als Vorwand für reichsweite Pogrome gegen die jüdische Bevölkerung, die unter dem beschönigenden Schlagwort „Reichskristallnacht" in die Geschichte eingegangen sind.

In der Nacht vom 9. zum 10. November 1938 zerstörten nationalsozialistische Kolonnen etwa 7 000 jüdische Geschäfte, setzten Synagogen in Brand und demolierten Wohnungen, Schulen und Betriebe. Im Verlauf des Pogroms wurden zahlreiche Juden misshandelt, 91 fanden den Tod, über 30 000 wurden ohne jede Rechtsgrundlage in „Schutzhaft" genommen, um ihre Auswanderung zu erpressen.

Wer immer noch nicht bereit war, die deutsche Heimat zu verlassen, musste so tiefe Demütigungen und Beschränkungen hinnehmen, dass ein geregeltes Leben nicht länger möglich war. So durften Juden keine Bahnhöfe, Kinos, Badeanstalten oder andere öffentliche Einrichtungen mehr betreten, sogar das Halten von Haustieren wurde ihnen untersagt.

M 5 „Brennende Synagoge" in Essen, 9./10. November 1938

Die „Nürnberger Gesetze" – Arbeit mit unterschiedlichen Quellen

M 6 Der Gesetzestext

„Gesetz zum Schutze des deutschen Blutes und der deutschen Ehre" (15.9.1935):

Durchdrungen von der Erkenntnis, dass die Reinheit des deutschen Blutes Voraussetzung für den Fortbestand des deutschen Volkes ist, und beseelt von dem unbeugsamen Willen, die deutsche Nation für alle Zukunft zu sichern, hat der Reichstag einstimmig das folgende Gesetz beschlossen, das hiermit verkündet wird.

§ 1,1. Eheschließung zwischen Juden und Staatsangehörigen deutschen oder artverwandten Blutes sind verboten. Trotzdem geschlossene Ehen sind nichtig, auch wenn sie zur Umgehung dieses Gesetzes im Auslande geschlossen sind […].

§ 2 Außerehelicher Verkehr zwischen Juden und Staatsangehörigen deutschen oder artverwandten Blutes ist verboten.

§ 3 Juden dürfen weibliche Staatsangehörige deutschen oder artverwandten Blutes unter 45 Jahren nicht in ihrem Haushalt beschäftigen.

§ 4, 1. Juden ist das Hissen der Reichs- und Nationalflagge und das Zeigen der Reichsfarben verboten. 2. Dagegen ist ihnen das Zeigen der jüdischen Farben gestattet […].

Aus: Wolfgang Lautemann, Manfred Schlenke (Hg.), Geschichte in Quellen, Band V, München 1975, S. 332 f.

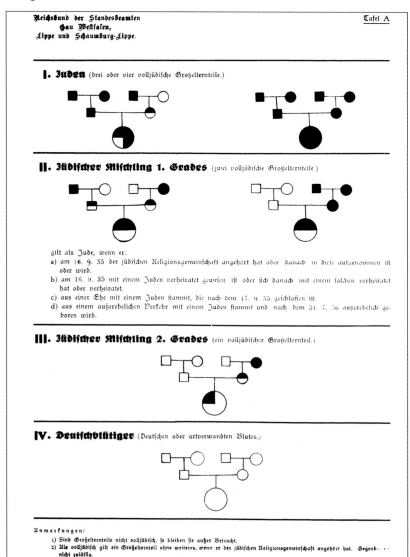

M 7 Schautafel für Standesbeamte
„Gau Westfalen", 1935

Die Novemberpogrome

M 8 Ein Bericht

Ein Augenzeuge berichtet über die Ereignisse, die sich während des Judenpogroms in Hamburg am 10. November 1938 zutrugen:

Ein böser, böser Tag. Fr. erfuhr es zuerst bei Grünmann, dass Geschäfte zerstört und geschlossen seien. Wir gingen zur Stadt, besorgten etwas […]. Die Leute unheimlich geschäftig, beschäftigt,
5 Gruppen, Zusammenballungen, Sperrungen, all die großen jüdischen Geschäfte geschlossen, [bei] Robinsohn, Hirschfeld sämtliche Scheiben zertrümmert, ein fortwährendes Scheppern und Klirren von prasselnden Scheiben, an denen die Gla-
10 ser arbeiteten; nie hörte ich so etwas an Klirren. Schweigende, erstaunte und zustimmende Leute. Eine hässliche Atmosphäre. „Wenn sie drüben unsere Leute totschießen, dann muss man so handeln", entschied eine ältere Frau. Um 18 Uhr im
15 Rundfunk: Demonstrationen und Aktionen gegen die Juden seien sofort einzustellen. – Die Antwort auf den Mord an Herrn vom Rath werde der Führer auf dem Verordnungswege geben. – Goebbels lässt das sagen.D. h. unser Schicksal läuft langsam
20 dem Untergang zu. An der Synagoge waren fast alle Scheiben zertrümmert, auch das Innere war wohl zerstört. Die Leute sahen durch die Türöffnungen hinein. Polizei stand im Vorgarten. Unablässig zogen die Menschen vorüber.
25 Abends brachten Gi. und ich einen kleinen Hund auf unsere Polizeiwache; ein Jude wurde untersucht, in einer Ecke lag auf einem Stuhl ein totenbleicher Mensch. Der kleine Hund beschnupperte den Mann: „Pfui, lass", sagte der Polizeibeamte zu ihm, „das ist ein Jude". 30

Zit. nach: Döscher, Hans-Jürgen, „Reichskristallnacht", Die Novemberpogrome 1938, Berlin 2000, 3. Auflage, S. 112.

M 9 Goebbels-Aufruf vom 10.11.1938

Aufgaben

1. Die Ausgrenzung und Entrechtung der jüdischen Bürger von 1933 bis 1938 vollzog sich in mehreren Etappen. Liste diese auf. → Text
2. Stelle zusammen, welche Auswirkungen die Regelungen der „Nürnberger Gesetze" für einen jüdischen Religionsangehörigen hatten. → M6
3. a) Beschreibe die Schautafel für Standesbeamte von 1935 und erläutere, welche Konsequenzen sich daraus ergeben.
   b) Zeige die Zusammenhänge zwischen den „Nürnberger Gesetzen" und der Schautafel auf. → M6, M7
4. a) Erkläre, warum der Begriff „Reichskristallnacht" für die Ereignisse in Deutschland um den 9. November 1938 eine Beschönigung darstellt.
   b) Welche Haltung nimmt der Augenzeuge zur Reichspogromnacht ein?
   c) Stelle die Reaktionen der Bevölkerung zusammen.
   d) Erläutere, was Joseph Goebbels mit dem Aufruf vom 10.11.1938 beabsichtigte.
   → Text, M8, M9
5. Führe eine Internet-Recherche durch. Informiere dich anhand des Synagogen-Archivs (www.synagogen.info) über die Geschichte der Synagoge in deiner Heimatstadt. Suche weitere Informationen und stelle diese der Projektseite zur Verfügung.

Nationalsozialismus und Zweiter Weltkrieg

M 1 Hitlers „Friedensrede"
US-Karikatur von 1933

Nationalsozialistische Außenpolitik 1933–1938

Kriegsvorbereitung …

Eine zeitgenössische Karikatur zeigt Hitler als Kanone, aus deren Mündung Friedenstauben fliegen. Sie verdeutlicht, dass Hitlers Außenpolitik der Kriegsvorbereitung diente. Diese Zielsetzung zeigt bereits das Programm der NSDAP von 1920, das ein „Großdeutschland" sowie die Aufhebung des Vertrags von Versailles verlangt. Punkt 3 des Programms lautet: „Wir fordern Land und Boden zur Ernährung unseres Volkes und Ansiedlung unseres Bevölkerungsüberschusses." Hitler konkretisierte diese Forderungen in seinem Buch „Mein Kampf": Nicht die Rückgabe der verlorenen Kolonien war sein Ziel, sondern „Lebensraum im Osten" zu gewinnen.

… und Friedensbekundungen

Diese Ziele mochte Hitler nach seiner Machtübernahme nicht mehr öffentlich vertreten, weil Deutschland außenpolitisch isoliert und durch den Versailler Vertrag militärisch geschwächt war. Da das Deutsche Reich 1933 keine starken Bündnispartner an seiner Seite hatte, wären Hitlers Expansionspläne auch auf den Widerstand der übrigen Großmächte gestoßen.

Um seine langfristigen Absichten zu verschleiern, verfolgte Hitler eine Doppelstrategie, die auch der Karikaturist erkannte: In öffentlichen Erklärungen vor dem Reichstag und im Rundfunk warb er für eine „Friedenspolitik". Insgeheim aber rüstete er auf und strebte Deutschlands Kriegsbereitschaft an.

Revision des Versailler Vertrags

Die ersten außenpolitischen Maßnahmen Hitlers sollten Deutschland aus dem sogenannten „Schanddiktat von Versailles" lösen. Zunächst trat das Deutsche Reich im Oktober 1933 aus dem Völkerbund aus, da er hinderlich für künftige Expansionspläne war. Durch einen Nichtangriffspakt mit Polen und ein Flottenabkommen mit Großbritannien suchte Hitler auf internationalem Parkett die „Friedfertigkeit" seiner Politik zu demonstrieren.

Die europäischen Regierungen tolerierten diese Politik, nahmen auch die Wiedereinführung der allgemeinen Wehrpflicht am 16. März 1935 und die Besetzung des entmilitarisierten Rheinlands am 7. März 1936 nach schwachem Protest hin. Sie hatten mit anderen Problemen zu kämpfen und hofften, Hitler zu beschwichtigen und von weitergehenden Schritten abhalten zu können.

Propaganda und Kriegsvorbereitung

Vor der Weltöffentlichkeit nutzte Hitler die Olympischen Spiele in Berlin 1936 zur Steigerung seines internationalen Prestiges und erhob sie zum „Fest des Friedens". Insgeheim arbeitete er darauf hin, die deutsche Wehrmacht und die Schlüsselindustrien der Wirtschaft in vier Jahren kriegsbereit zu machen. Viele Zeitgenossen im In- und Ausland ließen sich von der perfekt inszenierten Propaganda blenden, doch durchschauten kritische Beobachter schon damals die Verschleierungstaktik des nationalsozialistischen Regimes.

M 2 Olympische Spiele 1936
Den internationalen Gästen präsentierte sich das nationalsozialistische Deutschland als weltoffene, wirtschaftlich aufstrebende Nation.

M 3 **Premierminister Chamberlain**
Nach seiner Rückkehr von der Münchener Konferenz verkündete er am 30. September 1938 in London „Peace for our time".

Der „Anschluss" Österreichs

Am 13. März 1938 vollzog Hitler nach massivem Druck auf die Wiener Regierung den „Anschluss" Österreichs, d.h. die Vereinigung mit dem Deutschen Reich, und präsentierte die Annexion der Weltöffentlichkeit als „Befreiung" seiner Heimat. Die überschwängliche Begeisterung, mit der die Österreicher die deutschen Truppen begrüßten, ließ alle Warnungen vor weiterer Expansion verstummen.

Ermutigt von diesem Erfolg forderte Hitler im September 1938 in einer öffentlichen Rede von der Tschechoslowakei die Abtretung ihrer westlichen Grenzgebiete. Diese Gebiete, in denen etwa 3,2 Millionen Sudetendeutsche lebten, hatten die Alliierten nach dem Ersten Weltkrieg der Tschechoslowakei zugeschlagen. Hitler verkündete, dass dies seine letzte territoriale Forderung sei.

Appeasement-Politik

Von Hitlers längst gefasstem Entschluss, die Tschechoslowakei „militärisch zu zerschlagen", ahnte der britische Premierminister Chamberlain nichts, als er sich um eine friedliche Lösung der Sudetenkrise bemühte. Um einen Krieg zu vermeiden, erzwangen Großbritannien, Frankreich, Italien und Deutschland am 29. September 1938 im „Münchener Abkommen" die Abtretung der sudetendeutschen Gebiete. Die Prager Regierung wurde nicht einmal angehört.

Diese Appeasement-Politik, die auf Beschwichtigung und Zeitgewinn setzte, ist bis heute umstritten. War es vertretbar, dass sich die anderen Staaten auf Kosten der Tschechoslowakei auf Verhandlungen mit Hitler einließen, oder hätte eine harte Haltung Schlimmeres verhüten können? Diese Frage ist nach wie vor aktuell.

M 4 **Einmarsch deutscher Truppen ins Sudetenland am 1. Oktober 1938**
Nach dem Ersten Weltkrieg durfte die neu gegründete Tschechoslowakei das Sudetenland in ihr Staatsgebiet eingliedern. Die hier lebende deutsche Volksgruppe – die Sudetendeutschen – fühlte sich jedoch gegenüber den Tschechen wirtschaftlich und politisch benachteiligt. Die Agitation Hitlers fiel daher auf fruchtbaren Boden.

Nationalsozialismus und Zweiter Weltkrieg

NS-Außenpolitik aus verschiedenen Perspektiven betrachten

M 5 Erste außenpolitische Erklärung

Hitler vor dem Reichstag am 17. Mai 1933:

Wenn ich in diesem Augenblick bewusst als deutscher Nationalsozialist spreche, so möchte ich namens der nationalen Regierung und der gesamten nationalen Erhebung bekunden, dass gerade uns und dieses junge Deutschland das tiefste Verständnis beseelt für die gleichen Gefühle und Gesinnungen sowie für die begründeten Lebensansprüche der anderen Völker. Die Generation dieses jungen Deutschlands, die in ihrem bisherigen Leben nur die Not, das Elend und den Jammer des eigenen Volkes kennenlernte, hat zu sehr unter dem Wahnsinn gelitten, als dass sie beabsichtigen könnte, das gleiche anderen zuzufügen. Unser Nationalismus ist ein Prinzip, das uns als Weltanschauung grundsätzlich allgemein verpflichtet. Indem wir in grenzenloser Liebe und Treue an unserem eigenen Volkstum hängen, respektieren wir die nationalen Rechte auch der anderen Völker aus dieser selben Gesinnung heraus und möchten aus tiefinnerstem Herzen mit ihnen in Frieden und Freundschaft leben [...].
Wir haben aber keinen sehnlicheren Wunsch als den, beizutragen, dass die Wunden des Krieges und des Versailler Vertrages endgültig geheilt werden, und Deutschland will dabei keinen anderen Weg gehen als den, der durch die Verträge selbst als berechtigt anerkannt wird. Die deutsche Regierung wünscht, sich über alle schwierigen Fragen politischer und wirtschaftlicher Natur mit den anderen Nationen friedlich und vertraglich auseinanderzusetzen. Sie weiß, dass jeder militärische Akt in Europa und auch im Falle seines vollständigen Gelingens, gemessen an seinen Opfern, in keinem Verhältnis steht zum möglichen endgültigen Gewinn.

Aus: Wolfgang Lautemann, Manfred Schlenke (Hg.), Geschichte in Quellen, Band V, Weltkriege und Revolutionen 1914–1945, München 1975, S. 348 f.

M 7 „Adolf in the Lookingglass"
Karikatur aus der englischen Zeitung „Punch" von Bernard Partridge, 5. Dezember 1934

M 6 „Mittel der Gewalt"

Hitler in einer Rede vor Chefredakteuren der Inlandspresse am 10. November 1938:

Die Umstände haben mich gezwungen jahrzehntelang fast nur vom Frieden zu reden. Nur unter der fortgesetzten Betonung des deutschen Friedenswillens und der Friedensabsichten war es mir möglich, dem deutschen Volk Stück für Stück die Freiheit zu erringen und ihm die Rüstung zu geben, die immer wieder für den nächsten Schritt als Voraussetzung nötig war.
Es ist selbstverständlich, dass eine solche jahrzehntelang betriebene Friedenspropaganda auch ihre bedenklichen Seiten hat; denn es kann nur zu leicht dahin führen, dass sich in den Gehirnen vieler Menschen die Auffassung festsetzt, dass das heutige Regime an sich identisch sei mit dem Entschluss und dem Willen, einen Frieden unter allen Umständen zu bewahren.
Es war nunmehr notwendig, das deutsche Volk psychologisch allmählich umzustellen und ihm langsam klar zu machen, dass es Dinge gibt, die nicht mit friedlichen Mitteln durchgesetzt werden können, mit den Mitteln der Gewalt durchgesetzt werden müssen.

Zit. nach: Vierteljahrshefte für Zeitgeschichte, 2/1985, S. 182.

Ein Propagandaplakat analysieren

M 8 „Ist dies Sicherheit?"
NS-Propandaplakat von 1935

Aufgaben

1. a) Fasse den Inhalt der ersten außenpolitischen Erklärung Hitlers von 1933 mit eigenen Worten zusammen.
   b) Belege anhand von Textpassagen, wie Hitler sich als friedliebender Politiker dargestellt hat.
   → M5
   c) Vergleiche die Rede Hitlers vor den Chefredakteuren der Inlandspresse von 1938 mit seiner Erklärung von 1933. Überprüfe, inwiefern Schein und Wirklichkeit stark voneinander abwichen.
   → M5, M6
2. Viele Karikaturisten haben den Zusammenhang zwischen Kriegsvorbereitung und Friedensbekundung erkannt. Analysiere die beiden Karikaturen „Hitlers Friedensrede" von 1933 sowie „Adolf in the Lookingglass" von 1934.
   → M1, M7
3. a) Beschreibe und interpretiere das NS-Propagandaplakat von 1935.
   b) Ist das Plakat deiner Meinung nach gelungen? Begründe deine Meinung.
4. a) Erkläre den Begriff „Appeasement-Politik".
   b) Ist deiner Meinung nach die Appeasement-Politik sinnvoll gewesen?
   → Text

Nationalsozialismus und Zweiter Weltkrieg

Die Entfesselung des Zweiten Weltkriegs

Einmarsch in die Tschechoslowakei

Nach Österreichs „Anschluss" ans Reich und der Annexion des Sudetenlandes 1938 richtete sich Hitlers begehrlicher Blick auf die Tschechoslowakei. Schon am 15. März 1939 marschierte die deutsche Wehrmacht in die sogenannte „Resttschechei" ein. Um diesen Schritt vor der Öffentlichkeit zu rechtfertigen, zwang Hitler den tschechischen Präsidenten Hacha unter Androhung einer Bombardierung Prags zur Abgabe einer Erklärung. Darin legte Hacha „das Schicksal des tschechischen Volkes vertrauensvoll in die Hände des Führers".

Der tschechische Landesteil wurde als „Protektorat Böhmen und Mähren" Deutschland einverleibt, die Slowakei ein „Schutzstaat" des „Großdeutschen Reichs". Da die Appeasement-Politik der Westmächte offensichtlich gescheitert war, gaben England und Frankreich Garantieerklärungen für Polen und Belgien ab.

Wende in der Außenpolitik

Die Einverleibung tschechischer Gebiete bildete einen Wendepunkt in der deutschen Außenpolitik, da erstmals Land annektiert wurde, das eine nicht-deutsche Bevölkerung bewohnte. Damit wurde sichtbar, dass das Selbstbestimmungsrecht der Deutschen, mit dem Hitler territoriale Veränderungen begründete, nur der Verschleierung seiner wahren Absichten diente. Die Bezeichnung „Protektorat", d. h. „Schutzgebiet", werteten westliche Politiker als bewusste Irreführung.

Die „Achse Berlin–Rom"

Nachdem Deutschland und das faschistische Italien 1936 eine „Achse Berlin–Rom" vereinbart hatten, schlossen sie am 22. Mai 1939 den „Stahlpakt". Er sah die gegenseitige Unterstützung im Angriffs- und Verteidigungsfall vor. Das sollte England und Frankreich davon abhalten, einer künftigen deutschen Aggression militärisch zu begegnen.

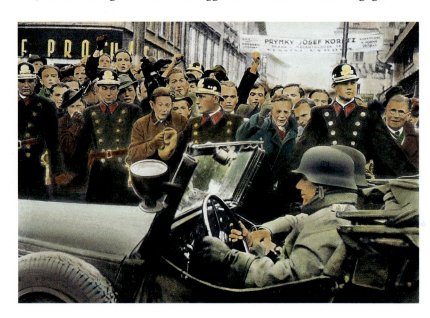

M 1 Einmarsch in Prag
Deutsche Truppen marschieren am 15. März 1939 in Prag ein. Am Straßenrand haben tschechische Polizisten eine Kette gebildet, um Blutvergießen zu vermeiden. Die Bevölkerung drängt sich dahinter: hasserfüllt, weinend oder mit ohnmächtiger Wut, Foto vom 15. März 1939.

M 2 Ribbentrop in Moskau
Der deutsche Außenminister unterzeichnet am 23. August 1939 den deutsch-sowjetischen Nichtangriffspakt. Hinten rechts Stalin, links davon (mit Bart) der sowjetische Außenminister Molotow.

Der deutsch-sowjetische Nichtangriffspakt

Um ein Bündnis zwischen der Sowjetunion und den Westmächten zu verhindern, schloss Deutschland mit der UdSSR am 23. August 1939 den deutsch-sowjetischen Nichtangriffspakt. Darin sicherten sich beide Staaten gegenseitige Neutralität im Falle eines kriegerischen Konflikts zu. Wichtiger war das geheime Zusatzprotokoll. In ihm verständigten sich die Bündnispartner darauf, ihre Interessengebiete in Osteuropa voneinander abzugrenzen. Deutschland erhielt freie Hand in Westpolen und Litauen, die Sowjetunion in Ostpolen und dem restlichen Baltikum. Damit hatte das Nazi-Regime die Gefahr eines Zweifrontenkriegs gebannt.

Das Auswärtige Amt rechtfertigte den Pakt mit dem ideologischen Todfeind damit, dass Stalin vom Ziel der Weltrevolution abgelassen habe. Stalin hingegen wollte Zeit für die Aufrüstung gewinnen, da er mit einem vernichtenden Krieg zwischen Deutschland und den Westmächten rechnete.

Angriff auf Polen – Der Zweite Weltkrieg beginnt

„Polen hat nun heute Nacht zum ersten Mal auch auf unserem eigenen Territorium durch reguläre Soldaten geschossen. Seit 5.45 Uhr wird jetzt zurückgeschossen." Mit diesen Worten begründete Hitler am 1. September 1939 den deutschen Angriff auf Polen. Anlass war der angebliche Überfall polnischer Soldaten auf den Rundfunksender Gleiwitz. Dabei handelte es sich um ein Täuschungsmanöver, da SS-Angehörige – als polnische Kämpfer getarnt – den „Überfall" durchgeführt haben. Die Aktion sollte der deutschen Führung dazu dienen, den Angriff auf Polen vor der Weltöffentlichkeit als „Verteidigungskrieg" darzustellen.

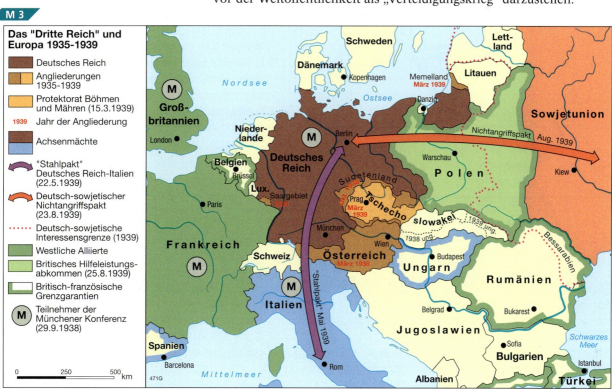

M 3 Das "Dritte Reich" und Europa 1935-1939

Eine historische Quelle analysieren und ihre Folgen erörtern

M 4 Deutsch-sowjetischer Nichtangriffspakt

a) Vertrag zwischen Deutschland und der UdSSR (auch Hitler-Stalin-Pakt genannt) über die wechselseitigen Beziehungen vom 23.8.1939:

Die deutsche Regierung und die Regierung der Union der SSR […] sind zu nachstehender Vereinbarung gelangt:

Artikel 1
Die beiden vertragschließenden Teile verpflichten sich, sich jeden Gewaltaktes, jeder aggressiven Handlung und jeden Angriffs gegeneinander, und zwar sowohl einzeln als auch gemeinsam mit anderen Mächten, zu enthalten.

Artikel 2
Falls einer der vertragschließenden Teile Gegenstand kriegerischer Handlungen seitens einer Macht werden sollte, wird der andere vertragschließende Teil in keiner Form diese dritte Macht unterstützen.
[…]

Artikel 4
Keiner der beiden vertragschließenden Teile wird sich an irgendeiner Mächtegruppierung beteiligen, die sich mittelbar oder unmittelbar gegen den anderen Teil richtet.

Artikel 5
Falls Streitigkeiten oder Konflikte zwischen den vertragschließenden Teilen über Fragen dieser oder jener Art entstehen sollten, würden beide Teile diese Streitigkeiten oder Konflikte ausschließlich auf dem Wege freundschaftlichen Meinungsaustausches oder nötigenfalls durch Schlichtungskommissionen bereinigen.

b) Geheimprotokoll über die Abgrenzung der Interessensphären zwischen dem Deutschen Reich und der Sowjetunion vom 23.8.1939:

Aus Anlass der Unterzeichnung des Nichtangriffsvertrages zwischen dem Deutschen Reich und der Union der Sozialistischen Sowjetrepubliken haben die unterzeichneten Bevollmächtigten der beiden Teile in streng vertraulicher Aussprache die Frage der Abgrenzung der beiderseitigen Interessensphäre in Osteuropa erörtert. Diese Aussprache hat zu folgendem Ergebnis geführt:

1. Für den Fall einer territorial-politischen Umgestaltung in den zu den baltischen Staaten (Finnland, Estland, Lettland, Litauen) gehörenden Gebieten bildet die nördliche Grenze Litauens zugleich die Grenze der Interessensphären Deutschlands und der UdSSR. Hierbei wird das Interesse Litauens am Wilnaer Gebiet beiderseits anerkannt.

2. Für den Fall einer territorial-politischen Umgestaltung der zum polnischen Staate gehörenden Gebiete werden die Interessensphären Deutschlands und der UdSSR ungefähr durch die Linie der Flüsse Narew, Weichsel und San abgegrenzt. Die Frage, ob die beiderseitigen Interessen die Erhaltung eines unabhängigen polnischen Staates erwünscht erscheinen lassen und wie dieser Staat abzugrenzen wäre, kann endgültig erst im Laufe der weiteren politischen Entwicklung geklärt werden. In jedem Falle werden beide Regierungen diese Frage im Wege einer freundschaftlichen Verständigung lösen.

3. Hinsichtlich des Südostens Europas wird von sowjetischer Seite das Interesse an Bessarabien betont. Von deutscher Seite wird das völlige politische Desinteressement an diesen Gebieten erklärt.

4. Dieses Protokoll wird von beiden Seiten streng geheim behandelt werden.

Wolfgang Lautemann und Manfred Schlenke (Hg.), Geschichte in Quellen, Band 4, München 1975, S. 437 ff.

M 5 „Boa Constrictors"
Englische Karikatur von Bernard Partridge aus der Zeitschrift „Punch", 8. November 1939: „Ich weiß nicht, wie ich Dir helfen soll, Adolf, aber ich verstehe Deinen Standpunkt."

M 6 Späte Rechtfertigung

Auszug aus der Rede von Michail Gorbatschow, dem Generalsekretär der KPdSU, zum 70. Jahrestag der Oktoberrevolution 1987:

Man sagt, der Abschluss des Nichtangriffspaktes mit Deutschland sei nicht die beste Entscheidung der Sowjetunion gewesen. Das mag stimmen, wenn man nicht von den harten Realitäten, son-
5 dern von gedanklichen Abstraktionen, herausgelöst aus dem zeitlichen Kontext, ausgeht. Unter den damaligen Bedingungen stellte sich die Frage […]: Es ging um das Sein oder Nichtsein der Unabhängigkeit unseres Landes, um das Sein oder
10 Nichtsein des Sozialismus auf der Erde.
Die UdSSR hatte viel getan, um ein System der kollektiven Sicherheit zu schaffen und ein weltweites Gemetzel zu verhindern. Doch die sowjetischen Initiativen fanden keinen Anklang bei den west-
15 lichen Politikern […], die kaltblütig darauf spekulierten, auf möglichst geschickte Art und Weise den Sozialismus in das Feuer des Krieges hineinzuziehen und zu einer direkten Konfrontation mit dem Faschismus zu drängen.
20 Bereits aufgrund unserer sozialistischen Abstammung exkommuniziert, konnten wir für den Imperialismus unter keinen Umständen die „Gerechten" sein. Wie ich schon gesagt habe, sind die herrschenden Kreise des Westens in dem Versuch, sich
25 von den Sünden reinzuwaschen, darum bemüht, den Menschen weiszumachen, der sowjetisch-deutsche Nichtangriffspakt vom 23. August 1939 habe den Startschuss für den Überfall der Nazis auf Polen und somit für den Zweiten Weltkrieg
30 gegeben. […]
Aus den Dokumenten ist bekannt, dass der Überfall Deutschlands auf Polen bereits am 3. April 1939, das heißt lange vor dem sowjetisch-deutschen Pakt, auf spätestens 1. September angesetzt wur-
35 de. In London, Paris und Washington wusste man in allen Einzelheiten um die Hintergründe der Vorbereitung eines Polenfeldzugs ebenso wie darum, dass die einzige Barriere, die den Hitlerfaschisten Einhalt zu gebieten vermochte, der Abschluss eines
40 britisch-französisch-sowjetischen Militärbündnisses bis spätestens August 1939 sein konnte.
Auch die Führung unseres Landes war über diese Pläne im Bilde und suchte daher Großbritannien und Frankreich von der Notwendigkeit kollektiver
45 Maßnahmen zu überzeugen. Sie rief auch die damalige polnische Regierung zur Zusammenarbeit auf, um die Aggression zu vereiteln. Doch die Westmächte hatten anderes im Sinn. Sie wollten die Sowjetunion mit der Zusage eines Bündnisses
50 locken und sie dadurch am Abschluss des uns angebotenen Nichtangriffspakts hindern. Wir sollten keine Gelegenheit erhalten, uns besser gegen den unausbleiblichen Überfall Hitlerdeutschlands auf die UdSSR zu wappnen.

Frankfurter Allgemeine Zeitung vom 4.11.1987, S. 7.

Aufgaben

1. Prüfe, ob der Einmarsch in die Tschechoslowakei 1939 einen Wendepunkt in der deutschen Außenpolitik darstellt. Beziehe auch die außenpolitischen Entwicklungen von 1933 bis 1938 mit ein.
   → Text, Teilkapitel: NS-Außenpolitik 1933–1938

2. a) Fasse den Inhalt der beiden Teile des deutsch-sowjetischen Nichtangriffspaktes von 1939 zusammen.
   b) Wem nutzte zu diesem Zeitpunkt der Vertrag am meisten? Begründe deine Meinung.
   → Text, M4

3. a) Wo verläuft die Grenze beider Interessengebiete und welche Folgen deuten sich für die betroffenen Staaten an?
   b) Erkundige dich, welche Auswirkungen der Hitler-Stalin-Pakt für den Verlauf der Ostgrenze Polens hatte.
   → Text, M3, M4, Internet

4. Beschreibe und interpretiere die Karikatur „Boa Constrictors" von Bernard Partridge aus dem Jahre 1939. → M5

5. a) Erläutere, mit welchen Argumenten Michail Gorbatschow 1987 das Verhalten der Sowjetunion im Sommer 1939 rechtfertigt. Überprüfe seine Argumentation.
   b) Setze dich mit Gorbatschows Einschätzung der Situation des Sommers 1939 auseinander. Vergleiche auch mit dem Schulbuchtext.
   c) Die Existenz des „Geheimprotokolls" des Hitler-Stalin-Paktes wurde bis 1989 von der Sowjetunion geleugnet. Suche Gründe dafür.
   → Text, M6

Die „Blitzkriege" 1939–1941

Deutsche Anfangserfolge

Die erste Phase des Zweiten Weltkriegs verlief für das nationalsozialistische Deutschland außerordentlich erfolgreich. Zwischen 1939 und 1941 stießen deutsche Truppen rasch nach Osten und Westen vor, ohne größere Verluste zu erleiden. Ermöglicht wurden diese „Blitzkriege" durch das neuartige Zusammenspiel einer modernen Luftwaffe mit schnellen Panzereinheiten. Hitlers Ansehen erreichte in dieser Phase seinen Höhepunkt.

M 1 Einmarsch in Polen
Deutsche Soldaten, September 1939

Die Eroberung Polens

In einer Reihe von Feldzügen gelang es den Nationalsozialisten, große Teile Europas zu erobern. Am Anfang stand im September 1939 der deutsche Überfall auf Polen, dessen schlecht ausgerüstete Armee rasch kapitulierte. Nach der Niederlage besetzte Stalin Ostpolen und ließ die polnische Führungsschicht – Offiziere, Geistliche, Politiker und Adlige – teilweise ermorden, damit sie keinen Widerstand organisieren konnte. Da Großbritannien und Frankreich Polens Souveränität garantiert hatten, erklärten sie Deutschland den Krieg. Es erfolgte jedoch kein Angriff, da beide Staaten nicht kriegsbereit waren.

Feldzüge im Norden und Westen

Im April 1940 besetzte die deutsche Wehrmacht Dänemark und Norwegen. Mit der Besetzung Norwegens wollte Hitler die schwedischen Erzlieferungen über Norwegen vor englischem Zugriff schützen. Die Besetzung ermöglichte zudem die Einrichtung von Militärstützpunkten für den Kampf gegen England.

Wenig später, im Mai 1940, begann der Feldzug gegen Frankreich. Der Sieg über die Franzosen sollte England zum Frieden zwingen, um Bewegungsfreiheit für den längst geplanten Krieg gegen die Sowjetunion zu erhalten. Bei ihrem Vorstoß besetzte die Wehrmacht auch die neutralen Benelux-Staaten.

Die Auslöschung des „Schanddiktats von Versailles" erfolgte durch eine symbolische Handlung: Der Waffenstillstand wurde wie im Ersten Weltkrieg in Compiègne unterzeichnet, und zwar im selben Eisenbahnwaggon. 1940 begannen auch monatelange Luftangriffe auf England. Sie trafen die Rüstungsindustrie, später auch Wohnquartiere. Im bombardierten London und in Coventry starben 65 000 Menschen.

M 2 Hitler in Compiègne
vor dem Eisenbahnwaggon, in dem am Ende des Ersten Weltkrieges der Waffenstillstand unterzeichnet worden war, 23. Juni 1940

Expansion in Südosteuropa

Der italienische Diktator Benito Mussolini, der am 10. Juni 1940 Frankreich und Großbritannien den Krieg erklärte, wollte das Imperium Romanum erneuern und den Mittelmerraum unter seine Kontrolle bringen. Da Italiens Überfall auf Griechenland am hartnäckigen Widerstand der griechischen Armee scheiterte, bat er Hitler um Hilfe. Der entschloss sich im April 1941 zum Balkanfeldzug, was zur Kapitulation Jugoslawiens und Griechenlands führte.

Da die Engländer in Nordafrika die italienische Armee angriffen, entsandte Hitler das Afrika-Korps unter Erwin Rommel nach Libyen, wo sich deutsche und britische Truppen heftige Kämpfe lieferten.

M 3 Gefallene deutsche Soldaten
Sowjetunion, Dezember 1941

Der Überfall auf die Sowjetunion

Nach diesen Erfolgen begann Hitler am 22. Juni 1941 den Krieg gegen die Sowjetunion. Damit wollte er nicht nur Deutschlands Versorgung mit kriegswichtigen Rohstoffen sichern, sondern auch die Eroberung von „Lebensraum im Osten" in die Tat umsetzen. Der Russlandfeldzug – in der Militärplanung „Fall Barbarossa" genannt – bedeutete einen grundlegenden Einschnitt und führte schließlich zur Kriegswende.

Kollaboration und Résistance in Frankreich

Wie verhielt sich die deutsche Wehrmacht in den besetzten Ländern? Das hing unter anderem vom Verhalten des unterworfenen Landes und der „rassischen" Zuordnung der Bevölkerung ab.

Der französische Marschall Pétain erklärte sich bereit, mit den Deutschen zusammenzuarbeiten und bot einen Waffenstillstand an. So besetzten deutsche Truppen 1940 nur Nordfrankreich und die Atlantikküste, während der Süden mit der Hauptstadt Vichy formell selbstständig blieb – freilich nur bis 1942. Elsass-Lothringen musste sich einer „Germanisierung" unterziehen; so durfte die Baskenmütze nicht mehr getragen werden. Der Wille zur politischen Zusammenarbeit – zur „collaboration" – seitens des Vichy-Regimes führte zur Entlassung jüdischer Beamter, zur Verhaftung von Juden und zur französischen Mitwirkung bei ihrer Deportation.

Die Deportation der Juden, vor allem aber die Einführung des Pflichtarbeitsdienstes für alle jungen Männer (1942) minderten die Bereitschaft zur Zusammenarbeit, die Teile der französischen Bevölkerung anfangs gezeigt hatten. Immer stärker wuchs daher der Widerstand im Untergrund: die Résistance. Die Widerstandsbewegung trug bei Kriegsende zum Sturz des deutschen Besatzungsregimes bei und bot den Franzosen die moralische Basis für einen Neuanfang nach dem Krieg.

M 4

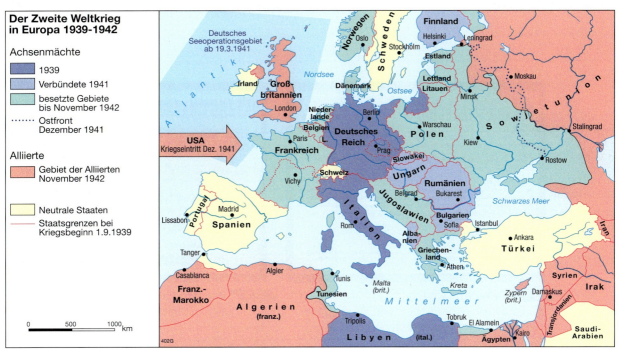

Der Zweite Weltkrieg in Europa 1939–1942

Besatzungsherrschaft in Frankreich – Zeitgenössische Quellen erschließen

M 5 „A tous les Français"
Aufruf Charles de Gaulles, 18. Juni 1940

AN ALLE FRANZOSEN
Frankreich hat eine Schlacht verloren!
Aber Frankreich hat nicht den Krieg verloren!
Schäbige Regierungsmitglieder haben der Panik nachgegeben, die Ehre vergessen und durch die Kapitulation das Land der Knechtschaft ausgeliefert. Dennoch ist noch nichts verloren!
Nichts ist verloren, weil dieser Krieg ein Weltkrieg ist. In der freien Welt stehen riesige Kräfte bereit, die noch nicht eingesetzt wurden. Eines Tages werden diese Kräfte den Feind vernichten. An diesem Tag muss Frankreich einen Anteil am Sieg haben. Dann wird es seine Freiheit und seine Größe wieder gewinnen. Das ist mein Ziel, mein einziges Ziel.
Deshalb lade ich alle Franzosen, wo auch immer sie sich befinden mögen, ein, sich mir anzuschließen zur gemeinsamen Aktion, mit gleicher Opferbereitschaft und Zuversicht.
Unser Land ist tödlich bedroht.
Lasst uns gemeinsam kämpfen, um es zu retten!

ES LEBE FRANKREICH !

Übersetzt von Eduard Schön

M 6 Bekanntmachung
der deutschen Militärverwaltung aus dem von den deutschen Truppen besetzten Frankreich, 19. August 1941

M 7 Bekanntmachung
der deutschen Militärverwaltung aus dem von den deutschen Truppen besetzten Frankreich, 29. August 1941

M 8 „Der widrige Wind"

Auszüge der Rede von Marschall Pétain, ausgestrahlt am 12. August 1941:

Franzosen, ich habe Euch schlimme Dinge zu erzählen. In mehreren Regionen Frankreichs fühle ich, wie seit einigen Wochen ein widriger Wind aufkommt. Beunruhigung schleicht sich in die
5 Gemüter: Der Zweifel ergreift Besitz von den Seelen. Die Autorität meiner Regierung wird in Frage gestellt: Die Anordnungen werden oft schlecht ausgeführt. In einer Atmosphäre falscher Gerüchte und Intrigen verlieren die Kräfte der Erneuerung
10 den Mut. Andere, die weder deren Erhabenheit noch deren Uneigennützigkeit besitzen, drängen sich an ihre Stelle. [...] Ein regelrechtes Unbehagen hat das französische Volk ergriffen.

Die Gründe für dieses Unbehagen sind leicht zu
15 verstehen. Auf bittere Stunden folgen immer schwierige Zeiten. Während außerhalb der Grenzen einer Nation, die durch die Niederlage aus dem Kampf ausgeschieden ist – deren Kolonialreich es aber verwundbar macht –, der Krieg wei-
20 tergeht und jeden Tag neue Kontinente verwüstet, stellt sich jedermann ängstliche Fragen über die Zukunft des Landes. Die einen fühlen sich verraten; andere glauben sich verlassen. Einige fragen sich, was jetzt ihre Pflicht ist; andere verfolgen
25 zunächst ihre eigenen Interessen. Radio London und gewisse französische Zeitungen verstärken die Verzweiflung der Gemüter noch. [...]

Die Kollaboration, die im Oktober 1940 vom Kanzler des Deutschen Reiches angeboten wurde, unter
30 Bedingungen, deren Ritterlichkeit ich zu schätzen weiß, ist ein Werk für die Zukunft, das noch nicht alle seine Früchte tragen konnte. Wir sollten lernen, das schwere Erbe des Misstrauens zu überwinden, das uns von Jahrhunderten der Zwistigkeiten und der Streitereien hinterlassen wurde, um uns 35 auf die weiten Perspektiven einzulassen, die ein wiederversöhnter Kontinent unseren Aktivitäten eröffnen kann. Das ist das Ziel, das wir anstreben. Es ist ein enormes Werk, das von uns ebensoviel Willen wie Geduld erfordert. [...] 40

Die Verwirrung der Gemüter hat ihren alleinigen Grund nicht im Auf und Ab unserer Außenpolitik. Sie resultiert vor allem aus der Langsamkeit, mit der wir eine neue Ordnung aufbauen – oder besser gesagt: durchzusetzen suchen. Die Nationale 45 Revolution [...] ist noch nicht erreicht [...], weil sich zwischen uns, dem Volk und mir, die wir uns so gut verstehen, die doppelte Trennwand der Anhänger des alten Regimes und der Trusts aufgerichtet hat. Die Agenten des alten Regimes sind zahlreich. Zu 50 ihnen rechne ich ohne Ausnahme auch diejenigen, die ihre persönlichen Interessen über die langfristigen Interessen des Staates gestellt haben – Freimaurer, politische Parteien ohne Anhängerschaft, aber auf Rache sinnend, Beamte, die noch immer 55 einer Ordnung anhängen, in der sie gleichzeitig die Nutznießer und die Herren waren –, aber auch diejenigen, die die Interessen des Vaterlandes denen des Auslandes untergeordnet haben. Viel Zeit wird nötig sein, bis der Widerstand aller Geg- 60 ner der neuen Ordnung gebrochen ist, aber von nun an müssen wir ihre Machenschaften vereiteln, indem wir ihre Führer vernichten.

Zit. nach: Marc Olivier Baruch, Das Vichy-Regime, Stuttgart 1999, S. 93 ff.

Aufgaben

1. a) Erkläre den Begriff „Blitzkrieg".
   b) Erläutere, wie der Wehrmacht zwischen 1939 und 1941 die schnelle Eroberung Polens, Frankreichs und Europas gelang.
   → Text, M4
2. „Der Krieg hat viele Gesichter." Erläutere anhand der Fotografien diese Aussage.
   → M1–M3
3. Wie begründet Charles de Gaulles 1940 die Fortsetzung des Krieges? → M5
4. Arbeite aus den Bekanntmachungen heraus, warum die Todesurteile ausgesprochen wurden.
   → M6, M7
5. a) Mit welchen Argumenten ruft Marschall Pétain 1941 zur Zusammenarbeit mit den Deutschen auf?
   b) Was war angesichts der Situation in Frankreich nach 1940 angezeigt: Widerstand oder Kollaboration? Begründe deine Meinung.
   → Text, M8

Kriegswende und Kriegsende

Die Ausweitung zum Weltkrieg

Der Zweite Weltkrieg war zunächst kein globaler Konflikt, sondern ein europäischer Krieg. Erst durch Japans Überfall auf die amerikanische Pazifikflotte in Pearl Harbor und den Kriegseintritt der USA erreichten die militärischen Aktionen globales Ausmaß.

Japans Ziel war die Gründung eines Kolonialreichs, das seine Rohstoffarmut beseitigen und einen Absatzmarkt für seine Waren sichern sollte. Begründet wurde die Expansion jedoch mit der Erklärung, Japan wolle Ostasien vor weißen Kolonialherren schützen und seinen Wohlstand sichern. Die USA und Großbritannien verhängten wegen dieser aggressiven Politik eine Wirtschaftsblockade gegen Japan.

Der Konflikt mit den USA führte Japan und Deutschland zusammen: Japan suchte einen starken Bündnispartner und für Deutschland war die asiatische Großmacht wertvoll, weil sie Militärpotenzial der USA im Pazifik band. So eröffnete Japan mit dem Luftangriff auf den US-Marinestützpunkt Pearl Harbor auf Hawaii am 7. Dezember 1941 den Krieg gegen Amerika. Auch Hitler und Mussolini erklärten den USA den Krieg, der sich nun zum Weltkrieg ausweitete.

M 1   Angriff auf Pearl Harbor
Japanischer Bombenangriff auf die Pazifikflotte der USA am 7.12.1941

M 2

Die Kriegswende

Die neue Militärkonstellation führte zur einer Wende im Zweiten Weltkrieg. Da die deutsche Luftwaffe 1941 die Luftschlacht über England verlor, befand sich Deutschland nach seinem Angriff auf die Sowjetunion in einem Zweifrontenkrieg. Der Vormarsch in der UdSSR blieb schon Ende 1941 infolge des einbrechenden Winters stecken. Die Hoffnung auf einen schnellen Sieg erfüllte sich nicht. So mussten die Soldaten den harten russischen Winter mit mangelhafter Ausrüstung überstehen. Zudem hatte sich die Rote Armee mit frischen Truppen verstärkt und Partisanen bekämpften die deutschen Eroberer.

Die Schlacht um Stalingrad

Ab 1943 war Deutschlands Niederlage absehbar, da die Alliierten die Initiative übernahmen. Sichtbares Zeichen der Wende war die Kapitulation der 6. Armee Ende Januar 1943 in Stalingrad. Etwa 150 000 eingekesselte deutsche Soldaten fielen den Kämpfen und der Kälte zum Opfer. 91 000 gerieten in sowjetische Kriegsgefangenschaft, aus der nur 6 000 Überlebende zurückkehrten. Auf sowjetischer Seite kamen in Stalingrad eine Million Soldaten und Zivilisten ums Leben. Nun eröffnete sich für die Rote Armee die Möglichkeit nach Westen vorzudringen.

Der „totale Krieg"

Der gescheiterte Krieg gegen die Sowjetunion und der Kriegseintritt der USA veranlassten die deutsche Führung, den „totalen Krieg" zu propagieren. Massenfertigung, Fremdarbeiter und eine stärkere Einbindung von Großkonzernen in die Kriegswirtschaft steigerten die Rüstungsproduktion um ein Vielfaches.

Angesichts der Überlegenheit der Alliierten bewirkte dieser Erfolg jedoch nur eine Verlängerung des Kriegs und eine steigende Zahl von Opfern. Die Bevölkerung verhielt sich gegenüber den neuen Forderungen des nationalsozialistischen Regimes reserviert – hatte man ihr doch stets vorgegaukelt, der Krieg sei rasch zu gewinnen.

Der Rassenvernichtungskrieg

Ziel der Nationalsozialisten war ein „Großgermanisches Reich" mit neuem „Lebensraum im Osten". Die angestammte Bevölkerung wollte man nach Sibirien vertreiben und dafür Deutsche ansiedeln. Zurückbleiben sollten lediglich slawische Arbeitssklaven, die der deutschen „Herrenrasse" zu dienen hatten.

M 3 Brief an die Heimat
Im Kessel von Stalingrad schreibt ein deutscher Soldat einen Brief.

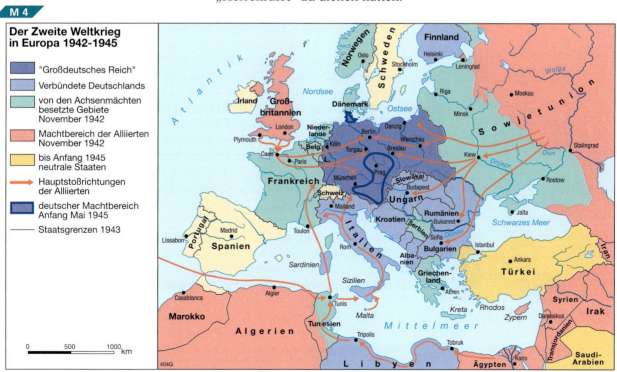

M 4 Der Zweite Weltkrieg in Europa 1942-1945

Nationalsozialismus und Zweiter Weltkrieg

Den Auftakt dieser Pläne bildete bereits der Polenfeldzug: Tausende Polen wurden erschossen oder vertrieben, um Platz für Deutsche aus dem Baltikum zu machen. Viele Polen wurden enteignet und ihr Besitz unter den Deutschen verteilt.

Vor allem der Krieg gegen die Sowjetunion war ein ideologischer Vernichtungskrieg, dem etwa 20 Millionen Sowjetbürger zum Opfer fielen. Zwangsarbeiter wurden ins Reich verschleppt, Kriegsgefangenen die völkerrechtlich gebotene Behandlung verweigert. Von etwa 5,7 Millionen gefangenen Rotarmisten starben 3,3 Millionen.

Während diese Maßnahmen vor allem Einsatzgruppen der SS und spezielle Polizeieinheiten durchführten, wirkte im Russlandfeldzug auch die Wehrmacht mit. Reguläre Armeeeinheiten waren an der organisatorischen Durchführung der Judenvernichtung sowie teilweise an der Erschießung und Deportation von Juden beteiligt.

M 5 Massenexekution 1942
Ein SS-Mann erschießt einen Zivilisten am Rand eines Massengrabs bei Winnitza (Ukraine), Foto von 1942.

Kriegsziele der Alliierten und die neue Weltordnung

Angesichts der Kriegswende verständigten sich die Alliierten in mehreren Konferenzen über ihre Kriegsziele und die Zeit danach. Hauptziel war Deutschlands bedingungslose Kapitulation. US-Präsident Roosevelt und der britische Premierminister Churchill forderten, dass Demokratie, nationale Selbstbestimmung und freier Handel die Grundlagen einer friedlichen Nachkriegsordnung sein sollten. Trotz unterschiedlicher Auffassung stimmte Stalin diesen Zielen zu.

Auf der Konferenz von Jalta im Februar 1945 einigten sich die USA, Großbritannien und die Sowjetunion über ihre Interessensphären in Europa, eine Teilung Deutschlands in Besatzungszonen und die Gründung der Vereinten Nationen (UNO). Ergebnis dieser Konferenz war die Teilung der Welt zwischen den Supermächten USA und UdSSR.

Eine zweite Front – Landung in der Normandie

Am 6. Juni 1944 landeten die Alliierten nach gründlicher Vorbereitung mit einer gewaltigen Streitmacht in der Normandie und eröffneten so eine zweite Front. Die britischen und amerikanischen Verbände stießen rasch nach Süden und Osten vor, befreiten Frankreich und überschritten im Oktober 1944 die deutsche Grenze. Bei ihrem Vormarsch trafen die Soldaten auf erbitterten Widerstand, doch wurden sie vielfach von der kriegsmüden deutschen Bevölkerung begrüßt.

Die Rote Armee, die gleichzeitig im Osten vorrückte, löste hingegen eine gewaltige Fluchtwelle aus. Es kam zu Plünderung, Vergewaltigung und Mord durch sowjetische Soldaten. Der Terror, den die Nazis in Russland entfesselt hatten, schlug nun zurück.

M 6 Eroberung Berlins
Ein sowjetischer Soldat hisst die Rote Fahne über dem Reichstag am 2. Mai 1945, nachgestellte Szene.

Kriegsende in Europa

Führende Nationalsozialisten flüchteten oder suchten ihre Position gewaltsam zu behaupten. Gerade in den letzten Kriegstagen kam es zu willkürlichen Hinrichtungen von Bürgern, die im Verdacht standen, mit dem Feind zu sympathisieren. Am 30. April 1945 beging Hitler in seinem Bunker unter der Berliner Reichskanzlei Selbstmord. Am 7. und 9. Mai 1945 unterzeichneten die Oberbefehlshaber der deutschen Wehrmacht die bedingungslose Kapitulation. Damit war der Krieg in Europa beendet.

„Totaler Krieg" – Eine Rede analysieren

M 7 „Totaler Krieg" – Zuhörer beim Hitlergruß während der Rede von Joseph Goebbels im Berliner Sportpalast am 18. Februar 1943

M 8 Der vollbesetzte Berliner Sportpalast während der Rede von Joseph Goebbels, 18. Februar 1943

M 9 „Wollt Ihr den totalen Krieg?"

Rede von Propagandaminister Goebbels im Berliner Sportpalast am 18. Februar 1943. Sie wurde am nächsten Tag im NS-Parteiblatt „Völkischer Beobachter" veröffentlicht:

Ihr also, meine Zuhörer, repräsentiert in diesem Augenblick die Nation. Und an euch möchte ich zehn Fragen richten, die ihr mir mit dem deutschen Volke vor der ganzen Welt, insbesondere
5 vor unseren Feinden, die uns auch an ihrem Rundfunk hören, beantworten sollt: (nur mit Mühe kann sich der Minister für die nun folgenden Fragen Gehör verschaffen ... Mit letzter Anteilnahme und Begeisterung gibt die Masse auf jede einzelne
10 Frage die Antwort. Der Sportpalast hallt wider von einem einzigen Schrei der Zustimmung.)
Die Engländer behaupten, das deutsche Volk habe den Glauben an den Sieg verloren.
Ich frage euch: Glaubt ihr mit dem Führer und mit
15 uns an den endgültigen totalen Sieg des deutschen Volkes?
Ich frage euch: Seid ihr entschlossen, dem Führer in der Erkämpfung des Sieges durch dick und dünn und unter Aufnahme auch der schwersten persön-
20 lichen Belastungen zu folgen?
Zweitens: Die Engländer behaupten, das deutsche Volk ist des Kampfes müde.
Ich frage euch: Seid ihr bereit, mit dem Führer als Phalanx der Heimat hinter der kämpfenden Wehr-
25 macht stehend, diesen Kampf mit wilder Entschlos-
senheit und unbeirrt durch alle Schicksalsfügungen fortzusetzen, bis der Sieg in unseren Händen ist? [...]
Viertens. Die Engländer behaupten, das deutsche Volk wehrt sich gegen die totalen Kriegsmaß- 30 nahmen der Regierung. Es will nicht den totalen Krieg, sondern die Kapitulation (Zurufe: Niemals, niemals, niemals!)
Ich frage euch: Wollt ihr den totalen Krieg? Wollt ihr ihn, wenn nötig, totaler und radikaler, als wir 35 ihn uns heute überhaupt noch vorstellen können?
Fünftens: Die Engländer behaupten, das deutsche Volk hat sein Vertrauen zum Führer verloren.
Ich frage euch: Ist euer Vertrauen zum Führer heute größer, gläubiger und unerschütterlicher 40 denn je? Ist eure Bereitschaft, ihm auf allen seinen Wegen zu folgen und alles zu tun, was nötig ist, um den Krieg zum siegreichen Ende zu führen, eine absolute und uneingeschränkte? (Die Menge erhebt sich wie ein Mann. Die Begeisterung 45 der Masse entlädt sich in eine Kundgebung nicht dagewesenen Ausmaßes. Vieltausendstimmige Sprechchöre brausen durch die Halle: „Führer befiehl, wir folgen", eine nicht abebbende Woge von Heilrufen auf den Führer braust auf ...) 50
Ich habe euch gefragt; ihr habt mir eure Antwort gegeben. Ihr seid ein Stück Volk, durch euren Mund hat sich damit die Stellungnahme des deutschen Volkes manifestiert [...].

Zit. nach: Gruchmann, Lothar, Totaler Krieg, München 1991, S. 247 ff.

Nationalsozialismus und Zweiter Weltkrieg

Verbrechen der Wehrmacht – Dokumente analysieren

M 10 Verbrechen der Wehrmacht

Im Katalog zur „Wehrmachtsausstellung" wird das Bild oben wie folgt kommentiert:

Tarnopol – südöstlich von Lemberg gelegen – wurde im September 1939 zunächst von der Roten Armee besetzt. Die Stadt hatte zu diesem Zeitpunkt etwa 40 000 Einwohner, 18 000 Personen
5 galten als Juden. Am 2. Juli 1941 marschierte die Panzergruppe I mit der ihr unterstellten SS-Division „Wiking" in Tarnopol ein. Zudem erreichte das Sonderkommando 4b die Stadt.
Unmittelbar nach der deutschen Besetzung fand
10 man die Leichen einiger hundert Ukrainer, die der NKWD kurz vor dem Abzug der Roten Armee ermordet hatte. Unter den Opfern befanden sich auch zehn deutsche Soldaten. Am 4. Juli 1941 setzte ein mehrere Tage andauerndes Pogrom
15 ein. Die für die Morde verantwortlich gemachten Juden der Stadt wurden gezwungen, die NKWD-Opfer zu bergen, wobei die Juden misshandelt, erschlagen und erschossen wurden. Neben einheimischen Zivilisten beteiligten sich auch Angehöri-
20 ge der SS-Division „Wiking" an den Gewalttaten. Zudem bescheinigte die SS der Wehrmacht eine „erfreulich gute Einstellung gegen die Juden". Das Sonderkommando 4b fahndete gezielt nach jüdischen Intellektuellen und erschoss 127 Per-
25 sonen außerhalb der Stadt. Das Pogrom in Tarnopol kostete mindestens 600 Menschen das Leben.

Aus: Verbrechen der Wehrmacht, herausgegen vom Hamburger Institut für Sozialforschung, Hamburg 2002, S. 100.

M 11 „Vernichtungsaktionen"

Bericht des Oberwachtmeisters Soennecken, Dolmetscher bei der Heeresgruppe Mitte, vom 24. Oktober 1941 über ein Massaker in Borissow (Weißrussland):

Ich hörte bei meiner Ankunft am Freitag, den 7. Oktober 1941 vom dortigen Leiter der russischen Sicherheitspolizei, Ehof […], dass in der Nacht von Sonntag auf Montag alle Borissower Juden erschossen werden sollten. […] Am kommenden Morgen 5
ergab sich folgendes Bild: Man hatte schon um 3 Uhr morgens mit den Erschießungen begonnen. Man hatte zuerst die Männer fortgeholt. Sie wurden in russischen Autos zur Richtstätte gefahren, begleitet von den hierzu abgestellten Männern 10
der Borissower russischen Sicherheitspolizei. […] Außerdem wurden, da die Autos nicht ausreichten und die Zeit drängte, fortwährend Züge von Frauen und Kindern die Straße heruntergetrieben, zum Teil mit Eisenstangen. Es standen auch an der Peripherie 15
des Gettos, also an derselben Straße, Gruppen von Judenweibern und Kindern, auch Säuglinge in den Armen der Mütter, zum Abholen bereit! In der Ebene knatterten den ganzen Tag über die Gewehre, die Frauen und Kinder weinten und schrien, die 20
Autos rasten durch die Straßen um das Getto und holten immer neue Opfer heran, und das alles vor den Augen der Zivilbevölkerung und der deutschen Militärpersonen, die des Weges kamen. […]
Es waren einige Tage vorher von russischen Kriegs- 25
gefangenen im Walde einige Riesen-Massengräber in einer Länge von ca. 100 Metern, einer Breite von 5 Metern und einer Tiefe von 3 Metern ausgehoben worden. Die Erschießungen sollen sich nach den Berichten dieser Augenzeugen folgen- 30
dermaßen zugetragen haben:
Man habe die ersten Delinquenten, so ungefähr 20 Mann, in die Grube springen lassen, nachdem sie ihre Kleidung bis auf die Unterwäsche abgelegt hatten. Dann habe man sie von oben zusam- 35
mengeschossen! Die Toten bzw. die Halbtoten, die natürlich vollkommen durcheinander gelegen hätten, habe man dann durch die nächsten Opfer in Reihe und Glied legen lassen, um möglichst viel Raum zu gewinnen und habe sodann wie oben 40
fortgefahren.

Aus: H. Kraunick/H.-H. Wilhelm, Die Truppe des Weltanschauungskrieges, Stuttgart 1981, S. 576–577.

M 12 Behandlung von Kriegsgefangenen

Aus dem Genfer Abkommen über die Behandlung der Kriegsgefangenen vom 27.6.1929:

Artikel 2
Die Kriegsgefangenen unterstehen der Gewalt der feindlichen Macht, aber nicht der Gewalt der Personen oder Truppenteile, die sie gefangen genommen haben. Sie müssen jederzeit mit Menschlichkeit behandelt und insbesondere gegen Gewalttätigkeiten, Beleidigungen und öffentliche Neugier geschützt werden. Vergeltungsmaßnahmen an ihnen auszuüben ist verboten. […]

Artikel 4
Der Staat, in dessen Gewalt sich die Kriegsgefangenen befinden (Gewahrsamstaat), ist verpflichtet, für ihren Unterhalt zu sorgen.

Reichsgesetzblatt von 1934, II, S. 227-262, Zitat S. 232–236.

M 13 „Kommissarbefehl"

Befehl des Oberkommandos der Wehrmacht vom 6. Juni 1941. Der Befehl durfte nur bis zu den Oberbefehlshabern der Armeen bzw. Luftflottenchefs verteilt werden und musste den Befehlshabern mündlich bekannt gegeben werden:

Im Kampf gegen den Bolschewismus ist mit einem Verhalten des Feindes nach den Grundsätzen der Menschlichkeit oder des Völkerrechts nicht zu rechnen. Insbesondere ist von den politischen Kommissaren aller Art als den eigentlichen Trägern des Widerstandes eine hasserfüllte, grausame und unmenschliche Behandlung unserer Gefangenen zu erwarten.
Die Truppe hat sich bewusst zu sein:
1. In diesem Kampfe ist Schonung und völkerrechtliche Rücksichtnahme diesen Elementen gegenüber falsch. Sie sind eine Gefahr für die eigene Sicherheit und die schnelle Befriedigung der eroberten Gebiete.
2. Die Urheber barbarisch asiatischer Kampfmethoden sind die politischen Kommissare. Gegen diese muss daher sofort und ohne weiteres mit aller Schärfe vorgegangen werden.
Sie sind daher, wenn im Kampf oder bei Widerstand ergriffen, grundsätzlich sofort mit der Waffe zu erledigen […]. Politische Kommissare als Organe der feindlichen Truppe […] sind aus den Kriegsgefangenen sofort, d.h. noch auf dem Gefechtsfelde, abzusondern. Dies ist notwendig, um ihnen jede Einflussnahme auf die gefangenen Soldaten zu nehmen. Diese Kommissare werden nicht als Soldaten anerkannt; der für Kriegsgefangene völkerrechtlich geltende Schutz findet auf sie keine Anwendung. Sie sind nach durchgeführter Absonderung zu erledigen.

Zit. nach: H.-A. Jacobsen, Der Zweite Weltkrieg in Chronik und Dokumenten. Darmstadt 1961, S. 571 ff.

Aufgaben

1. Notiere die wichtigsten Stationen des Kriegsverlaufs zwischen 1941 und 1945 in einer Tabelle. → Text, M2, M4
2. Aus welchen Gründen kam es zum Krieg zwischen Japan und den USA? → Text, M1, M2
3. Erläutere, welche Ereignisse zur Kriegswende führten. → Text
4. a) Gliedere die Rede von Goebbels in Sinnabschnitte.
   b) Arbeite heraus, welches Ziel Goebbels mit dieser Rede verfolgt. Mit welchen rhetorischen Mitteln arbeitet er?
   c) Bewerte die Aussage Goebbels' „Ihr also, meine Zuhörer, repräsentiert […] die Nation!"
   d) Für die Rede wurde auch der Sportpalast entsprechend gestaltet. Beschreibe die Gestaltung und nimm Stellung. → M7–M9
5. Der Vernichtungskrieg gegen die Sowjetunion ist in zahlreichen Dokumenten belegt. Vergleiche die beiden Massaker in Tarnopol und Borissow. Arbeite Gemeinsamkeiten und Unterschiede heraus. Beachte insbesondere die Rolle einzelner Einheiten. → M10, M11
6. Die Frage nach möglichen Verbrechen der Wehrmacht ist heftig umstritten. Untersuche die Dokumente hinsichtlich dieser Frage. Was können die Dokumente – Texte und Fotografien – zur Beantwortung dieser Fragestellung leisten, was nicht? → M10, M11
7. Vergleiche das Genfer Abkommen und den Kommissarbefehl. Zu welcher Beurteilung des Kommissarbefehls gelangst du dabei? → M12, M13

Kriegsalltag in Deutschland

Schein der Normalität
Als 1914 der Erste Weltkrieg ausbrach, gab es in der Bevölkerung begeisterte Zustimmung. Das war zu Beginn des Zweiten Weltkriegs anders, denn viele sahen dem Krieg mit gemischten Gefühlen entgegen. Während der ersten Kriegsjahre änderte sich das Alltagsleben kaum, da militärische Erfolge manches überdeckten. Auch verzichteten die Nazis auf große Belastungen, denn sie fürchteten eine Revolution wie im November 1918. Daher waren die Lebensmittelrationen auf Bezugsschein anfangs recht hoch und auch ein Lohnstopp wurde wieder rückgängig gemacht. Das Regime erhöhte sogar die Renten.

Ermöglicht wurde diese Politik durch brutale Ausbeutung besetzter Länder sowie den Arbeitseinsatz von Kriegsgefangenen und Zwangsarbeitern aus den eroberten Gebieten im Osten. Kriegswichtige Maßnahmen wie die Einschränkung des Arbeitsplatzwechsels hatte man bereits vor Kriegsbeginn getroffen. Mit der Kriegswende Ende 1941 änderte sich das grundlegend.

Flächenbombardements
1942 begannen Flächenbombardements amerikanischer und britischer Bomberflotten, die Industrieanlagen und Verkehrswege zerstörten. Ferner wurden Wohngebiete gezielt vernichtet, um die Kampfmoral der Zivilbevölkerung zu untergraben. Nach dem Verlust der Lufthoheit konnte die Flugabwehr die deutschen Städte nicht mehr vor anglo-amerikanischen Angriffen schützen. So verloren etwa 600 000 Menschen im Bombenhagel ihr Leben, fast 4 Millionen Häuser wurden zerstört. Die Hoffnung der Alliierten, das deutsche Volk würde Hitler stürzen, erfüllte sich jedoch nicht.

Die Lebensverhältnisse in den Städten verschlechterten sich drastisch. Bei Fliegeralarm flohen die Menschen mit gepackten Koffern in die Luftschutzbunker und mussten dort die Nächte verbringen. Oft gerieten diese Schutzbauten zur tödlichen Falle. Die Ausgebombten verloren ihren Besitz und wurden obdachlos.

M 1   Bombardierung der Städte
Familie nach einem Bombenangriff auf Mannheim 1943

M 2   Luftangriff auf Lübeck
Der Angriff erfolgte in der Nacht vom 28. auf den 29. März 1942. Als am Sonntagmorgen Entwarnung gegeben wurde, hatte sich Lübecks Altstadt in weiten Teilen in eine Trümmerwüste verwandelt. Neben mehreren Hundert Verletzten waren 320 Tote zu beklagen. Annähernd 15 000 Menschen waren obdachlos geworden.

M 3 **Letztes Aufgebot**
Verwundete junge Flakhelfer, die für ihren Einsatz mit dem Kriegsverdienstkreuz ausgezeichnet werden, Foto vom 9.11.1943

„Kinderlandverschickung"

Kinder wurden im Rahmen der „Kinderlandverschickung" (KLV) aus den gefährdeten Städten evakuiert. Weil das auf Widerstand bei manchen Eltern stieß, die ihre Kinder nicht fortgeben wollten, war die KLV stets freiwillig. Wegen der zunehmenden Bombardierung wandte die Regierung bald indirekten Druck an. So wurden Schulen bei gleichzeitiger Aufrechterhaltung der Schulpflicht geschlossen und in KLV-Lager verlegt, sodass die Eltern zustimmen mussten. Insgesamt waren 2,5 Millionen Kinder betroffen.

Untergebracht wurden sie überwiegend in Lagern der HJ und des BDM, kleine Kinder auch in Pflegefamilien. Sie erhielten vormittags Schulunterricht, nachmittags gab es Sport und Schulung bei der HJ. So konnte man alle im Sinn der NS-Ideologie erziehen.

Reaktionen des NS-Regimes

Die immer aussichtslosere militärische Lage führte zu einschneidenden Maßnahmen. So verpflichtete das Regime etwa 900 000 Jugendliche im Alter von 15–16 Jahren als Flakhelfer. Ferner bestand Arbeitspflicht für Männer und Frauen in der Rüstungsindustrie. Da sich Kritik an diesen unpopulären Maßnahmen entzündete, verzichtete das Regime auf eine konsequente Umsetzung der Dienstpflicht und setzte stattdessen verstärkt Zwangsarbeiter ein.

Die hoffnungslose Situation verschärfte den Druck. Unter dem Vorwurf der „Wehrkraftzersetzung" wurden Taten rücksichtslos verfolgt, die den propagierten „Endsieg" zu gefährden schienen. Oft verhängten Sondergerichte für harmlose Delikte die Todesstrafe.

M 4 **Zwangsarbeiterin**
im VW-Werk Wolfsburg bei der Herstellung von Tellerminen, 1943

Auflösung des sozialen Zusammenhalts

Der Krieg führte dazu, dass die Familien auseinandergerissen und soziale Beziehungen zerstört wurden. So war der Vater als Soldat abwesend, während die Mutter arbeiten musste und die Kinder sich in KLV-Lagern aufhielten. Ausgebombte Familien suchten nach einer Unterkunft bei Verwandten oder auf dem Land, Alte und Kranke drängte der Überlebenskampf an den Rand. Auf diese Weise wurde der bisherige gesellschaftliche Zusammenhalt grundlegend erschüttert.

Feuersturm – Arbeiten mit Quellen und Darstellungen

M 5 Erinnerungen

Der Soldat Walter Boye (1923–1945) berichtet über den Luftangriff auf Lübeck am 28./29. März 1942:

Als ich wieder auf die Straße kam, brannten sämtliche Häuser [hinter St. Petri] mit Ausnahme der Nummern 11 bis 15. An der Ecke stand eine Motorspritze, ein Feuerwehrmann kam seelenruhig an und meinte: „Tja, dat Wader is nu all". Das Feuer griff jetzt rasend um sich. Die Flammen fachten den Wind an und der Wind die Flammen. Das steigerte sich gegenseitig, bis die Straßen furchtbaren Öfen glichen. Wir wussten, dass auch unser Haus verloren war und begannen, die wichtigsten Sachen zu bergen. […] Dann schlugen wir uns durch Schutt und Brand über den Hinterhof wieder zu unserem Keller durch. Wir kamen gerade rechtzeitig, um Vorhänge und Rollos von den Fenstern zu reißen. Als wir alles abgerissen hatten, brannte das Fensterholz. Löschen war sinnlos, jeden Augenblick mussten die Scheiben zerspringen und die Flammen voll ins Zimmer schlagen. Wenig später wurde durch den Luftdruck einer schweren Bombe die Luke vom Notausgang des Kellers gerissen. Damit verqualmte der Keller in wenigen Augenblicken so stark, dass er geräumt werden musste. […] Plötzlich gellten Hilferufe auf. Sie kamen aus dem Eckhaus Hinter St. Petri/Holstenstraße. Uns überfiel eisiger Schreck. Das Haus stand bis auf den Grund in hellen Flammen, das Treppenhaus war längst zu Asche geworden. Und am Fenster im dritten Stock stand eine Frau, sah uns stehen und rief um Hilfe. Wir hatten kein Sprungtuch, keine Leiter und mussten zusehen, wie sie umkam. Plötzlich war die Gestalt verschwunden, noch ein Ruf, dann schlugen die Flammen aus dem Fenster. Es war das Furchtbarste, was ich in dieser Nacht erlebte.

Zit. nach: Als der Himmel Feuer fiel, Lübeck 1982, S. 31.

M 6 Deutsches Flugblatt über Luftschutzmaßnahmen, um 1942

M 7 „Vergleichen – nicht moralisieren"

Der renommierte Historiker Hans-Ulrich Wehler führte ein Gespräch mit Spiegel-Redakteuren über die Bombenkriegsdebatte:

SPIEGEL: Obwohl die Bundesbürger solche Vorgänge ja meist nur noch vom Hörensagen kennen, stoßen neuerdings Veröffentlichungen […] über den Bombenkrieg heiße Debatten an. Wieso eigentlich erst jetzt, 60 Jahre danach?

WEHLER: […] Tabuisiert waren diese Themen vielleicht nicht, aber sie waren mit so vielen Traumata verbunden, dass die Beteiligten erst sehr viel später über die Schreckenstage sprechen konnten.

SPIEGEL: Aber auch Historiker hielten sich zurück.

WEHLER: Es gab eine enorme Scheu, sich dieser Themen anzunehmen. Man mochte nicht zum Verrechnen von Opferzahlen beitragen. Mir scheint, dass die Zeitvorgabe der alten Faustregel, es müsse bei so schrecklichen Ereignissen eine Generation vergehen, nicht genügt hat.

SPIEGEL: Ist nicht die Gefahr der Aufrechnung geblieben?

WEHLER: Ich glaube, sie besteht bei nicht wenigen. Am Stammtisch wird man mit großer Erleichterung sagen: Endlich hören wir nicht immer nur von jüdischen Opfern. Es wird am rechten Rand ein Jauchzen geben. Aber ich glaube nicht, dass das mehrheitsfähig wird, jedenfalls nicht bei den Jüngeren und Mittelalten. Bei der politischen Kultur, die sich hierzulande in 50 Jahren stabilisiert hat, halte ich das Ganze noch nicht für ein Problem.

SPIEGEL: Wo sind denn Ihrer Ansicht nach die Grenzen, Flächenbombardements mit anderen Kriegsuntaten zu vergleichen?

WEHLER: Ich bin durchaus nicht dagegen, dass man die Gräuel des Krieges miteinander vergleicht. Es geht aber um die Kriterien. Man muss dann schon die Gräuel der Landtruppen vergleichen oder die Bombardements von Wohnvierteln durch die deutsche Luftwaffe mit denen durch die Engländer. Man hüte sich auch vor moralisierenden Urteilen. Dann bleibt letztlich nur der moralische Vorwurf an den Anderen übrig.

Aus: Stephan Burgdorff/Christian Habbe (Hg.), Als Feuer vom Himmel fiel, Darmstadt 2005, S. 43.

M 8

Kriegszerstörungen in deutschen Städten

Wohnungsverluste in den Großstädten der Westzonen		Wohnungsverluste in den Mittelstädten der Westzonen		Wohnungsverluste in Städten der Sowjetischen Besatzungszone	
Köln	70,0 v. H.	Düren	99,2 v. H.	Dresden	60 v. H.
Dortmund	65,8 v. H.	Paderborn	95,6 v. H.	Nordhausen	55 v. H.
Duisburg	64,8 v. H.	Bocholt	89,0 v. H.	Frankfurt/O.	50 v. H.
Kassel	63,9 v. H.	Hanau	88,6 v. H.	Plauen	50 v. H.
Kiel	58,1 v. H.	Gießen	76,5 v. H.	Dessau	40 v. H.
Ludwigshafen	55,0 v. H.	Moers	75,7 v. H.	Rostock	25 v. H.
Hamburg	53,5 v. H.	Siegen	75,3 v. H.	Leipzig	25 v. H.
Bochum	51,9 v. H.	Würzburg	74,1 v. H.	Cottbus	20 v. H.
Braunschweig	51,9 v. H.	Emden	73,9 v. H.	Jena	15 v. H.
Bremen	51,6 v. H.	Pirmasens	70,1 v. H.	Bautzen	15 v. H.

Nach: E. Kläss, Der Luftkrieg über Deutschland, München 1963, S. 273f.

Aufgaben

1. Beschreibe den Kriegsalltag der Menschen in Deutschland mit eigenen Worten.
   → Text
2. Stelle die Maßnahmen zusammen, die als Schutz gegen den Bombenkrieg empfohlen wurden. Nimm hierzu Stellung.
   → Text, M6
3. a) Fasse den Bericht über die Bombardierung Lübecks 1942 mit eigenen Worten zusammen.
   b) Vergleiche die Aussagen des Flugblattes mit diesem Bericht. Zu welchem Ergebnis gelangst Du dabei?
   → M5, M6
4. a) Fasse die Aussagen Hans-Ulrich Wehlers zusammen.
   b) Setze dich mit seiner Auffassung auseinander.
   → M7

Vertiefung: Orte des NS-Terrors in Schleswig-Holstein

Konzentrationslager in Schleswig-Holstein

Frühe Konzentrationslager
Auch in Schleswig-Holstein gab es Konzentrationslager, in denen Gefangene gefoltert, unter unmenschlichen Bedingungen zur Arbeit gezwungen und umgebracht wurden. Die ersten KZ wurden bereits kurz nach der „Machtübernahme" der Nationalsozialisten eingerichtet; 1934 wurden sie jedoch wieder aufgelöst, da man die Häftlinge in andere Konzentrationslager verlegte.

Außenlager des KZ Neuengamme
Ab Sommer 1944 wurden wieder neue KZ in Schleswig-Holstein errichtet, die bis zum Kriegsende existierten. Es handelte sich um Außenlager des KZ Neuengamme (Hamburg), in denen überwiegend Ausländer gefangen waren.

Die Inhaftierten des Außenlagers Kaltenkirchen mussten einen Flugplatz für die deutsche Luftwaffe bauen, der allerdings nicht vollendet wurde, da die Landebahn immer wieder Ziel englischer und amerikanischer Bombenangriffe war. Die Häftlinge der Außenlager Ladelund und Schwesing wurden gezwungen, an einem „Friesenwall" zu arbeiten, der eine Invasion der Alliierten verhindern oder erschweren sollte. Bei dieser unter schlimmsten Bedingungen ausgeführten Arbeit starben innerhalb weniger Wochen über 600 Menschen. Viele männliche Häftlinge waren aus dem niederländischen Ort Putten verschleppt worden, der als „Vergeltung" für ein Attentat auf ein deutsches Wehrmachtsfahrzeug niedergebrannt worden war – die Frauen und Kinder des Dorfes hatte man gleich getötet. Wegen der unmenschlichen Bedingungen waren die Außenlager in Schleswig-Holstein unter den Häftlingen als „Todeslager" bekannt. Die Wachmannschaften gingen äußerst brutal gegen die Häftlinge vor; Hunger, Schläge, Scheinerschießungen und tatsächliche Exekutionen waren an der Tagesordnung.

Die Einwohner von Ladelund, Schwesing oder Kaltenkirchen sahen das Elend der Häftlinge tagtäglich, wenn diese morgens und abends an ihren Häusern vorbeigetrieben wurden.

Die Tragödie in der Neustädter Bucht
Wenige Tage vor Kriegsende, am 3. Mai 1945, ereignete sich in der Neustädter Bucht eine furchtbare Tragödie: Britische Kampfflugzeuge griffen zwei deutsche Passagierschiffe an, die sie für Truppentransporter hielten. An Bord der Schiffe befanden sich jedoch KZ-Häftlinge, die vor den herannahenden britischen Truppen aus Neuengamme abtransportiert wurden. Die Schiffe sanken, Tausende Häftlinge kamen um.

Gedenken
1950 entstand in Ladelund eine der ersten KZ-Opfer-Gedenkstätten in Deutschland. Initiiert durch den Pastor der Gemeinde begannen die Einwohner mit der Aufarbeitung und suchten Kontakte zu den ehemaligen Häftlingen oder zu den Hinterbliebenen der Opfer. Heute befinden sich weitere Gedenkstätten in Husum-Schwesing und Kaltenkirchen.

M 1 Konzentrationslager in Schleswig-Holstein
- Frühe KZ 1933–34
- KZ und Polizeigefängnis Hamburg Fuhlsbüttel 1933–45
- KZ Neuengamme 1938–45
- Außenkommandos des KZ Neuengamme 1944–45
- Arbeitserziehungslager Nordmark Kiel-Hassee (-Russee) 1944–45
- Ausweichlager 1945

1. Ladelund
2. Husum-Schwesing
3. Lütjenburg-Howacht
4. Kirchnüchel
5. Eutin
6. Siblin
7. Glasau
8. Holstendorf
9. Ahrensbök
10. Kuhlen
11. Glückstadt
12. Kaltenkirchen
13. Wedel
14. Mölln

M 2 „Cap Arcona"-Denkmal
Zur Erinnerung an die Tragödie am 3. Mai 1945, Neustadt (Holstein)

M 3 — Der Lageralltag im KZ Kaltenkirchen

Die KZ-Gedenkstätte Kaltenkirchen beschreibt auf ihrer Homepage u.a. den Lageralltag:

Er [der Lageralltag] war geprägt durch schlechte Hygiene, durch geringe medizinische Versorgung, durch tägliches Strammstehen im oft stundenlangen Zählappell bei Kälte und Nässe in unzureichender und verschmutzter Kleidung, durch vielfältige weitere Demütigungen, Schläge, Fußtritte, Strafgymnastik und Essensentzug. Die Arbeit selber draußen an der Start- und Landebahn unter Aufsicht örtlicher Firmen, die Fußmärsche dorthin und zurück taten das Übrige, um viele Häftlinge physisch und psychisch zugrunde zu richten. Unter der Bezeichnung Muselmänner verstand man in den deutschen Konzentrationslagern, auch in Kaltenkirchen, die zugrunde gerichteten Häftlinge, die in der Regel die Widerstandskraft und den Lebenswillen aufgegeben hatten. Ihr Zustand war das Ergebnis der Misshandlungen und Entbehrungen des Lageralltages. Sie waren entweder zu Skeletten abgemagert oder durch Ödeme aufgedunsen und mit Geschwüren bedeckt. Nur wenige überlebten diesen Zustand.

www.kz-kaltenkirchen.de/1/home/index.htm
(dort unter: „Geschichtliches" und dann: „Der Lageralltag").

M 4 KZ Ladelund
Skizze des ehemaligen Häftlings E. Wellerdiek, um 1948

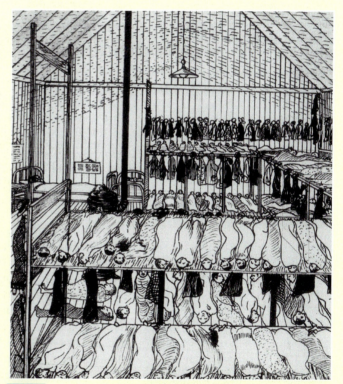

M 5 Unterkunft der Häftlinge in Ladelund
Ausschnitt aus einer Zeichnung des Häftlings Bob Smith, um 1947

Aufgaben

1. Suche weitere Informationen über die aufgeführten Beispiele (Neuengamme, Kaltenkirchen, Husum-Schwesing, Ladelund) und fertige eine kleine Dokumentation an.
   → Text, M1–M5

2. Recherchiere weitere Einzelheiten über den Tod der KZ-Häftlinge in der Neustädter Bucht am 3. Mai 1945. Wie sollte deiner Meinung nach an diese Tragödie erinnert werden?
   → Text, M2

Nationalsozialismus und Zweiter Weltkrieg

Die Ermordung der Juden

Ein Denkmal mitten in Berlin

Im Zentrum Berlins findet der Besucher ein großes Feld mit Betonpfeilern, die in Anspielung an antike Grabsteine als „Stelen" bezeichnet werden. Da sie von ganz unterschiedlicher Höhe sind, erwecken sie den Eindruck eines wogenden Feldes. Dieses Denkmal wird auch als Holocaust-Mahnmal bezeichnet und erinnert an die Ermordung der Juden während der Zeit des Nationalsozialismus.

Für den Völkermord an den Juden hat sich der Name „Holocaust" eingebürgert. Dieses griechische Wort für „Brandopfer" erinnert an die Verbrennung der Toten in den Vernichtungslagern der Nationalsozialisten. In Israel und den USA wird oft der hebräische Begriff „Shoah" verwendet, was Unheil oder Katastrophe bedeutet.

Die Schwierigkeit, das Ereignis korrekt zu benennen, zeigt zugleich seine Ungeheuerlichkeit. Das Ausmaß des Verbrechens führte immer wieder zu der Frage: Wie war das möglich? – Doch die Unmenschlichkeit der Taten lässt es nahezu unmöglich erscheinen, eine nachvollziehbare rationale Erklärung zu finden.

M 1 Berliner Mahnmal für die während der NS-Zeit ermordeten Juden, Foto von 2005

Gab es einen Plan für den Massenmord?

Bei der Suche nach Gründen spielt die nationalsozialistische Ideologie eine entscheidende Rolle, denn von Beginn an war die NSDAP eine antisemitische Partei. Diese Judenfeindschaft propagierten Hitler und seine Anhänger schon in der Weimarer Republik und erst recht nach der Machtübernahme. Nach 1933 kam es dann zu Diskriminierung, Entrechtung und Verfolgung.

Mit der Frage, wie die Judenverfolgung in einen Völkermord münden konnte, beschäftigen sich die Historiker noch immer. Umstritten ist besonders die Frage, ob dem Massenmord schon früh ein bewusster Plan zugrunde lag. Für diese Annahme sprechen verschiedene öffentliche Bekundungen Hitlers sowie manche Einträge in den Tagebüchern von Propagandaminister Goebbels.

Dagegen vertreten die meisten Forscher die Auffassung, dass erst die Ausnahmesituation des Zweiten Weltkriegs zu einer schrittweisen Radikalisierung der nationalsozialistischen Politik führte. Dabei entstanden einzelne Stufen des Schreckens: Umsiedlung von Juden und anderen Volksgruppen – Gettoisierung der Juden in abgegrenzten und streng bewachten Stadtvierteln – Ernährungs- und Versorgungskrisen durch militärische Zwänge. So sank die Hemmschwelle zum Töten immer tiefer, bis schließlich sogar Massenmord annehmbar war – zumal er „rassenbiologisch" begründet schien!

Bereits vor Ausbruch des Zweiten Weltkriegs war es zu Morden an Behinderten und Kranken gekommen, wogegen mutige Christen schon damals protestierten. Die Nationalsozialisten bezeichneten dies als Tötung „unwerten Lebens" oder als „Euthanasie", d.h. Sterbehilfe.

M 2 Plakat zum Film „Jud Süß"
Einziges Ziel des NS-Propagandafilms, der 1940 nach einer Novelle von Wilhelm Hauff gedreht wurde, war die Denunziation der Juden.

Der Beginn des Massenmords

Zu ersten Massentötungen kam es bereits während der Feldzüge gegen Polen, Frankreich und die UdSSR zwischen 1939 und 1941. Den militärischen Verbänden folgten sogenannte „Einsatzgruppen" der

210

M 3 Misshandelte Jüdinnen in einem Dorf in Südrussland zu Beginn der deutschen Besatzung, 1941

M 4 Massaker unter russischen Juden
Massenerschießung jüdischer Bürger unmittelbar nach Einnahme der Stadt Lemberg durch die Wehrmacht am 7. Juli 1941

Sicherheitspolizei und des Sicherheitsdienstes, die über eine Million Juden durch Exekutionen ermordeten, darunter auch Frauen und Kinder. Parallel dazu wurden die antijüdischen Maßnahmen in den besetzten Gebieten verschärft. Diese Radikalisierung entsprang nicht nur Hitlers Rassenwahn, sondern auch einer Hochstimmung nach den militärischen Erfolgen der „Blitzkriege". Der Völkermord an den Juden begann somit schon 1939 nach dem Einmarsch in Polen und weitete sich nach dem Überfall auf die Sowjetunion 1941 schlagartig aus.

Der Übergang zur planmäßigen Ermordung

Im Herbst 1941 geriet der Vormarsch der Wehrmacht vor Moskau ins Stocken, im Dezember 1941 traten die USA in den Krieg ein. Vor dem Hintergrund dieser angespannten Situation erfolgte der Übergang zur systematischen Ermordung der Juden.

Auch wenn kein ausdrücklicher Befehl Hitlers belegt ist, zeigen die Quellen, dass im Spätherbst 1941 im Zusammenspiel verschiedener Personen und Dienststellen die entscheidenden Weichen gestellt wurden. Einerseits drängten Hitler und führende Nationalsozialisten auf eine Beschleunigung der Mordkampagne. Andererseits verstärkten sich Forderungen der Basis, radikale Maßnahmen zu ergreifen. Aber auch ohne ausdrücklichen Befehl kam es immer wieder zu Mordtaten.

Die Wannseekonferenz

Am 20. Januar 1942 trafen sich Spitzenvertreter der Reichsministerien, der NSDAP und der SS zu einer Konferenz im Gästehaus der SS am Berliner Wannsee. Zweck der Wannseekonferenz war die Koordinierung aller Maßnahmen zur Vernichtung des europäischen Judentums unter Federführung der SS. Das Protokoll zeigt, dass die grundsätzliche Entscheidung zur planmäßigen Vernichtung der Juden zu diesem

Nationalsozialismus und Zweiter Weltkrieg

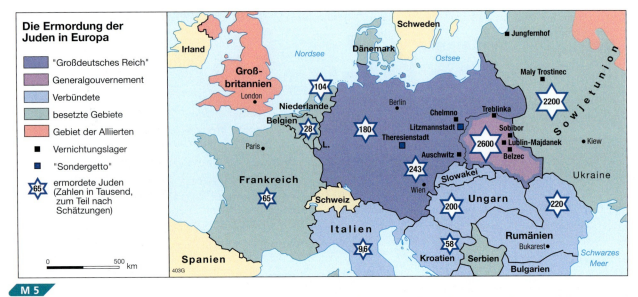

M 5

Zeitpunkt bereits gefallen war. Es enthält noch keinen Hinweis auf die geplante Tötung durch Giftgas, zeigt aber unmissverständlich, dass die beschlossenen Maßnahmen millionenfachen Tod zur Folge haben würden. Keines der beteiligten Ministerien und keine Behörde erhob Einspruch gegen diese Mordpläne.

Der Völkermord

Ab 1942 wurden Juden aus ganz Europa in die Vernichtungslager verschleppt. Man hatte sie fernab in Polen errichtet, um die Untaten geheim zu halten. Bereits auf den Fahrten in den Güterzügen starben Menschen an Unterkühlung oder Erschöpfung.

Nach ihrer Ankunft wurden die Menschen „selektiert": Wer nicht arbeitsfähig schien, kam in Gaskammern, die man als Duschräume tarnte. Dort wurden die Opfer mit Giftgas getötet, ihre Leichen in eigens erbauten Krematorien verbrannt. Zuvor mussten die Menschen jeden persönlichen Besitz abgeben. Den Toten wurde sogar Zahngold herausgebrochen, Frauenhaar abgeschnitten und gesammelt.

Die arbeitsfähigen Häftlinge mussten unter unmenschlichen Bedingungen arbeiten. Sie starben an Erschöpfung, Unterernährung, Krankheiten und Seuchen, viele auch an sadistischer Quälerei oder medizinischen Experimenten. Schätzungen gehen davon aus, dass zwischen fünf und sechs Millionen Juden umkamen. Hinzu kamen weitere Gruppen, die verfolgt und ermordet wurden.

Grenzen des Verstehens

Zwar wissen wir heute, wie es zum millionenfachen Mord an den Juden kam. Angesichts der Ungeheuerlichkeit des Geschehens bleiben jedoch Grenzen des Verstehens. Es waren ja nicht nur einige fanatische Nationalsozialisten an diesem Verbrechen beteiligt, sondern eine Vielzahl von Personen: vom Dienststellenleiter und seinem Verwaltungsangestellten über den Lokomotivführer bis hin zum KZ-Wächter.

Gedenkstätten und Denkmäler wie das Holocaust-Mahnmal in Berlin sollen die Erinnerung wach halten und die Opfer ehren.

M 6 „Der letzte Schrei – Am Ende"
Gemälde des Auschwitz-Häftlings Adolf Frankl

Die „Endlösung" aus Sicht der Täter – Ein Tagebucheintrag und eine Rede analysieren

M 7 Joseph Goebbels und Heinrich Himmler

a) Eintragung im Tagebuch von Joseph Goebbels, des Reichsministers für Volksaufklärung und Propaganda, vom 27. März 1942:

Aus dem Generalgouvernement werden jetzt, bei Lublin beginnend, die Juden nach dem Osten abgeschoben. Es wird hier ein ziemlich barbarisches und nicht näher zu beschreibendes Verfahren angewandt, und von den Juden selbst bleibt nicht mehr viel übrig. Im Großen kann man wohl feststellen, dass 60 Prozent davon liquidiert werden müssen, während nur noch 40 Prozent in der Arbeit eingesetzt werden können. Der ehemalige Gauleiter in Wien [Odilo Globocnik], der diese Aktion durchführt, tut das mit ziemlicher Umsicht und auch mit einem Verfahren, das nicht allzu auffällig wirkt. An den Juden wird ein Strafgericht vollzogen, das zwar barbarisch ist, das sie aber vollauf verdient haben. Die Prophezeiung, die der Führer ihnen für die Herbeiführung eines neuen Weltkriegs mit auf den Weg gegeben hat, beginnt sich in der furchtbarsten Weise zu verwirklichen. Man darf in diesen Dingen keine Sentimentalität obwalten lassen. Die Juden würden, wenn wir uns ihrer nicht erwehren würden, uns vernichten. Es ist ein Kampf um Leben und Tod zwischen der arischen Rasse und dem jüdischen Bazillus.
Keine andere Regierung und kein anderes Regime konnte die Kraft aufbringen, diese Frage generell zu lösen. Auch hier ist der Führer der unentwegte Vorkämpfer und Wortführer einer radikalen Lösung, die nach Lage der Dinge geboten ist und deshalb unausweichlich erscheint. Gottseidank haben wir jetzt während des Krieges eine ganze Reihe von Möglichkeiten, die uns im Frieden verwehrt wären. Die müssen wir ausnützen.
Die in den Städten des Generalgouvernements freiwerdenden Gettos werden jetzt mit den aus dem Reich abgeschobenen Juden gefüllt, und hier soll sich dann nach einer gewissen Zeit der Prozess erneuern. Das Judentum hat nichts zu lachen, und dass seine Vertreter heute in England und in Amerika den Krieg gegen Deutschland organisieren und propagieren, das müssen seine Vertreter in Europa sehr teuer bezahlen, was wohl auch als berechtigt angesehen werden muss.

Aus: Michaelis, Herbert/Schraepler, Ernst (Hg.), Ursachen und Folgen, Bd. 19, Berlin o. J., S. 470 f.

b) Der „Reichsführer SS" Heinrich Himmler zur „Endlösung" in einer Rede auf der SS-Gruppenführertagung in Posen am 4. Oktober 1943:

Ich will hier vor Ihnen in aller Offenheit auch ein ganz schweres Kapitel erwähnen. Unter uns soll es einmal ganz offen ausgesprochen sein, und trotzdem werden wir in der Öffentlichkeit nie darüber reden. Genauso wenig, wie wir am 30. Juni 1934 gezögert haben, die befohlene Pflicht zu tun und Kameraden, die sich verfehlt hatten, an die Wand zu stellen und zu erschießen, genauso wenig haben wir darüber jemals gesprochen und werden je darüber sprechen. Es war eine, Gottseidank in uns wohnende Selbstverständlichkeit des Taktes, dass wir uns untereinander nie darüber unterhalten haben, nie darüber sprachen. Es hat jeden geschaudert und doch war sich jeder klar darüber, dass er es das nächste Mal wieder tun würde, wenn es befohlen wird und wenn es notwendig ist.
Ich meine jetzt die Judenevakuierung, die Ausrottung des jüdischen Volkes. Es gehört zu den Dingen, die man leicht ausspricht. – „Das jüdische Volk wird ausgerottet", sagt ein jeder Parteigenosse, „ganz klar, steht in unserem Programm, Ausschaltung der Juden, Ausrottung, machen wir." Und dann kommen sie alle an, die braven 80 Millionen Deutschen, und jeder hat seinen anständigen Juden. Es ist ja klar, die anderen sind Schweine, aber dieser eine ist ein prima Jude. Von allen, die so reden, hat keiner zugesehen, keiner hat es durchgestanden. Von Euch werden die meisten wissen, was es heißt, wenn 100 Leichen beisammen liegen, wenn 500 daliegen oder wenn 1000 daliegen. Dies durchgehalten zu haben, und dabei – abgesehen von Ausnahmen menschlicher Schwächen – anständig geblieben zu sein, das hat uns hart gemacht. Dies ist ein niemals geschriebenes und niemals zu schreibendes Ruhmesblatt unserer Geschichte, denn wir wissen, wie schwer wir uns täten, wenn wir heute noch in jeder Stadt – bei den Bombenangriffen, bei den Lasten und bei den Entbehrungen des Krieges – noch die Juden als Geheimsaboteure, Agitatoren und Hetzer hätten. Wir würden wahrscheinlich jetzt in das Stadium des Jahres 1916/17 gekommen sein, wenn die Juden noch im deutschen Volkskörper säßen.

Zit. nach: Graml, Hermann, Reichskristallnacht, München 1988, S. 262 f.

Nationalsozialismus und Zweiter Weltkrieg

Der Holocaust im Spiegel unterschiedlicher Quellen

M 8 Ankunft von Juden an der Rampe von Auschwitz im Juni 1944

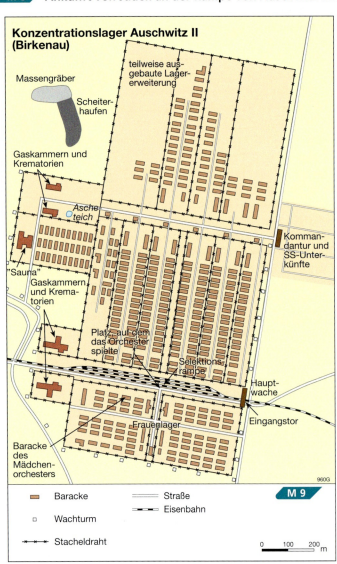

M 9

M 10 Bericht aus Auschwitz

Der Auschwitz-Häftling Max Mannheimer berichtet über seine Ankunft im Konzentrationslager Auschwitz 1943:

Osten – Arbeitseinsatz, sagt man. Wir sind alle zusammen: Meine Eltern, meine Frau, zwei Brüder, meine Schwester, Schwägerin. In acht Tagen werde ich dreiundzwanzig. Seit vier Jahren an Straßenbau und Steinbruch gewöhnt. Die letzten Wochen 5
ans Sägewerk. Der Gedanke beruhigt mich. Es wird schon nicht so schlimm sein. Vater meint es auch. Er zahlte pünktlich Steuern. Für König und Kaiser im Ersten Weltkrieg drei Jahre an der Front. Hat sich nie etwas zuschulden kommen lassen. 10
Transportnummern werden verteilt. Um den Hals gehängt. CU 210, 211, 212, 213, 214, 215, 216, 217. Tausend Frauen, Männer, Kinder. Schleppen sich. Nach Bauschowitz. Personenzug wartet. Werden einzeln aufgerufen. Steigen ein. Zehn im Abteil. 15
Etwas gedrängt. Kann doch nicht so schlimm sein: Personenzug.
Osten – Arbeitseinsatz. Einsatz? Warum nicht einfach Arbeit? Abfahrt. Es ist neun Uhr morgens. Sehen Trümmer. Hören sächsisch. Entdecken Noti- 20
zen an der Wand des Wagens. Abfahrt Theresienstadt 9.00 Uhr, dann Dresden, Bautzen, Görlitz, Breslau, Brieg. Oppeln Hindenburg. Dann nichts. Tag und Nacht. Auf der Strecke entdecken wir Juden. In Zivilkleidung. Mit Stern. Mit Schaufeln. 25
Werfen Brot aus dem Fenster. Sie stürzen sich darauf. Stoßen sich. Arbeitseinsatz? Werden wir auch so aussehen? Handeln? Stoßen? Nochmals Tag. Und halbe Nacht. Der Zug hält kreischend an. Ein-

tausend Männer, Frauen, Kinder. Die Begleitmannschaft umstellt den Zug. Wir haben im Zug zu bleiben. Nicht mehr lange. Eine Kolonne Lkws kommt. Starke Scheinwerfer erhellen plötzlich die Rampe. SS-Offiziere und Wachtposten stehen da. Wir sind an der Todesrampe von Auschwitz-Birkenau.

Auschwitz-Birkenau, Todesrampe, Mitternacht vom 1. zum 2. Februar 1943.

Alles aussteigen! Alles liegenlassen! Eine Panik. Jeder versucht, so viel wie möglich in die Taschen zu stopfen. Die SS-Leute brüllen: Bewegung! Ein bisschen Dalli! Noch ein Hemd wird angezogen. Noch ein Pullover. Zigaretten. Vielleicht als Tauschobjekt. Männer auf diese Seite, Frauen auf die andere Seite, Frauen mit Kindern auf die LKW's. Männer und Frauen, die schlecht zu Fuß sind, können mit den LKW's mitfahren. Viele melden sich.

Der Rest wird in Fünferreihen aufgestellt. Eine Frau versucht, zu uns herüberzukommen. Sie will vermutlich ihren Mann oder Sohn sprechen. Ein SS-Mann reißt sie mit einem Spazierstock zu Boden. Am Hals. Sie bleibt liegen. Wird weggezerrt. Arbeitseinsatz?

Ein SS-Offizier steht vor uns. Obersturmführer. Wird von einem Posten so angesprochen. Vermutlich Arzt. Ohne weißen Kittel. Ohne Stethoskop. In grüner Uniform. Mit Totenkopf. Einzeln treten wir vor. Seine Stimme ist ruhig. Fast zu ruhig. Fragt nach Alter, Beruf, ob gesund. Lässt sich Hände vorzeigen. Einige Antworten höre ich.

Schlosser – links.
Verwalter – rechts.
Arzt – links. [...]
Arbeiter – links.
Schreiner – links.

Dann ist mein Vater an der Reihe. Hilfsarbeiter. Er geht den Weg des Verwalters und Magazineurs. Er ist fünfundfünfzig. Dürfte der Grund sein. Dann komme ich. Dreiundzwanzig Jahre, gesund, Straßenbauarbeiter. Die Schwielen an den Händen. Wie gut sind die Schwielen. Links.

Mein Bruder Ernst: zwanzig, Installateur – links. Mein Bruder Edgar: siebzehn. Schuhmacher – links. Versuche meine Mutter, Frau, Schwester, Schwägerin zu entdecken. Es ist unmöglich. Viele Autos sind abgefahren.

Aufstellung in Dreierreihen. Ein SS-Posten fragt nach tschechischen Zigaretten. Ich gebe ihm welche. Er beantwortet meine Fragen. Die Kinder kommen in den Kindergarten. Männer können ihre Frauen sonntags besuchen. Nur sonntags? Das reicht doch! Es muss wohl reichen.

Wir marschieren. Auf einer schmäleren Straße. Wir sehen ein hell erleuchtetes Quadrat. Mitten im Krieg. Keine Verdunkelung. Wachtürme mit MGs. Doppelter Stacheldraht, Scheinwerfer, Baracken. SS-Wachen öffnen ein Tor. Wir marschieren durch. Wir sind in Birkenau.

Vor einer Baracke bleiben wir zehn Minuten stehen. Dann werden wir eingelassen. Aus dem Transport von eintausend Männern, Frauen, Kindern sind es jetzt 155 Männer. Mehrere Häftlinge sitzen an Tischen. Geld und Wertgegenstände sollen abgegeben werden. Auch Verstecktes. Sonst gibt es harte Strafen. Aus meinem Hemdkragen trenne ich ein Stück auf. Zehn-Dollar-Note. Von meinem Schwiegervater. Als Reserve für Notzeiten. Die Namen werden registriert. Ich frage, ob ich die Kennkarte behalten soll. Nein, heißt es. Wir bekämen neue. Wir kommen ins Freie. Dann eine andere Baracke. In einem Raum legen wir unsere Kleider ab. Nur Schuhe und Gürtel behalten wir. Sämtliche Haare werden abgeschnitten. Und abrasiert. Wegen der Läuse. Wir werden mit Cuprex eingesprüht. Kommen in einen sehr warmen Raum. Stufenartig angelegt. Wie eine Sauna. Wir sind nackt und freuen uns über die Wärme. Eigenartig sehen wir aus. Komisch. Glatzen, um den nackten Bauch einen Gürtel und wir haben Schuhe an. Ein Häftling in gestreifter Kleidung kommt herein. Stellt sich vor uns. Wir fragen nach den Frauen, Kindern. „Gehen durch den Kamin"! Wir verstehen ihn nicht. Wir halten ihn für einen Sadisten. Wir fragen nicht mehr.

Max Mannheimer, in: Dachauer Hefte 1, München 1985.

Aufgaben

1. a) Erarbeite aus dem Text, wie Goebbels die Ermordung von Juden rechtfertigt.
   b) Auf welche Weise versucht Himmler mögliche Gewissensbisse der Täter zu verhindern?
   → M7
2. Welche Informationen erhalten die Häftlinge in Auschwitz über ihr Schicksal? Wie reagieren sie auf das, was sie erfahren?
   → M8, M10
3. Informiere dich, ob in der damaligen Zeit jüdische Schüler aus deinem Wohnort oder aus deiner Schule dem Holocaust zum Opfer fielen.

Vertiefung: Stolpersteine auch in deinem Ort?

Stolpersteine: Die Familie Prenski aus Lübeck

Wie soll man an das Schicksal der vertriebenen und ermordeten Juden erinnern? Das von dem Kölner Künstler Gunter Demnig initiierte Projekt „Stolpersteine" ist eine Antwort auf diese Frage. Der Künstler setzt kleine beschriftete Metalltafeln ins Straßenpflaster ein, um der Opfer an ihren Wohnorten zu gedenken. Die Steine erinnern an Leben und Ermordung jeweils einer Person.

M 1

Max Prenskis Geschichte
1920 zog die Familie Prenski aus Polen nach Lübeck, 1924 wurde der Sohn Max geboren, ab 1930 besuchte Max die Grundschule in Lübeck. Der am 1. April 1933 von der NSDAP organisierte Boykott hatte auf die Familie zunächst kaum Auswirkungen, danach aber nahm der Druck ständig zu: Die eng mit der Gestapo zusammenarbeitenden örtlichen Behörden verhängten Berufsverbote und forderten die Familie wiederholt zur Rückkehr nach Polen auf. Ende Oktober 1938, Max war 14 Jahre alt, sollte die Familie Prenski nach Polen abgeschoben werden. Die Fahrt endete jedoch in Berlin, da an der Grenze Chaos herrschte. Von nun an bemühte sich die Familie um die Ausreise nach Palästina.

Nach der Schule hätte Max versuchen können, einen Platz in einer der Ausbildungsstätten der zionistischen Jugendorganisation „Hechaluz" in Harksheide oder am Stadtrand von Flensburg zu bekommen, wo man sich neben landwirtschaftlichen Kenntnissen auch die hebräische Sprache und landeskundliches Wissen über Palästina aneignen konnte, um sich so auf eine eventuelle Ausreise vorzubereiten. Er entschied sich jedoch dafür, auf einer Hamburger Schule das Schlosserhandwerk zu erlernen.

Die Schikanen und Übergriffe gegen jüdische Bürger nahmen immer bedrohlichere Ausmaße an, und die Chancen, doch noch nach Palästina auswandern zu können, wurden immer geringer. In der Reichspogromnacht am 9. November 1938 verwüsteten SA-Männer in ganz Deutschland die Synagogen und plünderten die Geschäfte jüdischer Handwerker und Unternehmer.

M 2 Das Wohnhaus der Familie Prenski in Lübeck
Zeitgenössische Fotografie

Max' Vater starb 1939 – fortan musste die Mutter allein für das Überleben der Familie sorgen. Nachdem 1940 die jüdische Schule in Lübeck schließen musste, besuchten Max' Geschwister die jüdische Volksschule in Hamburg. Da tägliches Pendeln zu teuer war, wohnten die Kinder am Schulort im jüdischen Waisenhaus.

Am 3. November 1941 erging die Aufforderung zur „Evakuierung": Alle Lübecker Juden mussten sich am 6. Dezember 1941 am Bahnhof einfinden, um in überfüllten Personen- oder offenen Güterwagen abtransportiert zu werden. Die Menschen durften nur einen kleinen Koffer sowie Lebensmittel für drei Tage mitnehmen. Der Transport endete auf einem Bahnhof südlich von Riga, von wo aus die Menschen in das Auffanglager „Jungfernhof" gebracht wurden. Der Kommandant dieses Lagers war ein als äußerst brutal geltender Bauernsohn aus Dithmarschen mit Namen Rudolf Seck. Von einigen Tausend Lagerinsassen überlebten nur wenige Hundert eine gewisse Zeit, bis auch sie – zu angeblichen Aufräumarbeiten – in das Rigaer Getto in den Tod geschickt wurden. Max und seine Geschwister starben im Februar oder März 1942 im Stadtwald von Riga bei einer der Mordaktionen der SS; ihre Mutter wurde wahrscheinlich 1944 im KZ Stutthoff ermordet. Schicksale wie das der Familie Prenski lassen sich für viele Juden in verschiedenen Orten Schleswig-Holsteins nachweisen.

Aufgaben

1. Ordne die im Text genannten Jahreszahlen im Lebenslauf von Max Prenski in die Chronologie der nationalsozialistischen Verfolgungspolitik ein. → Text
2. a) Recherchiere im Internet unter www.stolpersteine.com, ob es auch in deinem Heimatort Stolpersteine gibt.
   b) Fertige dazu eine Dokumentation an.
3. Das Projekt ist umstritten. Stelle Argumente dafür und Argumente dagegen zusammen. Formuliere deine eigene Meinung dazu.

Nationalsozialismus und Zweiter Weltkrieg

Widerstand gegen den Nationalsozialismus

Was ist Widerstand?

Widerstand gegen die nationalsozialistische Herrschaft gab es vom Beginn des Terrorregimes 1933 bis zu seinem Untergang 1945. Aber was ist Widerstand? Zählen dazu nur die Attentate auf Hitler oder auch die Weigerung, zur HJ zu gehen? Handelte es sich um Widerstand, wenn man jüdische Nachbarn auf der Straße grüßte?

Die meisten Historiker unterscheiden verschiedene Formen des Widerstands: den bewussten politischen Kampf gegen das nationalsozialistische Regime, die Verweigerung im täglichen Leben gegenüber den Erwartungen der Nationalsozialisten und die innere geistige Abgrenzung von der NS-Ideologie.

Dabei zeigt sich, dass es ganz unterschiedliche Verhaltensweisen gab, die das Regime als Angriff oder Verweigerung wertete. Die Vielfalt der Erscheinungsformen, Methoden, Motive und Zielsetzungen macht es schwer, Widerstand angemessen zu erfassen.

M 1 **Julius Leber (1891–1945)**

Bedingungen des Widerstands

Erschwert – wenn nicht lebensbedrohlich – wurde Widerstand im totalitären System dadurch, dass das NS-Regime von Anfang an mit Zwang und Terror gegen seine Gegner vorging. Zudem ließ sich die Mehrheit der Deutschen durch Hitlers vermeintliche Erfolge in den ersten Jahren blenden. Widerstand war also stets mit einem erheblichen persönlichen Risiko verbunden.

Auf der anderen Seite ist festzustellen, dass Einzelne und Gruppen immer wieder diese Gefahr auf sich nahmen. Sie wollten ihrer Überzeugung treu bleiben und einen Beitrag zum Sturz des nationalsozialistischen Regimes und zur Beendigung des Krieges leisten.

Früher Widerstand aus der Arbeiterbewegung

Kommunisten und Sozialdemokraten waren Opfer der ersten Stunde. Gleich nach dem Reichstagsbrand im Februar 1933 wurden zahlreiche Mitglieder der KPD und SPD verhaftet, in Konzentrationslager verschleppt, misshandelt oder ermordet. Nur mühsam gelang es den verbleibenden Mitgliedern, ihren politisch motivierten Widerstand in kleinen konspirativen Gruppen zu organisieren.

Der Weg ins Exil verlagerte einen Großteil der Aktivitäten ins zunächst noch freie Ausland. Größere Aktionen waren unter diesen Bedingungen nicht möglich, aber es konnte ein Netzwerk Gleichgesinnter entstehen, das Informationsaustausch und Hilfeleistungen für Verfolgte ermöglichte. So wurden z. B. Familienangehörige von Inhaftierten oder Ermordeten unterstützt.

M 2 **Bischof Graf von Galen**
Der Bischof von Münster kritisierte in seinen Predigten offen die „Euthanasie", Foto um 1945/46.

Widerstand der Kirchen

Die katholische Kirche missbilligte die NS-Ideologie, denn es gab zahlreiche Aussagen, die nicht mit der christlichen Glaubenslehre in Einklang standen. Trotz des Konkordats, das Hitler 1933 mit dem Vatikan schloss, lehnten viele Katholiken die nationalsozialistische Weltanschauung ab. Die Ablehnung äußerte sich in individueller Verweigerungshaltung gegenüber den Einrichtungen der Partei und des

M 3 Dietrich Bonhoeffer
Sondermarke

M 4 Claus von Stauffenberg
(auf dem Foto ganz links) im Führerhauptquartier Wolfsschanze

M 5 Die Geschwister Scholl
Auf dem Münchener Bahnhof verabschiedet sich Sophie Scholl von ihrem Bruder Hans (zweiter von links), der an die Ostfront einberufen wurde.

Staates. Dazu zählte zum Beispiel die Weigerung, in die NSDAP, die HJ oder den BdM einzutreten.

Als das nationalsozialistische Regime damit begann, Behinderte und Kranke als „lebensunwert" zu ermorden, weckte dies den Widerstand vieler Geistlicher. Beispielhaft war hier der Bischof von Münster, Clemens August Graf von Galen, der sich energisch von der Kanzel gegen das „Euthanasie"-Programm der Nationalsozialisten wandte. Das war auch für den Klerus nicht ungefährlich, zumal die Gestapo vor Verhaftung und Mord nicht zurückschreckte.

Schwieriger war die Situation der evangelischen Kirche. Hier gab es zwei Strömungen. Während die „Deutschen Christen" eng mit den Nationalsozialisten zusammenarbeiteten, vereinigten sich oppositionelle Geistliche im Pfarrernotbund. Aus ihm ging die „Bekennende Kirche" hervor, die den christlichen Glauben höher stellte als den Gehorsam gegenüber Hitler. Zu ihr zählte auch der Theologe Dietrich Bonhoeffer, der Pläne zum Sturz Hitlers unterstützte und dafür 1945 im KZ Flossenbürg hingerichtet wurde.

Der 20. Juli 1944

Hitlers politische Erfolge bis zur Kriegswende 1942 erschwerten alle Aktivitäten, die sich gegen das Regime richteten. Widerstand gab es fast nur noch in Form regimekritischer Witze oder im Abhören „feindlicher Sender", was bei einer Denunziation Gerichtsverfahren und harte Strafen nach sich zog.

Als sich die militärische Niederlage abzeichnete, versuchte eine Gruppe von Verschwörern Hitler zu töten und die Macht zu übernehmen. Am 20. Juli 1944 deponierte Oberst Graf Stauffenberg während einer Lagebesprechung im Führerhauptquartier, der Wolfsschanze in Ostpreußen, eine Bombe. Die Explosion verletzte Hitler nur leicht, da er zwischenzeitlich seine Position verändert hatte. Den politischen Umsturz, der zeitgleich in Berlin erfolgen sollte, schlug noch am selben Tag die Gestapo nieder. Stauffenberg und vier Verschwörer wurden noch um Mitternacht in Berlin hingerichtet, eine anschließende Verhaftungswelle forderte Hunderte weiterer Opfer.

Widerstand von Jugendlichen

Auch Jugendliche leisteten Widerstand, wie zum Beispiel die „Weiße Rose", eine Gruppe von Studenten an der Universität München unter Führung der Geschwister Scholl. Sie verteilten Flugblätter gegen eine Fortsetzung des sinnlosen Kriegs und suchten ihre Kommilitonen zum Widerstand zu bewegen. Am 18. Februar 1943 wurden sie in der Universität beobachtet und verhaftet. Wenig später richtete man die Geschwister Scholl und drei weitere Mitglieder der „Weißen Rose" hin.

Auch andere Jugendliche distanzierten sich vom System oder leisteten aktiven Widerstand. Die „Swing-Jugend" Hamburgs aus gutbürgerlichen Kreisen hörte den offiziell verbotenen Jazz und wurde zur Umerziehung und Abschreckung in ein Jugend-Konzentrationslager gebracht. Die Edelweiß-Piraten und andere Gruppen im Rhein-Ruhr-Gebiet führten einen regelrechten Kampf gegen SA und Polizei. Sie betrieben Sabotage und schreckten auch vor Gewalt nicht zurück. Viele von ihnen wurden ohne Gerichtsurteil umgebracht.

Nationalsozialismus und Zweiter Weltkrieg

M 6 **Georg Elser (1903–1945)**
Er verübte am 8. November 1939 im Münchner Bürgerbräukeller ein Bombenattentat auf Hitler. Elser wurde am 9. April 1945 im KZ Dachau erschossen.

Einzelne Widerstandskämpfer
Manche kämpften allein gegen das NS-Regime. Ein bekanntes Beispiel ist der Schreiner Georg Elser aus Württemberg, der durch Hitlers Beseitigung einen Krieg verhindern wollte.

Jedes Jahr feierten die Nationalsozialisten im Münchner Bürgerbräukeller den Jahrestag des Hitlerputsches. Wochenlang ließ sich Elser in der Wirtschaft einsperren, um heimlich in einer ausgehöhlten Säule einen Sprengsatz anzubringen. Die Bombe explodierte zwar wie geplant, doch hatte Hitler die Versammlung vorzeitig verlassen, sodass er dem Attentat entkam. Elser wurde auf der Flucht in die Schweiz verhaftet und im KZ Dachau kurz vor Kriegsende ermordet.

Die Deserteure
Je aussichtsloser der Krieg wurde, desto mehr Soldaten entzogen sich dem Wehrdienst. Desertion wurde streng betraft und das Regime richtete Tausende Kriegsdienstverweigerer hin, da sie das Gesetz und ihren Treueid gegenüber Hitler gebrochen hatten. Allerdings blieb ihr „Nein" zum Krieg bis heute in der Bevölkerung umstritten. Immerhin besaßen sie den Mut, sich dem Wahnsinn des Kriegs zu verweigern, der insbesondere in den letzten Jahren unzählige Menschenopfer forderte.

Widerstand in den besetzten Gebieten
Trotz manch mutiger Aktion fand der deutsche Widerstand gegen Hitler kaum Rückhalt bei der Bevölkerung. Anders sah das in den besetzten Gebieten aus, sei es in Frankreich, Polen, der Sowjetunion oder auf dem Balkan. Die Partisanen zogen sich in unzugängliche Gebiete zurück und sprengten Eisenbahnlinien, Brücken und Waffenlager. Die Bevölkerung unterstützte diesen Patriotismus, während sie Kollaboration mit den Deutschen als Verrat verurteilte.

Die deutsche Besatzungsmacht ging rücksichtslos gegen jede Form von Sabotage und Widerstand vor, sodass der Partisanenkrieg auf beiden Seiten mit schonungsloser Grausamkeit geführt wurde.

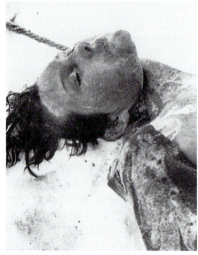

M 7 **Russische Partisanin** hingerichtet 1941, Foto

M 8 **„Erschlage den faschistischen Unhold"**, sowjetisches Plakat

Widerstand – Ein Flugblatt analysieren

Kommilitoninnen! Kommilitonen!

Erschüttert steht unser Volk vor dem Untergang der Männer von Stalingrad. Dreihundertdreissigtausend deutsche Männer hat die geniale Strategie des Weltkriegsgefreiten sinn- und verantwortungslos in Tod und Verderben gehetzt. Führer, wir danken dir!

Es gärt im deutschen Volk: Wollen wir weiter einem Dilettanten das Schicksal unserer Armeen anvertrauen? Wollen wir den niedrigen Machtinstinkten einer Parteiclique den Rest der deutschen Jugend opfern? Nimmermehr!
Der Tag der Abrechnung ist gekommen, der Abrechnung unserer deutschen Jugend mit der verabscheuungswürdigsten Tyrannis, die unser Volk je erduldet hat. Im Namen der ganzen deutschen Jugend fordern wir von dem Staat Adolf Hitlers die persönliche Freiheit, das kostbarste Gut des Deutschen zurück, um das er uns in der erbärmlichsten Weise betrogen hat.

In einem Staat rücksichtsloser Knebelung jeder freien Meinungsäusserung sind wir aufgewachsen. HJ, SA, SS haben uns in den fruchtbarsten Bildungsjahren unseres Lebens zu uniformieren, zu revolutionieren, zu narkotisieren versucht. „Weltanschauliche Schulung" hiess die verächtliche Methode, das aufkeimende Selbstdenken und Selbstwerten in einem Nebel leerer Phrasen zu ersticken. Eine Führerauslese, wie sie teuflischer und borniert zugleich nicht gedacht werden kann, zieht ihre künftigen Parteibonzen auf Ordensburgen zu gottlosen, schamlosen und gewissenlosen Ausbeutern und Mordbuben heran, zur blinden, stupiden Führergefolgschaft. Wir „Arbeiter des Geistes" wären gerade recht, dieser neuen Herrenschicht den Knüppel zu machen. Frontkämpfer werden von Studentenführern und Gauleiteraspiranten wie Schuljungen gemassregelt, Gauleiter greifen mit geilen Spässen den Studentinnen an die Ehre. Deutsche Studentinnen haben an der Münchner Hochschule auf die Besudelung ihrer Ehre eine würdige Antwort gegeben, deutsche Studenten haben sich für ihre Kameradinnen eingesetzt und standgehalten. Das ist ein Anfang zur Erkämpfung unserer freien Selbstbestimmung, ohne die geistige Werte nicht geschaffen werden können. Unser Dank gilt den tapferen Kameradinnen und Kameraden, die mit leuchtendem Beispiel vorangegangen sind!

Es gibt für uns nur eine Parole: Kampf gegen die Partei! Heraus aus den Parteigliederungen, in denen man uns politisch weiter mundtot halten will! Heraus aus den Hörsälen der SS- Unter- oder Oberführer und Parteikriecher! Es geht uns um wahre Wissenschaft und echte Geistesfreiheit! Kein Drohmittel kann uns schrecken, auch nicht die Schliessung unserer Hochschulen. Es gilt den Kampf jedes einzelnen von uns um unsere Zukunft, unsere Freiheit und Ehre in einem seiner sittlichen Verantwortung bewussten Staatswesen.

Freiheit und Ehre! Zehn lange Jahre haben Hitler und seine Genossen die beiden herrlichen deutschen Worte bis zum Ekel ausgequetscht, abgedroschen, verdreht, wie es nur Dilettanten vermögen, die die höchsten Werte einer Nation vor die Säue werfen. Was ihnen Freiheit und Ehre gilt, haben sie in zehn Jahren der Zerstörung aller materiellen und geistigen Freiheit, aller sittlichen Substanz im deutschen Volk genugsam gezeigt. Auch dem dümmsten Deutschen hat das furchtbare Blutbad die Augen geöffnet, das sie im Namen von Freiheit und Ehre der deutschen Nation in ganz Europa angerichtet haben und täglich neu anrichten. Der deutsche Name bleibt für immer geschändet, wenn nicht die deutsche Jugend endlich aufsteht, rächt und sühnt zugleich, seine Peiniger zerschmettert und ein neues, geistiges Europa aufrichtet.

Studentinnen! Studenten! Auf uns sieht das sieht das deutsche Volk! Von uns erwartet es, wie 1813 die Brechung des Napoleonischen, so 1943 die Brechung des nationalsozialistischen Terrors aus der Macht des Geistes.
Beresina und Stalingrad flammen im Osten auf, die Toten von Stalingrad beschwören uns!

„Frisch auf, mein Volk, die Flammenzeichen rauchen!"
Unser Volk steht im Aufbruch gegen die Verknechtung Europas durch den Nationalsozialismus, im neuen gläubigen Durchbruch vor Freiheit und Ehre!

M 9 Flugblatt der „Weißen Rose", Faksimile des letzten Flugblattes vom Februar 1943

Attentat auf Hitler – Den Verlauf rekonstruieren

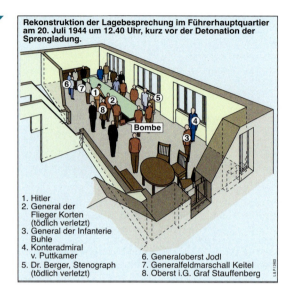

M 10 Rekonstruktion der Lagebesprechung im Führerhauptquartier am 20. Juli 1944 um 12.40 Uhr, kurz vor der Detonation der Sprengladung.

1. Hitler
2. General der Flieger Korten (tödlich verletzt)
3. General der Infanterie Buhle
4. Konteradmiral v. Puttkamer
5. Dr. Berger, Stenograph (tödlich verletzt)
6. Generaloberst Jodl
7. Generalfeldmarschall Keitel
8. Oberst i.G. Graf Stauffenberg

M 11 Attentat auf Hitler – eine Chronik

20. Juli 1944:
10.00 Uhr: „Führerhauptquartier Wolfsschanze": Gegen 10.15 Uhr treffen Oberst Claus Schenk Graf von Stauffenberg und Oberleutnant Werner von Haeften ein.
12.30 Uhr: „Führerhauptquartier Wolfschanze": Stauffenberg und Haeften begeben sich unter dem Vorwand, sich für die Lagebesprechung bei Hitler frischmachen und das Hemd wechseln zu wollen, in das Schlafzimmer eines Adjutanten. Hier aktiviert Stauffenberg, dem infolge einer Kriegsverletzung ein Auge, die rechte Hand und an der linken Hand zwei Finger fehlen, den Zeitzünder der Sprengladung. Nach dem Scharfmachen der ersten Ladung und deren Unterbringung in Stauffenbergs Aktentasche werden sie gestört. Die zweite Sprengladung verbleibt in Haeftens Aktentasche.
Stauffenberg geht zu Fuß zur Lagerbaracke, wo die „Führerlagebesprechung" soeben begonnen hat. Keitel stellt Stauffenberg Hitler vor. Stauffenberg stellt die Tasche mit dem Sprengstoff in die Nähe Hitlers und verlässt dann unter dem Vorwand, telefonieren zu müssen, den Raum.
12.42 Uhr: „Führerhauptquartier Wolfsschanze": Detonation der deponierten Sprengladung. Von den 24 Personen in der Lagerbaracke erleiden vier tödliche Verletzungen, fast alle anderen werden mehr oder weniger schwer verletzt. Hitler überlebt das Attentat mit leichten Verletzungen. Aus 200 m Entfernung beobachtet Stauffenberg die Explosion. Unter einem Vorwand verlassen sie das Gelände und fliegen um 13.15 Uhr mit einem bereitgestellten Flugzeug nach Berlin.
Zwischen 14.45 Uhr und 15.15 Uhr: Berlin: Stauffenberg und Haeften landen in Berlin. Haeften gibt telefonisch die Nachricht vom Tode Hitlers an die Verschwörer in der Bendlerstraße durch.
16.30 Uhr: Berlin: Stauffenberg und Haeften treffen in der Bendlerstraße ein.
17.00 Uhr: „Führerhauptquartier Wolfsschanze": Himmler ruft das Reichssicherheitshauptamt in Berlin an und befiehlt, Stauffenberg festnehmen zu lassen. Durch das „Führerhauptquartier werden Meldungen im Rundfunk veranlasst, die vom Attentat berichten und darauf hinweisen, dass Hitler lebt.
General Kortzfleisch, Kommandierender General des Wehrkreises Berlin, erscheint in der Bendlerstraße. Als er sich weigert, den neuen Befehlen Folge zu leisten, wird er von dem in das Attentat eingeweihten General Beck festgenommen.
19.00 Uhr: General Beck telefoniert mit dem Oberkommandierenden West, Generalfeldmarschall Kluge in Paris. Dieser fordert zuerst Gewissheit über den Tod Hitlers zu erhalten, bevor er zum Handeln bereit sei. Auf Becks Frage, ob er auf jeden Fall zu handeln bereit wäre, weicht Kluge aus und erklärt, er müsse sich erst ein Bild von den Vorgängen verschaffen, bevor er derartige schwerwiegende Schritte unternehme.
20.00 Uhr: Paris: Der eingeweihte General Stülpnagel versucht vergeblich, Kluge zum Handeln mitzureißen, mit dem Ziel einer Einstellung des Kampfes im Westen und einer Verbindungsaufnahme mit den Alliierten. Kluge betont immer wieder, dass er bereit gewesen sei, mitzumachen, „wenn Hitler tot" gewesen wäre.
Gegen 23.15 Uhr: Berlin: Eine Kompanie des Wachbataillons „Großdeutschland" besetzt den Bendlerblock.
21. Juli 1944:
00.15 Uhr bis 00.30 Uhr: Berlin: Im Hof des Bendlerblocks werden General Olbricht, von Haeften, Oberst Mertz von Quirnheim und Stauffenberg durch ein Sonderkommando exekutiert. Stauffenberg stirbt mit dem Ruf: „Es lebe das heilige Deutschland!"

Aus: Peter Steinbach und Johannes Tuchel (Hg.), Widerstand gegen den Nationalsozialismus, Bonn 1994, S. 365 ff. (gekürzt).

Formen des Widerstandes – Einen Begriff definieren

M 12 Eine Darstellung

Der Historiker Wilfried Breyvogel schreibt über der Widerstand im Nationalsozialismus:

Die frühe Geschichtsschreibung zum Widerstand im Nationalsozialismus ging von einem sehr engen Widerstandsbegriff aus, der mit dem Bild des Nationalsozialismus in der Totalitarismustheorie kor-
5 respondierte: ein monolithischer Herrschaftsapparat, der die gesamte Gesellschaft von oben durchdrang und im Kegelbild der Parteiorganisation seinen deutlichsten Ausdruck fand. Daraus folgte eine Totalerfassung, welche die Möglichkeit des
10 Widerstands minimalisierte und die Heroisierung Einzelner als Märtyrer und Helden zur Folge hatte. Es entstand der Widerstandsdreiklang: Bischof von Galen, Weiße Rose und 20. Juli 1944.
Dagegen ist das Spektrum der Begriffe, das die
15 Alltagsforschung entwickelt hat, weiter gefasst und differenzierter: Resistenz, Dissidenz, Nonkonformität, Protest, Widerstand und Konspiration. Resistenz meint die aus sozialen Lebensbedingungen, Milieus, Glaubenshaltungen entstehen-
20 de Reserve, Zurückhaltung, Nichtbegeisterung Einzelner und Gruppen.
Dissidenz und Nonkonformität steht für die Behauptung und Verwirklichung eines eigenen sozialen Raumes, für Handlungen, die über die mentale Reserve hinausgehen und sich z. B. in der 25 Pflege von Kontakten und der Aufrechterhaltung alter Beziehungsnetze ausdrücken können.
Protest meint mit den früheren Definitionen übereinstimmend den verbal geäußerten Widerspruch, das im Zwischenfeld von privat und öffentlich 30 geäußerte Wort, den Zwischenruf, die Verständigung suchende Seitabbemerkung, das Gespräch als Versicherung einer gemeinsamen Option.
Widerstand kennzeichnet die Widerstandshandlung im engen Sinne als geplante Aktion gegen 35 Einrichtungen und persönliche Repräsentanten des Regimes mit dem Ziel seiner/ihrer Beseitigung unter der Bedingung des Risikos für das eigene Leben.
Dieser Begriff von Widerstand verbindet sich not- 40 wendig mit dem Begriff der Konspiration als einer verdeckten Maßnahme.

Wilfried Breyvogel, Jugendwiderstand im Nationalsozialismus. Ein Überblick, in: Ringshausen, Gerhard (Hg.), Perspektiven des Widerstands. Der Widerstand im „Dritten Reich" und seine didaktische Erschließung, Obererlenbach 1994, S. 52 f.

Aufgaben

1. Welche Formen des Widerstands werden im Text unterschieden?
   → Text

2. a) Erkläre mithilfe der Chronik, warum das Bombenattentat am 20. Juli 1944 scheiterte.
   b) Was geschah nach der Explosion im Führerhauptquartier? Fasse kurz zusammen und benenne die einzelnen Schauplätze und Akteure.
   c) Erläutere, warum die Männer um Claus Graf Schenk von Stauffenberg sich nicht haben durchsetzen können. Untersuche insbesondere das Verhalten der beteiligten Akteure.
   → M10, M11

3. a) Erarbeite mithilfe des Flugblattes die Ziele der Weißen Rose.
   b) Versuche anhand des Erscheinungsbildes der Quelle zu erschließen, vor welchen Schwierigkeiten die Verfasser des Flugblatts standen.
   → Text, M9

4. Fertige eine Kurzbiografie über Julius Leber an.
   → Text, M1, Internet oder Lexikon

5. Untersuche, ab wann von Widerstand im Sinne der Definition des Historikers Wilfried Breyvogel gesprochen werden kann. Nimm zu der Auffassung des Autors Stellung.
   → M12

Vertiefung: Widerstand in Schleswig-Holstein – Ein Beispiel

Widerstand von Geistlichen in Lübeck

Bis 1936/37 war es der Gestapo gelungen, den Widerstand in Schleswig-Holstein weitgehend zu zerschlagen. In verschiedenen gesellschaftlichen Gruppen kam es zwar auch nach 1937 noch zu einzelnen Aktionen, aber diese wurden vom Großteil der Bevölkerung nicht unterstützt. Gegen die Poltik der Nationalsozialisten richteten sich in Schleswig-Holstein u.a. evangelische und katholische Geistliche, Sozialdemokraten wie Julius Leber und Offiziere wie Theodor Steltzer. Im Folgenden sollen vier Männer der Kirche vorgestellt werden, deren Widerstand in Lübeck mit dem Tod bestraft wurde:

Die katholischen Geistlichen Johannes Prassek, Eduard Müller und Hermann Lange sowie der evangelische Pastor Karl Friedrich Stellbrink kannten sich seit 1941 – die politische Gegnerschaft zum Nationalsozialismus einte sie. Sie hörten ausländische Rundfunksender und tauschten miteinander Nachrichten sowie die Predigten und Hirtenbriefe des Münsteraner Bischofs von Galen aus. Galen, den das Ausland den „Löwen von Münster" nannte, kritisierte offen die Rassenpolitik und den Umgang der Nationalsozialisten mit kirchlichen Einrichtungen. Die vier Geistlichen diskutierten auch in den Jugendstunden mit Gemeindemitgliedern über diese Themen. Als nach einem schweren Bombenangriff am Palmsonntag 1942 weite Teile der Lübecker Innenstadt in Trümmern lagen, nannte Pastor Stellbrink die Zerstörungen in seiner Predigt sinngemäß ein Gottesgericht. Diese im Konfirmationsgottesdienst gesprochenen Worte führten am 7. April 1942 zur Verhaftung Stellbrinks. In den folgenden Wochen wurden dann auch die katholischen Geistlichen verhaftet. Die extra nach Lübeck angereiste „Zweite Kammer des Volksgerichtshofs" verurteilte die Männer wegen „Rundfunkverbrechen", „landesverräterischer Feindbegünstigung" und „Zersetzung der Wehrkraft" zum Tode. Das Gnadengesuch des katholischen Bischofs von Osnabrück wurde abgelehnt. Die rechtsnationale protestantische Landeskirche, die sich an der Linie der „Deutschen Christen" orientierte, unterstützte Pastor Stellbrink nicht – im Gegenteil: Sie entließ ihn kurz vor seiner Hinrichtung aus dem kirchlichen Dienst. Die Männer starben am 10. November 1943 in der Haftanstalt Hamburg-Holstenglacis durch das Fallbeil.

M 1 Johannes Prassek
Undatierte Fotografie

M 2 Eduard Müller
Undatierte Fotografie

M 3 Hermann Lange und Karl Friedrich Stellbrink (rechts)
Undatierte Fotografien

M 4 Bericht aus dem Gefängnis

a) Hermann Lange berichtet im Juni 1943 aus dem Gefängnis von einer gemeinsamen Fahrt mit seinen Mithäftlingen:

Obwohl es uns verboten war, miteinander zu reden, konnten wir uns ungeniert unterhalten. Der Wachmann vorn in der ‚grünen Minna', der für die Distanz unter den Häftlingen sorgen sollte, vermochte durch den Motorlärm nichts von unseren Gesprächen wahrzunehmen. Ich stellte fest, dass Prassek die Lage völlig klar durchschaute. Er wusste, dass der bevorstehende Prozess eine reine Farce des Volksgerichts war. Wir gingen davon aus, dass das Gericht die Urteile längst vorgefertigt hatten [sic], jedenfalls die über die Geistlichen. Prassek machte sich also nicht die geringsten Illusionen über den Ausgang für sich selbst und rechnete mit dem Todesurteil. Aber er hatte die innere Auseinandersetzung damit offenbar bereits vollzogen. Denn diese Minuten der Nähe in der Gefangenengruppe waren keineswegs durch Angst und Schrecken überschattet. Im Gegenteil, wir scherzten miteinander. Prassek hatte einen geradezu unverwüstlichen Humor, der auch in dieser Situation noch zum Vorschein kam. […] Ich habe später oft über diese und äußerlich noch bedrängendere Situationen nachgedacht. Sie eröffneten mir einen Erfahrungszugang zu dem, was mir bis dahin inhaltlich so oft unbestimmt erschien. Ich meine den Text des Paulus 2 Kor 3, 17: ‚Wo der Geist des Herrn ist, da ist Freiheit.'

b) Vierzehn Tage später gab Hermann Lange Zeugnis von der so verstandenen „Freiheit" und schrieb am 11. Juli 1943 aus dem Untersuchungsgefängnis Hamburg an seine Eltern:

Ich persönlich bin ganz ruhig und sehe fest dem Kommenden entgegen. Wenn man wirklich die ganze Hingabe an den Willen Gottes vollzogen hat, dann gibt das eine wunderbare Ruhe und das Bewusstsein unbedingter Geborgenheit. Der Dreizehnlindendichter[1] sagte einmal: ‚Mächt'ge, die sich Treiber dünken, werden doch nur selbst getrieben – (Heer)geräte eines Stärk'ren, die (gebraucht, verbraucht) zerstieben.' Ist es nicht so? Menschen sind doch nur Werkzeuge in Gottes Hand. Wenn Gott also meinen Tod will – es geschehe sein Wille. Für mich ist dann eben das Leben in diesem Jammertal beendet und es nimmt dasjenige seinen Anfang, von dem der Apostel sagt: ‚Kein Auge hat es gesehen, kein Ohr hat es gehört, in keines Menschen Herz ist es gedrungen, was Gott denen bereitet hat, die ihn lieben.'

[1] Friedrich Wilhelm Weber, 1813–1894, Dichter des Epos „Dreizehnlinden" von 1878

Zit. nach: P. Voswinckel, Geführte Wege, Die Lübecker Märtyrer in Wort und Bild, Hamburg 2010, S. 131ff.

Aufgaben

1. Fertige eine Kurzbiografie von Theodor Steltzer an.
   → Text, Internet
2. a) Lies den Bericht von Hermann Lange genau und kläre unbekannte Wörter.
   b) Fasse den Inhalt mit eigenen Worten zusammen.
   c) Ordne die beiden Abschnitte in den historischen Zusammenhang ein.
   d) Versuche, die Haltung von Hermann Lange zur Haft und zur bevorstehenden Hinrichtung zu erklären.
   → M4
3. a) Auf Seite 223 in diesem Buch werden verschiedene Formen des Widerstandes erläutert. Ordne die Aktivitäten der vier Geistlichen einer Form zu.
   b) Begründe deine Zuordnung.
   → Text, M4 und Seite 223, M12
4. Seit mehreren Jahren läuft der Prozess der Seligsprechung der katholischen Geistlichen (Stand 2010). Informiere dich im Internet über den aktuellen Stand.
   → Text, Internet

Nationalsozialismus und Zweiter Weltkrieg

Das Ende des Zweiten Weltkriegs

Kriegsende in Europa und Asien

Am 8. und 9. Mai 1945 endete der Zweite Weltkrieg in Europa. Die Oberbefehlshaber der deutschen Wehrmacht unterzeichneten zunächst im Hauptquartier der Westalliierten im französischen Reims und danach im sowjetischen Hauptquartier in Berlin-Karlshorst die „bedingungslose Kapitulation". Damit hatte die Anti-Hitler-Koalition ihr wichtigstes Ziel erreicht: die nationalsozialistische Diktatur war besiegt und die Alliierten übernahmen nun die Regierungsgewalt im kriegszerstörten Deutschland.

In Ostasien setzten die USA erstmals die Atombombe ein und bewirkten ein abruptes Kriegsende. Diese Waffe von unvorstellbarer Zerstörungskraft vernichtete am 6. August 1945 die japanische Stadt Hiroshima und tötete etwa 70 000 Menschen sofort. Bis heute hat sich diese Zahl durch Spätfolgen der atomaren Verstrahlung auf 240 000 erhöht. Wenig später erlitt die Stadt Nagasaki das gleiche Schicksal. Schon am 2. September 1945 unterzeichnete Japan auf dem amerikanischen Schlachtschiff „Missouri" die bedingungslose Kapitulation.

M 1 Atompilz über Hiroshima
Der US-Bomber „Enola Gay" wirft um 8:15 Uhr Ortszeit die Atombombe ab. Sie explodiert in 570 m Höhe und kostet 240 000 Menschen das Leben, 6. August 1945.

M 2

Die Toten des 2. Weltkriegs (in Mio.)

	Soldaten	Zivilbevölkerung
Deutschland	4,750	0,500
Sowjetunion	13,600	7,000
USA	0,259	
Großbritannien	0,324	0,062
Frankreich	0,340	0,470
Polen	0,320	5,700
Italien	0,330	
Rumänien	0,378	
Ungarn	0,140	0,280
Jugoslawien	0,410	1,280
Griechenland	0,020	0,140
Niederlande	0,012	0,198
Japan	1,200	0,600
China	mind. 20,0	
Gesamtverluste:	ca. 55 Mio. Tote	

Die Bilanz des Krieges in Deutschland

Der Zweite Weltkrieg hinterließ ein bis dahin unbekanntes Ausmaß an Verwüstung, Tod und Leid. Der Bombenhagel hatte die Städte zerstört, unzählige Menschen waren obdachlos, Millionen flüchteten vor der Sowjetarmee aus ihrer ostdeutschen Heimat in den Westen. Die Nahrungsversorgung brach allenthalben zusammen und es drohte eine Hungersnot. Neben Millionen Soldaten hatte der Krieg auch Millionen Zivilisten getötet. Hinzu kam das unvorstellbare Verbrechen des bestialischen Völkermords an den europäischen Juden.

Das Kriegsende als epochale Wende

Das Ende des Zweiten Weltkriegs bedeutete in mehrfacher Hinsicht einen tiefen Einschnitt. So stiegen die USA und die Sowjetunion zu Supermächten auf. Wegen ihrer gegensätzlichen politischen Systeme – liberale Demokratie einerseits und sozialistische Diktatur andererseits – entwickelte sich in der Folgezeit ein weltumspannender Konflikt, der „Kalte Krieg", der immer wieder regionale Krisen und die Gefahr neuer Kriege heraufbeschwor.

Mit der Atombombe begann eine neue Epoche in der Waffenentwicklung und in den Beziehungen zwischen den großen Mächten. Nachdem auch die Sowjetunion und andere Staaten über die „Bombe" verfügten, bestand die Gefahr einer kriegerischen Auseinandersetzung, die die gesamte Erde zerstören würde.

Demgegenüber verlor Europa an weltpolitischer Bedeutung. Einstige Großmächte wie Frankreich, Großbritannien oder Deutschland konnten mit den neuen Supermächten nicht mehr konkurrieren. Der Machtzerfall beschleunigte sich dadurch, dass die Kolonien in Afrika und Asien ihre Unabhängigkeit erklärten. Dieser Prozess der Entkolonisierung, der nach 1945 begann, traf besonders Frankreich und Großbritannien.

Die Gründung der UNO

M 3 Flagge der UN

Sichtbarer Ausdruck eines Umdenkens der Politiker war die Gründung der „Vereinten Nationen" im Jahr 1945. Nach dem Scheitern des Völkerbunds wollte man ein Gremium schaffen, das den Frieden und die Sicherheit der Völker garantieren und Konflikte entschärfen sollte. Erste Grundsätze einer solchen Friedensordnung hatten US-Präsident Roosevelt und der britische Premierminister Churchill bereits 1941 in ihrer „Atlantik-Charta" verkündet. Am 26. Juni 1945 unterzeichneten schließlich 51 Staaten in San Francisco die Charta der „Vereinten Nationen" (United Nations Organization, UNO).

„Niederlage" oder „Befreiung"?

Empfanden andere Länder das Kriegsende als Sieg oder Befreiung, so war die Situation in Deutschland zwiespältig.

Einerseits endete der blutige Krieg, der Tod und Verderben über die Menschen gebracht hatte. Konzentrationslager öffneten sich und die schwer gezeichneten Häftlinge erlangten endlich die Freiheit. Die führenden Nationalsozialisten waren entmachtet, geflohen oder inhaftiert. Andere begingen Selbstmord wie Hitler in seinem Berliner Bunker. Kurz: Der Krieg war beendet, die NS-Diktatur vernichtet.

Andererseits hatte Deutschland eine vernichtende Niederlage erlitten, unglaubliche Zerstörungen und über 5 Millionen Tote zu beklagen. Ausländische Mächte übernahmen die Herrschaft und brachten das Ende eines souveränen Deutschlands. Auch die vom Nationalsozialismus getäuschten Menschen, die an die Versprechungen des Regimes geglaubt hatten, waren verbittert und empfanden das Ende nicht immer als „Befreiung".

Ob der 8. Mai 1945 also ein „Tag der Niederlage" oder ein „Tag der Befreiung" ist, ob er zu Freude, Trauer oder zum Gedenken Anlass gibt, wurde bei Kriegsende sehr verschieden beantwortet.

Atombombe auf Hiroshima – Bilder und Texte

M 4 Eine Bildergeschichte über Hiroshima
von den japanischen Künstlern Iri und Toshi Maruki

a) „Lichtblitz und Strahlung"

b) „Hitze- und Druckwelle"

c) „Feuer"

d) „Flucht"

M 5 Die Frage „Warum?"

Der Historiker Florian Coulmas schreibt in seinem Buch über Hiroshima:

Eine unverzerrte Antwort auf die Frage zu geben, weshalb Hiroshima und Nagasaki vernichtet wurden, bleibt schwierig. Nur der Versuch einer relativen Gewichtung der vielen verschiedenen Faktoren, die zusammenkamen, ist sinnvoll. Während militärische Gründe kaum ins Gewicht fielen, war das politische Motiv, gegenüber der sowjetischen Führung amerikanische Stärke zu zeigen, von großer Bedeutung. Hinzu kamen der Druck, die gewaltigen Kosten des Unternehmens zu rechtfertigen und die Bereitschaft zur Dehumanisierung der anderen Rasse. Japans Versäumnis, den auch ohne die Atombomben bereits verlorenen Krieg zu beenden, machte es möglich, dass die Katastrophe über Hiroshima und Nagasaki hereinbrach.

Aus: Coulmas, Florian, Hiroshima – Geschichte und Nachgeschichte, München 2005, S. 19.

Mai 1945 – Deutungen vergleichen

M 6   Vierzig Jahre danach

Rede von Bundespräsident Richard von Weizsäcker am 8. Mai 1985 im Bundestag anlässlich des 40. Jahrestages der Beendigung des Krieges:

Viele Völker gedenken heute des Tages, an dem der Zweite Weltkrieg in Europa zu Ende ging. Seinem Schicksal gemäß hat jedes Volk dabei seine eigenen Gefühle. Sieg oder Niederlage, Befreiung
5 von Unrecht und Fremdherrschaft oder Übergang zu neuer Abhängigkeit, Teilung, neue Bündnisse, gewaltige Machtverschiebungen – der 8. Mai 1945 ist ein Datum von entscheidender historischer Bedeutung in Europa. […]

Der 8. Mai ist für uns vor allem ein Tag der Erin- 10 nerung an das, was Menschen erleiden mussten. Er ist zugleich ein Tag des Nachdenkens über den Gang unserer Geschichte. Je ehrlicher wir ihn begehen, desto freier sind wir, uns seinen Folgen verantwortlich zu stellen. 15
Der 8. Mai ist für uns Deutsche kein Tag zum Feiern. Die Menschen, die ihn bewusst erlebt haben, denken an ganz persönliche und damit ganz unterschiedliche Erfahrungen zurück. Der eine kehrte heim, der andere wurde heimatlos. Dieser 20 wurde befreit, für jenen begann die Gefangenschaft. Viele waren einfach nur dafür dankbar, dass Bombennächte und Angst vorüber und sie mit dem Leben davongekommen waren. Andere 25 empfanden Schmerz über die vollständige Niederlage des eigenen Vaterlandes. Verbittert standen Deutsche vor zerrissenen Illusionen, 30 dankbar andere Deutsche für den geschenkten neuen Anfang.

Politische Reden 1945–1990, hrsg. von Marie-Luise Recker, Frankfurt/M. 1999, S. 747 f.

M 7   Zeichnung von F. Behrendt,
Frankfurter Allgemeine Zeitung, 1985

Aufgaben

1. Inwiefern ist es schwierig, ein bestimmtes Datum für das Ende des Zweiten Weltkrieges anzugeben? → Text
2. a) Erläutere, wie die japanischen Künstler die Wirkung einer Atombombe darstellen.
   b) Worin unterschied sich die Atombombe von den bisher eingesetzten Waffen?
   → Text, M1, M4
3. Welche Antwort gibt Florian Coulmas auf die Frage nach den Gründen für den Abwurf?
   → M5
4. a) Fasse zusammen, welche Bedeutung Richard von Weizsäcker dem 8. Mai zuspricht.
   b) Stimmst du seiner Einschätzung zu?
   → M6
5. a) Beschreibe die Karikatur von F. Behrendt genau.
   b) Diskutiert die Frage, wie der 8. Mai 1945 zu bewerten ist.
   → M7

Vertiefung: Das Kriegsende in Schleswig-Holstein

Schleswig-Holstein und Kiel 1945

Großadmiral Karl Dönitz in Flensburg

Kurz vor seinem Selbstmord im Berliner „Führerbunker" am 30. April 1945 ernannte Hitler Großadmiral Karl Dönitz zu seinem Nachfolger. Dönitz bezog als Chef einer kaum noch handlungsfähigen Reichsregierung Anfang Mai sein Hauptquartier in der Marineschule Flensburg-Mürwik. Zu diesem Zeitpunkt war der Großteil Deutschlands bereits von den Alliierten besetzt. Lediglich in Bezug auf die Fortführung der Evakuierung von Soldaten und Zivilisten aus den Ostgebieten des Reiches und aus dem Baltikum über die Ostsee gab es noch Handlungsoptionen.

Bei den Deutschen als auch bei den Westalliierten existierten Befürchtungen, die Sowjetunion könnte versuchen, über die vorgesehene Demarkationslinie bei Lübeck hinaus nach Schleswig-Holstein und Dänemark vorzustoßen, um so ihre Einflusssphäre auf die Ostseeausgänge und die Nordseeküste auszudehnen. Um dies zu verhindern, drang Großbritannien am 2. Mai 1945 bis Wismar vor und entsandte einen Flottenverband nach Kopenhagen.

Am 5. Mai 1945 trat eine Teilkapitulation der deutschen Truppen in Norddeutschland, den Niederlanden und Dänemark in Kraft, die aber Flüchtlingsbewegungen durch die westlichen Linien weiterhin zuließ. Am selben Tag rückte eine kleine und nur leicht bewaffnete Truppeneinheit von ca. 300 Mann in Kiel ein. Es gelang den britischen Offizieren, eine kampflose Übergabe Kiels zu erwirken. Für die Bewohner der zerstörten Stadt war der Krieg damit vorbei. Am 7. und 8. Mai wurde Schleswig-Holstein dann bis zum Nord-Ostsee-Kanal kampflos besetzt. Nachdem am 7./8. Mai die bedingungslose Gesamtkapitulation der deutschen Wehrmacht unterzeichnet worden war, führte die Regierung Dönitz in Flensburg noch bis zum 23. Mai 1945 ein Schattendasein.

M 1 Verhaftung von Karl Dönitz
Hinter Dönitz Generaloberst Alfred Jodl und Albert Speer,
Flensburg, 23. Mai 1945

Das Kriegsende in Kiel

Kiel hatte im Krieg schwer gelitten: Über fünf Millionen Kubikmeter Schutt bedeckten die Stadt, 35 Prozent der Gebäude waren zerstört, 40 Prozent beschädigt. Die Altstadt war fast komplett vernichtet, Strom gab es allenfalls stundenweise, die Wasser- und Gasversorgung war zusammengebrochen.

Doch schlechter noch als den Einwohnern Kiels ging es den Flüchtlingen und Vertriebenen, die seit Anfang 1945 auf überladenen Schiffen, auf offenen Güterwagen, auf Schlitten oder Planwagen vor der Roten Armee aus den ostdeutschen Gebieten geflohen waren. Manche von ihnen lebten wochenlang eingepfercht auf Schiffen, in Hallen, Sälen oder Baracken, bevor sie auf andere Landesteile verteilt wurden. Sie besaßen oft nur das, was sie auf dem Leib trugen.

Alle Anstrengungen waren zunächst darauf gerichtet, die ärgste Not zu beheben. Dabei arbeitete die britische Militärverwaltung mit den verbliebenen deutschen Stellen, soweit diese nicht direkt zur nationalsozialistischen Kriegsmaschinerie gezählt hatten, zusammen. Der NS-Oberbürgermeister Walter Behrens, der Kiel am 4. Mai 1945 kampflos übergeben hatte, wurde am 14. Mai verhaftet. Einen Tag später ernannte die Besatzungsmacht den Rechtsanwalt Dr. Max Emcke zum kommissarischen Oberbürgermeister von Kiel.

M 2 Zerstörtes Kiel 1945

M 3 Der neue Bürgermeister in Kiel

Aus dem Aufruf des seit dem 15. Mai amtierenden neuen Oberbürgermeisters, des Rechtsanwalts Dr. Max Emcke, im „Kieler Kurier", dem Nachrichtenblatt der Militärregierung, vom 4. Juni 1945:

Wenn ich in dieser Zeit – wo die größte Tragödie der Menschheit in Europa ihr Ende gefunden, wir noch am Grabe unseres schönen Vaterlandes stehen, das durch den nationalsozialistischen Geist
5 und das Werk eines gewissenlosen Menschen, der unter Missachtung aller Menschenrechte in maßloser Verblendung unser unglückliches deutsches Volk diesem uferlosen Unglück überantwortet hat, Deutschland am Boden liegt und mit Schmach
10 und Schande bedeckt ist – wo unsere Heimatstadt Kiel eine Stätte des Grauens ist, die mir übertragene Aufgabe übernehme, so tue ich das in dem Bewusstsein, dass ich damit der Sache unseres Volkes und insbesondere unserer Heimatstadt die-
15 nen kann. Ich kenne keinen persönlichen Hass, aber aus der Tiefe meiner Seele hasse ich den Geist des Nationalsozialismus. Alle diejenigen, welche sich aktiv als Nazis und überzeugte Nazis betätigt haben, können daher weder meine engeren noch
20 weiteren Mitarbeiter sein. Ohne Ansehen der Person werden wir in der Stadtverwaltung in Zukunft unbestechlich unsere Tätigkeit entfalten. Ein besonderes Mitgefühl verdienen die Armen und
25 Bedrängten unserer Stadt. Das Rathaus wird das sein und werden, was der Name besagt, nämlich ein Haus, in dem jeder Rat findet.
Wir sind jetzt eine Notgemeinschaft wie nie zuvor. Die Not aber werden wir überwinden. Nachdem
30 die geistige Knechtschaft ihr Ende gefunden, hat das Leben wieder Sinn bekommen. Ich kenne die Sorgen und Nöte aller. Sie werden täglich beraten. Im Augenblick gilt es, an das Ganze und Wichtigste zu denken und persönlichste Angelegenheiten
35 zunächst zurückzustellen. Vergessen wir nicht, was uns alles dennoch erspart geblieben ist.

Kieler Kurier, 4. Juni 1945 (Stadtarchiv Kiel).

M 4 Der britische Oberbefehlshaber

Aus der Proklamation des britischen Oberbefehlshabers Feldmarschall Bernard Law Montgomery im „Kieler Kurier" vom 4. Juni 1945:

Mein unmittelbares Ziel ist es, für alle ein einfaches und geregeltes Leben zu schaffen.
In erster Hinsicht ist dafür zu sorgen, dass die Bevölkerung Folgendes hat:
a) Nahrung,
b) Obdach,
c) Freisein von Krankheit.
Die Ernte muss eingebracht werden. Das Verkehrswesen muss neu aufgebaut werden. Das Postwesen muss in Gang gebracht werden. Gewisse
10 Industrien müssen wieder die Arbeit aufnehmen. Dieses wird für jedermann viel schwere Arbeit bedeuten.
Diejenigen, die nach internationalem Recht Kriegsverbrechen begangen haben, werden gesetzmä-
15 ßig abgeurteilt und bestraft werden.
Das deutsche Volk wird unter meinen Befehlen arbeiten, um das, was zum Leben der Volksgemeinschaft notwendig ist, zu schaffen und um das
20 wirtschaftliche Leben des Landes wieder aufzubauen.

Kieler Kurier, 4. Juni 1945 (Stadtarchiv Kiel).

M 5 Ein Zeitzeuge aus Kiel

Aussage eines Zeitzeugen in einem Dokumentarfilm des Kieler Stadtarchivs von 2007 zu den Gefühlen der Menschen bei Kriegsende:

Es war ein Aufatmen. Es ist vorbei! Aber es war eine ständige Angst, es kann morgen wieder losgehen. Es war ja zunächst nur ein Waffenstillstand. Und wir hatten immer wieder Angst […].
5 Soweit waren wir schon, dass wir geschlagen waren. Aber wir waren nicht schuldbewusst, dass wir [den Krieg] angefangen hätten, sondern uns ist das angetan worden. Das kam erst später.

Historisches Filmdokument 7, Stadtarchiv Kiel, 2007.

Aufgaben

1. Erläutere, vor welchen Schwierigkeiten die Menschen in Kiel im Mai 1945 standen. → Text
2. a) Fasse die Aussagen des neuen Kieler Oberbürgermeisters Emcke, des britischen Oberbefehlshaber Feldmarschall Montgomery sowie des Zeitzeugen zusammen.
b) Vergleiche die Aussagen der drei Zeitgenossen. In welchen Bereichen hatten Besatzer und Besetzte ähnliche Interessen, in welchen Bereichen gab es unterschiedliche Vorstellungen?
→ M3–M5

Nationalsozialismus und Zweiter Weltkrieg

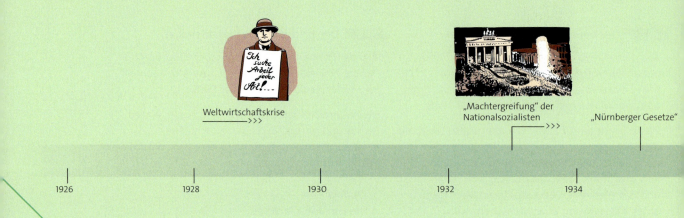

Weltwirtschaftskrise >>>

„Machtergreifung" der Nationalsozialisten >>>

„Nürnberger Gesetze"

1926   1928   1930   1932   1934

Zusammenfassung

Am 30. Januar 1933 übernahmen die Nationalsozialisten unter Adolf Hitler die Macht in Deutschland. In kurzer Zeit errichteten sie eine Diktatur. Etappen auf diesem Weg waren das „Ermächtigungsgesetz", das der Regierung Hitler auch die legislative Gewalt übertrug, sowie die „Gleichschaltung". Sie führte zur Auflösung der Parteien und Gewerkschaften sowie zur Beseitigung der Länderparlamente. Presse und Kultur unterlagen einer staatlichen Zensur und dienten der nationalsozialistischen Propaganda.

Die Sicherung der Macht besorgte ein brutales Polizei- und Überwachungssystem, das sich des Terrors bediente und von der SA und SS – den Kampforganisationen der NSDAP – unterstützt wurde. Politische Gegner inhaftierte das Regime in Konzentrationslagern (KZ).

Antisemitismus gehörte zur ideologischen Grundlage des Nationalsozialismus. Er führte zur Ausgrenzung der Juden aus dem politischen, wirtschaftlichen und gesellschaftlichen Leben. Höhepunkte der Judenverfolgung waren die Nürnberger Gesetze 1935 und die Pogrome vom 9./10. November 1938.

Außenpolitische Ziele des Nationalsozialismus waren die Revision des Versailler Vertrags, die Schaffung eines „Großdeutschen Reichs" und die Eroberung neuer Gebiete in Osteuropa.

Am 1. September 1939 entfesselte Hitler mit dem Überfall auf Polen den Zweiten Weltkrieg. Bis 1940 eroberten deutsche Truppen weite Gebiete vom Nordkap bis zur Atlantikküste und marschierten 1941 in die Sowjetunion ein, wo ein Vernichtungskrieg geführt wurde. In den eroberten Ostgebieten errichteten die Nationalsozialisten Vernichtungslager und ermordeten etwa 6 Millionen Juden aus allen Teilen des besetzten Europas.

Der japanische Überfall auf Pearl Harbor führte 1941 zum Kriegseintritt der USA. Von nun an zwangen die Alliierten die Achsenmächte an allen Fronten zum Rückzug und stießen nach ihrer Landung in der Normandie im Juni 1944 auf das Reichsgebiet vor. Ein Umsturzversuch, den eine Gruppe von deutschen Offizieren am 20. Juli 1944 unternahm, scheiterte. Am 8. und 9. Mai 1945 erfolgte Deutschlands bedingungslose Kapitulation. Nach den Atombombenabwürfen auf Hiroshima und Nagasaki kapitulierte am 2. September 1945 auch Japan.

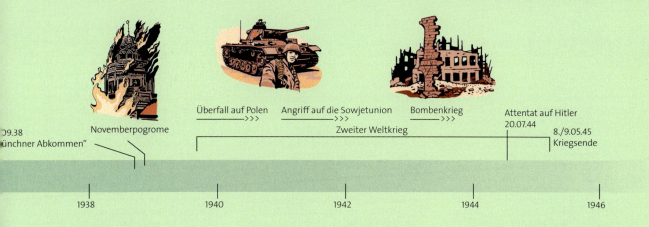

Daten

30.1.1933 Ernennung Hitlers zum Reichskanzler
23.3.1933 „Ermächtigungsgesetz"
9./10.11.1938 Pogromnacht
1.9.1939 Angriff auf Polen
20. Juli 1944 Attentat auf Hitler
8./9.5.1945 bedingungslose Kapitulation Deutschlands
August 1945 Hiroshima und Nagasaki

Begriffe

„Gleichschaltung"
Konzentrations- und Vernichtungslager
„Volksgemeinschaft"
Antisemitismus,
Rassenideologie
Lebensraumideologie
„Nürnberger Gesetze"
Holocaust, Shoa
Widerstand

Personen

Dietrich Bonhoeffer
Sophie und Hans Scholl
Claus von Stauffenberg
Kardinal von Galen
Heinrich Himmler
Joseph Goebbels

Tipps zum Thema: Nationalsozialismus und Zweiter Weltkrieg

Filmtipp

Schindlers Liste, Regie: Steven Spielberg, USA 1993

NAPOLA – Elite für den Führer, Regie: Dennis Gansel, Deutschland 2004

Der Neunte Tag, Regie: Volker Schlöndorff, Deutschland 2004

Sophie Scholl – Die letzten Tage, Regie: Marc Rothemund, Deutschland 2005

Lesetipp

Hans P. Richter: Damals war es Friedrich, 2008

Elisabeth Zöller: Anton oder Die Zeit des unwerten Lebens, 2006

Hermann Vinke: Das kurze Leben der Sophie Scholl, 2008

Anne C. Voorhoeve: Einundzwanzigster Juli, 2008

Museen

Denkmal für die ermordeten Juden Europas, Berlin
Gedenkstätte Deutscher Widerstand, Berlin
Gedenkstätte Ahrensbök
KZ-Gedenk- und Begegnungsstätte Ladelund
KZ-Gedenkstätten Kaltenkirchen, Neuengamme (Hamburg), Schwesing
hamburgmuseum

Kommentierte Links: www.westermann.de/geschichte-linkliste

Minilexikon

Achsenmächte. Die von Hitler und Mussolini 1936 vereinbarte Zusammenarbeit wurde als „Achse Berlin-Rom" bezeichnet. Sie wurde ergänzt durch den Beitritt Italiens zum deutsch-japanischen Antikominternpakt sowie 1939 durch den Stahlpakt, einem Militärbündnis zwischen dem nationalsozialistischen Deutschland und dem faschistischen Italien. Im 2. Weltkrieg nannte man alle mit Deutschland verbündeten Staaten „Achsenmächte".

Antisemitismus. Abneigung oder Feindseligkeit gegenüber Juden. Bezeichnung für völkisch-rassistische Anschauungen, die sich auf soziale, religiöse und ethnische Vorurteile stützen. Derartige Vorstellungen spielten eine zentrale Rolle in der Ideologie der Nationalsozialisten und wurden mit ihrem Machtantritt 1933 in Deutschland politisch wirksam. Sie führten zur Ausgrenzung der jüdischen Bevölkerung aus dem politischen, wirtschaftlichen und gesellschaftlichen Leben (→ Nürnberger Gesetze, 1935), steigerten sich mit dem Pogrom vom 9./10. November 1938 (→ „Reichskristallnacht") und mündeten schließlich in das systematische Massenvernichtung. Mit dem Angriff auf die Sowjetunion im Juni 1941 begann der systematische Massenmord, der ab 1942 auch in Vernichtungslagern verübt wurde. Fast sechs Millionen Menschen wurden ermordet.

Appeasement-Politik (engl. = Beschwichtigung). Bezeichnung für die konzessionsbereite britische Außenpolitik gegenüber dem nationalsozialistischen Deutschland, die vor allem von Chamberlain vertreten wurde. Chamberlain machte Zugeständnisse bei den deutschen Revisionsbestrebungen, weil er hoffte, Hitler dadurch von einer kriegerischen Durchsetzung seiner Ziele abhalten zu können (Sudetenkrise, Münchner Abkommen 1938). Diese Politik wurde in England zum Teil heftig kritisiert und nach dem deutschen Einmarsch in Böhmen und Mähren 1939 aufgegeben.

Arisierung. Die von den Nationalsozialisten geprägte Wortschöpfung bezeichnete die Enteignung der Juden und die Überführung ihres Eigentums in „arischen", d.h. nicht-jüdischen Besitz. Die Folge dieser Ausplünderung war eine Verarmung der jüdischen Bevölkerung sowie ihre totale finanzielle und wirtschaftliche Deklassierung.

Atlantik-Charta. 1941 von Roosevelt und Churchill auf dem Schlachtschiff „Prince of Wales" im Atlantik beschlossene Erklärung über die Grundzüge der künftigen Nachkriegsordnung. Hierzu zählten das Selbstbestimmungsrecht der Völker, Verzicht auf Annexionen und Gewalt, Gleichberechtigung im Welthandel und die Errichtung eines kollektiven Sicherheitssystems. Die Atlantik-Charta bildete das Grunddokument der → Vereinten Nationen (UNO).

Bekennende Kirche. Bewegung protestantischer Pfarrer und Laien, die seit 1934 den Eingriffen der Nationalsozialisten in kirchliche Angelegenheiten entgegentrat. Sie wandte sich insbesondere gegen die Verfälschung des Christentums durch die nationalsozialistischen „Deutschen Christen" und distanzierte sich vom Rassismus. Trotz Verfolgungen und Verhaftungen setzten kleine Gruppen ihren Widerstand gegen den Nationalsozialismus bis Kriegsende fort.

Bodenreform. Neuverteilung von Landbesitz aus wirtschaftlichen oder politischen Gründen. Nach dem Zweiten Weltkrieg kam es insbesondere in den sozialistischen Staaten zu einer Bodenreform durch Enteignung des Großgrundbesitzes zugunsten kleiner oder besitzloser Bauern. Dies war der erste Schritt auf dem Weg zur → Kollektivierung im Sinne einer sozialistischen Gesellschaftsordnung.

Bolschewismus, Bolschewiki (russ. = Mehrheitler). Bezeichnung für die radikalen sozialdemokratischen Anhänger Lenins, die seiner revolutionären Taktik (Leninismus) auf einem Parteitag 1903 zustimmten. Die bei dieser Abstimmung Unterlegenen akzeptierten für sich den Namen Menschewiki (= Minderheitler). Nach Lenins Theorie muss die Proletarische Revolution von einer straff geführten Kaderpartei getragen werden. Sie ist die bestimmende Kraft auf dem Weg zum → Sozialismus und muss durch Parteifunktionäre alle nachgeordneten gesellschaftlichen Gruppierungen beherrschen. In der Sowjetunion erzwang Stalin die Umgestaltung von Staat und Gesellschaft nach bolschewistischen Prinzipien, was nach 1945 von allen Staaten innerhalb des sowjetischen Machtbereichs übernommen wurde.

Bundesstaat. Zusammenschluss selbstständiger Staaten zu einem Gesamtstaat, wobei die Gliedstaaten einen Teil ihrer Hoheitsrechte auf den Gesamtstaat übertragen (z.B. Deutschland, USA, Schweiz). Dieses Gestaltungsprinzip nennt man Föderalismus.

Deutscher Bund. 1815 auf dem Wiener Kongress gegründeter loser Staatenbund, dem 34 souveräne Fürsten, 4 Freie Städte sowie 3 ausländische Staaten angehörten. Einziges Organ war der Bundestag (Bundesversammlung) in Frankfurt/M., wo die Gesandten unter Vorsitz Österreichs tagten. Er zerbrach 1866 am preußisch-österreichischen Dualismus.

Deutsches Kaiserreich. Das mittelalterliche Kaiserreich, das ab dem 16. Jahrhundert als Heiliges Römisches Reich Deutscher Nation bezeichnet wurde, erlosch im Jahr 1806 nach einer mehr als 800jährigen Geschichte. Das D. K. wurde nach dem Krieg gegen Frankreich 1871 im Spiegelsaal des Schlosses von Versailles ausgerufen. Nur 47 Jahre bis zum Ende des Ersten Weltkrieges hatte dieses sog. Zweite Reich Bestand. Der Staat Adolf Hitlers wurde später als Drittes Reich bezeichnet.

Deutsch-Sowjetischer Nichtangriffspakt. Am 23. August 1939 in Moskau unterzeichneter Vertrag, auch Hitler-Stalin-Pakt genannt. Beide Staaten sicherten sich im Fall eines Kriegs gegenseitige Neutralität zu. Bedeutender war ein „Geheimes Zusatzprotokoll", das die Interessengebiete beider Mächte in Osteuropa voneinander abgrenzte und „für den Fall einer territorialen Umgestaltung" in Kraft treten sollte.

Deutsche Arbeitsfront (DAF). NS-Organisation, die nach Zerschlagung der Gewerkschaften angeblich die Interessen der Arbeitnehmer vertrat. Aufgabe der DAF sollte die Überwindung des „Klassenkampfes" durch die Idee der nationalsozialistischen „Volksgemeinschaft" sein.

Dolchstoßlegende. Nach dem 1. Weltkrieg von deutschen Nationalisten verbreitete Behauptung, dass nicht das Militär und die kaiserliche Führung für Deutschlands Niederlage verantwortlich seien, sondern Sozialisten und demokratische Politiker. Diese Propaganda diente nationalistischen und antidemokratischen Kräften zur Diffamierung der → Weimarer Republik.

Einparteienstaat. Ein Staat, in dem nur eine Partei das Machtmonopol besitzt, während andere Parteien und Verbände entweder verboten oder → gleichgeschaltet sind. Das Prinzip der Gewaltenteilung ist aufgehoben und eine Opposition, die eine demokratische Willensbildung ermöglichen würde, nicht vorhanden. Einparteienstaaten lassen sich durch Scheinwahlen bestätigen (Einheitsliste).

Eiserner Vorhang. Von Winston Churchill 1945 geprägtes Schlagwort. Es bezeichnet die Grenze in Europa, mit der die Sowjetunion nach dem 2. Weltkrieg ihren Machtbereich von der übrigen Welt abriegelte.

„Endlösung der Judenfrage". Seit 1940 Deckname für europaweite Programme zur Verfolgung der Juden, seit Ende 1941 Synonym für totalen Massenmord. Der systematische Massenmord an den europäischen Juden begann im Juni 1941 während des Krieges gegen die Sowjetunion, wurde Ende 1941 auf Polen und im Frühjahr/Sommer 1942 auf das ganze von Deutschland besetzte und kontrollierte Europa ausgedehnt. In den meisten Ländern wurde dieses Vernichtungsprogramm bereits im August 1943 abgeschlossen. An die sechs Millionen Juden wurden ermordet, fast die Hälfte davon in Vernichtungslagern.

„Entartete Kunst". Nationalsozialistisches Schlagwort, das moderne Kunst (z.B. Expressionismus, Surrealismus) als „undeutsch", „zersetzend" oder „kulturbolschewistisch" diffamierte. Nach 1933 kam es in mehreren Großstädten – so 1937 in München – zu Ausstellungen „Entarteter Kunst", die eine Brandmarkung zum Ziel hatten. Um Arbeits- und Ausstellungsverboten zu entgehen emigrierten viele Künstler oder gingen in die innere Emigration. Den Maßnahmen gegen die „Entartete Kunst" kam häufig eine Abwehrhaltung in der deutschen Bevölkerung zugute, die auf Unkenntnis und mangelndem Verständnis beruhte.

Entstalinisierung. Nach Stalins Tod kam es auf dem XX. Parteitag der KPdSU 1956 zu einer Abkehr von dessen Terrormethoden. Dazu zählte auch eine Verurteilung

Minilexikon

des Personenkults sowie die Rehabilitierung politischer Opfer der Stalindiktatur. Diese von Chruschtschow eingeleitete Entstalinisierung griff auf andere Ostblockstaaten über und führte zumeist zur Ablösung der „Stalinisten". Das System der Diktatur und die beherrschende Rolle der Kommunistischen Partei bestanden unverändert fort.

„Erfüllungspolitik". Demagogisches Schlagwort von rechten Gegnern der → Weimarer Republik. Es bezeichnete die 1921 eingeleitete Politik der deutschen Regierung, die Reparationsverpflichtungen nach Möglichkeit zu erfüllen trachtete, um damit zugleich die Grenzen der Leistungsfähigkeit offenkundig zu machen. Ziel war somit eine Revision der unhaltbaren Reparationsbestimmungen.

Ermächtigungsgesetz. Ein Gesetz, durch das ein Parlament die Regierung dazu ermächtigt, an seiner Stelle Gesetze oder Verordnungen zu erlassen. Die Gewaltenteilung ist damit aufgehoben und die demokratische Ordnung gefährdet. Katastrophale Folgen hatte das Ermächtigungsgesetz vom 24.3.1933 („Gesetz zur Behebung der Not von Volk und Reich"). Es übertrug die gesamte Staatsgewalt der nationalsozialistischen Regierung und schuf damit die Grundlage der NS-Diktatur.

Faschismus (von lat. fasces = Rutenbündel römischer Beamter als Symbol der Richtgewalt). Der Begriff bezeichnet ursprünglich die nationalistische, autoritäre und nach dem Führerprinzip ausgerichtete Bewegung Mussolinis, die 1922 in Italien zur Macht kam. Die Bezeichnung wurde bald übertragen auf rechtsgerichtete Bewegungen in anderen Staaten, die gleiche Merkmale aufwiesen: eine antimarxistische, antiliberale und demokratiefeindliche Ideologie mit extrem nationalistischen Zügen und imperialistischen Tendenzen. Ziel des Faschismus ist der Einheitsstaat mit dem Machtmonopol der faschistischen Partei, das das gesamte öffentliche Leben beherrscht. Der Staat fordert vom Bürger bedingungslose Unterwerfung, verherrlicht die → „Volksgemeinschaft" und stilisiert den „Führer" zum Mythos. Die Durchsetzung der Macht besorgt ein brutales Polizei- und Überwachungssystem, verbunden mit der Einschränkung von Menschenrechten und einer intensiven Propaganda. Das Ergebnis dieser Diktatur ist der „totale Staat": Verlust aller demokratischen Freiheiten, Terror gegenüber Andersdenkenden, Ausgrenzung ethnischer und religiöser Minderheiten. Zu den Erscheinungsformen des Faschismus zählt auch der → Nationalsozialismus.

Freikorps. Ein aus Freiwilligen bestehender Kampfverband, der nicht zur regulären Armee zählt. In den Jahren 1919–23 setzte die Reichsregierung mehrfach Freikorps zur Abwehr kommunistischer Aufstände und zum Grenzschutz im Osten ein. Auch nach ihrer offiziellen Auflösung bestanden die oft antirepublikanisch eingestellten Freikorps vielfach fort, meist in Form rechtsextremer Untergrundorganisationen, die den inneren Frieden der → Weimarer Republik bedrohten.

Gleichschaltung. Mit der Gleichschaltung bezweckte der → Nationalsozialismus die Durchdringung des Staates und die Ausrichtung aller staatlichen Organe und Interessenverbände auf die nationalsozialistische Reichsregierung. Entsprechende Gleichschaltungsgesetze beseitigten ab 1933 die Länderparlamente, machten die NSDAP zur alleinigen Staatspartei, zentralisierten Gesetzgebung und Verwaltung und zwangen Presse und Kultur unter die Leitung des Propagandaministeriums. Interessenverbände wie z.B. die Gewerkschaften wurden entweder zerschlagen oder durch systemkonforme NS-Organisationen ersetzt.

Großdeutsch. In der Frankfurter Nationalversammlung 1848/49 bildeten sich zwei Richtungen hinsichtlich Österreichs Zugehörigkeit zu einem deutschen Nationalstaat. Während die eine Gruppe die Einbeziehung Österreichs befürwortete (großdeutsche Lösung), lehnte die andere dies ab (kleindeutsche Lösung).

Hitlerjugend (HJ). Bezeichnung für die nationalsozialistische Jugendorganisation mit ihren verschiedenen Untergliederungen. Bereits 1926 von der NSDAP gegründet, wurde die HJ nach der Machtübernahme 1933 zur umfassenden Staatsjugend ausgebaut. Das 1936 erlassene „Gesetz über die Hitlerjugend" bestimmte, dass diese Organisation die Jugend außerhalb von Schule und Elternhaus im Geist des Nationalsozialismus erziehen sollte. 1939 wurde der Dienst in der HJ Pflicht und zum „Ehrendienst am deutschen Volke" erklärt. Zur HJ zählten auch der „Bund Deutscher Mädel" (BDM), das „Deutsche Jungvolk" (DJ) für 10–14-jährige Jungen und der „Jungmädelbund" (JM) für gleichaltrige Mädchen.

Imperialismus. Das Streben eines Staates, seine Herrschaft auf andere Länder und Völker auszudehnen. Als Machtmittel dienen Eroberungen oder wirtschaftliche Beherrschung aufgrund ökonomischer Überlegenheit. Als Epoche des Imperialismus gilt besonders die Zeit von 1880–1914, in der die Großmächte ihre Kolonialreiche ausbauten und die Welt in Einflusssphären aufteilten.

Judenverfolgung s. Antisemitismus, „Endlösung der Judenfrage", Nürnberger Gesetze, „Reichskristallnacht".

Kapp-Putsch. Umsturzversuch rechtsradikaler Politiker um Wolfgang Kapp und unzufriedener Armeeteile um General v. Lüttwitz. Am 13.3.1920 besetzte eine Marinebrigade das Berliner Regierungsviertel und rief Kapp zum Reichskanzler aus. Mangelnde Unterstützung seitens der Reichswehr und Beamtenschaft ließen den Putsch nach wenigen Tagen scheitern.

Kolchose. Landwirtschaftlicher Großbetrieb in der Sowjetunion auf genossenschaftlicher Basis. Er war ein Ergebnis der → Kollektivierung und entstand durch Zusammenschluss bäuerlicher Einzelbetriebe unter Aufgabe des Privateigentums an Land und Produktionsmitteln. Jeder Kolchosbauer durfte daneben ein Stück Hofland bis 0,5 ha in privater Regie bewirtschaften.

Kollektivierung. Überführung von Produktionsmitteln – vor allem landwirtschaftlicher Privatbesitz – in genossenschaftlich bewirtschaftetes Gemeineigentum. Die Kollektivierung der sowjetischen Landwirtschaft erfolgte vor allem nach 1929 unter Stalin, und zwar zumeist gewaltsam als Zwangskollektivierung. Die so entstandenen Betriebe nennt man → Kolchosen. Nach 1945 kollektivierten auch die sozialistischen Ostblockstaaten ihre Landwirtschaft, so z.B. die DDR in Form der Landwirtschaftlichen Produktionsgenossenschaften (LPG).

Kommunismus. Von Marx und Engels begründete Theorie, welche die Vorstellung einer klassenlosen Gesellschaft enthält, in der das Privateigentum an Produktionsmitteln (Fabriken, Maschinen) in Gemeineigentum überführt worden ist. Eingeleitet wird der Kommunismus durch die Proletarische Revolution. Die Arbeiterklasse errichtet die „Diktatur des Proletariats" und nach der Übergangsphase des Sozialismus entsteht allmählich die kommunistische Gesellschaft. Im 20. Jh. bezeichnete man als K. die Gesellschaftsform, die nach der → Oktoberrevolution 1917 in der Sowjetunion errichtet wurde und durch die Diktatur der Kommunistischen Partei (KPdSU) gekennzeichnet war. Die Begriffe Kommunismus und Sozialismus werden häufig synonym gebraucht.

Konzentrationslager (KZ). Nach ihrer Machtübernahme 1933 errichteten die Nationalsozialisten Konzentrationslager, in denen anfangs politische Gegner, später auch „rassisch" oder religiös Verfolgte in großer Zahl inhaftiert wurden (1945: 715000 Häftlinge). Die Lager dienten der Einschüchterung, Ausschaltung und Vernichtung und unterstanden der → SS. Zwangsarbeit, Hunger, Seuchen und sadistische Quälerei brachten vielen Häftlingen den Tod. Im Rahmen der sogenannten → „Endlösung der Judenfrage" errichtete die SS seit 1942 Vernichtungslager in den eroberten Ostgebieten. Knapp die Hälfte der etwa 6 Millionen jüdischen Opfer aus allen Teilen des besetzten Europas wurden hier ermordet.

Kriegskommunismus. Die Wirtschaftspolitik der Sowjetunion im Bürgerkrieg 1918–21. Sie ist gekennzeichnet von einer radikalen Verstaatlichung, dem Verbot des Privathandels und einem Zwang für Bauern zur Abgabe von Nahrungsmitteln.

Leninismus s. Bolschewismus

Locarno-Verträge. In Locarno unterzeichneten am 16.10.1925 Frankreich, England, Belgien, Italien und Deutschland einen Vertrag, in dem Deutschland den Frie-

235

Minilexikon

densvertrag von Versailles ausdrücklich anerkannte und die Unverletzlichkeit der Westgrenze bestätigte. Der Vertrag beendete Deutschlands Isolierung, führte zum Eintritt in den Völkerbund und leitete eine Entspannung in Europa ein. Verantwortlich für den erfolgreichen Verlauf der Konferenz von Locarno waren vor allem der deutsche Außenminister Gustav Stresemann und sein französischer Amtskollege Aristide Briand.

Münchener-Abkommen. Vereinbarung zwischen den Regierungschefs von Großbritannien (Chamberlain), Frankreich (Daladier), Italien (Mussolini) und Deutschland (Hitler) auf der Münchener Konferenz vom 29. September 1938. Das M. A. besiegelte die Abtretung des Sudetenlands ans Deutsche Reich durch die Tschechoslowakei, die hierzu noch nicht einmal angehört wurde.

Nation. Als Merkmal einer Nation gelten gemeinsame Abstammung, Sprache, Kultur und Geschichte sowie das Zusammengehörigkeitsgefühl der in einem Gebiet zusammenlebenden Menschen. Die Begriffe „Nation" und „Volk" sind nicht eindeutig voneinander abzugrenzen und werden häufig synonym gebraucht. Ein Nationalgefühl entwickelte sich bereits im Mittelalter, vor allem in den westeuropäischen Staaten (England, Frankreich, Spanien). Im 19. Jh. verstärkte sich diese Tendenz, besonders bei jenen Völkern, die keine politische Unabhängigkeit erlangt hatten (z. B. Polen, Südslawen, Griechen) oder aufgrund ihrer Geschichte in zahlreiche Einzelstaaten zersplittert waren (z. B. Deutschland, Italien). Sie erhoben die Forderung nach einem Nationalstaat, der ein politisch geeintes Volk umfassen sollte.

Nationalismus. Meist negativ besetzter Begriff für ein übersteigertes Nationalgefühl und die Überbewertung der eigenen Nation.

Nationalsozialismus. Nach dem 1. Weltkrieg in Deutschland entstandene rechtsradikale Bewegung, die nationalistische, expansive und demokratiefeindliche Ziele vertrat. Der Nationalsozialismus ist eine deutsche Ausformung des → Faschismus, von dem er sich freilich durch besonders radikale Positionen abhebt. So vor allem durch einen übersteigerten Rassenwahn („Rassenlehre"), einen extremen → Antisemitismus und die mythische Überhöhung des „arisch-nordischen Herrenmenschen". Nach ihrer Machtübernahme 1933 errichteten die Nationalsozialisten unter ihrem „Führer" Adolf Hitler eine Diktatur. Das System stützte sich auf einen Terror- und Überwachungsapparat, inhaftierte Gegner und Minderheiten in → Konzentrationslagern und führte Deutschland mit dem 2. Weltkrieg in den Untergang.

Neue Ökonomische Politik (NEP). 1921 von Lenin eingeleitetes Wirtschaftsprogramm, das die katastrophale Lage am Ende des → Kriegskommunismus überwinden sollte. Die NEP erlaubte den Bauern den privaten Verkauf ihrer Erzeugnisse, ließ einen freien Binnenhandel zu und kehrte partiell zur Marktwirtschaft zurück. Die Folge war eine beachtliche Erholung der Wirtschaft. Unter Stalin wurden diese marktwirtschaftlichen Elemente wieder beseitigt.

New Deal (engl. = Neuverteilung der Spielkarten). Bezeichnung für die nach 1933 eingeleiteten Reformen von US-Präsident Roosevelt, mit denen er die Folgen der → Weltwirtschaftskrise zu überwinden suchte. Zu den zentralen Bestandteilen zählten: Drosselung der Überproduktion, inflationistische Wirtschaftspolitik, Arbeitsbeschaffungsprogramme sowie Unterstützungsmaßnahmen für Farmer. Flankiert wurden diese Maßnahmen nach 1935 durch eine arbeiterfreundliche Sozialgesetzgebung, eine Stärkung der Gewerkschaften sowie Gesetze zur Entflechtung großer Trusts. Die Impulse des New Deal vermochten zwar die Krise nicht endgültig zu meistern, stellten aber wichtige Weichen für die Veränderung des amerikanischen Gesellschaftssystems, vor allem zu Gunsten benachteiligter Schichten. Die Auffassung des modernen Sozialstaats, der für das Wohlergehen seiner Bevölkerung verantwortlich ist, setzte sich mit dem New Deal in Amerika weitgehend durch.

Notverordnung. Durch Artikel 48 der Weimarer Verfassung war der Reichspräsident ermächtigt, bei Gefährdung der „öffentlichen Sicherheit und Ordnung" gesetzesvertretende Verordnungen zu erlassen, welche die Grundrechte völlig oder teilweise außer Kraft setzten. Diese Maßnahmen mussten zwar auf Verlangen des Reichstags rückgängig gemacht werden, doch da der Reichspräsident den Reichstag jederzeit auflösen konnte, verlieh ihm der Artikel 48 praktisch diktatorische Vollmachten. In der Endphase der → Weimarer Republik (1930–33) wurden Notverordnungen zum eigentlichen Regierungsinstrument und ermöglichten den totalitären Staat der Nationalsozialisten.

Novemberrevolution. Im November 1918 in Deutschland ausgebrochene Aufstände, welche zum Ende der Monarchie führten und den Übergang zur parlamentarischen Republik einleiteten. Zu den Ursachen zählten Deutschlands militärischer Zusammenbruch im 1. Weltkrieg, die langjährige Verweigerung innerer Reformen sowie die wirtschaftliche Notlage. Meuternde Matrosen und aufständische Arbeiter in Kiel und Wilhelmshaven lösten die Revolution aus, die rasch auf die großen Binnenstädte übergriff. Träger der Erhebung waren spontan gebildete Arbeiter- und Soldatenräte, die am 10.11.1918 einen „Rat der Volksbeauftragten" als Reichsregierung bildeten. Der Streit, ob der revolutionäre Weg zu einer → Räterepublik oder einer verfassungsgebenden Nationalversammlung führen sollte, wurde auf einem Reichsrätekongress im Dezember 1918 zugunsten der parlamentarischen Lösung entschieden. Während die SPD diese Entscheidung befürwortete, verfochten Teile der USPD und die Spartakusgruppe eine Räterepublik. Die Wahlen zur Nationalversammlung am 19.1.1919 machten den Weg zur → Weimarer Republik frei.

Nürnberger Gesetze. Die Ausgrenzung der jüdischen Bevölkerung durch eine diskriminierende Gesetzgebung leiteten die Nationalsozialisten gleich nach ihrer Machtübernahme ein. Das Berufsbeamtengesetz von 1933 verwehrte allen Deutschen jüdischer Herkunft den Zugang zum öffentlichen Dienst. Verschärfte Bestimmungen schlossen Juden bald aus der Wirtschaft und dem öffentlichen Leben aus und führten 1935 mit den Nürnberger Gesetzen zu einem Höhepunkt der NS-Rassegesetzgebung: Der Entzug zentraler Bürgerrechte deklassierte die jüdische Bevölkerung zu minderen Staatsangehörigen, Eheschließungen und sexuelle Beziehungen zwischen Deutschen und Juden waren als „Rassenschande" verboten und wurden mit Zuchthaus bestraft. Die rechtliche Diskriminierung zog die gesellschaftliche Isolierung nach sich und bereitete den Boden für den Völkermord an den Juden vor (→ „Endlösung", Antisemitismus).

Oktoberrevolution. Bolschewistischer Umsturz in Russland am 25. Oktober 1917 (nach westlicher Zeitrechnung der 7. November 1917), der eine gewaltige politisch-soziale Umwälzung einleitete. Der wirtschaftliche und militärische Zusammenbruch des Zarenreichs als Folge des 1. Weltkriegs schuf Mitte 1917 die Voraussetzungen für die Revolution. Bolschewistische Truppen und Arbeitermilizen besetzten die wichtigsten Gebäude von St. Petersburg und erstürmten den Regierungssitz. Unter Führung Lenins übernahm der „Rat der Volkskommissare" die Regierung, die bei Bauern und Soldaten Rückhalt fand. Sofort erlassene Dekrete enteigneten den Großgrundbesitz zugunsten der Bauern, verstaatlichten Banken und Industrie, beseitigten die Pressefreiheit und bereiteten den Friedensschluss mit den Mittelmächten vor.

Räterepublik. Staatsform, die unterprivilegierte Bevölkerungsschichten (z. B. Arbeiter, Bauern, Soldaten) direkt an der Macht beteiligt. Gewählte Delegierte bilden einen Rat, der alle Entscheidungsbefugnisse besitzt und ausführende, gesetzgebende und richterliche Gewalt in seiner Hand vereinigt. Die Gewaltenteilung ist damit aufgehoben. Die Räte sind ihrer Wählerschaft direkt verantwortlich und jederzeit abwählbar. Das Rätesystem bildet somit ein Gegenmodell zur parlamentarischen Demokratie. In Russland bildeten sich 1905 und während der → Oktoberrevolution 1917 spontan Räte (russ. = → Sowjets), die später zu Herrschaftsinstrumenten der Kommunistischen Partei wurden. Während der → Novemberrevolution 1918 kam es auch in Deutschland zur Bildung von Arbeiter- und Soldatenräten, die jedoch dem parlamentarischen System der → Weimarer Republik weichen mussten.

„Reichskristallnacht". Ein von den Nationalsozialisten inszeniertes Pogrom gegen die jüdische Bevölkerung im Deutschen

Minilexikon

Reich, das eine neue Phase der Judenverfolgung einleitete. In der Nacht vom 9. zum 10. November 1938 zerstörten nationalsozialistische Kolonnen etwa 7 000 jüdische Geschäfte, setzten Synagogen in Brand und demolierten Wohnungen, Schulen und Betriebe. Im Verlauf des Pogroms wurden zahlreiche Juden misshandelt, viele fanden den Tod, über 30 000 wurden ohne Rechtsgrundlage in „Schutzhaft" genommen um ihre Auswanderung zu erpressen (→ Nürnberger Gesetze, „Endlösung der Judenfrage").

Revolution. Gewaltsamer Umsturz der bestehenden Ordnung, der zu tief greifenden politischen und gesellschaftlichen Veränderungen führt. Sie wird von breiten Bevölkerungsschichten getragen im Gegensatz zum Staatsstreich oder Putsch, wo nur eine neue Führungsgruppe die Macht an sich reißt. Typische Beispiele sind die Französische Revolution 1789 und die Russische Revolution 1917.

SA (Sturmabteilung). Militärisch organisierter Kampfverband der Nationalsozialisten. Die SA war bei Saalschlachten und Straßenkämpfen als Schlägertruppe gefürchtet, verlor jedoch nach Ausschaltung ihrer Führungsspitze 1934 an Bedeutung.

Sowjet (russ. = Rat). In der russischen Oktoberrevolution von 1917 bildeten sich – wie schon zuvor in der Revolution von 1905 – spontane Arbeiter-, Soldaten- und Bauernräte. Sie gerieten rasch unter den Einfluss der → Bolschewisten, die mit dem „Rat der Volkskommissare" unter Lenin die Regierungsgewalt übernahmen. 1917 wurde die Russische Sozialistische Föderative Sowjetrepublik gegründet, 1922 konstituierte sich die Union der Sozialistischen Sowjetrepubliken (UdSSR). Dem Staatsaufbau lag seither das Rätesystem (→ Räterepublik) zugrunde, dessen Spitze der Oberste Sowjet bildete. Dieses Parlament wurde alle vier Jahre gewählt, wobei die Bevölkerung lediglich den Kandidaten der Kommunistischen Partei und Vertretern der von ihr beherrschten Organisationen zustimmen konnte.

Sozialismus. Im 19. Jh. entstandene politische Bewegung, die bestehende gesellschaftliche Verhältnisse mit dem Ziel sozialer Gleichheit und Gerechtigkeit verändern will. Als Mittel hierzu dient die Überführung der Produktionsmittel in Gemeineigentum, die Einführung einer Planwirtschaft und die Beseitigung der Klassenunterschiede. Seit Ende des 19. Jh. bildeten sich gemäßigte und radikale sozialistische Richtungen, deren Ziele von einer Reform der kapitalistischen Wirtschaftsweise bis zum Umsturz der auf ihr beruhenden Gesellschaftsordnung reichen. Nach 1945 unterschied man den realen Sozialismus, wie ihn die Ostblockstaaten praktizierten, und den demokratischen Sozialismus, wie ihn die sozialdemokratischen und sozialistischen Parteien der westlichen Welt vertreten. In der marxistischen Theorie bildet der Sozialismus das Übergangsstadium vom Kapitalismus zum → Kommunismus.

SS (Schutzstaffel). Elite- und Terrororganisation der Nationalsozialisten, die 1925 mit Sicherungsaufgaben der NSDAP und ihres „Führers" Adolf Hitler betraut wurde. Unter der Leitung von Heinrich Himmler stieg sie nach 1933 zu einem starken Machtfaktor im nationalsozialistischen Deutschland auf. Als Himmler 1936 zugleich Chef der Polizei wurde und die Geheime Staatspolizei (Gestapo) mit ihrem Spitzelsystem übernahm, verfügte die SS über eine erhebliche Macht im Staat. Während des 2. Weltkriegs übernahmen besondere SS-Verbände zunehmend militärische Aufgaben (Waffen-SS). Als Herrschaftsinstrument der Nationalsozialisten verübte die SS zahlreiche Verbrechen. Vor allem ist sie verantwortlich für die brutale Verfolgung politischer Gegner (→ Konzentrationslager) und den millionenfachen Mord in den Vernichtungslagern. Der Nürnberger Gerichtshof stufte die SS als „verbrecherisch" ein.

Stahlpakt. Am 22.5.1939 geschlossener Bündnisvertrag zwischen dem nationalsozialistischen Deutschland und dem faschistischen Italien. Der Vertrag sah eine Beistandspflicht im Kriegsfall und militärische Kooperation vor. Damit richtete er sich gegen die westlichen Demokratien und sicherte Hitlers unmittelbar bevorstehenden Polenfeldzug ab.

Stalinismus. Von Stalin geprägtes Herrschaftssystem, das sich der Gewalt und des Terrors bediente, und von etwa 1927 bis 1953 währte. Der von Stalin propagierte „Aufbau des Sozialismus in *einem* Land" sollte vor allem die Industrialisierung vorantreiben und Überreste des Kapitalismus durch einen verschärften Klassenkampf beseitigen. Die Folge war ein brutales Terrorregime, das seine Ziele mit Schauprozessen, Liquidierungen, Deportationen und „Säuberungen" durchsetzte, wobei Stalin einen ausgeprägten Personenkult inszenierte. Der XX. Parteitag der KPdSU verurteilte 1956 die terroristischen Elemente des Stalinismus (→ Entstalinisierung).

Vereinte Nationen (United Nations Organization, UNO). Gestützt auf die → Atlantik-Charta gründeten 51 Nationen am 26.6. 1945 in San Francisco die UNO. Die Organisation soll den Weltfrieden sichern und die Achtung der Menschenrechte gewährleisten. Die UNO verfügt über fünf Hauptorgane: Zentrale Beratungsinstanz ist die Generalversammlung, die aus den Vertretern der Mitgliedstaaten besteht. Sie wählt die nichtständigen Mitglieder des Sicherheitsrats, den Wirtschafts- und Sozialrat sowie den Generalsekretär. Ihre Entschließungen haben den Charakter von Empfehlungen. Der Sicherheitsrat entscheidet über Maßnahmen zur Friedenssicherung. Er umfasst 5 ständige Mitglieder mit Vetorecht (USA, Russland, VR China, Großbritannien, Frankreich) sowie 10 nichtständige Mitglieder. Weitere Organe sind der Wirtschafts- und Sozialrat, der Internationale Gerichtshof in Den Haag sowie der Generalsekretär als ausführende Instanz. Zahlreiche Sonderorganisationen nehmen sich weiterer Aufgaben der UNO an, vor allem im Bereich der Entwicklungshilfe, der Bildung und Kultur sowie der Gesundheit.

Volksgemeinschaft. In der Ideologie des → Nationalsozialismus wurde stets die „rassisch verbundene Volksgemeinschaft" beschworen, die über Klassengegensätzen stehen und sich dem „Führer" unterordnen sollte. Da die Nationalsozialisten entschieden, wer zu ihr zählen sollte, war die Volksgemeinschaft ein Instrument zur Ausgrenzung von Minderheiten und zur Brandmarkung politischer Gegner.

Weimarer Republik. Bezeichnung einer von 1919–1933 währenden Epoche deutscher Geschichte, die nach dem ersten Tagungsort der verfassungsgebenden Nationalversammlung 1919 benannt ist. Eingeleitet wurde die Weimarer Republik von der → Novemberrevolution 1918, die zum Zusammenbruch des Kaiserreichs führte. Die Weimarer Verfassung, welche die Nationalversammlung 1919 verabschiedete, ersetzte die Monarchie durch eine parlamentarische Republik. Sie bestand bis 1933 und fiel dann der nationalsozialistischen Diktatur zum Opfer. Trotz wirtschaftlicher Not und politischer Gegensätze kam es in der Weimarer Republik zu bedeutenden kulturellen Leistungen, die sich frei von staatlicher Bevormundung entfalten konnten. Auch auf den Gebieten der Forschung und Wissenschaft wurde in vielen Bereichen Weltgeltung erreicht.

Weltwirtschaftskrise. Ende der 20er-Jahre verschlechterten sich die Konjunkturdaten der USA. Die Gründe lagen in einer hohen Überproduktion, einem Absatzrückgang sowie einem aufgeblähten Kreditvolumen. Hinzu kam die destabilisierende Wirkung von Reparationszahlungen sowie die Schuldenlast, welche die Alliierten der USA noch aus der Zeit des 1. Weltkriegs trugen. Dies führte am 24.10.1929 („Schwarzer Freitag") zu einem Kurssturz an der New Yorker Börse, der eine weltweite Wirtschaftskrise auslöste. Die sozialen Folgen der Weltwirtschaftskrise trugen erheblich zur politischen Radikalisierung bei und bewirkten in Deutschland ein Anwachsen des Nationalsozialismus. Massenarbeitslosigkeit und Verelendung breiter Bevölkerungsschichten diskreditierten nicht nur das kapitalistische Wirtschaftssystem, sondern auch die liberale Demokratie.

Register

Alldeutscher Verband 31, 41, 59
Anti-Hitler-Koalition (s. auch Alliierte) 226
Antikommunismus, Antibolschewismus 134, 166, 203
Antisemitismus 41, 134, 166, 170, 182–185, 210, 216 f., 232
Appeasement 187, 190
Arbeit, Arbeitslosigkeit 38, 117, 128–132, 138, 140, 148, 150
Arbeiter, Arbeiterklasse 20, 38, 86, 138, 157, 177
Armut 38, 55, 70 ff., 86, 117, 128 ff., 141
Atlantik-Charta 227
Atombombe 226 ff., 232
Attentate 23, 62, 74, 116, 128, 218 ff., 222
Auschwitz 212, 214 f.

„Barbarossa" 195
BDF, Bund Deutscher Frauenvereine 40
BDM, „Bund Deutscher Mädel" 178–181, 205
Bebel, August 24
Befreiung 227, 229
Bekennende Kirche 219
Benedikt XV. (Papst) 71
Berliner Kongress 27
BGB, Bürgerliches Gesetzbuch 31
Bismarck, Otto von 8, 10, 14 ff., 22 f., 26–30, 34, 46, 58 f.
„Blitzkriege" 194, 211
Blockade 64, 71, 198
Bolschewiki 86 f., 94
Bonhoeffer, Dietrich 219
Boston Tea Party 78
Boykott 55, 78, 182, 216
Braun, Otto 148
Brecht, Bertolt 125
Briand, Aristide 120 f.
Brüning, Heinrich 138 f., 141 f.
Bülow, Bernhard von 59 f.
Bündnisse, Bündnispolitik 26 ff., 34, 46, 62 f., 120, 193
Bürgerkrieg 79, 82, 87, 94, 106
Burgfrieden 64, 70 f.
BVP, Bayerische Volkspartei 105 ff.

Chamberlain, Austen 120
Chamberlain, Joseph 54
Chamberlain, Neville 187
Christian IX. (dän. Kg.) 16
Churchill, Winston 200, 227
Clemenceau, Georges 108, 110
Commonwealth 54
Compiègne 194

DAF, „Deutsche Arbeitsfront" 156, 173
Danewerk 16
Dawes-Plan 121, 124, 128
DDP, Deutsche Demokratische Partei 105 ff., 138
de Gaulle, Charles 196
Dekret über Grund und Boden 87
Demokratie 83, 99, 101, 104 f., 117, 124, 134, 148, 150, 156
Deportationen 195, 200
Deutsch-Sowjetischer Nichtangriffspakt 191 f.
„Deutsche Christen" 219, 224
Deutscher Bund 8 f.
Diktatur 70, 156, 160 f., 172, 232
Disraeli, Benjamin 54
DNVP, Deutschnationale Volkspartei 105 ff., 111, 122
Dolchstoßlegende 109, 111
Dönitz, Karl 230
Dreibund 27
Dreikaiserabkommen 27

DVP, Deutsche Volkspartei 105 ff., 138
Ebert, Friedrich 98 f., 102, 104, 116, 150, 174
Edelweiß-Piraten 219
Ehrhardt, Hermann 116
„Einsatzgruppen" 210
Einstein, Albert 125
Eisenbahn 41, 82
Elser, Georg 220
Emcke, Max 230 f.
Emser Depesche 10
Enteignung 87, 91, 99
Entente 35, 74
Entkolonisierung 227
Entmilitarisierung 109
„Ermächtigungsgesetz" 156, 158, 160, 232
Erster Weltkrieg s. Krieg
Erzberger, Matthias 71, 108, 116
„Euthanasie" 210, 219
Exil 87, 177, 218
Expansionismus 53, 58, 82, 166, 186 f., 198

Faschismus (s. auch Nationalsozialismus) 134, 190, 193
Film 125, 127, 144–147, 173
Flensburg 114 f., 230
Flotte, Flottenpolitik 31, 34 f., 37, 54, 59, 64, 71, 102
Flüchtlinge 230
Franklin, Benjamin 80
Franz Ferdinand von Österreich-Este (österr. Erzhzg.) 62
Franz Joseph I. (österr. Ks.) 62
Frauen, Frauenrechte 40, 105, 125 f., 172
Freikorps 99, 116 f.
Frick, Wilhelm 118, 154 f.
Frieden
– von Brest-Litowsk 71, 87, 98
– von Paris 79, 83
Frontier 79, 81
„Führer", Führerkult 134 f., 156, 161, 167, 181, 201
Fünfjahrplan 90
Fürsten, Fürstentümer 8, 13, 18, 44

Galen, Clemens August Graf von 218 f., 223 f.
Gandhi, Mahatma 55, 57
Gaskammern 212, 214 f.
Generalstreik 98, 116, 140, 155
Gestapo, „Geheime Staatspolizei" 173 f., 177, 216, 224
Getto 202, 210, 213
Gewaltenteilung 99
Gewerbefreiheit 44
Gewerkschaften 20, 82, 99, 138, 140, 156, 173, 232
„Gleichschaltung" 160, 232
Goebbels, Joseph 160, 173, 201, 213
Goldene Zwanzigerjahre 124 f., 128
Gorbatschow, Michail 193
Göring, Hermann 154 f., 160
Great Depression 130
Groener, Wilhelm 99
Grynszpan, Hershel 183

Habsburger 8, 62, 109
„Harzburger Front" 139
„Heimatfront" 70, 72
Heisenberg, Werner 125
Herero 59, 61
Herrschaft 30, 50, 54 f., 155 f.
Herzl, Theodor 41
Himmler, Heinrich 160 f., 174, 213
Hindenburg, Paul von 64, 70, 111, 124, 138 ff., 150, 154 ff., 159, 161
Hiroshima 226, 228

Hitler, Adolf 117 ff., 134–137, 140, 150, 154–157, 159–163, 166, 168, 186, 194, 200, 218 ff., 222, 230, 232
Hitler-Putsch 117 f., 134
Hitler-Stalin-Pakt s. Deutsch-Sowjetischer Nichtangriffspakt
HJ, „Hitlerjugend" 135, 161, 173, 178–181, 205 f.
Hohenzollern 10, 100
Holocaust s. Shoah
Honoratioren 19
Hugenberg, Alfred 122, 154 f.

Imperialismus 37, 50 f., 53 ff., 58 f., 83
Industrialisierung 20, 38 f., 50, 90 ff., 94
Inflation 117, 121, 124, 128, 148, 150

Jalta 200
Jefferson, Thomas 80
Juden, Judentum 41, 134, 136, 166, 168, 173 f., 182–185, 195, 200, 202, 210–217, 226, 232
Julikrise 62 f.

Kalter Krieg 227
Kanzelparagraf 22 f.
Kap-Kairo-Plan 54
Kapital, Kapitalismus 51, 53, 88 f., 128 f., 155
Kapitulation 199 f., 226, 230, 232
Kapp-Putsch 116
Karl I. (österr. Ks.) 71
Katholizismus 20, 22 f., 46, 105, 218 f., 224
KdF, „Kraft durch Freude" 173, 175
Kiel 99, 102 f., 230 f.
Kissinger Diktat 28
Klassen (s. auch Arbeiterklasse, Bourgeoisie) 88, 91
Klostergesetz 22
KLV, „Kinderlandverschickung" 205 f.
Kollaboration 195, 197, 220
Kollektivierung 90 f., 93 f.
Kolonialismus, Kolonien 26, 34 f., 37, 50–61, 74, 78 f., 94, 198, 227
Kommissarbefehl 203
Kommunismus, Kommunisten (s. auch KPD) 71, 86 ff., 139, 155, 173, 218
Konkordat 218
Konservati(vi)smus 19 ff., 23, 27, 46, 105
KPD, Kommunistische Partei Deutschlands 99, 105 ff., 122, 142 f., 155 f., 218
Krieg
– French and Indian War (1755–1763) 78
– Sezessionskrieg (1861–1865) 79
– Deutsch-Dänischer Krieg (1864) 9, 16 f.
– Deutscher Krieg (1866) 9
– Deutsch-Französischer Krieg (1870/71) 10, 12
– Spanisch-Amerikanischer Krieg (1898) 83
– Erster Weltkrieg (1914–1918) 34 f., 55, 59, 62–74, 83, 94, 98 f., 102, 108 f., 114
– Zweiter Weltkrieg (1939–1945) 190–207, 220, 226–232
Kriegsgefangene 174, 200, 203
Kriegsschuldfrage 63, 109
Kriegsverbrechen, Kriegsverbrecher 109, 231
Kulaken 91
Kulturkampf 22 f.
KZ, Konzentrationslager 155, 160, 173 f., 176, 208 f., 214 f., 217 f., 227, 232,

Lange, Helene 40
Leber, Julius 218, 224
Leibeigenschaft 86
Lenin (Wladimir Iljitsch Uljanow) 86 ff., 94

Register

Liberalismus 8, 19, 21, 23, 46, 105
Liebknecht, Karl 98 ff.
Lincoln, Abraham 79
Lloyd George, David 108
Locarno-Verträge 120, 122
Ludendorff, Erich 64, 70, 118
Luftkrieg, Luftangriffe 65, 194, 198, 204 f., 207
Lüttwitz, Walther von 116
Luxemburg, Rosa 99

„**M**achtergreifung", „Machtübernahme" 154, 157
Manifest Destiny 79
„Marsch auf Berlin" 117
„Marsch auf Rom" 134
Marx, Karl 20
Max von Baden 71, 98
Medien 125, 127, 144–147
Menschenrechte 80, 94
Mittelmächte 64, 71, 83, 87
Molotow, Wjatscheslaw Michailowitsch 191
Monarchie 20, 124, 150
 – konstitutionelle M. 46, 98
 – parlamentarische M. 71, 98
Monroe-Doktrin 82–85
MSPD, Mehrheitssozialdemokratische Partei Deutschlands 98 f.
Müller, Hermann 138
Münchener Abkommen/Konferenz 187
Mussolini, Benito 134, 194

Nagasaki 226
Nationalismus 10, 31, 44, 50, 55, 62, 122, 134, 160
Nationalsozialismus (s. auch NSDAP) 154–232
Nationalstaat 8, 13, 18 f., 26, 46, 50 f.
Nationalversammlung 98 f., 104 f., 107 f., 110
Neue Sachlichkeit 125
Neuengamme 208
Nichtangriffspakt 186, 191
Nikolaus II. (russ. Zar) 86
Norddeutscher Bund 9, 18
Noske, Gustav 102
Notverordnungen 138 ff., 148, 155
Novemberrevolution s. Revolution
„Novemberverbrecher" 109
NSDAP, Nationalsozialistische Deutsche Arbeiterpartei 107, 117, 134 ff., 139 f., 142 f., 148, 150, 155 f., 160, 166, 170 f., 186, 210 f., 232
„Nürnberger Gesetze" 165, 182, 184, 232

OHL, Oberste Heeresleitung 70 f., 87
Oktoberrevolution s. Revolution
Olympische Spiele 183, 186

Papen, Franz von 139 f., 142, 148, 150, 154 f.
Parlament, Parlamentarismus 8, 31, 46, 98, 104 f., 138, 148
Parteien 19 f., 105 f., 156
Pearl Harbor 198, 232
Pétain, Philippe 195, 197
Pogrome 183, 185, 202, 217, 232
Poincaré, Raymond 116
Preußenschlag 140
Proklamation des Dt. Kaiserreiches s. Reichsgründung
Proletariat s. Arbeiter, Arbeiterklasse
Propaganda 114, 135, 137, 148, 155 f., 160, 163 ff., 173, 178, 186, 189, 201, 210, 232
Putsch 117 f., 128

Rapallo-Vertrag 120
Rassismus 51, 56, 134, 160, 166, 172, 182, 184, 195, 199

Rat der Volksbeauftragten 98 f.
Rat der Volkskommissare 87
Räte 87, 98 f., 102 f., 134
Rätekongress 99
Rathenau, Walther 116, 120
Reichsgründung 10 f., 13 ff., 18, 22, 44, 46
Reichskanzler 19, 22 f., 30, 46, 140, 154, 161
„Reichsparteitag" 164 f., 167
Reichspogromnacht 183, 185, 217
Reichspräsident 104, 124, 138, 143, 150
Reichstag 18 f., 21 ff., 30, 44, 46, 64, 70, 99, 105, 107, 135, 138 ff., 142 f., 154 ff., 158, 170 f.
Reichstagsbrand 155, 218
Reparationen 26, 109, 116, 120 f., 124, 128, 138
Republik 98, 100, 102, 104, 116, 148 f.
Résistance 195
Revision, Revisionismus 109, 120 f., 186, 232
Revolution
 – von 1848/49 8, 18
 – Oktoberrevolution (1917) 71–89, 94, 120
 – Novemberrevolution (1918) 71, 98–102, 148, 150
Rhodes, Cecil 56
Ribbentrop, Joachim von 191
Röhm, Ernst 118, 160 f.
„Röhm-Putsch" 160 ff.
Roma 173 f.
Rommel, Erwin 194
Roosevelt, Franklin Delano 200, 227
Roosevelt, Theodore 83 f.
Rote Armee 87, 198 ff., 230
Rückversicherungsvertrag 27, 34
Ruhrkampf 116, 120 f., 150

SA, „Sturm-Abteilung" 135, 139, 154, 156, 158, 160 ff., 173 f., 232
„Säuberungen" 91, 140, 160
Scheidemann, Philipp 98, 100, 104, 108, 110
Schlacht
 – an den Düppeler Schanzen 16 f.
 – von Königgrätz 9
 – an der Marne 64
 – von Sedan 12
 – am Skagerrak 64
 – von Stalingrad 199
 – bei Tannenberg 64
 – von Verdun 65
Schleicher, Kurt von 140, 148, 150, 154
Schleswig-Holstein 8 f., 16 f., 44 f., 102 f., 114 f., 170 f., 208 f., 224 f., 230 f.
Schlieffen-Plan 64
Scholl, Hans und Sophie 219, 221
Schulpflicht 39 f., 43, 205
„Schutzgebiete" 50, 54, 58
„Schutzhaft" 155, 183
Schutzzölle 23
Schwarzer Freitag 128 f.
SD, „Sicherheitsdienst" 174
Sezessionskrieg s. Krieg
Shoah 210–215
Sinti 173 f.
Sozialdemokratie s. SPD, MSPD, USPD
Sozialgesetzgebung 23, 25
Sozialismus, Sozialisten 86–90, 92, 98, 100, 106, 193
Sozialistengesetz 23 f.
Spanisch-Amerikanischer Krieg s. Krieg
Spartakusbund, Spartakus-Aufstand 99, 106
SPD, Sozialdemokratische Partei Deutschlands 19–24, 31, 46, 64, 98, 105 ff., 123, 138, 142 f., 155 f., 177, 218

SS, „Schutz-Staffel" 135, 160 f., 173 f., 191, 202, 211, 214 f., 232
Stahlpakt 190
Stalin (Josef Wissarionowitsch Dschugaschwili) 90 ff., 94, 191, 200
Stauffenberg, Claus Schenk Graf von 219, 222 f.
Stoecker, Adolf 41
Stolpersteine-Projekt 216 f.
Strasser, Gregor 140
Stresemann, Gustav 117, 120 ff.
Sudetendeutsche 187, 190

Tirpitz, Alfred von 35, 59
„Totaler Krieg" 199, 201
Trotha, Lothar von 59

U-Boote 64, 71, 83
UFA, Universum Film AG 125, 127
Unabhängigkeit, Unabhängigkeitsbestrebungen 55
Unabhängigkeitserklärung 79 f.
UNO, United Nations Organization 109, 200, 227
USPD, Unabhängige Sozialdemokratische Partei Deutschlands 98 f., 105 ff.

van der Lubbe, Marinus 155
Vereinte Nationen s. UNO
Verfassung 18, 44, 104 f., 116, 148, 150
Vernichtungskrieg 200, 232
Vernichtungslager 210–215
Versailler Vertrag 108 ff., 114, 116, 120 f., 128, 148, 150, 186
Vertreibung 183, 230
Viktoria (engl. Kgn.) 54
Völkerbund 109, 121, 186
Völkermord 61, 210–215, 226
Volksabstimmung, Volksentscheid 105, 109, 114
„Volksgemeinschaft" 167, 172 f.
„Volksgerichtshof" 224
Volkssouveränität 94

Wahl, Wahlrecht 18–21, 44, 101, 105 ff., 122, 125, 136, 139 f., 142 f., 148, 156, 170 f.
Währungsreform 117, 124
Wannseekonferenz 211 f.
Washington, George 79
Wehrmacht 161, 200, 202 f.
Wehrpflicht 109, 186
Weimarer Republik 104–143, 148–150, 170
Weiße Rose 219, 221, 223
Weltrevolution 90, 98, 100
Weltwirtschaftskrise 124, 128–133, 135, 138, 148, 150
Widerstand 55, 57, 177, 218–225
Wilhelm I. (preuß. Kg. u. dt. Ks.) 8, 10, 12, 14, 22 f., 30, 45
Wilhelm II. (dt. Ks.) 12, 23, 30 ff., 34 f., 37, 41, 46, 59, 62 f., 98, 109
Wilson, Woodrow 71, 83, 101, 108 ff.
Wirtschaftskrise (s. auch Weltwirtschaftskrise) 116 f., 124, 133

Young-Plan 121

Zentrum 20 ff., 105 ff., 123, 138, 142 f.
Zionismus 41, 216
Zwangsarbeit 90 f., 174, 205
Zweibund 27
Zweifrontenkrieg 198

Bildnachweis

Akademie der Künste, Kunstsammlung, Berlin: 162 M5 (Inv.Nr. Heartfield 419)
akg-images, Berlin: Titel Vorder- und Hintergrund, 7 u., 8 M1, 12 M6, 14 M1, 24 M4, 26 M1, 30 M1, 32 M5, 38 M1, 39 M3, 41 M7, 62 M1, 65 M6, 66 M8, 68 M1 (O. Haeckel), 76, 78 M1, 79 M3, 80 M4, 86 M4, 88 M7, 90 M1, 91 M3, 92 M5, 96 o.li., 97 o., 99 M3 + M4, 111 M6, 118 M4, 121 M2, 125 M3, 131 M7, 134 M1, 135 M3, 138 M1, 140 M5, 152 o.li. + re., 153 o.li., 154 N1m 155 N1 + M2, 157 M6, 158 M11, 159 M13 + M14, 163 M7 o., 174 M6, 181 M5 + M6, 185 M9, 186 M2, 191 M2, 200 M5, 201 M8, 211 M3 + M4, 214 M8, 219 M4, 219 M5 (J.G. Wittenstein), 220 M7, 226 M1, 227 M3
American Petroleum Institut: 82 M2

Baaske Cartoons, Müllheim: 229 M7 (F. Behrendt
Baumgärtner, U., Puchheim: 67 M9
Bayerisches Hauptstaatsarchiv, München: 142 M8, M10 + M11 (Plakatsammlung)
Bildarchiv Preußischer Kulturbesitz, Berlin: 7 o., 19 M3, 20 M4, 22 M2, 23 M3, 27 M3, 28 M5, 35 M4, 40 M5, 59 M3, 87 M5, 98 M1, 99 M5, 100 M6, 112 M1, 116 M2, 124 M1, 125 M2, 149 M2, 156 M5, 166 M1, 174 M4 (H. Hoffmann), 176 M11, 179 M3 (L. Aufsberg), 182 M1, 190 M1, 200 M6 (J. Chanldej), 220 M6
Bismarck-Museum, Friedrichsruh/C.
Carstensen, Hamburg: 6 o., 14 M2
Broder, C., Hamburg: 35 M3
Bundesarchiv Koblenz: 96 u. + 102 M7 (Bild 183-30908-0600-002), 230 M1 (Bild 146-1985-079-31)

© CORBIS, Düsseldorf: 128 M1 (Bettmann)

Deutsche Botschaft Kopenhagen: 17 M4
Deutsches Filminsitut – DIF, Frankfurt/M.: 144/145 M1, 144 M2, 148 M4
Deutsches Historisches Museum, Berlin: 60 M5, 97 Mi., 102 M7, 114 M2, 122 M4, 126 M6 + M7, 137 M7, 142 M9, 183 M5 (Stadtbildstelle, Essen), 196 M5
Die Deutsche Bibliothek, Frankfurt/M.: 174 M5
Dokumentationsarchiv des österreichischen Widerstands, Wien: 202 M10

F.A.Z.: 62 M2 (Gregori Ingleright)
Fischer, R.G., Verlag, Frankfurt/M.: 148 M1
Fotoflug.de, Ennepetal: 31 M4

Gedenkstätte Deutscher Widerstand, Berlin: 221 M9

Hessisches Landesmuseum, Darmstadt: 97 o.re. + 105 M3 (W. Kumpf)
Horsch, W., Niedernhall: 217 M11

Institut für Stadtgeschichte, Frankfurt/M.: 72 M4
Interfoto, München: 145 M3

Keystone Pressedienst, Hamburg: 120 M1
Kranz, P., Braunschweig: 152/153
Küpper, Ralf., Lübeck: 216 M1

Landesarchiv, Berlin: 31 M3, 105 M2
Landesarchiv Schleswig-Holstein, Kiel: 209 M4
Langner, P., Hannover: 25 M6, 222 M10
Lenin-Bibliothek, Moskau: 92 M4
Library of Congress, Washington: 81 M6

Maruki, Iri und Toshi „Pika-Don": 228 M4
mauritius images, Mittenwald: 10 M3 (Rossenbach)
Mohan, K.S.: 220 M4
Münchner Stadtmuseum: 172 M1
Museum der Stadt Nürnberg: 38 M2
Museum für Kunst und Gewerbe, Hamburg: 220 M8
Museum für Kunst und Kulturgeschichte der Hansestadt Lübeck: 216 M2

National Portrait Gallery, London: 54 M1
Nehru Memorial Museum and Library, Neu Delhi: 48 o.re., 55 M3

Otto, W., Oberhausen: 96/97

Picture Alliance, Frankfurt/M.: 153 o.re. + 204 M2 (THOMAS-MANN-ARCHIV/W. Castelli), 224 M1–M3 (dpa)

Simplicissimus 6/1897: 33 M7
Simplicissimus 13/1908: 36 M5
Sipa Press, Paris: 198 M1
Staatsarchiv Windhuk: 61 M6
Stadtarchiv Braunschweig: 172 M2 (M. Kuchen)
Stadtarchiv Duisburg: 206 M6
Stadtarchiv Kiel: 44 M1 u., 230 M2
Stadtarchiv Nürnberg: 182 M2

Stadtarchiv und Stadtmuseum, Münster: 184 M7
Stehle, K., München: 109 M2
Süddeutsche Zeitung Photo, München: 198 M3;
Scherl: 130 M4, 139 M3, 160 M1, 167 M3, 178 M2, 187 M4, 199 M3, 205 M3

Tonn, D., Bovenden: 46/47, 74/75, 94/95, 146 M5, 150/151, 232/233
travelstock44.de, Berlin: 210 M1 (Held)

ullstein bild, Berlin: 22 M1, 29 M6 (Kujath), 30 M2, 48 o. + u.li., 48 u.re. (Haeckel), 50 M1 (Archiv Gerstenberg), 56 M5 (Granger Collection), 64 M4, 65 M5, 70 M2, 71 M3, 83 M3 (Granger Collection), 84 M6 (Granger Collection), 98 M2, 116 M1, 127 M8 li. (Granger Collection), 127 M8 re. (AKG Pressebild), 129 M2, 130 M5, 138 M2, 139 M4, 163 M7 u.li. + re., 164 M1, 173 M3, 186 M1 (Archiv Gerstenberg), 192 M5 (Archiv Gerstenberg), 194 M1, 194 M2 (Süddeutsche Zeitung Photo), 201 M7, 204 M1, 205 M4 (Reuters), 210 M2 (Granger Collection), 218 M1 (Archiv Gerstenberg), 218 M2
U.S. Information Service, Bonn: 82 M1

© VG Bild-Kunst, Bonn 2010: 33 M7, 36 M5 (O. Gulbransson), 59 M3, 70 M1, 90 M1, 92 M4, 110 M3, 140 M5, 141 M7, 149 M2, 162 M5 (The Heartfield Community of Heirs), 212 M6
VISUM, Hamburg: 48/49 (G. Krewitt), 58 M1 (D. Gebhardt)

Westfälisches Museum für Kunst und Kulturgeschichte, Münster: 110 M3
Wikipedia.com: 6 u. + 44 M1 o. (VollwertBIT), 208 M2
Wittmann, A., Langenhahn: 40 M4

alle übrigen Schaubilder und Karten: Westermann Kartographie/ Technisch Graphische Abteilung, Braunschweig